전기화, 마지막 에너지 혁명

Electrification, The Final Energy Revolution

초판 인쇄 | 2025년 9월 2일
초판 발행 | 2025년 9월 9일

지 은 이 | 고성훈
발 행 인 | 이우양

펴 낸 곳 | 제이플러스아트
출판등록 | 2005년 2월 28일
주   소 | 서울시 마포구 연남로 83 2층 201호
연 락 처 | 전화(02)335-1155 팩스(02)333-7485

· 이 책은 제이플러스아트가 저작권자와의 계약에 따라 발행한 것이므로
  어떠한 형태나 수단으로 이 책의 내용을 이용하시려면 본사의 서면
  허락이 있어야 합니다.
· 잘못된 책은 바꾸어 드립니다.

전기화, 마지막 에너지 혁명
Electrification, The Final Energy Revolution

프롤로그 Prologue
전환의 파도를 넘어 지속가능한 번영으로

우리는 지금 인류 문명의 대전환기, 그 거대한 파도의 한복판에 서 있습니다. 지난 200년간 석탄과 석유가 이끌었던 화석연료의 시대가 저물고, 인류의 생존과 번영을 위한 새로운 에너지 시스템을 찾아야만 하는 절체절명의 순간입니다. 누군가는 기후위기의 공포를 이야기하고, 다른 누군가는 기술 패권 전쟁의 서막을 경고합니다. 이 거대한 혼돈 속에서 우리는 무엇을 보아야 하고, 어디로 나아가야 할까요?

이 책은 바로 그 질문에 대한 답을 찾아가는 여정입니다. 에너지는 더 이상 경제학자나 공학자들만의 언어가 아닙니다. 그것은 우리 아이들의 미래를 결정하고, 기업의 흥망을 좌우하며, 국가의 명운을 가르는 21세기의 가장 중요한 언어가 되었습니다. 이 책은 복잡하게 얽힌 에너지 문제의 실타래를 풀어, 독자들이 에너지라는 새로운 언어를 익히고 미래를 읽는 통찰력을 얻을 수 있도록 돕는 나침반이 되고자 합니다.

이 책과 함께 떠날 여정은 다음과 같습니다.

제 1 부 '거인의 어깨 위에서'에서는 과거로 시간 여행을 떠납니다. 인류 최초의 에너지 혁명인 '불'의 발견부터, 1만 년간 인류를 '맬서스의 함정'에 가두었던 생물학적 에너지의 한계, 그리고 마침내 이 굴레를 깨뜨린 석탄과 석유가 어떻게 1, 2차 산업혁명을 이끌며 우리의 삶과 지정학적 지형을 근본적으로 바꾸었는지 심층적으로 분석할 것입니다. 과거를 이해하는 것은 현재의

전환을 제대로 파악하기 위한 필수적인 과정입니다.

제 2 부 '보이지 않는 위협과 새로운 과제'에서는 우리가 현재 맞닥뜨린 격변의 현장을 진단합니다. 기후위기가 더 이상 먼 미래의 위협이 아닌 우리의 일상이 되었음을 과학적 증거를 통해 확인하고, 파리협정, RE100, 탄소국경세 등 새로운 글로벌 스탠더드가 어떻게 우리 기업의 생존 조건이 되고 있는지를 살펴봅니다. 또한 모든 에너지가 전기로 통하는 '전기화(Electrification)' 시대의 도래와 그로 인한 전력 시스템의 불안정성이라는 거대한 과제를 분석합니다.

제 3 부 '지정학의 귀환과 에너지 딜레마'에서는 대한민국이 처한 냉엄한 현실, 즉 '에너지 딜레마'를 정면으로 마주할 것입니다. 에너지의 무기화, 미·중 패권 경쟁 속에서 '에너지 식민지'나 다름없는 대한민국의 취약성을 파헤치고, RE100 압박과 산업용 전기요금 상승이라는 이중의 덫, 그리고 애써 만든 재생에너지를 버려야 하는 전력망의 모순까지, 우리가 극복해야 할 과제들을 하나하나 심층적으로 분석할 것입니다.

하지만 이 책은 위기 분석에만 머무르지 않습니다. 제 4 부 '미래를 여는 기술과 비즈니스'에서는 절망의 자리에서 희망의 기술을 탐색합니다. 재생에너지의 간헐성을 극복할 스마트그리드와 에너지저장장치(ESS)부터, 안전성과 유연성을 갖춘 차세대 원자력(SMR), 그리고 핵융합과 화이트 수소에 이르기까지, 미래 에너지 시장의 판도를 바꿀 게임 체인저들의 잠재력과 과제를 살펴봅니다.

마지막으로 제 5 부 '대한민국 2050 - 위기를 기회로, 새로운 성장 방정식'에서는 이 모든 분석을 바탕으로, 대한민국이 이 거대한 전환의 파도를 넘어 새로운 시대의 선도국가로 도약할 수 있는 구체적인 전략과 비전을 제시하고자 합니다. 낡고 막힌 국가의 혈맥을 잇는 '에너지 고속도로' 구상, 기후변화가 역설적으로 열어준 북극항로의 기회, 그리고 대수도권-부울경-호남을 잇는 '대한민국 3축 성장 전략'과 그 실현을 위한 '재생에너지 혁신 플랫폼'까지, 위기를 기회로 전환할 새로운 성장 방정식을 제안할 것입니다.

에너지 대전환의 시대, 미래는 정해져 있지 않습니다. 위기 속에서 좌초될 것인가, 아니면 새로운 기회의 파도를 타고 도약할 것인가? 그 선택은 바로 지금, 이 책을 손에 든 우리 모두의 손에 달려있습니다. 부디 이 책이 독자 여러분의 가정과 기업, 그리고 대한민국의 미래를 밝히는 작은 등불이 되기를 소망합니다.

이 책이 세상에 나오기까지, 보이지 않는 곳에서 묵묵히 지지하고 격려해준 모든 분께 깊은 감사의 마음을 전합니다. 곁을 지켜준 사랑하는 가족과 이우양 발행인이 없었다면 이 출판은 불가능했을 것입니다. 또한, 날카로운 통찰력으로 원고의 깊이를 더해주신 동료들과 업계의 지인들의 조언은 어두운 길을 밝히는 등대와 같았습니다. 이 책의 얼굴이 되어준 멋진 표지를 디자인해준 둘째 은재에게도 특별한 고마움을 전합니다. 이 책에 담긴 모든 지혜와 열정은 바로 여러분과의 소중한 인연 덕분입니다. 이 자리를 빌려 진심으로 감사드립니다.

| 이 책의 구성과 흐름 |

이 거대한 문명사적 전환의 파도 앞에서, 대한민국은 어디에 서 있을까? 이 책은 바로 그 질문에 대한 답을 찾아가는 길고도 치밀한 여정이다. 우리는 이 책을 통해 에너지 대전환이라는 거대한 변화의 본질을 파헤치고, 대한민국이 나아갈 길을 모색하고자 한다.

제1부 '거인의 어깨 위에서 – 에너지 혁명과 문명의 진화'에서는 과거로부터의 교훈을 되짚어본다. 1만 년의 농업사회가 왜 맬서스의 함정에서 벗어날 수 없었는지, 그리고 석탄과 석유가 이끈 1, 2차 산업혁명이 어떻게 인류 사회의 구조와 지정학적 지형을 근본적으로 바꾸었는지 심층적으로 분석할 것이다. 과거의 혁명을 이해하는 것은 현재의 전환을 제대로 파악하기 위한 필수적인 과정이다.

제2부 '보이지 않는 위협과 새로운 과제 – 기후변화와 탄소중립 시대'에서는 우리가 현재 맞닥뜨린 격변의 현장을 진단한다. 기후위기가 더 이상 먼 미래의 위협이 아닌 우리의 일상이 되었음을 과학적 증거를 통해 확인하고, 파리협정, RE100, 탄소국경세 등 새로운 글로벌 스탠더드가 어떻게 우리 기업의 생존 조건이 되고 있는지를 살펴본다. 또한 모든 에너지가 전기로 통하는 '**전기화**(Electrification)' 시대의 도래와 그로 인한 전력 시스템의 불안정성이라는 거대한 과제를 분석한다.

제3부 '지정학의 귀환과 에너지 딜레마 – 대한민국은 어디에 서 있는가'에서는 대한민국이 처한 냉엄한 현실, 즉 '**에너지 딜레마**'를 정면으로 마주할 것이다. 에너지의 무기화, 미중 패권 경쟁 속에서 '에너지 식민지'나 다름없는

대한민국의 취약성을 파헤치고, RE100 압박과 산업용 전기요금 상승이라는 이중의 덫, 그리고 애써 만든 재생에너지를 버려야 하는 전력망의 모순까지, 우리가 극복해야 할 과제들을 하나하나 심층적으로 분석할 것이다.

　제4부 '미래를 여는 기술과 비즈니스 – 차세대 에너지 포트폴리오'에서는 위기 분석에만 머무르지 않는다. 위기의 이면에서 움트고 있는 새로운 기회들을 포착하고, 에너지 전환을 이끌 구체적인 기술적 해법들을 탐색한다. 스마트그리드, 에너지저장장치(ESS)부터 차세대 원자력(SMR), 그리고 핵융합과 화이트 수소에 이르기까지, 미래 에너지 시장의 게임 체인저가 될 기술들의 잠재력과 과제를 살펴본다.

　마지막으로 제5부 '대한민국 2050 – 위기를 기회로, 새로운 성장 방정식'에서는 이 모든 분석을 바탕으로 대한민국이 이 거대한 전환의 파도를 넘어 새로운 시대의 선도국가로 도약할 수 있는 구체적인 전략과 비전을 제시하고자 한다. '에너지 고속도로' 구상, 북극항로의 지정학적 기회, 그리고 대수도권-부울경-호남을 잇는 **'대한민국 3축 성장 전략'**을 통해, 위기를 기회로 전환하고 지속가능한 번영을 이룰 수 있는 새로운 성장 방정식을 제안할 것이다.

　인류의 역사는 에너지와 함께 발전해 왔다. 지금 우리가 어떤 에너지를 선택하고 어떤 시스템을 구축하느냐가 우리 자신과 미래 세대의 삶을 결정하게 될 것이다. 이제, 에너지 대전환이라는 거대한 소용돌이 속으로 함께 들어가 보자.

| 목 차 Contents |

프롤로그 : 전환의 파도를 넘어 지속가능한 번영으로

제 1 부
거인의 어깨 위에서
– 에너지 혁명과 문명의 진화

제1장 맬서스의 함정에서 벗어나다
– 농업사회의 한계와 전환의 씨앗 023
- 1.1. 1만 년 농업사회의 성취와 한계
- 1.2. 생산요소의 본질적 제약 : 토지와 인간
  [Deep Dive : 메소포타미아에서 배우는 정체의 교훈]
- 1.3. 산업혁명 전야 : 변화의 씨앗은 어디에 있었나?

제2장 검은 거인을 깨우다 – 제1차 산업혁명과 석탄의 시대 041
- 2.1. 장작에서 석탄으로 : 에너지 밀도의 혁명
- 2.2. 제임스 와트의 주전자, 세상을 움직이다
- 2.3. 철도와 전신 : 공간과 시간을 압축한 인프라
- 2.4. 공장 굴뚝 아래 모여든 사람들 : 도시화와 새로운 계급
- 2.5. '해가 지지 않는 나라'의 비밀 : 에너지 패권과 근대 국가
- 2.6. 근대 국가의 탄생 : 새로운 시대, 새로운 역할

전기화, 마지막 에너지 혁명
Electrification, The Final Energy Revolution

제3장

황금빛 액체가 흐르자 모든 것이 바뀌었다
– 제2차 산업혁명과 석유의 시대　　　　　　　　　　　**063**

- 3.1. 석유, 자동차와 만나 교외를 창조하다
- 3.2. 에디슨의 전구, 밤을 낮으로 바꾸다 : 전력망의 탄생
- 3.3. 플라스틱과 나일론 : 석유화학이 만든 신세계
- 3.4. 페트로달러 시스템과 글로벌 네트워크의 완성

　[Deep Dive : 포디즘과 소비주의 : 대량생산, 대량소비 시대의 개막]

반도체, 디지털, 그리고 에너지의 제어 – 제3차 산업혁명　　**085**

- 4.1. 에너지 생산에서 에너지 제어로 : 반도체의 역할
- 4.2. 디지털 인프라의 부상 : 인터넷, 데이터센터, 그리고 막대한 전력 수요
- 4.3. 사회 변화의 키워드 : 디지털화, 세계화, 자동화

| 목 차 Contents |

제 2 부
보이지 않는 위협과 새로운 과제
– 기후변화와 탄소중립 시대

제5장 뜨거워지는 지구, 인류에게 보내는 경고   103

– 5.1. 기후변화는 정말 인간 때문일까? : IPCC의 과학적 증거들

– 5.2. 폭염, 홍수, 가뭄 : 숫자로 보는 기후재앙의 현실

– 5.3. 에너지 시스템의 역설 : 풍요의 원천이 위협이 되다

– 5.4. 기후변화 팬데믹과 '각자도생'의 시대

제6장 파리협정에서 RE100까지 – 피할 수 없는 글로벌 스탠더드   123

– 6.1. '1.5℃ 를 지켜라' : 전 세계의 약속, 파리협정

– 6.2. 유럽의 채찍과 미국의 당근 : 녹색 무역전쟁의 서막

– 6.3. 애플과 구글의 선언 : 시장이 만든 새로운 규칙 RE100

[Deep Dive : 탄소국경세(CBAM) : 이제 탄소는 비용이다]

전기화, 마지막 에너지 혁명
Electrification, The Final Energy Revolution

제7장 전기화(Electrification) – 에너지의 최종 목적지　　　141
- 7.1. 왜 모든 에너지는 전기로 통하는가 : 압도적인 효율성
- 7.2. 120년의 여정 : 건물, 산업, 그리고 수송 부문의 전기화
- 7.3. 폭발적 성장의 동력 : 전기차, 히트펌프, 그리고 AI
- 7.4. 3D 에너지 혁명 : 탈탄소화, 탈중앙화, 디지털화

제8장 흔들리는 전력 시스템 – 변동성이라는 거대한 과제　　　160
- 8.1. 노후화된 혈관 : 전 세계 전력망의 현실
- 8.2. 변동성 재생에너지(VRE)의 역설 : 간헐성, 불확실성, 낮은 관성
- 8.3. 출력 제어의 딜레마와 대규모 정전의 공포
- 8.4. 변압기 대란과 공급망 위기

| 목 차 Contents |

제 3 부
지정학의 귀환과 에너지 딜레마
– 대한민국은 어디에 서 있는가?

에너지, 다시 무기가 되다
– 트럼프 시대의 지정학과 에너지 안보   183

– 9.1. '미국 우선주의' 에너지 정책의 귀환

  [Deep Dive : 셰일 혁명 : 바위를 깨뜨린 괴짜들의 이야기]

– 9.2. IRA의 좌초와 글로벌 공급망의 대혼란

– 9.3. 기후 리더십의 공백과 각자도생의 심화

– 9.4. 새로운 지정학적 리스크와 대한민국의 대응

  [Deep Dive : 러시아–우크라이나 전쟁의 교훈]

  [Deep Dive : 미–중 기술 패권 경쟁과 '전광리(전기차 · 광전지 · 리튬전지)' 전략]

에너지 식민지, 대한민국의 자화상   212

– 10.1. 92.9%라는 숫자의 무게 : 세계 최고 수준의 에너지 수입 의존도

– 10.2. 지정학적 리스크에 흔들리는 경제 : 에너지 섬의 취약성

– 10.3. 급등하는 에너지 수입액, 흔들리는 제조업 경쟁력

  [Deep Dive : 호르무즈 해협 봉쇄 시나리오와 비상 계획]

전기화, 마지막 에너지 혁명
Electrification, The Final Energy Revolution

제11장
RE100과 전기요금, 피할 수 없는 이중의 덫   229
- 11.1. "재생에너지로 만들었습니까?" 글로벌 공급망의 새로운 규칙
- 11.2. 73% 폭등 : 기업의 비명을 외면할 수 없는 산업용 전기요금
- 11.3. 이러지도 저러지도 못하는 정책의 딜레마

제12장
만들수록 손해? 재생에너지의 역설과 전력망 병목 현상   243
- 12.1. 전남에서 만든 전기, 서울로 오지 못하는 이유
- 12.2. 출력 제한 183회 : 애써 만든 청정에너지를 버려야 하는 현실
- 12.3. 송전탑 건설, 10년의 기다림 : 인프라가 기술을 따라가지 못할 때

목 차 Contents

제 4 부
미래를 여는 기술과 비즈니스
– 차세대 에너지 포트폴리오

제13장
재생에너지의 간헐성을 극복하는 기술들　　　　　　259

- 13.1. 스마트그리드와 디지털 트윈 : AI 기반의 전력망 운영
- 13.2. 에너지 저장 시스템(BESS, 양수발전)과 유연성 자원
- 13.3. 초고압직류송전(HVDC) : 대륙을 잇는 에너지 고속도로
- 13.4. V2G와 에너지 프로슈머 : 수요 관리의 혁신

　　[Deep Dive : 나트륨 배터리의 조용한 반격]

제14장
원자력, 다시 답을 묻다　　　　　　282

- 14.1. 안전과 폐기물, 원자력의 숙명적 과제
- 14.2. 소형모듈원자로(SMR)와 마이크로모듈원자로(MMR) : 안전성과 유연성
- 14.3. 파이로프로세싱–SFR 연계 : 사용후핵연료, 폐기물인가 자원인가
- 14.4. 재생에너지와 원자력의 공존 시나리오

전기화, 마지막 에너지 혁명
Electrification, The Final Energy Revolution

제15장 미래 에너지 게임 체인저

- 15.1. 궁극의 청정에너지, 핵융합 : KSTAR와 민간 기업들의 도전
- 15.2. 땅속의 청정연료, 화이트 수소
- 15.3. E-fuel : 비행기와 배를 위한 친환경 액체연료
- 15.4. 차세대 태양전지 : 페로브스카이트의 잠재력
- 15.5. 좌초자산의 경고와 기업의 생존 전략

| 목 차 Contents |

제 5 부
대한민국 2050
– 위기를 기회로, 새로운 성장 방정식

제16장
'에너지 고속도로', 대한민국의 혈맥을 다시 잇다   325
- 16.1. HVDC와 AI : 전력망의 판을 바꾸는 기술들
- 16.2. 선(先)투자, 후(後)개발 : 전력망 패러다임의 전환
- 16.3. 님비를 핌피로 : 철도망, 고속도로망과 연계한 에너지 고속도로 구축 전략

제17장
기후변화가 여는 새로운 길, 북극항로   338
- 17.1. 1000년 만의 기회 : 한반도의 지정학적 가치 변화
- 17.2. 동북아 물류 허브, 제2의 싱가포르를 꿈꾸다
- 17.3. 에너지와 자원, 러시아와의 새로운 협력 가능성
- 17.4. 경제성, 환경 문제, 그리고 지정학적 리스크

제18장
대한민국 3축 성장 전략   356
- 18.1. 제1축(대수도권) : 첨단 제조업과 AI 산업 허브
- 18.2. 제2축(부·울·경) : 전통 제조업의 혁신과 북극항로 물류거점
- 18.3. 제3축(광주·전라) : 대한민국 재생에너지 발전의 심장
- 18.4. 세 축의 유기적 연계 방안 : 에너지 고속도로와 스마트그리드

전기화, 마지막 에너지 혁명
Electrification, The Final Energy Revolution

제19장
재생에너지 혁신 플랫폼
– 시장 실패를 극복하는 게임 체인저   374

- 19.1. 한국형 재생에너지 계획입지 제도 : 'RE-Zone 2030'
- 19.2. 재생에너지 전담 공기업 설립 : 'K-RE공사(가칭)'
- 19.3. 재생에너지 전력거래 플랫폼 : 'Green Power Exchange'
  [Deep Dive : 시장을 선도하는 게임 체인저 – (주)한화신은 테라와트아워]
- 19.4. 재생에너지 금융 혁신 : '그린 인프라 뱅크'
- 19.5. 재생에너지 국민 투자 혁명 : '에너지 민주화'

결론
전환의 파도를 넘어 지속가능한 번영으로   411

- 에너지 대전환 시대, 위기인가 기회인가?
- 기술, 시장, 정책의 조화로운 리더십을 향하여
- 미래 세대를 위한 대한민국의 선택

[부록] 선구적 전환 : 대한민국 지역 RE100(R-RE100)   419
시스템을 위한 프레임워크

제1부
거인의 어깨 위에서
– 에너지 혁명과 문명의 진화

제 1 부를 시작하며

모든 현재는 과거의 결과물이다. 우리가 지금 마주한 에너지 대전환의 의미를 제대로 이해하기 위해서는, 먼저 인류가 어떤 에너지의 힘을 빌려 지금의 문명을 이룩했는지 그 장대한 여정을 되짚어볼 필요가 있다. 제 1 부에서는 1만 년간 인류를 가두었던 '맬서스의 함정'부터, 석탄과 석유가 차례로 열어젖힌 두 번의 산업혁명, 그리고 반도체가 이끈 디지털 혁명에 이르기까지, 에너지가 어떻게 문명의 패러다임을 바꾸고 우리의 삶을 재창조했는지 그 거대한 서사를 따라간다. 과거 거인들의 어깨 위에서, 우리는 비로소 현재를 직시하고 미래를 조망할 수 있을 것이다.

전기화, 마지막 에너지 혁명
Electrification, The Final Energy Revolution

제1장
맬서스의 함정에서 벗어나다
- 농업사회의 한계와 전환의 씨앗

1.1. 1만 년 농업사회의 성취와 한계

증기기관이 세상의 시간을 분과 초 단위로 쪼개기 전, 세상은 느리고 조용했다. 시간은 달의 차오름과 기울음, 계절의 순환에 따라 뭉텅이로 흘러갔다. 문명을 움직이는 동력은 살아있는 것들의 근육에 전적으로 의존했다. 밭을 가는 소의 묵직한 어깨, 짐을 나르는 말의 단단한 등, 그리고 쉴 새 없이 움직이는 인간의 팔과 다리가 세상의 거의 모든 일을 해냈다. 동력의 크기는 곧 근육의 크기였고, 문명의 전파 속도는 네 발 달린 짐승의 걸음보다 빠를 수 없었다. 삶은 땅에 굳건히 발을 딛고 있었고, 세상은 예측 가능했으며, 변화는 한 세대가 거의 감지할 수 없을 만큼 더디게 찾아왔다.

이 장구하고 고요했던 시대의 문을 연 것은 인류 최초의 에너지 혁명, 바로 **농업혁명**이었다. 기원전 1만 년경, 인류는 수십만 년간 이어온 수렵과 채집이라는 불안정한 생활 방식을 청산하고, 한곳에 정착하여 씨앗을 심고 작물을 거두기 시작했다. 이는 단순히 식량 생산 방식의 변화가 아니었다. 그것은 인류가 처음으로 에너지를 '관리'하고 '저장'하기 시작했음을 의미하는, 문명사적 대전환이었다.

농업은 인류에게 '잉여(Surplus)'라는 선물을 안겨주었다. 매일 먹을 것을 찾아 헤매지 않아도 되자, 비로소 미래를 계획할 여유가 생겼다. 창고에 쌓인 잉여 생산물은 인구 밀도를 높였고, 모두가 농사에 매달릴 필요가 없게 되자 누군가는 그릇을 빚고, 누군가는 옷감을 짜고, 또 누군가는 별의 움직임을 관찰하며 새로운 지식을 쌓아 나갔다. 사유재산과 계급이 분화되었고, 함께 물을 관리하고 외부의 침략을 막기 위해 성을 쌓으며 공동체를 형성했으니, 이것이 곧 국가의 탄생으로 이어졌다. 언어와 문자, 법률과 종교, 예술과 철학 등 인류가 이룩한 모든 문명의 기초는 이처럼 농업혁명이 가져온 잉여 에너지라는 토대 위에서 피어났다. 약 1만 년간 지속된 농업사회는 이처럼 인류 문명의 모든 기초를 다진, 실로 위대하고 찬란한 시기였다.

하지만 이 화려한 문명의 이면에는 깊고 어두운 그림자가 드리워져 있었다. 그것은 바로 '성장의 한계'라는 이름의 거대한 족쇄였다. 1만 년의 시간은 정체와 순환의 역사이기도 했다. 인류는 왜 그토록 오랜 시간 동안 이 한계를 넘어서지 못했을까? 그 근본적인 원인 역시 **'에너지'**에 있었다.

농업사회의 모든 것을 지배한 법칙은 **'맬서스의 함정(Malthusian Trap)'**이었다. 18세기 영국의 경제학자 토머스 맬서스가 주창한 이 이론의 핵심은 간단하다. 인구는 기하급수적으로(1, 2, 4, 8…) 증가하는 경향이 있지만, 식량 생산은 산술급수적으로(1, 2, 3, 4…) 증가하는 데 그친다는 것이다. 따라서 인구 증가 속도를 식량 생산이 따라가지 못하는 시점이 주기적으로 찾아올 수밖에 없으며, 결국 인류는 기근, 질병, 전쟁이라는 처참한 방식으로 인구가 다시 급감하는 비극적인 순환을 반복하게 된다는 이론이다. 당시 이 주장은 저소득층의 인구를 억제해야 한다는 끔찍한 주장으로 이어지기도 했으나, 지난 1만 년의 인류 역사는 맬서스의 예측이 거의 정확했음을 보여준다. 문명이 발전하여 인구가 늘어나면, 머지않아 거대한 기근과 역병이 휩쓸고 지나가 모든 것을 원점으로 되돌렸다.

이 함정이 작동한 이유는 당시 인류가 의존했던 **에너지원의 본질적인 한계 때문**이었다. 농업의 생산성은 결국 토지의 비옥도에 달려 있었고, 그 비옥도를 결정하는 핵심은 토양 속 '질소'의 농도였다. 공기 중의 78%가 질소이지만, 이 질소는 매우 안정적인 삼중결합을 하고 있어 식물이 직접 이용할 수 없다. 이 결합을 끊고 식물이 흡수할 수 있는 질소 화합물로 바꾸는 데는 번개가 치는 것과 같은 엄청난 에너지가 필요하다. 자연 상태에서 이 역할을 하는 것은 일부 박테리아뿐이었고, 그 양은 극히 미미했다. 인류가 사용한 동물의 분뇨나 퇴비는 없던 질소를 만드는 것이 아니라, 이미 존재하는 질소를 재활용하는 것에 불과했다.

결국 농사를 계속 짓다 보면 땅의 힘, 즉 지력(질소)은 고갈될 수밖에 없고, 생산량은 점차 줄어들었다. 이는 생산력의 폭발적인 성장을 원천적으로 불가능하게 만들었고, 인류를 1만 년간 '맬서스의 함정'이라는 아름다운 감옥에 가두는 근본적인 원인이 되었다.

두 번째 한계는 **자연환경에 대한 극도의 취약성이었다.** 농업은 전적으로 날씨의 자비에 의존했다. 지금의 관점에서는 사소해 보이는 작은 기후변화, 예컨대 소빙하기와 같은 시기가 찾아오면 농업 생산은 치명타를 입었고, 이는 곧바로 대규모 기근으로 이어졌다. 역설적이게도, 농업 생산성을 높이기 위해 도입했던 기술마저 문명의 발목을 잡기도 했다. 인류 최초의 문명을 꽃피웠던 메소포타미아 지역이 대표적인 사례다. 그들은 티그리스강과 유프라테스강의 물을 끌어와 경작지를 넓히는 관개 농업을 발전시켰다. 하지만 이 장기적인 관개는 토양에 염분을 축적시켰고, 비옥했던 땅은 결국 소금기로 가득한 사막으로 변해버렸다. 기원전 1700년경, 인류 최초의 문명은 이처럼 에너지(물)를 잘못 관리한 대가로 갑작스러운 멸망의 길을 걸어야 했다. 이는 토지라는 자원의 물리적 한계가 문명의 흥망성쇠를 좌우할 수 있음을 보여주는 극명한 교훈이다.

인류는 이 한계를 극복하기 위해 나름의 지혜를 발휘했다. 흐르는 강물에 물레방아를 설치해 무거운 맷돌을 돌렸고, 언덕 위에 풍차를 세워 바람의 힘을 빌렸다. 하지만 이들은 변덕스러운 자연의 하인일 뿐이었다. 강은 겨울이면 얼어붙었고, 가뭄이 들면 바닥을 드러냈다. 바람은 제멋대로 불다가 멈추기를 반복하며 인간의 계획을 비웃었다. 여전히 문명은 자연이라는 거대한 손아귀 안에서 수동적으로 움직일 뿐이었다.

찬란했지만 동시에 정체되어 있던 1만 년의 시대. 문명의 토대를 쌓았다는 위대한 성취의 이면에는, 에너지의 본질적 한계라는 명확한 족쇄가 채워져 있었다. 인류는 이 지긋지긋한 족쇄를 끊어내고, 인간이 원할 때 언제든 꺼내 쓸 수 있는 강력하고 안정적인 새로운 동력원을 절실히 필요로 했다. 그 해답은, 누구도 예상치 못했던 어둡고 축축한 땅속 깊은 곳에서 인류를 기다리고 있었다.

1.2. 생산요소의 본질적 제약 : 토지와 인간

1만 년의 농업사회는 인류에게 정착과 문명이라는 위대한 선물을 안겨주었지만, 그 화려한 성취의 이면에는 넘을 수 없는 거대한 벽이 서 있었다. 바로 '성장의 정체'라는 벽이다. 인류는 왜 그토록 오랜 시간 동안 주기적인 번영과 몰락의 굴레를 벗어나지 못하고, 오늘날 우리가 당연하게 여기는 '지속적인 경제 성장'을 경험하지 못했을까? 그 해답은 현대 경제학의 가장 기본적인 개념, 바로 **'생산요소**(Factors of Production)'에서 찾을 수 있다.

모든 경제 활동은 무언가를 투입해야 결과물이 나온다. 이 투입물을 생산요소라고 부른다. 현대 경제를 움직이는 생산요소는 토지, 노동, 그리고 자본이다. 여기에 기술 혁신이라는 보이지 않는 요소가 더해져 생산성을 비약적으로 끌어올린다. 하지만 1만 년의 농업사회에는 오직 두 개의 생산요소만이 존재했다. 바로 **토지**(Land)**와 인간**(Labor)이있다. 더 정확히 말하면, 인간과 가축의 근육이 만들어내는 생물학적 에너지로서의 노동력이었다.

이 두 가지 생산요소는 그 본질상 치명적인 한계를 내포하고 있었다. 토지는 유한했고, 인간의 노동력은 연약했다. 농업사회의 모든 경제 시스템, 사회 구조, 심지어 인간의 사유체계까지 이 두 개의 족쇄에 단단히 묶여 있었다. 산업혁명은 바로 이 족쇄를 끊어내는 과정이었으며, 그 의미를 제대로 이해하기 위해서는 먼저 이 두 제약이 얼마나 강력하게 인류의 발목을 잡고 있었는지 깊이 들여다볼 필요가 있다.

첫 번째 족쇄 : 유한한 대지, 토지의 배신

농업사회에서 토지는 단순한 땅이 아니었다. 그것은 부와 권력의 원천이자, 삶과 죽음을 가르는 절대적인 기준이었으며, 모든 생산 활동의 시작과 끝이었다. 토지의 소유 여부는 곧 지배층과 피지배층을 나누는 기준이었고, 국가 간의 전쟁은 더 비옥하고 넓은 땅을 차지하기 위한 싸움이었다. 하지만 이 가장 근본적인 생산수단은 인류의 욕망과 달리 무한하지 않았다.

첫째, 토지는 절대적으로 유한했다. 인구가 늘어나 더 많은 식량이 필요해도, 경작 가능한 땅을 무한정 만들어낼 수는 없었다. 강가나 평야의 비옥한 땅은 일찌감치 주인을 찾았고, 새로운 땅을 개간하기 위해서는 숲을 베어내거나 척박한 산지를 개간해야 했다. 이는 엄청난 노동력을 필요로 했을 뿐만 아니라, 결국에는 한계에 부딪혔다. 이것이 농업사회가 주기적인 위기에 봉착할 수밖에 없었던 첫 번째 물리적 제약이었다.

둘째, 토지에는 '수확 체감의 법칙(The Law of Diminishing Returns)'이 어김없이 적용되었다. 이 경제학의 기본 원리는, 다른 생산요소는 고정한 채 한 가지 생산요소(여기서는 노동력)의 투입을 계속 늘리면, 추가 투입에 따른 생산량의 증가분(한계생산량)이 어느 지점부터는 점차 줄어든다는 것이다.

예를 들어보자. 1헥타르의 밭에 농부 한 명이 일할 때 10가마의 쌀을 수확했다고 가정하자. 농부 한 명을 더 투입하면 협업을 통해 효율이 올라 22가마를 수확할 수도 있다. 하지만 여기에 계속해서 농부를 투입해 10명이 함께 일한다고 해서 수확량이 100가마, 20명이 일한다고 200가마가 되지는 않는다. 오히려 좁은 땅에 너무 많은 사람이 몰려 서로의 동선만 방해하고, 결국 1인당 생산량은 급격히 떨어지게 된다.

농업사회에서는 이 법칙이 철옹성처럼 작동했다. 인구가 늘어나 노동력이 풍부해져도, 경작지라는 요소가 고정되어 있었기 때문에 1인당 생산성은 필연적으로 정체되거나 하락했다. 이는 사회 전체의 부가 늘어나지 않고, 늘어난 인구가 그저 똑같은 양의 파이를 더 잘게 나누어 갖는 결과로 이어졌다. 결국 사회는 더 풍요로워지는 대신, 더 가난해지는 악순환에 빠지게 되었다. 이것이 바로 맬서스의 함정이 작동하는 미시적인 메커니즘이었다.

셋째, 토지는 살아있는 유기체처럼 지력(地力)을 소모했다. 앞서 언급했듯, 식물 성장의 필수 요소인 질소는 농사를 지을수록 땅에서 빠져나갔다. 이 고갈되는 지력을 회복시키기 위해 인류는 필사적인 노력을 기울였다. 가장 원시적인 방법은 땅을 그냥 쉬게 하는 **'휴경(Fallowing)'**이었다. 하지만 인구가 늘어나면서 마냥 땅을 놀릴 수만은 없게 되자, 유럽에서는 2년 혹은 3년을 주기로 경작지와 휴경지를 번갈아 사용하는 '이포제(Two-field system)'나 '삼포제(Three-field system)' 같은 윤작법이 개발되었다. 이는 분명 진보였지만, 여전히 전체 토지의 3분의 1이나 절반을 사용하지 못하는 비효율적인 방식이었다. 콩과 같은 콩과 식물을 심어 땅의 질소를 보충하는 방법도 사용되었지만, 이는 근본적인 생산성의 비약적 향상이 아닌, 현상 유지를 위한 처절한 몸부림에 가까웠다. 땅은 인류를 먹여 살리는 어머니였지만, 동시에 끊임없이 무언가를 요구하고 쉽게 지쳐버리는 까다로운 주인이기도 했다.

두 번째 족쇄 : 연약한 근육, 생물학적 에너지의 한계

농업사회의 두 번째 생산요소인 노동력은 곧 '에너지'의 문제였다. 당시 인류가 사용할 수 있었던 동력원은 오직 살아있는 생명체의 근육에서 나오는 힘, 즉 **생물학적 에너지**뿐이었다. 인간의 노동력(인력)과 소, 말, 당나귀 같은 가축의 힘(축력)이 문명을 움직이는 엔진의 전부였다.

에너지의 관점에서 볼 때, 이 생물학적 엔진은 몇 가지 치명적인 약점을 가지고 있었다.

첫째, **에너지 밀도가 극도로 낮았다.** 한 명의 건장한 남성이 하루 종일 일해서 만들어낼 수 있는 에너지는 약 0.1마력(Horsepower)에 불과하다. 이는 75와트(W) 전구 하나를 겨우 켤 수 있는 미미한 힘이다. 말 한 마리의 힘은 약 1마력으로 인간보다 훨씬 강력했지만, 이 역시 훗날 등장할 증기기관에 비하면 보잘것없는 수준이었다. 18세기 후반 제임스 와트의 증기기관 하나는 수십 마리의 말이 뿜어내는 힘을 지치지 않고 만들어냈다. 에너지의 총량 자체가 비교할 수 없을 만큼 제한적이었기에, 거대한 피라미드나 만리장성을 건설하기 위해서는 수십만 명의 노동력을 수십 년간 투입하는, 그야말로 비효율의 극치를 보여주는 방식 외에는 대안이 없었다.

둘째, **에너지 공급이 불안정하고 비효율적**이었다. 인간과 가축은 기계가 아니다. 그들은 음식을 통해 끊임없이 '연료'를 공급받아야 했고, 휴식과 잠을 통해 '재충전'의 시간을 가져야 했다. 질병에 걸리면 동력을 상실했고, 늙으면 효율이 떨어졌다. 특히 인간을 동력원으로 사용하는 것은 근본적인 비효율을 내포하고 있었다. 노동력을 제공할 인구를 늘리기 위해서는 더 많은 식량을 생산해야 했고, 더 많은 식량을 생산하기 위해서는 다시 더 많은 인구(노동력)가 필요했다. 이 '식량-인구'의 악순환은 사회가 벌어들인 잉여 에너지를 대부분 인구를 유지하는 데 다시 소모하게 만들어, 부의 축적과 재투자를 가로막는 구조적인 원인이 되었다.

셋째, **에너지의 변환과 전송이 불가능**했다. 인간과 가축의 힘은 오직 그들이 있는 장소에서, 밧줄이나 지렛대 같은 단순한 도구를 통해서만 전달될 수 있었다. 힘을 한곳에 모아 폭발적으로 사용하거나, 멀리 떨어진 곳으로 보내는 것은 상상조차 할 수 없었다.

물론 인류는 생물학적 에너지의 한계를 넘어서기 위해 자연의 힘을 빌리려 애썼다. 흐르는 강물에 물레방아를 설치하여 무거운 맷돌을 돌렸고, 언덕 위에 풍차를 세워 바람의 힘으로 물을 퍼 올렸다. 이들은 분명 당대에는 혁신적인 기술이었고, 인류가 처음으로 자연의 비생물학적 에너지를 활용한 사례였다. 하지만 이들 역시 명확한 한계를 가지고 있었다.

물레방아는 강가에만, 풍차는 바람이 부는 언덕에만 지을 수 있는 입지 의존성을 가졌다. 그 힘을 공장이 필요한 도시의 중심부로 가져올 방법은 없었다. 또한, 가뭄이 들어 강이 마르거나 바람이 멈추면 이 기계들은 무용지물이 되는 간헐성을 극복할 수 없었다. 이처럼 자연의 힘은 강력했지만, 인간의 통제를 벗어나 있었기에 사회 전체의 동력 시스템을 바꾸는 데는 실패했다. 안정적이고, 강력하며, 인간이 원할 때 언제든 어디서든 꺼내 쓸 수 있는 **'주문형 에너지'**에 대한 갈망은 더욱 커져만 갔다.

결론적으로, 1만 년의 농업사회는 토지라는 유한한 공간과 인간이라는 연약한 동력원이라는 두 개의 거대한 제약 속에서 벗어나지 못했다. 토지의 한계는 생산량의 정체를 낳았고, 이는 다시 인구의 정체로 이어졌다. 생물학적 에너지의 한계는 기술 혁신의 속도를 더디게 만들었고, 이는 다시 토지의 생산성을 획기적으로 개선하지 못하는 악순환을 낳았다. 이 견고한 정체의 고리는 인류를 풍요의 문턱에서 번번이 좌절시켰다.

바로 이 지점에서 인류는 새로운 돌파구를 찾아야만 했다. 토지의 제약을 뛰어넘고, 인간과 가축의 힘을 대체할 완전히 새로운 차원의 동력원이 절실했다. 18세기 영국에서 시작된 변화의 바람은, 바로 이 1만 년간 이어진 제약의 사슬을 끊어낼 열쇠를 땅속 깊은 곳에서 찾아내면서 불어오기 시작했다.

[Deep Dive : 메소포타미아에서 배우는 정체의 교훈]

인류가 토지와 생물학적 에너지라는 두 개의 족쇄에 묶여 있었다는 사실은, 때로 너무나 거대하고 추상적으로 들릴 수 있다. 이 한계가 실제로 한 위대한 문명을 어떻게 탄생시키고, 또 어떻게 스스로의 발목을 잡아 파멸로 이끌었는지를 생생하게 보여주는 역사적 사례가 있다. 바로 인류 최초의 문명, '두 강 사이의 땅'이라 불렸던 **메소포타미아**(Mesopotamia)의 이야기다.

메소포타미아 문명의 흥망성쇠는 농업사회가 가진 잠재력과 그 근원적 취약성을 한 편의 대서사시처럼 압축해서 보여준다. 그들의 이야기는 단순히 오래된 과거사가 아니다. 그것은 에너지를 다루는 방식이 문명의 운명을 어떻게 결정하는지에 대한 첫 번째 기록이자, 성공의 방정식이 어떻게 파멸의 공식으로 돌변할 수 있는지를 보여주는 섬뜩하고도 교훈적인 경고다.

문명의 요람, 물을 지배한 사람들

기원전 4000년경, 티그리스강과 유프라테스강이 비옥한 퇴적물을 실어 나르던 메소포타미아 남부, 오늘날의 이라크 지역에 수메르인들이 정착했다. 이곳은 축복이자 저주의 땅이었다. 두 강이 주기적으로 범람하며 남긴 비옥한 충적토는 농사에 더할 나위 없이 좋은 환경을 제공했지만, 연간 강수량은 200mm에도 미치지 못하는 건조한 기후가 문제였다. 풍부한 물과 비옥한 땅이라는 잠재력을 현실로 바꾸기 위해서는, 흩어져 있는 물을 필요한 곳에, 필요한 때에 공급하는 에너지 관리 기술이 필수적이었다.

수메르인들은 인류 역사상 최초로 이 과업을 성공적으로 수행했다. 그들은 강물을 다스리기 위해 정교한 **관개 시스템**(Irrigation System)을 구축하기 시작했다. 수십 킬로미터에 달하는 운하를 파서 강물을 끌어왔고, 작은 수로들을 거미줄처럼 연결해 경작지에 물을 댔다. 홍수를 막기 위한 둑을 쌓고, 물을 저장하기 위한 저수지를 만들었다. 이는 단순히 흙을 파는 노동이 아니었다. 수로의 기울기를 계산하고, 물의 흐름을 예측하며, 수많은 사람의 노동력을 조직하고 통솔하는 고도의 사회적, 기술적 프로젝트였다. 즉, 인류 최초의 대규모 '에너지 인프라' 건설이었던 셈이다.

이 관개 시스템은 기적을 낳았다. 물과 햇빛, 그리고 비옥한 땅이 만나자 생산량은 폭발적으로 증가했다. 이전 시대와는 비교할 수 없는 막대한 양의 잉여 농산물이 창고에 쌓이기 시작했다. 이 잉여 에너지는 메소포타미아 사회를 질적으로 다른 차원으로 도약시키는 엔진이 되었다.

모두가 농사에 매달릴 필요가 없어지자, 전문적인 기술을 가진 장인, 문자를 다루는 서기, 별을 관찰하는 사제, 그리고 이 모든 것을 통치하는 왕과 관료 계급이 등장했다. 인류 최초의 도시인 우루크(Uruk), 우르(Ur), 라가시(Lagash)가 탄생했다. 수만 명의 인구가 밀집한 도시에서는 신전을 중심으로 복잡한 사회 시스템이 작동했다. 창고에 드나드는 곡물의 양을 기록하기 위해 인류 최초의 문자, 쐐기문자(Cuneiform)가 발명되었고, 교역의 범위를 측정하기 위해 60진법과 바퀴가 고안되었다. 이 모든 눈부신 문명의 성취는 결국 '물'이라는 에너지를 성공적으로 관리하고 통제한 결과물이었다. 수메르인들은 자신들이 자연을 정복했다고 믿었고, 그들의 풍요는 영원할 것처럼 보였다.

성공이 심은 파멸의 씨앗 : 토양 염분화의 비극

하지만 그들이 쌓아 올린 문명의 토대 바로 그 아래에서, 파멸의 씨앗이 조용히 자라나고 있었다. 역설적이게도, 그 씨앗에 물을 준 것은 바로 그들의 성공을 이끈 관개 시스템 그 자체였다.

메소포타미아의 비극은 **토양 염분화**(Soil Salinization)라는, 당시로서는 이해할 수 없었던 자연 현상에서 시작되었다. 티그리스강과 유프라테스강의 물은 상류의 암석을 지나오면서 소금기를 비롯한 다량의 광물질을 포함하고 있었다. 수메르인들이 이 강물을 농경지로 끌어왔을 때, 식물은 물만 흡수하고 물속에 녹아있던 미세한 소금기는 땅에 그대로 남았다.

여기에 메소포타미아의 뜨겁고 건조한 기후가 치명타를 가했다. 지표면으로 스며든

물은 강렬한 햇볕에 빠르게 증발했고, 땅속에 남겨진 소금기는 모세관 현상을 따라 다시 지표면으로 올라와 하얀 소금 결정으로 쌓이기 시작했다. 수십, 수백 년에 걸쳐 이 과정이 반복되면서, 비옥했던 흙은 점차 소금에 절여져 갔다. 마치 인체의 동맥에 콜레스테롤이 서서히 쌓여 혈관을 막아버리는 동맥경화처럼, 문명의 젖줄이었던 땅의 혈관이 소금기로 막혀가고 있었던 것이다.

초기에 이 변화는 거의 감지할 수 없었다. 하지만 시간이 흐르면서 재앙의 징후가 나타나기 시작했다. 당시 수메르인들이 주로 재배하던 작물은 밀과 보리였다. 그런데 밀은 소금기에 매우 취약한 작물이었다. 토양의 염도가 높아지자 밀의 수확량이 눈에 띄게 줄어들기 시작했다. 고고학적 증거는 이 극적인 변화를 명확하게 보여준다. 기원전 3500년경 수메르 남부의 농경지에서는 밀과 보리의 재배 비율이 거의 비슷했다. 하지만 시간이 지나면서 밀 재배는 급격히 감소하고, 상대적으로 소금기에 강한 보리가 그 자리를 대체해나갔다. 기원전 1700년경에 이르면, 이 지역에서 밀 농사는 거의 자취를 감추게 된다.

이는 단순히 주식의 종류가 바뀐 것을 넘어, 문명 전체의 생산력이 급격히 쇠퇴하고 있었음을 보여주는 명백한 증거다. 고대 점토판에 기록된 수확량 데이터는 더욱 충격적이다. 기원전 2400년경 1헥타르당 약 2,500리터에 달했던 곡물 수확량은, 기원전 2100년에는 1,460리터로, 그리고 기원전 1700년에는 897리터까지 급감했다. 불과 700년 만에 생산성이 3분의 1토막이 난 것이다.(출처 : Clive Ponting, 『A Green History of the World』)

이러한 생산성의 붕괴는 사회 전체를 뒤흔들었다. 식량 부족은 만성적인 기근으로 이어졌고, 이는 사회적 불안과 갈등을 증폭시켰다. 도시들은 줄어드는 자원을 놓고 서로 치열하게 다투었고, 지배층의 권위는 땅에 떨어졌다. 한때 인류 문명의 중심이었던 수메르의 도시들은 서서히 활력을 잃고 유령 도시로 변해갔고, 문명의 중심지는 상대적으로 염분화 피해가 덜했던 북쪽의 바빌로니아나 아시리아로 이동했다. 인류 최초의 위대한 문명은 외부의 강력한 침략이 아니라, 스스로의 성공이 낳은 환경적 재앙 앞에서 서서히 무너져 내린 것이다.

메소포타미아가 우리에게 던지는 교훈

메소포타미아의 비극은 4천 년 전의 낡은 이야기가 아니다. 그것은 21세기를 살아가는 우리에게 세 가지 중요한 교훈을 던져준다.

첫째, **에너지 시스템의 지속가능성** 문제다. 메소포타미아 문명은 물이라는 에너지를 활용해 폭발적인 성장을 이루었지만, 그 과정에서 발생하는 장기적인 환경 부하를 예측하거나 관리하지 못했다. 그들의 관개 시스템은 단기적인 생산량을 극대화하는 데는 성공했지만, 토양의 건강이라는 생태계의 순환 고리를 파괴함으로써 결국 시스템 전체를 붕괴시켰다. 이는 오늘날 우리가 화석연료라는 강력한 에너지를 통해 눈부신 풍요를 이루었지만, 그 대가로 기후위기라는 전 지구적 재앙을 마주하게 된 현실과 놀랍도록 닮아있다. 풍요의 원천이 역설적으로 위협의 원인이 되는 '에너지 시스템의 역설'은 이미 4천 년 전에 시작되었던 것이다.

둘째, **기술에 대한 맹신이 가져오는 위험**이다. 수메르인들은 자신들의 관개 기술이 모든 것을 해결해 줄 것이라 믿었다. 그들은 더 많은 물을 끌어오기 위해 더 깊고 넓은 운하를 파는 데만 집중했을 뿐, 그 기술이 가져올 부작용에 대해서는 성찰하지 않았다. 이는 단기적인 효율성과 성과에만 매몰되어 장기적인 리스크를 외면하는 '기술적 근시안'의 전형적인 사례다. 오늘날 우리 역시 인공지능, 유전공학 등 강력한 기술의 발전을 목도하고 있다. 이 기술들이 가져올 혜택에 환호하는 동시에, 그것이 초래할지 모르는 예기치 못한 사회적, 윤리적, 환경적 문제에 대해 끊임없이 성찰하고 대비해야 함을 메소포타미아의 역사는 경고하고 있다.

셋째, **성장의 한계와 문명의 정체**에 대한 근본적인 질문이다. 메소포타미아의 멸망은 농업 사회가 가진 본질적인 한계를 극명하게 보여준다. 그들은 토지와 물이라는 주어진 생산요소를 활용하는 기술을 극한까지 발전시켰지만, 결국 그 생산요소 자체가 가진 물리적, 환경적 한계를 뛰어넘지는 못했다. 그들의 성장은 새로운 에너지원을 발견하거나 생산성을 비약적으로 높이는 '질적 성장'이 아니라, 더 많은 땅에 더 많은 물을 투입하는 '양적 팽창'에 의존했다. 그리고 그 팽창이 한계에 부딪혔을 때, 문명은 성장을 멈추고 쇠퇴의 길로 접어들었다.

결국 메소포타미아의 이야기는 1만 년 농업사회의 축소판이다. 인류는 이 시기 동안 수많은 제국을 건설하고 위대한 문화를 꽃피웠지만, 그 어느 문명도 토지와 생물학적 에너지라는 근본적인 제약에서 자유로울 수 없었다. 성장은 언제나 한계에 부딪혔고, 풍요는 늘 일시적이었다. 이 지루하고 반복적인 정체의 역사를 끝내기 위해서는, 완전히 새로운 종류의 에너지, 즉 토지의 제약으로부터 자유롭고, 인간의 근력을 초월하며, 무한에 가까운 힘을 제공하는 그런 에너지가 필요했다. 그리고 그 혁명의 씨앗은, 메소포타미아의 비극이 채 끝나기도 전부터 이미 다른 대륙의 땅속 깊은 곳에서 조용히 싹을 틔울 준비를 하고 있었다.

1.3. 산업혁명 전야 : 변화의 씨앗은 어디에 있었나?

1만 년. 인류가 농사를 짓기 시작한 이래, 수많은 제국이 흥하고 망했으며, 위대한 영웅들이 태어나고 사라졌다. 이집트의 파라오, 로마의 카이사르, 몽골의 칭기즈칸은 각기 다른 시대, 다른 땅에서 역사의 주인공이 되었지만, 그들이 지배했던 세상의 근본적인 작동 원리는 놀라울 만큼 비슷했다. 문명은 여전히 토지의 생산력과 인간의 노동력이라는 한계 안에 갇혀 있었고, 대다수 인류의 삶은 가난과 기근의 위협에서 자유롭지 못했다. 역사는 거대한 파도처럼 출렁였지만, 결국 같은 해변으로 되돌아오는 지루한 순환을 반복하는 것처럼 보였다.

그런데 18세기, 지구의 한쪽 구석에 있는 작고 축축한 섬나라, 영국에서 이 장구한 정체의 역사에 균열을 내는 미세한 진동이 감지되기 시작했다. 무엇이 달랐던 것일까? 왜 하필 그곳이었을까? 인류를 1만 년간 묶어두었던 족쇄를 끊어낼 산업혁명이라는 거대한 폭발은 결코 어느 날 갑자기 일어난 사건이 아니었다. 그것은 수 세기에 걸쳐 다양한 영역에서 뿌려진 '변화의 씨앗'들이 마침내 한곳에서, 절묘한 시기에 만나 발아한 필연적인 결과였다. 산업혁명의 불꽃이 타오르기 전, 그 불꽃을 지필 장작은 어떻게 쌓이고 있었는지, 우리는 그 혁명 전야의 풍경 속으로 들어가 볼 필요가 있다.

첫 번째 씨앗 : 세상을 다시 본 눈, 과학혁명이라는 이름의 소프트웨어

가장 근본적인 변화는 인간의 머릿속에서 시작되었다. 16세기 코페르니쿠스와 17세기 갈릴레오, 그리고 아이작 뉴턴으로 이어지는 **과학혁명**은 단순히 지구가 태양을 돈다는 사실을 발견한 것을 넘어, 인간이 세상을 이해하는 방식 자체를 송두리째 바꾸어 놓았다.

이전까지 세상은 신의 섭리가 지배하는, 신비하고 예측 불가능한 영역이었다. 자연재해는 신의 노여움이었고, 질병은 악마의 저주였다. 인간은 그저 거대한 힘 앞에서 순응하고 기도할 뿐인 나약한 존재였다. 하지만 과학혁명은 이 세계가 신비가 아닌, 관찰과 실험, 그리고 수학이라는 언어를 통해 이해할 수 있는 정교한 '기계'임을 선언했다. 뉴턴이 사과가 땅으로 떨어지는 현상과 행성이 태양 주위를 도는 현상을 동일한 '만유인력의 법칙'으로 설명했을 때, 인류는 처음으로 자연의 비밀을 풀 수 있는 열쇠를 손에 쥐었다는 자신감을 갖게 되었다.

이러한 **'기계론적 세계관'**은 실용적인 기술 개발에 지대한 영향을 미쳤다. 자연은 더 이상 경외의 대상이 아니라, 그 원리를 파악하여 인간의 삶을 풍요롭게 만드는 데 활용할 수 있는 '자원'으로 인식되기 시작했다. 런던의 왕립학회(Royal Society)와 같은 과학 단체들은 "말이 아닌, 사실에 근거하여(Nullius in verba)"라는 모토 아래, 순수한 이론을 넘어 실제 삶에 도움이 되는 지식의 확산을 장려했다. 이곳에서 과학자, 발명가, 그리고 부유한 상인들은 자유롭게 교류하며 아이디어를 나누었고, 이는 '어떻게 하면 더 효율적으로 펌프를 만들 수 있을까?', '어떻게 하면 직물의 염색을 더 균일하게 할 수 있을까?'와 같은 실용적인 질문으로 이어졌다.

물론 초기 산업혁명의 발명가들, 예컨대 제임스 와트 같은 인물들이 모두 뉴턴의 물리학을 통달한 과학자는 아니었다. 하지만 그들은 자신들이 사는 시대에 팽배했던 합리적이고 경험적인 사고방식, 즉 **'과학적 태도'**에 깊이 물들어 있었다. 문제를 관찰하고, 가설을 세우며, 끈질긴 실험을 통해 해결책을 찾아내는 이 새로운 정신적 소프트웨어는, 산업혁명이라는 거대한 하드웨어를 구동시킨 보이지 않는 운영체제였다.

두 번째 씨앗 : 땅의 혁명, 산업을 위한 예비 작업

산업혁명이 도시의 공장에서 시작되기 전, 그 혁명을 가능하게 한 또 다른 조용한 혁명이 영국의 농촌에서 먼저 일어나고 있었다. 바로 **농업혁명**이다. 18세기 영국은 다른 유럽 국가들과 달리, 농업 생산성에서 괄목할 만한 성장을 이루고 있었다.

그 중심에는 인클로저(Enclosure) 운동, 즉 '울타리치기'가 있었다. 중세 이래 영국의 농촌은 여러 농민이 공동으로 경작하고 가축을 방목하는 개방경지제(Open-field system)가 주를 이루었다. 하지만 18세기 들어 의회를 장악한 지주 계급은 법을 통해 이 공동지를 사유화하고 거대한 울타리를 치기 시작했다. 이 과정에서 수많은 소농이 삶의 터전을 잃고 도시의 빈민으로 전락하는 사회적 비극이 발생했지만, 경제적인 측면에서 인클로저는 생산성의 혁신을 가져왔다. 거대하고 통합된 농지를 소유하게 된 지주들은 이제 비효율적인 전통 농법에서 벗어나, 새로운 기술을 대규모로 실험하고 도입할 수 있게 된 것이다.

네덜란드에서 건너온 순무(turnip)와 클로버 같은 새로운 작물이 도입되면서, 땅을 묵히는 휴경의 악순환이 끊어졌다. 순무와 클로버는 땅의 지력을 회복시킬 뿐만 아니라, 겨울 동안 가축에게 먹일 훌륭한 사료가 되었다. 이는 더 많은 가축을 키울 수 있게 했고, 늘어난 가축은 더 많은 분뇨(비료)를 생산해 다시 땅을 비옥하게 만드는 선순환 구조, 즉 '노퍽 윤작법(Norfolk four-course system)'을 탄생시켰다. 또한, 로버트 베이크웰과 같은 선구자들은 가축의 선택적 육종을 통해 더 크고 살이 많은 양과 소를 길러냈다. 제스로 툴의 파종기처럼 새로운 농기구들도 개발되어 노동력을 절감하고 생산성을 높였다.

이러한 농업혁명은 산업혁명을 위한 세 가지 중요한 예비 작업을 수행했다. **첫째, 늘어난 식량 생산은 인구 증가**를 뒷받침했다. 맬서스의 함정에서 벗어날 수 있는 기초 체력이 길러진 것이다. 둘째, 더 적은 노동력으로 더 많은 식량을 생산할 수 있게 되면서, **농촌에서는 '잉여 노동력'**이 발생했다. 이들은 훗날 도시의 공장으로 몰려가 산업혁명의 동력이 될 노동자 계급을 형성했다. 셋째, 농업 생산성 향상으로 부를 축적한 지주들은 **새로운 산업에**

투자할 수 있는 '**자본**'을 **제공**했다. 이처럼 농촌의 변화는 도시의 혁명을 위한 인적, 물적 토대를 마련하는 결정적인 과정이었다.

세 번째 씨앗 : 돈과 시장, 혁명의 동기를 부여하다

아무리 뛰어난 기술과 풍부한 노동력이 있어도, 그것을 통해 만든 물건을 팔 시장이 없다면 혁명은 일어날 수 없다. 18세기 영국은 그 어떤 나라보다 강력한 상업적 동기를 가지고 있었다.

영국은 이미 세계 최강의 해상 제국이었다. 강력한 해군력을 바탕으로 북미, 인도, 카리브해 등 전 세계에 광대한 식민지를 건설했고, 이는 두 가지 측면에서 산업혁명의 강력한 촉매제가 되었다. 식민지는 본국 산업에 필요한 원면, 설탕과 같은 원자재를 값싸게 공급하는 원료 공급지였으며, 동시에 본국에서 생산된 면직물과 같은 공산품을 독점적으로 판매할 수 있는 **거대한 소비 시장**이었다. 특히 면직물에 대한 수요는 폭발적으로 증가하고 있었고, 이는 상인과 공장주들에게 '어떻게 하면 더 빨리, 더 많이 만들어낼 수 있을까?'라는 혁신에 대한 강력한 유인을 제공했다.

이러한 상업적 활기는 정교한 **금융 시스템**의 발달을 동반했다. 1694년 설립된 영란은행(Bank of England)은 국가 재정의 안정을 꾀하고 신용 시스템의 기반을 닦았다. 주식회사 제도는 여러 투자자로부터 자본을 모아 철도나 운하 건설과 같은 대규모 프로젝트의 위험을 분산시킬 수 있게 해주었다. 런던의 커피하우스에서는 사업가와 투자자들이 만나 새로운 사업 아이디어를 논의하고 자금을 조달했다. 돈이 필요한 곳에 원활하게 흘러 들어갈 수 있는 금융의 혈관이 튼튼하게 구축되어 있었던 것이다.

네 번째 씨앗 : 위기가 낳은 기회, 석탄이라는 해답

과학적 사고, 농업의 발전, 그리고 상업적 동기. 이 모든 조건이 무르익고 있었지만, 결정적인 방아쇠를 당긴 것은 바로 **에너지 위기**였다.

18세기 영국은 심각한 '땔감 기근(Wood Famine)'에 시달리고 있었다. 수백 년간 이어진 인구 증가와 도시의 확장, 그리고 배를 만들고 집을 지으며 철을 제련하는 데 사용된 막대한 양의 목재는 영국의 울창했던 숲을 황무지로 바꾸어 놓았다. 땔감과 숯의 가격은 천정부지로 치솟았고, 이는 모든 산업 활동의 비용을 증가시키는 심각한 제약 요인이 되었다. 사회 전체가 새로운 에너지원을 찾아야만 하는 절박한 상황에 내몰린 것이다.

바로 이 위기의 순간에, 영국의 발밑에 잠들어 있던 행운이 빛을 발했다. 영국은 유럽의 그 어느 나라보다도 질 좋고 풍부한 **석탄**이, 지표면 가까이에 광범위하게 매장되어 있었다. 더 기가 막힌 우연은, 이 석탄 매장지가 철강산업에 필수적인 철광석 산지와 매우 가까운 곳에 위치해 있었다는 점이다. 문제(에너지 위기)와 해답(석탄), 그리고 그 해답을 활용할 자원(철광석)이 지리적으로 완벽하게 결합되어 있었던 것이다.

초기 석탄 채굴의 가장 큰 난관은 갱도에 차오르는 지하수 문제였다. 바로 이 문제를 해결하기 위해 발명된 뉴커먼의 증기기관, 그리고 이를 개량한 와트의 증기기관은 모두 석탄을 연료로 사용했다. 즉, 석탄을 더 많이 캐기 위해 석탄을 태우는 기계가 필요했고, 그 기계는 다시 더 많은 석탄을 캐내는, **기술과 에너지의 경이로운 공진화**(Co-evolution)가 시작된 것이다.

이처럼 18세기 영국은 마치 잘 짜인 각본처럼, 산업혁명이라는 거대한 드라마를 위한 모든 배우와 무대장치가 완벽하게 준비된 상태였다. **과학혁명은 새로운 사고방식이라는 '대본'을, 농업혁명은 노동자와 자본이라는 '배우'를, 해상 제국은 거대한 '무대(시장)'를, 그리고 에너지 위기는 '극적인 갈등'을** 제공했다. 이제 남은 것은 이 모든 것을 하나로 엮어 역사의 막을 올릴 결정적인 '사건'뿐이었다. 그리고 그 사건은, 곧 땅속의 검은 돌을 깨워 세상을 움직이는 거인의 심장을 만들어내는 형태로 우리 앞에 나타나게 될 것이다.

제2장
검은 거인을 깨우다
– 제1차 산업혁명과 석탄의 시대

2.1. 장작에서 석탄으로 : 에너지 밀도의 혁명

1만 년간 지속된 농업 사회의 정체는 결국 에너지의 한계라는 하나의 단어로 요약될 수 있었다. 인류는 나무를 태워 열을 얻고, 물레방아를 돌려 곡식을 빻으며 자연이 허락하는 만큼만 성장했다. 문명은 태양이 매년 지구에 보내주는 에너지의 흐름, 즉 광합성을 통해 자라나는 식물(나무)과 그것을 먹고 자라는 동물(가축과 인간)의 힘이라는 거대한 생태 순환 시스템 안에 갇혀 있었다. 이 시스템은 안정적이었지만, 치명적으로 비효율적이었고 성장의 속도는 극도로 더뎠다.

특히 18세기 영국은 이 '나무의 시대'가 가진 명백한 한계에 직면하며 심각한 에너지 위기를 맞고 있었다. 늘어나는 인구와 초기 산업의 발달은 땔감과 제철용 숯에 대한 수요를 폭발시켰다. 런던과 같은 대도시의 난방, 빵을 굽는 화덕, 맥주를 만드는 양조장, 그리고 무엇보다 철을 녹이는 제철소까지, 사회의 모든 열원은 나무에 의존했다. 그 결과는 예견된 것이었다. 무분별한 벌목으로 영국의 울창했던 숲은 황폐해졌고, 목재 가격은 천정부지로 치솟았다. 16세기에서 18세기 사이, 영국의 목재 가격은 무려 7배나 급등했다.

이는 단순히 난방비가 오르는 수준의 문제가 아니었다. 이는 국가 경제 전체의 발목을 잡는 구조적인 위기였다. 에너지 비용의 상승은 모든 상품의 생산 원가를 높여 산업 경쟁력을 약화시켰고, 해군력의 근간인 선박 건조마저 위협했다. 사회는 성장의 문턱에서 더 나아가지 못하고 주저앉을 위기에 처했다. 인류 문명은 이 '나무의 시대'가 가진 명백한 한계, 즉 맬서스의 함정을 돌파할 새로운 동력원을 절실히 필요로 했다.

그 해답은 화려한 지상이 아닌, 어둡고 축축한 땅속 깊은 곳에 잠들어 있었다. 바로 **석탄**(Coal)이었다.

석탄은 단순한 검은 돌이 아니었다. 그것은 수억 년 전, 고대의 태양에너지를 머금고 무성하게 자랐던 거대한 양치식물들이 땅속 깊은 곳에서 엄청난 압력과 열을 받아 화석으로 변한, 그야말로 '땅속에 묻힌 태양'이자 '에너지의 타임캡슐'이었다. 인류가 마침내 이 타임캡슐을 여는 방법을 찾아냈을 때, 역사의 흐름은 완전히 다른 방향으로 흘러가기 시작했다. 제 1차 산업혁명의 심장에는 바로 이 응축된 고대의 에너지가 있었다.

석탄이 가져온 가장 근본적인 변화는 **'에너지 밀도**(Energy Density)**'의 혁명**이었다. 에너지 밀도란 단위 부피나 질량당 포함된 에너지의 양을 의미한다. 그리고 이 개념이야말로 산업혁명 전후의 세상을 가르는 가장 중요한 분기점이다.

이전 시대의 주요 에너지원이었던 나무에 비해 석탄은 같은 무게로 비교할 수 없을 정도로 월등히 높은 열량을 뿜어냈다. 목재의 에너지 밀도가 약 15~18MJ/kg인 데 반해, 역청탄의 에너지 밀도는 24~35MJ/kg 에 달했다. 이는 단순히 에너지 효율이 두배 좋다는 산술적인 의미를 넘어선다.

첫째, **저장과 운송의 경제성**이 극적으로 향상되었다. 같은 양의 열을 내기 위해 필요한 연료의 부피와 무게가 절반 이하로 줄어든다는 것은, 에너지의 수송 비용과 저장 비용을 획기적으로 낮출 수 있음을 의미했다. 과거에는 수레 수십 대 분량의 나무를 실어 날라야 했던 제철소에, 이제는 수레 몇 대 분량의 석탄만으로도 충분했다. 이는 에너지의 지리적 제약을 극복하고, 에너지를 필요한 곳에 대량으로 집중시키는 것을 가능하게 했다.

둘째, **더 작고, 더 뜨거운 불**을 만들 수 있게 되었다. 높은 에너지 밀도는 한정된 공간에서 훨씬 더 강력하고 높은 온도의 열을 만들어낼 수 있음을 의미했다. 이는 특히 철강 산업에 혁명적인 변화를 가져왔다. 이전까지 숯을 이용한 제철 방식으로는 1,000℃이상의 고온을 안정적으로 유지하기 어려워, 철광석에서 순수한 철을 뽑아내는 과정이 비효율적이고 품질도 낮았다. 하지만 석탄을 정제한 코크스(Coke)는 1,500℃가 넘는 고온을 만들어냈고, 이는 대규모 용광로에서 고품질의 선철을 대량으로 생산하는 길을 열었다. 헨리 코트의 '퍼들링 공법'과 같은 혁신 기술과 결합된 코크스 제철법은, 인류를 나무와 돌의 시대를 넘어 진정한 '철의 시대'로 이끌었다. 기계, 철도, 건축물 등 산업혁명의 모든 물리적 기반은 바로 이 석탄이 만들어낸 뜨거운 불에서 탄생한 것이다.

셋째, 인류는 처음으로 **'에너지의 재고(Stock)'** 개념을 갖게 되었다. 나무와 같은 생물학적 에너지는 태양이 매년 지구에 보내주는 에너지의 '흐름(Flow)'에 의존한다. 올해 자라난 나무만큼만 땔감을 얻을 수 있고, 그 양은 자연의 순환 속도에 의해 엄격하게 제한된다. 하지만 석탄은 수억 년에 걸쳐 축적된 에너지의 '재고'였다. 인류는 더 이상 자연이 허락하는 만큼만 에너지를 사용하는 수동적인 존재에서 벗어나, 땅속에 묻힌 막대한 에너지 재고를 채굴하여 원하는 만큼 사용하는 능동적인 존재로 거듭났다. 이는 인류가 사용할 수 있는 에너지의 총량을 사실상 무한에 가깝게 확장시킨, 문명사적 패러다임의 전환이었다.

영국이 이 혁명의 진원지가 될 수 있었던 데에는 지리적인 행운도 따랐다. 영국 땅 밑에는 질 좋은 석탄이 광범위하게, 그리고 비교적 얕은 곳에 매장되어 있었다. 초기에는 난방용이나 소규모 산업에 제한적으로 사용되던 이 '검은 황금'의 잠재력은, 한 명의 천재 기술자가 개량한 강철 심장을 만나면서 비로소 현실 세계를 바꾸는 힘으로 전환되었다. 그것이 바로 제임스 와트의 증기기관이었다.

사실 증기기관 자체는 와트 이전에 이미 존재했다. 뉴커먼 기관과 같은 초기 증기기관들은 석탄 광산에 고이는 지하수를 퍼내는 데 사용되고 있었다. 여기서 우리는 역사상 가장 극적인 '공진화(Co-evolution)'의 한 장면을 목격하게 된다. 석탄을 더 깊이 캐기 위해 증기기관이 필요했고, 그 증기기관을 가동하기 위해서는 더 많은 석탄이 필요했다. 이 긍정적 피드백 순환은 기술 발전을 가속화하는 강력한 엔진이 되었다.

하지만 초기 증기기관은 석탄을 엄청나게 소비하는 비효율적인 기계였다. 제임스 와트는 이 기계의 열효율을 극적으로 개선함으로써, 증기기관을 광산의 지하 펌프실에서 해방시켜 세상 모든 공장의 심장으로 만들었다. 증기기관은 석탄을 태워 얻은 뜨거운 열에너지를, 인류가 지금껏 경험해 보지 못한 강력하고 안정적인 기계적 동력으로 바꾸어 주었다.

이는 기존의 인력, 축력, 수력, 풍력과는 차원이 다른 힘이었다. 가뭄이 들면 멈추는 수력이나 바람이 불지 않으면 무용지물이 되는 풍력과 달리, 석탄과 물만 있으면 시간과 장소에 구애받지 않고 언제 어디서든 강력한 동력을 얻을 수 있게 된 것이다. 인류는 비로소 변덕스러운 자연의 제약에서 벗어나, 스스로 에너지를 통제하고 대규모로 생산할 수 있는 시대를 맞이하게 되었다. 땅속에 잠들어 있던 검은 황금은 비로소 강철로 된 심장을 얻어, 세상을 뒤흔들 준비를 마친 것이었다. 이제 이 새로운 힘이 가장 먼저 어디로 향하게 될 것인지가 역사의 다음 질문이 되었다.

2.2. 제임스 와트의 주전자, 세상을 움직이다

18세기 중반, 영국은 거대한 변화의 문턱에서 숨을 고르고 있었다. 늘어나는 인구와 확장되는 식민지 시장은 면직물에 대한 끝없는 수요를 창출했지만, 생산 방식은 그 욕망의 속도를 감당하기에 턱없이 부족했다. 당시 영국의 직물 산업은 '선대제(Putting-out system)'라는 가내수공업 방식에 의존하고 있었다. 도시의 상인이 농촌의 가정을 돌며 원면을 나눠주면, 아낙네들이 물레를 돌려 실을 잣고, 남정네들이 베틀에 앉아 옷감을 짜는, 표면적으로는 평화롭고 목가적인 풍경이었다.

하지만 이 평화로운 풍경 뒤에는 심각한 '병목현상(Bottleneck)'이라는 이름의 구조적 비효율이 존재했다. 1733년 존 케이가 발명한 '플라잉 셔틀(Flying Shuttle)' 덕분에 옷감을 짜는 직조(weaving) 속도는 비약적으로 빨라졌지만, 실을 잣는 방적(spinning) 속도는 여전히 한 사람이 하나의 추를 돌리는 전통적인 물레에 의존하고 있었다. 베틀의 속도를 실의 공급이 따라가지 못하는 상황이 벌어진 것이다.

이 문제를 해결하기 위해 발명가들의 경쟁이 불붙었다. 1764년 제임스 하그리브스의 '제니 방적기(Spinning Jenny)'는 한 번에 여러 개의 실을 잣게 해주었고, 리처드 아크라이트의 '수력 방적기(Water Frame)'는 인간의 힘을 넘어 자연의 힘, 즉 수력(水力)을 동력으로 삼아 훨씬 더 튼튼한 실을 대량으로 생산하는 공장제 생산의 서막을 열었다. 하지만 이는 또 다른 족쇄를 만들었다. 공장은 물살이 거센 강가에만 지을 수 있었고, 가뭄이 들면 공장 전체가 멈춰 서는 등 자연의 변덕에 여전히 얽매여 있었다. 산업은 폭발 직전의 에너지를 품고 있었지만, 그것을 안정적으로 터뜨릴 강력한 '심장'이 부재했다.

바로 이 결정적인 순간, 역사의 무대에 한 명의 인물이 등장한다. 스코틀랜드의 기계 기술자, **제임스 와트**(James Watt)였다. 그는 주전자 뚜껑이 들썩이는 것을 보고 증기기관을 발명했다는 유명한 일화의 주인공이지만, 이는 사실과 다르다. 그는 발명가라기보다는, 이미 존재하던 거칠고 비효율적인 거인의 심장을 정교하고 강력하게 다시 태어나게 한 위대한 '개량가'이자 '완성자'였다.

한 수리공의 통찰, 역사의 물줄기를 바꾸다

　1763년 겨울, 글래스고 대학의 기계 수리공이었던 제임스 와트에게 고장 난 증기기관 모형 하나가 맡겨졌다. 그것은 토머스 뉴커먼이 1712년에 발명한 초기의 증기기관으로, 당시 탄광의 지하수를 퍼 올리는 데 사용되던 기계였다. 꼼꼼하고 집요했던 **와트**는 기계를 수리하며 그 작동 원리의 근본적인 비효율성을 발견했다.

　뉴커먼 기관은 실린더에 증기를 가득 채워 피스톤을 위로 밀어 올린 뒤, 곧바로 실린더 안으로 찬물을 뿌려 증기를 급격히 응축시키는 방식이었다. 이때 실린더 내부가 진공에 가까운 상태가 되면서, 외부의 대기압이 피스톤을 아래로 강하게 눌러 동력을 얻었다. 문제는 이 과정에서 뜨거운 증기를 담았던 실린더가 매번 차갑게 식었다가, 다음 작동을 위해 다시 뜨거워져야 한다는 점이었다. 와트는 전체 에너지의 4분의 3이상이 피스톤을 움직이는데 쓰이는 것이 아니라, 단지 이 실린더를 데우는 데 낭비되고 있음을 간파했다.

　이 엄청난 에너지 낭비를 해결하기 위해 고심하던 어느 날, 1765년의 한 일요일 오후, 와트는 여느 때처럼 대학 인근의 공원을 산책하고 있었다. 그때 그의 머릿속에 번개 같은 영감이 스쳐 지나갔다. "증기는 기체이므로 뜨거워진 실린더를 빠져나와 별도의 공간으로 이동할 수 있을 것이다. 그렇다면 증기를 식히는 응축 과정을 실린더가 아닌, 분리된 응축기(Separate Condenser)에서 진행하면 되지 않을까?"

　이 아이디어는 단순했지만, 결과는 혁명적이었다. 실린더는 계속 뜨거운 상태를 유지하고, 응축기는 계속 차가운 상태를 유지함으로써 열 손실을 극적으로 줄일 수 있었다. 이는 마치 인간의 심장이 계속 뜨겁게 박동하기 위해, 차가운 공기를 들이마시는 폐가 따로 분리되어 있는 것과 같은 원리였다. 와트는 증기기관에 효율적인 '폐'를 달아준 것이다. 이 작은 아이디어 하나로 와트의 증기기관은 뉴커먼의 기관에 비해 석탄 소비량을 4분의 1이하로 줄이면서도, 훨씬 더 강력하고 안정적인 힘을 규칙적으로 뿜어낼 수 있게 되었다.

기술과 자본의 운명적 만남 : 볼턴 & 와트 상회

위대한 발명을 상업화하는 길은 험난했다. 와트는 자신의 아이디어를 실현할 자본과 정밀한 부품 가공 기술이 필요했다. 이 과정에서 그는 버밍엄의 성공한 사업가 매슈 볼턴(Matthew Boulton)이라는 최고의 파트너를 만난다. 기술의 가치를 꿰뚫어 본 볼턴은 와트의 연구를 적극적으로 지원했고, 두 사람은 1775년 '볼턴 & 와트' 상회를 설립한다. 훗날 볼턴은 자신의 공장을 찾은 국왕 조지 3세에게 이렇게 말했다. "폐하, 저는 이곳에서 세상 모든 이가 가장 갈망하는 것을 팝니다. 바로 '힘(Power)'입니다."

볼턴과 와트가 완성한 새로운 증기기관은 단순히 물을 퍼 올리는 것을 넘어, 피스톤의 상하 왕복 운동을 매끄러운 회전 운동(Rotary Motion)으로 바꿀 수 있는 '선앤플래닛 기어(Sun and Planet Gear)' 장치를 추가했다. 이것이 바로 '신의 한 수'였다. 회전 운동은 방적기, 방직기, 송풍기, 연마기 등 공장의 모든 기계를 돌릴 수 있는 범용 동력이 될 수 있었다. 이제 증기기관은 탄광의 지하 펌프실에서 해방되어, 세상 모든 공장의 지치지 않는 강철 심장이 될 준비를 마친 것이다.

공장의 심장이 된 증기기관 : '코튼폴리스'의 탄생

증기기관의 힘은 가장 먼저 면화 산업을 뒤흔들었다. 더 이상 강가에 얽매일 필요가 없어진 공장주들은 석탄을 구하기 쉽고 노동력이 풍부한 도시로 몰려들었다. 영국의 맨체스터는 이 변화의 중심에 있었다. 수십 개의 굴뚝이 쉴 새 없이 검은 연기를 뿜어냈고, 도시 전체가 증기기관의 굉음과 기계 돌아가는 소리로 가득 찼다. 맨체스터는 세계의 면직물 수요를 책임지는 **'코튼폴리스(Cottonopolis, 면의 도시)'**로 불리며 세계 최초의 산업 도시로 거듭났다.

증기기관을 동력으로 하는 기계식 방적기와 방직기가 도입되면서 직물 생산성은 가내수공업 시절과는 비교할 수 없을 정도로 치솟았다. 새뮤얼 크럼프턴이 발명한 '뮬 방적기(Spinning Mule)'는 증기기관과 결합하여 한 사람이 수백 개의 추를 동시에 돌리며 가늘고 튼튼한 실을 대량으로 생산할 수 있게 했다. 이는 인류 역사상 최초로 **'대량 생산(Mass Production)'**의 시대를 열었으며, 과거 귀족들의 사치품이었던 면직물을 누구나 입을 수 있는 생필품으로 바꾸어 놓았다. 1760년에서 1830년 사이, 영국의 면직물 생산량은 무려 100배 이상 증가했다. 값싸고 질 좋은 영국산 면직물은 전 세계 시장을 휩쓸었고, 이는 영국의 부를 축적하고 대영제국을 건설하는 경제적 기반이 되었다.

새로운 공간, 새로운 시간, 새로운 인간의 탄생

증기기관이 바꾼 것은 단지 생산량만이 아니었다. 그것은 인간의 삶의 방식과 사회 구조 전체를 근본적으로 재편했다.

공장(Factory)이라는 새로운 생산 공간이 탄생했다. 과거 농촌의 오두막에서 가족 단위로 일하던 방식은 이제 거대한 공장에서 수백, 수천 명의 노동자가 한데 모여 일하는 집단 노동 방식으로 대체되었다. 이곳에서 인간의 삶은 더 이상 자연의 순리가 아닌, 기계의 속도와 시계가 정한 시간에 맞춰 돌아가기 시작했다. 새벽을 알리는 공장의 기적 소리에 맞춰 일어나, 정해진 시간 동안 기계의 부품처럼 반복적인 노동을 하고, 해가 져도 램프 불빛 아래서 일을 계속해야 했다.

이는 새로운 노동 방식의 탄생이자, 시간을 돈으로 환산하는 현대적인 **'노동 시간'** 개념의 시작이었다. 농업 사회의 인간이 자연의 시간에 종속되었다면, 산업 사회의 인간은 기계의 시간에 종속된 새로운 유형의 인간, 즉 자신의 노동력을 팔아 생계를 유지하는 '노동자(Proletariat)'가 되었다. 이들은 열악한 노동 환경과 저임금에 맞서기 위해 노동조합을 결성하며 자본가 계급과 대립하는 새로운 사회적 갈등의 주체가 되었다.

    결론적으로, 제임스 와트의 증기기관은 단순히 하나의 효율적인 기계가 아니었다. 그것은 인류를 1만 년간 묶어두었던 에너지의 족쇄를 끊어내고, 생산성의 폭발을 통해 '맬서스의 함정'을 무력화시킨 문명사적 발명이었다. 증기기관이 면화 산업에서 일으킨 변화는 곧 철강, 석탄, 기계 등 다른 모든 산업으로 퍼져나가며 1차 산업혁명이라는 거대한 흐름을 완성했다. 와트의 작은 통찰에서 시작된 힘(Power)의 혁명은 그렇게 공장의 풍경을 바꾸고, 도시의 지도를 새로 그렸으며, 결국 인류 전체의 삶과 역사의 물줄기를 돌려놓았다. 이제 이 강력한 힘은 공장의 담벼락을 넘어, 더 넓은 세상을 향해 나아갈 준비를 하고 있었다.

2.3. 철도와 전신 : 공간과 시간을 압축한 인프라

    제임스 와트의 증기기관이라는 강력한 심장이 공장에서 밤낮없이 상품을 뿜어내기 시작하자, 산업혁명은 새로운 도전에 직면했다. 쏟아져 나오는 면직물과 철제품을 어떻게 전국의 시장으로 신속하게 실어 나를 것인가? 또, 이 거대한 공장을 계속 돌리기 위한 막대한 양의 석탄과 원료를 어떻게 중단 없이 공급할 것인가? 18세기까지 영국의 운송 시스템은 이 새로운 시대의 속도를 감당하기에는 너무나도 원시적이었다. 비만 오면 진흙탕으로 변하는 도로 위를 덜컹거리며 가는 마차는 느리고 비쌌으며, 한 번에 실을 수 있는 양도 극히 제한적이었다. 18세기 후반에 건설된 운하가 그나마 대안이었지만, 얼어붙는 겨울에는 무용지물이었고 지리적으로 연결할 수 없는 곳이 훨씬 많았다.

    산업혁명이라는 거대한 기관차는 달릴 준비를 마쳤지만, 그 기관차를 받쳐줄 '철로'가 부재했던 것이다. 이 물류의 병목 현상을 해결하지 못한다면, 공장의 혁신은 그저 지역적인 성공에 그치고 말았을 것이다. 바로 이 지점에서, 증기기관은 공장의 담벼락을 넘어 스스로 바퀴를 달고 움직이며, 인류 역사상 가장 위대한 인프라 혁명을 일으켰다.

강철 레일 위의 증기 심장, '로켓호'의 질주

초기의 철도는 탄광에서 캔 석탄을 인근 운하나 강까지 운반하기 위해 말이 수레를 끄는 형태의 '마차 철도(Wagonway)'에 가까웠다. 진정한 혁명은 이 강철 레일 위에 증기기관이라는 심장을 얹으면서 시작되었다. 초기 증기기관차는 너무 무겁고 느려 마차보다 비효율적이라는 비판에 직면했지만, 끈질긴 기술자들의 노력은 멈추지 않았다.

1829년, 리버풀-맨체스터 철도 개통을 앞두고 열린 기관차 경주 대회인 '레인힐 트라이얼(Rainhill Trials)'은 이 혁명의 기폭제가 되었다. 수많은 경쟁자들을 물리치고 압도적인 성능으로 우승을 차지한 조지 스티븐슨(George Stephenson)의 '로켓호(The Rocket)'는, 증기기관차가 단순한 가능성을 넘어 당대 최고의 운송 수단임을 전 세계에 증명해 보였다. 로켓호는 시속 47km라는 경이적인 속도를 기록하며, 가장 빠른 역마차보다 두 배 이상 빠르게 질주했다. 연기를 뿜으며 철로 위를 달리는 이 강철의 괴물을, 사람들은 경외와 두려움이 뒤섞인 눈으로 바라보았다.

로켓호의 성공은 영국 전역을 '철도 매니아(Railway Mania)'로 몰아넣었다. 1830년, 마침내 세계 최초로 승객과 화물을 동시에 실어 나르는 도시 간 상업 철도인 리버풀-맨체스터 철도가 개통되었다. 이는 단순한 교통수단의 등장이 아니었다. 산업혁명의 심장부인 맨체스터의 공장에서 생산된 면직물을 거대한 항구 도시 리버풀로 실어 나르고, 리버풀 항구를 통해 들어온 미국의 원면을 다시 맨체스터로 공급하는 이 철도는, 생산과 소비, 원료와 시장을 하나로 잇는 **산업사회의 대동맥** 그 자체였다.

세상을 움직이는 힘 : 철도가 만든 새로운 연쇄 반응

　영국을 시작으로 전 세계에 거미줄처럼 깔리기 시작한 철도망은 단순히 사람과 물자를 빠르게 이동시키는 수단을 넘어, 1차 산업혁명 시대의 경제 지도를 새로 그리고 사회 전체를 뒤흔드는 강력한 힘이 되었다.

　첫째, **산업 발전의 촉매제**가 되었다. 철도는 산업의 결과물인 동시에, 그 자체로 또 다른 산업을 낳는 거대한 엔진이었다. 철로를 놓기 위해 막대한 양의 철이 필요했고, 증기기관차를 움직이기 위해 엄청난 양의 석탄이 소비되었다. 이는 철강 산업과 석탄 채굴 산업의 성장을 직접적으로 견인하는 강력한 전방위적 수요를 창출했다. 또한, 빠르고 저렴해진 운송 비용 덕분에 공장들은 더 이상 원료 산지나 강가에 얽매일 필요 없이, 노동력을 구하기 쉬운 도시나 시장 접근성이 좋은 곳 등 최적의 입지를 선택할 수 있게 되었다.

　둘째, **전국 단위의 단일 시장을 창출**했다. 철도는 과거 지역 단위로 파편화되어 있던 시장을 거대한 '국민 경제'로 통합하는 데 결정적인 역할을 했다. 이전에는 지역마다 달랐던 곡물, 석탄, 공산품의 가격이 철도를 통해 전국적으로 표준화되기 시작했다. 외딴 시골의 농부는 이제 자신의 생산물을 런던과 같은 대도시 시장에 내다 팔 수 있게 되었고, 도시의 소비자는 더 저렴한 가격에 다양한 상품을 접할 수 있게 되었다. 이는 지역 간의 경제적 격차를 줄이고, 국가 경제의 규모를 비약적으로 확대시키는 기반이 되었다.

　셋째, **노동과 도시 생활의 풍경을 바꾸었다.** 철도 건설 및 운영은 그 자체로 거대한 고용을 창출하는 프로젝트였다. 일자리를 찾아 농촌을 떠난 인구가 도시로 몰려드는 도시화 현상을 가속했으며, 새로운 노동자 계급의 형성에 기여했다. 또한, 철도역은 더 이상 단순한 승강장이 아니라, 상업, 숙박, 유통의 중심지로 발전하며 도시의 물리적, 사회적 구조를 재편했다. 사람들은 기차를 이용해 도시 외곽에 거주하며 중심으로 출퇴근하는, 현대적인 '통근(Commuting)'의 개념을 처음으로 경험하기 시작했다.

넷째, 시공간 개념의 혁명과 시간의 통일을 가져왔다. 철도는 사람들의 마음속에 있던 시간과 공간에 대한 인식을 근본적으로 바꾸어 놓았다. 말과 마차로 며칠이 걸리던 거리를 단 몇 시간이면 주파할 수 있게 되면서, 세상은 심리적으로 훨씬 좁아졌다. 이 속도의 혁명은 예상치 못한 사회적 변화를 가져왔는데, 바로 '시간의 통일'이었다. 이전까지 영국의 모든 도시는 각자 태양의 위치에 따른 고유한 지방시(Local Time)를 사용했다. 하지만 전국적인 철도망을 단일한 시간표에 따라 운영하기 위해서는 통일된 표준시가 필수적이었다. 이 '철도 시간(Railway Time)'이 바로 그리니치 표준시(GMT)의 모태가 되었으며, 이는 근대 사회가 얼마나 정밀하고 합리적인 시스템을 요구하게 되었는지를 보여주는 상징적인 사례다.

정보의 속도를 빛의 속도로 : '빅토리아 시대의 인터넷', 전신

철도가 강철과 증기의 힘으로 물리적 거리의 한계를 극복하며 대륙을 하나의 생활권으로 묶었다면, 그 위를 흐르는 보이지 않는 힘, **전신(Telegraph)**은 정보의 한계를 무너뜨리며 시간을 정복했다. 철도가 산업사회의 '동맥'이었다면, 전신은 그 동맥을 따라 흐르는 '신경망'이었다. 이 두 가지 혁신은 분리된 발명품이 아니라, 서로의 존재를 필요로 하고 서로의 발전을 가속화시킨 운명적인 파트너였다.

철도망이 전국적으로 확장되면서 새로운 문제가 발생했다. 시속 수십 킬로미터로 달리는 무거운 쇳덩어리(기차)들을 어떻게 충돌 없이 안전하게 운행시킬 것인가? 역과 역 사이의 통신이 말을 탄 전령의 속도를 넘지 못하는 상황에서, 복잡한 열차 스케줄을 관리하고 돌발 상황에 대처하는 것은 거의 불가능에 가까웠다. 바로 이 지점에서, 전신의 등장은 필연적이었다.

새뮤얼 모스(Samuel Morse)가 발명한 모스 부호와 전신기는 인류의 소통 방식을 근본적으로 바꾸어 놓았다. 구리선과 전기의 힘을 이용해 점(dot)과 선(dash)의 단순한 신호로 문자를 변환하여, 순식간에 수백, 수천 킬로미터 밖으로 정보를 보낼 수 있게 된 것이다. 1844년, 모스가 워싱턴 D.C.에서 볼티모어로 보낸 첫 공식 전신 메시지, "신께서 이루신 일이 무엇인가!(What hath God wrought?)"라는 문장은 당시 사람들이 이 기술에 느꼈던 경외감을 그대로 보여준다. 이는 인류 최초의 실시간 통신 네트워크의 등장이자, 오늘날 우리가 누리는 인터넷과 모바일 통신의 직계 조상인 **'빅토리아 시대의 인터넷'**이 탄생하는 순간이었다.

전신망은 마치 덩굴처럼 철도 노선을 따라 설치되기 시작했다. 이는 단순히 설치가 용이했기 때문만은 아니었다. 전신은 철도 운영의 안전성과 효율성을 획기적으로 높이는 데 결정적인 역할을 했다. 역장은 전신을 통해 다음 역으로 열차의 출발을 알리고, 선로가 비어 있는지 확인할 수 있었다. 사고나 고장 발생 시 즉각적인 정보 공유가 가능해져 연쇄적인 충돌 사고를 예방하는 데 중요한 역할을 했다. 복잡한 운행 스케줄을 실시간으로 조정하고, 단선 구간에서도 열차들이 효율적으로 교행할 수 있게 되면서, 철도망의 수송 능력은 극대화되었다.

전신의 영향력은 철도를 넘어 사회 모든 분야로 퍼져나갔다. 과거 말을 탄 파발이나 배편으로 며칠, 몇 주씩 걸리던 정보가 단 몇 분 만에 전달되면서, 상업, 금융, 정치, 군사 등 사회 모든 분야의 의사결정 방식이 근본적으로 바뀌었다. 런던의 상인은 리버풀의 면화 가격을 실시간으로 알 수 있게 되었고, 이는 지역별 가격 차이를 없애고 전국 단위의 단일 시장을 형성했다. 기업들은 본사에서 전신을 통해 전국의 생산, 유통, 판매 과정을 실시간으로 관리하는 현대적인 중앙집권적 경영이 가능해졌다. 로이터(Reuters)와 같은 통신사들이 탄생하여 전 세계의 소식을 전신망을 통해 수집하고 배포하는 새로운 비즈니스가 만들어졌고, 이는 특정 사건에 대한 전국적인 '여론'을 형성하는 데 결정적인 영향을 미쳤다.

이처럼 전신은 단순히 '빠른 편지'가 아니었다. 그것은 정보의 시차를 파괴하고 세상을 하나의 정보망으로 묶음으로써, 시장의 작동 방식, 기업의 경영 형태, 뉴스의 개념, 그리고 국가의 통치 방식까지 모든 것을 바꾸어 놓은 혁명이었다. **철도가 물리적 공간을 압축했다면, 전신은 심리적, 정보적 공간을 압축했다.** 이 두 거대한 인프라의 결합 위에서 비로소 근대적인 산업 국가의 골격이 완성되었고, 이는 다음 장에서 살펴볼 거대한 사회 구조적 변화의 토대가 되었다.

2.4. 공장 굴뚝 아래 모여든 사람들 : 도시화와 새로운 계급

석탄과 증기, 철도가 만들어낸 1차 산업혁명은 단순히 상품을 더 많이, 더 빨리 만들어내는 경제적 변화에 그치지 않았다. 그것은 수천 년간 인류의 삶을 규정해 온 공간과 관계의 질서를 송두리째 뒤흔드는 거대한 사회 혁명이었다. 1만 년간 인류의 90% 이상이 흙냄새를 맡으며 살아가던 농촌 중심의 세계는 불과 한 세기 만에, 굉음과 연기로 가득 찬 도시 중심의 세계로 재편되었다. 이 거대한 변화의 중심에는 공장(Factory)이라는 새로운 자석이 있었고, 그 자력에 이끌려 수많은 사람이 몰려들면서 인류는 이전에 한 번도 경험해보지 못한 새로운 삶의 방식과 사회구조를 마주하게 되었다.

거대한 이주 : 왜 사람들은 도시로 향했는가

18세기 후반부터 19세기 영국에서는 역사상 유례없는 인구 이동이 시작되었다. 조상 대대로 살아온 농촌을 떠나, 낯설고 혼잡한 도시로 향하는 거대한

행렬이었다. 이들은 왜 정든 고향을 등져야 했을까? 거기에는 농촌에서 그들을 밀어내는 강력한 '배출 요인(Push factors)'과 도시에서 그들을 끌어당기는 '흡인 요인(Pull factors)'이 동시에 작용하고 있었다.

농촌에서 그들을 밀어낸 가장 큰 힘은 바로 제 1장에서 잠시 언급했던 '인클로저(Enclosure) 운동'이었다. 지주들이 공동 경작지를 사유화하고 울타리를 치면서, 소작농과 영세 농민들은 하루아침에 경작할 땅을 잃고 생계 수단을 박탈당했다. 여기에 새로운 농기계의 도입과 윤작법의 확산 등 농업혁명은 더 적은 노동력으로 더 많은 식량을 생산하게 만들었고, 이는 농촌에 더 이상 일자리가 없는 '잉여 인구'를 만들어냈다. 이들은 더 이상 농촌에 머물 이유도, 방법도 없는 존재가 되어 도시로 내몰렸다.

동시에, 도시에는 거부할 수 없는 유혹의 손길이 있었다. 증기기관의 심장을 단 공장들이 우후죽순 들어서면서, 이곳은 새로운 일자리의 원천이 되었다. 땅 한 평 없어도, 자신의 두 팔과 두 다리, 즉 노동력만 있으면 임금을 받고 살아갈 수 있다는 희망이 싹텄다. 농촌의 예측 불가능한 흉작과 봉건적 속박에서 벗어나, 도시에서 새로운 삶을 개척할 수 있다는 기대감이 사람들의 발걸음을 재촉했다.

그 결과는 영국의 인구 지도를 완전히 바꾸어 놓았다. 1750년, 런던을 제외하고 인구 5만 명이 넘는 도시는 단 두 곳에 불과했다. 하지만 불과 100년 뒤인 1851년에는 그 수가 29개로 늘어났고, 전체 인구의 절반 이상이 도시에 거주하는, 인류 역사상 최초의 **'도시 국가'**가 탄생했다. 특히 산업혁명의 심장부였던 맨체스터의 성장은 경이로웠다. 1770년대 2만 5천 명에 불과했던 인구는 1850년대에는 30만 명을 넘어서며 12배 이상 폭증했다. 사람들은 마치 거대한 자석에 이끌린 쇳가루처럼, 공장 굴뚝 아래로, 아래로 모여들었다.

도시의 두 얼굴 : 역동성과 비참함의 공존

이렇게 탄생한 19세기의 산업 도시는 이전 시대의 도시와는 완전히 다른, 두 개의 얼굴을 가진 야누스와 같은 공간이었다. 한쪽 얼굴은 혁신과 기회, 부와 활력이 넘치는 역동성의 공간이었지만, 다른 한쪽 얼굴은 오물과 질병, 범죄와 빈곤이 들끓는 비참함의 공간이었다.

프리드리히 엥겔스가 그의 저서『영국 노동자계급의 상태』에서 묘사한 1840년대 맨체스터의 모습은 그 참상을 생생하게 보여준다. 도시로 몰려든 노동자들을 수용할 주택은 턱없이 부족했고, 그들은 공장 주변에 급조된, 햇빛도 들지 않고 환기도 되지 않는 비좁은 주택에 짐짝처럼 구겨져 살았다. 상하수도 시설은 전무하여 집집마다 쌓인 오물과 쓰레기는 그대로 길거리에 버려졌고, 비가 오면 거리는 악취가 진동하는 진창으로 변했다. 식수는 공장 폐수와 생활 하수로 오염된 강물을 그대로 길어다 마셨고, 이는 콜레라나 장티푸스와 같은 끔찍한 수인성 전염병의 온상이 되었다. 공장 굴뚝에서 뿜어져 나오는 검은 석탄 연기는 도시의 하늘을 뿌옇게 뒤덮어, 사람들은 지독한 스모그 속에서 만성적인 호흡기 질환에 시달려야 했다.

이러한 비참한 환경 속에서, 인간의 삶은 짧고 고단했다. 1840년대 리버풀 노동자 계급의 평균 수명은 고작 15세에 불과했다는 충격적인 기록은, 당시 도시가 얼마나 죽음의 그림자가 짙게 드리워진 공간이었는지를 증명한다.

하지만 이 어두운 그림자 이면에는, 분명 새로운 시대의 역동성이 꿈틀대고 있었다. 도시는 다양한 배경을 가진 사람들이 모여 새로운 관계를 맺고 정보를 교환하는 거대한 용광로였다. 극장, 박물관, 신문사 등 새로운 대중문화가 탄생했고, 대학과 연구소에서는 새로운 지식과 기술이 쏟아져 나왔다. 무엇보다 도시는 부를 향한 인간의 욕망이 가장 치열하게 충돌하고 분출하는 공간이었으며, 이 과정에서 사회를 근본적으로 재편하는 새로운 세력들이 모습을 드러내기 시작했다.

새로운 계급의 탄생 : 부르주아와 프롤레타리아

　산업혁명과 도시화는 토지를 소유한 지주와 그 땅에 예속된 농노라는 중세적 계급 관계를 해체하고, 완전히 새로운 두 개의 계급을 역사의 무대 전면에 등장시켰다. 바로 공장과 기계, 즉 **자본**(Capital)을 소유한 산업 부르주아(Industrial Bourgeoisie)와, 자신의 **노동력**(Labor) 외에는 팔 것이 없는 산업 프롤레타리아(Industrial Proletariat)다.

　산업 부르주아는 새로운 시대의 지배계급이었다. 이들은 상인, 은행가, 그리고 성공한 발명가 출신으로, 상속받은 토지가 아닌 자신들의 사업적 수완과 투자를 통해 막대한 부를 축적했다. 그들은 합리성, 효율성, 그리고 근면함을 새로운 시대의 미덕으로 삼았으며, 자신들의 부를 과시하기 위해 도시 외곽에 화려한 저택을 짓고 귀족의 문화를 모방했다. 이들은 자신들의 경제적 이익을 대변하기 위해 의회로 진출하여 점차 정치권력의 중심부까지 장악해 나갔다.

　반면, 도시 인구의 절대다수를 차지한 **프롤레타리아**, 즉 **노동자 계급**의 삶은 부르주아의 풍요와는 정반대의 극점에 있었다. 공장 안에서 그들의 삶은 기계의 시간에 종속되었다. 해가 뜨고 지는 자연의 리듬은 더 이상 의미가 없었다. 아침을 알리는 공장의 기적 소리에 맞춰 일어나, 하루 12시간에서 16시간에 달하는 장시간 노동을 견뎌야 했다. 작업 환경은 끔찍했다. 환기도 되지 않는 작업장에는 면화 먼지가 가득했고, 안전장치 하나 없는 위험한 기계에 팔다리가 잘려나가는 사고가 비일비재했다.

　특히 여성과 아동에 대한 착취는 극심했다. 몸집이 작아 기계 사이를 쉽게 드나들 수 있다는 이유로, 혹은 더 적은 임금을 주어도 된다는 이유로 수많은 아동이 위험한 탄광이나 공장으로 내몰렸다. 이들에게 어린 시절이란 존재하지 않았다. 노동은 그들의 삶 그 자체였다.

　하지만 이 비참함 속에서 역설적으로 새로운 힘이 자라나고 있었다. 과거 농촌에서 흩어져 살던 농민들과 달리, 노동자들은 공장과 도시라는 공간에 대규모로 '집결'되어 있었다. 그들은 매일 같은 공간에서 일하고, 비슷한 처지의 이웃들과 어울리며, 자신들이 겪는 고통이 개인의 불운이 아니라 사회 구조적인 문제임을 깨닫기 시작했다. 이는 '우리'라는 집단적 정체성, 즉 **'계급의식(Class Consciousness)'**의 싹을 틔웠다.

이 계급의식은 노동자들이 자신들의 권리를 찾기 위한 집단행동으로 이어졌다. 초기에는 기계에 일자리를 빼앗긴 분노로 기계를 파괴하는 '러다이트 운동(Luddite Movement)'과 같은 원시적인 저항이 나타났지만, 점차 자본가와 대등하게 협상하기 위한 노동조합(Trade Union)을 결성하고, 임금 인상과 노동 시간 단축을 요구하며 파업(Strike)을 벌이는 조직적인 투쟁으로 발전해 나갔다.

이러한 노동자 계급의 성장은 칼 마르크스와 같은 사상가들에게 영감을 주었고, 자본주의의 모순을 비판하고 노동자의 단결을 촉구하는 **사회주의(Socialism)**라는 새로운 이념을 탄생시켰다. 이제 '계급투쟁'은 19세기와 20세기 역사를 관통하는 가장 중요한 화두가 되었다.

결론적으로, 1차 산업혁명은 단순히 생산 방식을 바꾼 것을 넘어, 인류의 삶의 터전과 사회적 관계를 근본적으로 재편했다. 공장 굴뚝 아래 모여든 사람들은 도시라는 새로운 무대 위에서, 부르주아와 프롤레타리아라는 새로운 주인공이 되어 이전과는 전혀 다른 갈등과 역동의 드라마를 써 내려가기 시작했다. 그리고 이 새로운 사회를 통치하고 질서를 유지하기 위해, 국가의 역할 또한 근본적으로 변화해야만 했다.

2.5. '해가 지지 않는 나라'의 비밀 : 에너지 패권과 근대 국가

19세기, 대영제국은 문자 그대로 '해가 지지 않는 나라'였다. 캐나다의 광활한 숲에서부터 인도의 무더운 평원, 호주의 드넓은 대륙과 아프리카의 심장부에 이르기까지, 지구 표면의 4분의 1이 유니언 잭의 깃발 아래 놓여 있었다. 인류 역사상 전례 없는 이 거대한 제국은 과연 무엇으로 유지될 수 있었을까? 강력한 군사력, 뛰어난 통치술, 혹은 발달한 상업 자본만으로는 이 모든 것을 설명할 수 없다. 제국의 가장 깊숙한 엔진실에는, 다른 모든 경쟁자를 압도하는 근원적인 힘의 원천이 있었다. 바로 **에너지 패권**(Energy Hegemony)이었다.

1차 산업혁명은 단순히 영국의 공장을 세계의 공장으로 만든 것을 넘어, 영국을 세계의 지배자로 만들었다. 그리고 이 과정에서, 이전 시대와는 완전히 다른 새로운 형태의 국가, 즉 복잡한 산업 사회를 관리하고 통제하며, 자본주의 시스템의 확산을 뒷받침하는 강력하고 체계적인 근대 국가(Modern State)가 탄생했다. 석탄이라는 검은 피가 어떻게 제국의 혈관을 타고 흘러 세계를 지배했는지, 그리고 그 과정에서 국가라는 시스템은 어떻게 진화했는지, 그 비밀의 핵심으로 들어가 보자.

바다를 지배하는 힘 : 범선에서 증기 군함으로

영국이 섬나라에서 제국으로 도약할 수 있었던 기반은 단연 강력한 해군력이었다. 트라팔가르 해전의 영웅 넬슨 제독 시대까지, 바다의 지배자는 바람의 방향을 더 잘 읽고, 돛을 더 능숙하게 다루는 자의 몫이었다. 목재로 만든 범선은 바람이라는 자연의 변덕에 운명을 맡겨야 했고, 역풍이 불면 며칠이고 바다 위에서 발이 묶이기 일쑤였다.

증기기관은 이 모든 해전의 공식을 바꾸어 놓았다. 1819년, 증기선 '사바나(Savannah)'호가 최초로 대서양을 횡단했을 때만 해도 사람들은 이를 신기한 구경거리로 여겼다. 하지만 곧 영국 해군성은 이 새로운 기술의 전략적 가치를 간파했다. 증기기관을 장착한 증기 군함(Steam-powered Warship)은 더 이상 바람에 의존하지 않았다. 역풍을 거슬러 항해할 수 있었고, 정해진 시간에 맞춰 정확하게 병력과 물자를 수송할 수 있었다. 기동성과 속도에서 범선을 압도하는 증기 군함은 영국 해군에게 전 세계의 바다를 자신의 안마당처럼 누빌 수 있는 절대적인 우위를 안겨주었다.

특히 아편전쟁(1839-1842)은 이 새로운 힘의 위력을 전 세계에 각인시킨 결정적인 사건이었다. 영국의 증기 군함 '네메시스(Nemesis)'호는 중국의 강을 거슬러 올라가 내륙 깊숙한 곳까지 침투하여 청나라의 방어선을 무력화시켰다. 중국의 전통적인 목선 함대는 이 강철로 된 연기 뿜는 괴물 앞에서 속수무책이었다. 이는 단순히 무기의 차이가 아니라, 에너지 시스템의 차이가 만들어낸 일방적인 승리였다.

하지만 이 강력한 증기 함대는 치명적인 약점을 가지고 있었다. 바로 엄청난 양의 석탄을 끊임없이 먹어치운다는 점이다. 이는 영국으로 하여금 전 세계의 전략적 요충지마다 석탄을 보급할 수 있는 **석탄 보급 기지(Coaling Station) 네트워크를 구축하도록 만들었다. 지브롤터, 몰타, 아덴, 싱가포르, 홍콩 등 대영제국의 식민지들은 단순히 영토 확장의 결과가 아니라, 증기 함대의 활동 반경을 유지하고 에너지 공급망을 확보하기 위한 필수적인 전략적 거점이었다. 결국, 석탄을 태우는 증기선이 제국을 확장하고, 그 제국은 다시 증기선에 석탄을 공급하는 거대한 순환 구조가 완성된 것이다. 에너지 패권이 곧 해상 패권이었고, 해상 패권이 곧 세계 패권인 시대였다.**

2.6. 근대 국가의 탄생 : 새로운 시대, 새로운 역할

급격한 산업화와 도시화, 그리고 자본주의 경제의 확산은 이전의 느슨한 봉건 국가 시스템으로는 감당할 수 없는 복잡한 문제들을 쏟아냈다. 사회를 안정시키고, 경제 성장을 뒷받침하기 위해 국가의 역할은 근본적으로 변화하고 확장되어야만 했다.

첫째, 국가는 **'인프라 건설자'**가 되어야 했다. 공장, 철도, 운하 등 대규모 인프라 건설에는 막대한 자본이 필요했다. 초기에는 민간 자본이 이를 주도했지만, 국가 경제에 미치는 영향이 막대해지자 정부는 법률 제정, 보조금 지급, 토지 수용권 부여 등을 통해 이를 적극적으로 지원하고 때로는 직접 투자에 나서기도 했다. 이는 국가가 더 이상 단순히 세금을 걷고 국방을 책임지는 소극적인 '야경 국가'가 아니라, 경제 발전을 위한 토대를 마련하는 적극적인 주체로 나서기 시작했음을 의미한다.

둘째, 국가는 **'시스템 설계자'**가 되어야 했다. 복잡해진 사회를 효율적으로 운영하기 위해서는 표준화된 시스템이 필수적이었다. 전국적인 우편 시스템이 도입되어 정보와 상품의 유통을 원활하게 했고, 철도망의 효율적 운영을 위해 그리니치 표준시가 국가 표준시로 채택되었다. 파운드화는 안정적인 국가 통화로 자리 잡았고, 도량형이 통일되어 상거래의 혼란을 줄였다. 국가는 이처럼 사회 전체를 아우르는 보편적인 규칙과 표준을 만들고 집행하는 역할을 수행했다.

셋째, 국가는 **'사회 문제 해결사'**가 되어야 했다. 제 2장 4절에서 보았듯이, 초기의 산업 도시는 끔찍한 위생 문제와 높은 범죄율, 그리고 극심한 노동 착취로 몸살을 앓았다. 이러한 문제들은 사회 안정을 위협하고 노동력의 재생산을 저해하는 심각한 수준에 이르렀다. 결국 국가는 더 이상 이를 방치할 수 없었다. 1833년 공장법(Factory Act)을 시작으로 아동 노동 시간을 제한하고, 1848년 공중보건법(Public Health Act)을 통해 도시의 상하수도 시설 개선에 나서는 등, 국가는 점차 국민의 삶에 개입하는 '규제 국가'이자 '복지 국가'의 초기 형태를 갖추기 시작했다. 로버트 필 경이 창설한 런던 수도 경찰은 전문화된 공권력의 등장을 알리는 신호탄이었다.

넷째, 국가는 **'자본주의의 후원자'**가 되어야 했다. 산업혁명은 막대한 자본의 축적과 순환을 필요로 했다. 영국 중앙은행인 영란은행은 산업 자본을 지원하고 통화 시스템을 안정시키는 역할을 하며 근대적 금융 시스템의 기틀을 마련했다. 여러 투자자로부터 자본을 모으는 주식회사 제도는 법적으로 보호받았고, 계약의 자유와 사유재산권의 신성함은 국가가 보장하는 핵심적인 가치가 되었다. 국가는 이처럼 자본주의라는 새로운 게임의 '심판'이자, 그 게임이 원활하게 돌아가도록 판을 깔아주는 '후원자'의 역할을 동시에 수행했다.

이처럼 1차 산업혁명은 석탄과 증기라는 기술 혁신을 통해 인류를 맬서스의 함정에서 구출하고 생산성의 비약적인 발전을 이뤄냈다. 그리고 이 과정에서 탄생한 막대한 부와 힘은 영국을 '해가 지지 않는 나라'로 만들었다. 하지만 그 영광의 이면에는 식민지에 대한 무자비한 착취, 노동자 계급의 비참한 삶, 그리고 공장 굴뚝에서 뿜어져 나오는 검은 연기가 드리우고 있었다. 석탄이 만들어낸 풍요는 결코 모두에게 공평하지 않았으며, 새로운 사회 갈등의 불씨를 잉태하고 있었다.

이 혁명이 빚어낸 빛과 그림자는 다음 시대의 과제가 되었고, 인류는 곧 석탄보다 더 강력하고 편리한 새로운 에너지원, **석유와 전기**를 기반으로 또 한 번의 거대한 변화를 맞이하게 된다. 석탄의 시대가 저물고, 황금빛 액체가 흐르는 새로운 시대가 밝아오고 있었다.

제3장
황금빛 액체가 흐르자 모든 것이 바뀌었다
- 제2차 산업혁명과 석유의 시대

3.1. 석유, 자동차와 만나 교외를 창조하다

석탄이라는 검은 거인이 깨어나 세상을 움직이기 시작한 지 약 한 세기. 인류는 이전 수천 년간 이룩한 것보다 더 많은 물질적 진보를 이루었다. 철도는 대륙을 종횡으로 누비고, 증기선은 대양의 거친 파도를 갈랐으며, 도시의 공장은 밤낮으로 상품을 쏟아냈다. 인류는 마침내 자연의 변덕을 극복하고 스스로의 힘으로 운명을 개척할 수 있다는 자신감에 취해 있었다.

하지만 그 영광의 시대는 짙은 그림자를 드리우고 있었다. 런던과 맨체스터의 하늘은 공장 굴뚝에서 뿜어져 나오는 검은 연기로 뒤덮였고, 사람들은 지독한 스모그 속에서 기침을 멈추지 못했다. 거대하고 무거운 증기기관은 공장의 담벼락이나 철로 위를 벗어날 수 없었고, 그 힘을 전달하는 방식은 여전히 투박하고 비효율적이었다. 문명은 강력한 힘을 얻었지만, 그 힘은 여전히 무겁고, 더러우며, 한 곳에 얽매여 있었다. 세상은 더 깨끗하고, 더 가벼우며, 더 자유로운 에너지를 갈망하고 있었다.

그 해답은 또다시 땅속에서 모습을 드러냈다. 하지만 이번에는 단단한 검은 돌이 아니었다. 그것은 끈적거리고 시커먼, 불쾌한 냄새를 풍기는 액체였다. 처음 발견되었을 때 사람들은 이 액체를 그저 '악마의 타르(Devil's Tar)'라 부르며 땅을 망치는 쓸모없는 것으로 여겼다. 하지만 이 천대받던 검은 액체, **석유**(Petroleum)는 자신의 잠재력을 알아볼 현명한 인간을 기다리고 있었다. 그것은 20세기를 지배하고 인류의 삶을 송두리째 바꿔놓을 새로운 시대의 황금빛 피, '**블랙 골드**(Black Gold)'였다.

블랙 골드 러시 : 새로운 시대의 거인들

19세기 중반까지 석유는 인디언들이 약으로 쓰거나, 일부 개척자들이 삐걱거리는 마차 바퀴에 윤활유로 바르는 정도의 귀찮은 존재였다. 그러던 중, 고래기름을 태워 등불을 밝히던 당시의 조명 방식에 위기가 찾아왔다. 무분별한 포경으로 고래의 수가 급감하면서 고래기름 가격이 천정부지로 치솟았기 때문이었다. 사람들은 밤을 밝혀줄 더 싸고 안정적인 대체재를 간절히 원했다.

이때 일부 과학자들이 석유를 정제하면 깨끗하고 밝게 타는 등유(Kerosene)를 얻을 수 있다는 사실을 발견했다. 문제는 이 석유를 어떻게 대량으로 얻느냐는 것이었다. 1859년, 은퇴한 철도기관사 출신의 '대령(Colonel)' 에드윈 드레이크라는 남자가 펜실베이니아의 작은 마을 타이터스빌에서 이 문제에 도전했다. 그의 아이디어는 간단했다. 소금물을 얻기 위해 땅에 구멍을 뚫는 것처럼, 석유를 얻기 위해 구멍을 뚫어보자는 것이었다.

주변 사람들은 모두 그를 비웃었다. 땅에 구멍을 뚫어 기름을 찾겠다는 생각은 황당무계해 보였고, 사람들은 그의 시추 시설을 '드레이크의 어리석은 짓(Drake's Folly)'이라고 조롱했다. 하지만 드레이크는 멈추지 않았고, 몇 달간의 고된 작업 끝에 1859년 8월 27일, 깊이 21m의 시추공에서 마침내 검은 황금이 솟아오르기 시작했다. 인류 최초의 상업적 유정(油井)이 탄생하는 순간이자, 석유 시대의 개막을 알리는 신호탄이었다.

이 소식은 순식간에 퍼져나갔고, 캘리포니아의 골드러시처럼 펜실베이니아에는 '블랙 골드 러시'가 시작되었다. 일확천금을 노리는 사람들이 구름처럼 몰려들어 땅에 구멍을 뚫기 시작했다. 이 혼란 속에서, 새로운 시대의 거인이 될 한 청년이 조용히 기회를 엿보고 있었다. 그의 이름은 존 D. 록펠러였다. 록펠러는 직접 석유 시추에 뛰어드는 대신, 이 산업의 '흐름'을 지배하기로 결심했고, 스탠더드 오일(Standard Oil)이라는 거대한 제국을 건설하며 석유가 단순한 연료가 아니라 막대한 부와 권력을 창출하는 20세기의 새로운 지배 자본임을 보여주었다.

석유의 잠재력을 폭발시킨 열쇠 : 내연기관

초기 석유 산업은 등유를 중심으로 성장했지만, 정제 과정에서 나오는 휘발유(Gasoline)는 너무 쉽게 불이 붙는 위험한 폐기물 취급을 받았다. 이 천덕꾸러기 폐기물을 20세기를 움직이는 가장 중요한 연료로 화려하게 부활시킨 것이 바로 **내연기관**(Internal Combustion Engine)이었다.

내연기관은 증기기관과 근본적으로 달랐다. 증기기관은 외부에서 석탄을 태워 만든 증기를 실린더로 끌어와 동력을 얻는 '외연기관'이었지만, 내연기관은 실린더 '내부'에서 직접 연료(휘발유)를 폭발시켜 그 힘으로 피스톤을 움직였다. 이 방식은 에너지 효율을 극적으로 높였을 뿐만 아니라, 엔진의 크기와 무게를 획기적으로 줄일 수 있게 해주었다. 공장 전체를 차지할 만큼 거대했던 증기기관과 달리, 내연기관은 탁자 위에 올려놓을 수 있을 만큼 작고 강력했다.

이 작고 강력한 심장은 인류에게 이전에는 상상할 수 없었던 **'개인 이동성**(Personal Mobility)'이라는 새로운 가능성을 열어주었다. 1886년, 독일의 칼 벤츠가 세계 최초의 휘발유 내연기관 자동차인 '페이턴트 모터바겐'을 발명했을 때, 인류는 비로소 말의 힘을 빌리지 않고 스스로 움직이는 마차를 손에 넣게 된 것이다.

포드의 꿈 : 자동차, 교외 그리고 소비주의의 탄생

초기의 자동차는 부유층의 사치스러운 장난감에 불과했다. 수작업으로 소량 생산되어 가격이 엄청나게 비쌌고, 고장이 잦아 전문 기술자 없이는 운행이 어려웠다. 자동차를 모든 사람을 위한 발로 만든 인물은 미국의 자동차 엔지니어, 헨리 포드(Henry Ford)였다.

그의 꿈은 단순하고, 튼튼하며, 누구나 운전하고 수리할 수 있는 자동차를 만드는 것이었다. 그 꿈의 결정체가 바로 1908년에 출시된 '모델 T(Model T)'였다. 하지만 그의 진짜 혁신은 자동차 자체가 아니라, 자동차를 만드는 방식에 있었다. 그는 시카고의 도축장에서 소와 돼지가 컨베이어 벨트를 따라 이동하며 부위별로 해체되는 모습에 영감을 받아, 자동차 조립에 컨베이어 벨트 시스템(Assembly Line)을 도입했다.

과거에는 노동자들이 차체를 중심으로 흩어져 각자 여러 부품을 조립하는 방식이었다. 하지만 포드는 노동자들을 일렬로 세우고, 컨베이어 벨트 위에서 움직이는 차체에 각자 맡은 부품 하나만을 반복적으로 조립하게 했다. 이 단순한 발상의 전환은 생산성의 기적을 낳았다. 자동차 한 대를 만드는 데 걸리는 시간은 12시간에서 불과 90분으로 단축되었고, 생산 비용은 극적으로 감소했다. 모델 T의 가격은 보통 노동자의 몇 달치 월급으로 살 수 있을 만큼 떨어졌다.

포드는 여기서 한 걸음 더 나아가, 20세기 경제사를 바꾼 위대한 선언을 한다. 바로 '**일당 5달러**(Five-Dollar Day)' 정책이다. 당시 노동자의 평균 일당이 2달러 남짓이었던 것을 감안하면 파격적인 조치였다. 이는 단순히 노동자들의 복지를 위한 시혜적인 조치가 아니었다. 포드는 "노동자들이 자신이 만든 차를 살 수 있을 만큼의 임금을 주어야 한다"고 생각했다. 노동자를 단순한 생산 수단이 아니라, 상품을 구매하는 '소비자'로 인식하기 시작한 것이다.

이 '**포디즘**(Fordism)'이라 불리는 대량생산-고임금-대량소비의 선순환 시스템은 2차 산업혁명 시대의 경제를 규정하는 핵심 원리가 되었다. 자동차가 대중화되자, 사람들의 삶의 공간은 극적으로 확장되었다. 더 이상 직장이 있는 복잡하고 오염된 도심에 살 필요가 없게 된 것이다. 사람들은 넓은 마당이 있는 쾌적한 교외(Suburb)의 단독주택으로 이주하기 시작했고, 자동차는 교외의 집과 도심의 직장을 잇는 필수품이 되었다.

이는 인류 역사상 처음으로 **직장과 주거의 분리**를 가능하게 한 공간 혁명이었다. 미국 전역에는 거미줄 같은 고속도로망이 건설되었고, 도로변에는 주유소, 모텔, 드라이브인 극장, 패스트푸드점과 같은 새로운 '자동차 문화(Car Culture)'가 탄생했다. 더 많이 생산하고, 더 많이 소비하는 것이 미덕이 되는 **'소비주의(Consumerism)' 사회**가 본격적으로 막을 올린 것이다.

결론적으로, 석유와 내연기관의 만남은 단순히 자동차라는 새로운 교통수단을 만든 것을 넘어, 20세기 인류의 삶의 공간과 방식을 근본적으로 재창조했다. 그것은 사람들을 좁은 도심에서 해방시켜 교외라는 새로운 공간을 창조했고, 대량생산과 대량소비라는 현대 자본주의의 엔진을 가동시켰다. 석탄이 공장과 철도를 중심으로 한 '생산'의 혁명이었다면, 석유는 자동차와 도로를 중심으로 한 '이동'과 '소비'의 혁명이었다. 그리고 이 혁명은, 눈에 보이지 않는 또 다른 에너지, 전기를 만나면서 더욱 폭발적인 시너지를 내며 현대 문명의 풍경을 완성해 나갔다.

3.2. 에디슨의 전구, 밤을 낮으로 바꾸다 : 전력망의 탄생

석유가 산업의 동맥을 흐르는 피였다면, 2차 산업혁명의 또 다른 심장은 보이지 않는 에너지, **전기(Electricity)**였다. 석탄과 증기기관이 인간을 고된 육체노동에서 해방시켰고, 석유와 내연기관이 인간을 거리의 제약에서 해방시켰다면, 전기는 인류를 가장 근원적인 자연의 굴레, 즉 밤의 어둠에서 해방시켰다. 빛을 정복하고, 그 힘을 가정과 공장 구석구석까지 실어 나른 이 조용한 혁명은 20세기 현대 문명의 풍경을 완성한 마지막 퍼즐 조각이었다.

그리고 19세기 후반, 이 보이지 않는 에너지를 누가, 어떤 방식으로 인류의 가정에 배달할 것인지를 두고 두 천재 발명가 사이에 세기의 대결이 펼쳐졌다. 한 명은 불굴의 노력과 천재적인 사업 감각으로 세상을 밝히려 한 '발명의 왕'이었고, 다른 한 명은 시대를 너무 앞서간 비전으로 미래를 꿈꿨던 고독한 천재였다. 토머스 에디슨과 니콜라 테슬라, 직류(DC)와 교류(AC)의 운명을 건 이 대결, 즉 **'전류 전쟁**(War of the Currents)**'**은 단순히 기술 표준을 정하는 싸움을 넘어, 미래 에너지 시스템의 청사진을 그리는 거대한 전쟁이었다.

'멘로 파크의 마법사', 밤을 정복하다

19세기 후반까지 밤을 밝히는 수단은 여전히 원시적이었다. 가스등은 비싸고 화재 위험이 컸으며, 아크등은 너무 밝고 눈이 부셔 실내 조명으로는 부적합했다. 사람들은 안전하고, 저렴하며, 부드러운 빛을 내는 실내 조명을 간절히 원했다. 이 과제에 도전장을 내민 인물이 바로 '멘로 파크의 마법사'로 불리던 희대의 발명가, 토머스 에디슨(Thomas Edison)이었다.

에디슨의 위대함은 단순히 백열전구를 '발명'한 데 있지 않았다. 그의 진짜 비전은 전구 하나가 아니라, 전기를 생산하는 발전소에서부터 각 가정의 전등 스위치까지 이어지는 완벽한 **'전력 시스템'**을 통째로 창조하는 데 있었다. 그는 1878년 '에디슨 전기조명회사'를 설립하고, 수천 번의 실패를 거듭한 끝에 1879년, 탄소 필라멘트를 사용하여 40시간 이상 안정적으로 빛을 내는 실용적인 백열전구를 완성했다.

이제 남은 과제는 이 전구들을 어떻게 밝힐 것인가였다. 에디슨은 자신이 개발한 **직류**(DC, Direct Current) 시스템이 가장 안전하고 안정적인 방식이라고 굳게 믿었다. 직류는 전기가 플러스(+)극에서 마이너스(−)극으로, 한 방향으로 꾸준히 흐르는 방식이다. 그는 1882년, 뉴욕 월스트리트의 금융 자본가 J.P. 모건의 투자를 받아 펄 스트리트에 세계 최초의 상업용 직류 발전소를 세웠다. 그리고 그해 9월 4일, 스위치를 올리자 J.P. 모건의 사무실과 뉴욕 타임스 빌딩을 포함한 맨해튼 남부의 밤거리가 마법처럼 대낮같이 밝아졌다. 인류가 밤을 정복한 역사적인 순간이었다.

하지만 직류에는 치명적인 약점이 있었다. 전압을 바꾸기가 어렵고, 전선을 통해 멀리 보낼수록 전력 손실이 눈덩이처럼 커진다는 것이었다. 이 때문에 직류 시스템하에서는 전력을 안정적으로 공급하기 위해 도시 곳곳에 1~2km 간격으로 수많은 발전소를 촘촘히 지어야만 했다. 이는 엄청난 비용과 비효율을 낳는 방식이었다. 에디슨의 전력 제국은 맨해튼이라는 작은 섬 안에 갇혀 있었다.

시대를 앞서간 천재, 교류의 가능성을 보다

에디슨의 직류 제국에 도전장을 내민 인물은 세르비아 출신의, 시대를 앞서간 비운의 천재, **니콜라 테슬라**(Nikola Tesla)였다. 한때 에디슨의 회사에서 일했던 테슬라는 직류 시스템의 근본적인 한계를 꿰뚫어 보고, 그 대안으로 **교류**(AC, Alternating Current) 시스템의 무한한 가능성을 보았다.

교류는 전류의 방향과 세기가 주기적으로 바뀌는 방식이다. 얼핏 보기엔 불안정해 보이지만, 교류는 직류가 갖지 못한 결정적인 장점을 가지고 있었다. 바로 변압기(Transformer)를 이용해 전압을 자유자재로 높이거나 낮출 수 있다는 점이다.

테슬라의 비전은 이러했다. 발전소에서 생산한 전기를 수십만 볼트의 초고압으로 바꾸어 거의 손실 없이 수백 킬로미터 밖까지 보낸다. 그리고 도시 근처의 변전소에서 전압을 낮추고, 다시 각 가정으로 들어오기 직전에 전봇대의 변압기를 통해 220V나 110V같은 안전한 저전압으로 바꾸어 공급하는 것이다. 이는 거대한 중앙 발전소 몇 개만으로 나라 전체에 전기를 공급할 수 있다는, 훨씬 더 효율적이고 경제적인 방식이었다.

테슬라의 천재적인 비전에 투자를 결심한 인물이 바로 철도 사업가이자 발명가인 조지 웨스팅하우스(George Westinghouse)였다. 그는 테슬라의 교류 특허를 사들이고, 에디슨의 직류 제국에 맞설 강력한 연합전선을 구축했다. 바야흐로 전류 전쟁의 막이 오른 것이다.

전류 전쟁 : 두 천재의 격돌과 시카고의 심판

자신의 직류 제국에 대한 도전에 직면하자, 에디슨은 교류 시스템을 대중에게 위험한 기술로 각인시키기 위한 무자비한 '네거티브 캠페인'에 돌입했다. 그는 교류가 고압이라 위험하다는 것을 증명하기 위해, 기자들을 모아놓고 개나 고양이, 심지어 코끼리까지 교류 전기로 감전시켜 죽이는 끔찍한 공개 실험을 벌이기도 했다. 심지어 사형 집행용 전기의자에 교류를 사용하도록 로비하여, '웨스팅하우스 당하다(to be Westinghoused)'라는 말이 **감전사(感電死)**를 의미하는 속어가 될 정도였다.

하지만 역사의 승패는 기술의 우월함이 결정했다. 1893년, 미국 독립 400주년을 기념하는 **시카고 만국박람회**에서 전류 전쟁의 최종 승자가 갈렸다. 박람회 조직위원회는 에디슨의 제너럴 일렉트릭(GE)과 웨스팅하우스에 조명 시스템 공급권을 놓고 입찰을 붙였다. 에디슨 측이 100만 달러가 넘는 비용을 제시한 반면, 웨스팅하우스는 그 절반도 안 되는 가격을 제시하며 사업권을 따냈다.

웨스팅하우스와 테슬라는 수십만 개의 전구로 박람회장을 환상적인 '빛의 도시(City of Light)'로 만들며, 교류 시스템의 압도적인 효율성과 안정성, 그리고 아름다움을 전 세계에 증명했다. 이 성공에 힘입어, 웨스팅하우스는 나이아가라 폭포에 세계 최대 규모의 수력 발전소를 건설하는 프로젝트까지 수주하게 된다. 나이아가라의 거대한 물줄기가 만들어낸 교류 전기는 40km 떨어진 버펄로 시의 공장과 가정에까지 성공적으로 공급되었다. 결국 교류는 전류 전쟁의 최종 승자가 되어, 오늘날까지 전 세계 전력망의 표준으로 자리 잡게 되었다.

가정으로 들어온 혁명 : 가사노동으로부터의 해방

전기의 보급은 인류의 삶을 뿌리부터 바꾸었다. 밤이 정복되면서 인간의 활동 시간은 극적으로 늘어났고, 도시는 24시간 잠들지 않는 공간이 되었다. 공장에서는 거대한 증기기관 대신 개별 기계에 전동 모터를 달아 생산 라인을 훨씬 유연하고 효율적으로 바꿀 수 있었다.

하지만 가장 극적인 변화는 **가정**에서 일어났다. 전기는 특히 여성들을 수세기 동안 얽매어왔던 고된 가사노동의 굴레에서 해방시키는 혁명을 일으켰다. 전기 세탁기, 전기 청소기, 전기 냉장고, 전기 다리미, 전기 토스터… 이 마법 같은 기계들은 이전 세대 여성들이 평생을 바쳐야 했던 빨래, 청소, 음식 보관과 같은 일들을 몇 시간 만에 해결해주었고, 그들에게 새로운 시간과 가능성을 선물했다. 가사노동의 자동화는 여성이 교육을 받고 사회 활동에 참여할 수 있는 물리적 기반을 마련해주었으며, 이는 20세기 여성 인권 신장의 중요한 배경이 되었다.

이처럼 전기는 단순히 밤을 밝히는 빛을 넘어, 공장의 생산성을 높이고, 가정을 해방시키며, 현대적인 라이프스타일을 창조한 2차 산업혁명의 핵심 동력이었다. 석유가 '이동의 혁명'을 이끌었다면, 전기는 '공간의 혁명'을 완성했다. 그리고 이 두 강력한 에너지는 또 다른 분야에서 만나, 인류의 물질세계를 무한히 확장시키는 새로운 기적을 만들어낼 준비를 하고 있었다.

3.3. 플라스틱과 나일론 : 석유화학이 만든 신세계

석유와 전기가 이끈 2차 산업혁명은 인류에게 이동의 자유와 밤의 정복이라는 놀라운 선물을 안겨주었다. 하지만 석유가 가진 진정한 잠재력은 단순히 엔진 속에서 폭발하고, 발전소에서 태워지는 데에만 있지 않았다. 그 검고 끈적한 액체 속에는, 인류가 수천 년간 의존해 온 물질의 한계를 뛰어넘어, 아예 새로운 물질을 창조해 낼 수 있는 무한한 가능성이 잠들어 있었다.

인류의 역사는 곧 **'재료의 역사'**이기도 했다. 우리는 돌을 깨서 도구를 만든 석기시대를 거쳐, 청동과 철을 다루며 문명을 발전시켰다. 하지만 이 모든 재료는 자연에 이미 존재하는 것을 채취하고 가공하는 수준에 머물러 있었다. 나무, 흙, 돌, 금속… 우리는 자연이 허락하는 물질의 속성에 우리의 상상력을 맞추어야 했다.

하지만 20세기 초, 연금술사들이 오랫동안 꿈꿔왔던 기적이 화학자들의 실험실에서 현실이 되기 시작했다. 석유라는 흔한 재료를 원료로, 자연에는 존재하지 않는 완전히 새로운 성질의 물질을 자유자재로 만들어내는 **석유화학**(Petrochemistry) 혁명이 시작된 것이다. 이 혁명은 인류에게 두 가지 마법 같은 선물을 안겨주었다. 하나는 어떤 형태로든 변신이 가능한 기적의 소재 **플라스틱**(Plastic)이었고, 다른 하나는 누에고치의 도움 없이 비단보다 더 질기고 아름다운 실을 뽑아내는 **나일론**(Nylon)이었다. 이 두 발명품은 우리의 일상을 넘어, 산업과 문화, 심지어 전쟁의 양상까지 바꾸어 놓으며 20세기 물질 문명의 풍경을 완성했다.

최초의 인공 물질, 플라스틱의 탄생

플라스틱 혁명의 서막을 연 인물은 벨기에 출신의 미국 화학자, **리오 베이클랜드**(Leo Baekeland)였다. 1907년, 그는 석탄 타르의 부산물인 페놀과 포름알데히드를 반응시켜, 열을 가하면 딱딱하게 굳어지면서도 한번 굳으면 다시는 녹거나 변형되지 않는 신비한 물질을 만들어내는 데 성공했다. 그는 자신의 이름을 따 이 물질에 '베이클라이트(Bakelite)'라는 이름을 붙였다.

베이클라이트는 인류가 만든 최초의 완전 합성 플라스틱이었다. 이는 이전의 반(半)합성 플라스틱이었던 셀룰로이드와는 차원이 다른 것이었다. 가볍고, 튼튼하며, 열과 전기가 통하지 않는 절연성이 뛰어났고, 무엇보다 어떤 형태로든 자유롭게 주조할 수 있었다. 이 '천의 얼굴을 가진 물질'의 등장은 당시 산업계에 엄청난 충격을 주었다.

초기에 베이클라이트는 뛰어난 절연성 덕분에 전기 산업의 핵심 소재로 각광받았다. 전구 소켓, 스위치, 라디오 케이스, 전화기 등 전기가 흐르는 모든 곳에 베이클라이트가 사용되었다. 이전까지 절연체로 사용되던 비싼 운모나 자기(porcelain)를 완벽하게 대체한 것이다. 곧이어 그 활용 범위는 자동차 부품, 주방용품, 보석류에 이르기까지 폭발적으로 확장되었다.

베이클라이트의 성공은 석유에서 추출한 더 값싸고 다양한 원료를 기반으로 한 후속 플라스틱들의 등장을 촉발했다. 1930년대와 40년대, 폴리에틸렌(PE), 폴리염화비닐(PVC), 폴리스티렌(PS)과 같은 오늘날 우리에게 익숙한 플라스틱들이 연이어 발명되었다. 이들은 각각 다른 특성을 가지고 있었고, 그 특성에 맞춰 현대인의 삶 구석구석을 파고들었다.

폴리에틸렌은 가볍고 유연하여 비닐봉지나 포장 필름, 플라스틱 용기의 재료가 되어 유통과 포장 산업에 혁명을 일으켰다. 폴리염화비닐은 단단하고 내구성이 좋아 파이프, 창틀, 바닥재 등 건축 자재로 널리 쓰였다. 폴리스티렌은 투명하고 가공하기 쉬워 일회용 컵이나 장난감, 가전제품의 외장재로 사용되었다.

플라스틱이 가져온 가장 큰 변화는 '물질의 민주화'였다. 과거에는 상아나 귀갑, 호박과 같은 값비싼 천연 재료로만 만들 수 있었던 화려한 장신구나 생활용품들을, 이제는 플라스틱으로 누구나 저렴한 가격에 소유할 수 있게 되었다. 제품 디자이너들은 더 이상 나무의 결이나 금속의 무게에 얽매일 필요가 없었다. 그들은 플라스틱이라는 마법의 점토를 이용해 이전에는 불가능했던 유려한 곡선과 다채로운 색상의 제품들을 마음껏 창조해냈다. 라디오, 전화기, 주방기기 등 모든 공산품의 디자인이 획기적으로 변모하며, 현대적인 미니멀리즘 디자인의 시대를 열었다.

여성의 다리를 감싼 혁명, 나일론

석유화학이 낳은 또 다른 기적은 섬유 산업에서 일어났다. 수천 년간 인류의 옷은 면, 마, 양모, 그리고 비단이라는 네 가지 천연 섬유의 틀 안에 갇혀 있었다. 특히 부드러운 감촉과 우아한 광택을 지닌 비단은 부와 권력의 상징이었지만, 누에고치에서만 얻을 수 있어 엄청나게 비싸고 귀했다.

1930년대, 미국의 거대 화학기업 **듀폰**(DuPont)은 '인공 비단'을 만들기 위한 야심 찬 프로젝트에 착수했다. 이 프로젝트를 이끈 인물이 바로 하버드 대학 출신의 천재 화학자, 월리스 캐러더스(Wallace Carothers)였다. 그는 석탄, 물, 공기에서 추출한 분자들을 중합(Polymerization)시켜 거대한 사슬 구조의 분자를 만드는 연구에 몰두했고, 수년간의 실험 끝에 1935년, 거미줄보다 가늘지만 강철보다 질긴 놀라운 성질의 합성 섬유를 발명해냈다. 이것이 바로 **'나일론**(Nylon)**'**이었다.

듀폰은 이 기적의 섬유를 가장 먼저 여성용 스타킹에 적용하기로 결정했다. 당시 여성들은 비싸고 쉽게 찢어지는 실크 스타킹을 신어야 했다. 1939년 10월 24일, 듀폰은 뉴욕 만국박람회에서 나일론 스타킹을 처음으로 공개했고, 이는 전 세계적인 센세이션을 일으켰다. "비단처럼 부드럽고, 강철처럼 질기며, 거미줄처럼 투명하다"는 광고 문구와 함께, 나일론 스타킹은 모든 여성이 갈망하는 선망의 대상이 되었다. 1940년 5월 15일, 나일론 스타킹이 미국 전역에 공식적으로 판매되기 시작한 첫날, 수백만 켤레가 몇 시간 만에 동이 나는 기염을 토했다. 여성들은 나일론 스타킹을 사기 위해 가게 앞에 길게 줄을 섰고, 이는 '나일론 폭동(Nylon Riots)'이라 불릴 정도의 사회적 현상이 되었다.

나일론은 단순히 예쁜 스타킹을 넘어, 여성 해방의 상징이 되기도 했다. 저렴하고 실용적인 나일론 스타킹은 여성들에게 더 큰 활동의 자유와 자신감을 주었고, 이는 2차 세계대전 이후 여성의 사회 진출이 활발해지는 시대적 흐름과 맞물려 중요한 의미를 가졌다.

나일론의 진정한 가치는 2차 세계대전이 발발하면서 증명되었다. 전쟁으로 일본산 실크 수입이 중단되자, 나일론은 군수품의 핵심 소재로 변신했다. 낙하산, 밧줄, 타이어 코드, 텐트, 방탄조끼 등 전쟁에 필요한 거의 모든 섬유 제품이 나일론으로 만들어졌다. 나일론 없이는 전쟁 수행이 불가능할 정도였다. 석유화학 기술이 국가의 안보와 전쟁의 승패를 좌우하는 전략 기술임을 보여준 것이다.

신세계의 완성, 그리고 보이지 않는 대가

플라스틱과 나일론의 등장은 20세기 물질 문명의 풍경을 완성했다. 우리는 이제 자연이 주는 것만 쓰는 수동적인 존재에서 벗어나, 우리가 원하는 성질의 물질을 스스로 창조하는 능동적인 존재가 되었다. 석유화학 산업은 값싸고, 가볍고, 튼튼하며, 다채로운 신소재들을 쏟아냈고, 이는 대량생산-대량소비 시대를 가속화하며 현대인의 삶을 풍요롭게 만들었다.

하지만 이 눈부신 풍요의 시대는 새로운 그림자를 낳고 있었다. 자연의 순환 고리 안에서 분해되던 천연 소재와 달리, 인간이 만든 플라스틱은 수백 년이 지나도 썩지 않는 쓰레기가 되어 지구를 신음하게 했다. 편리함을 위해 한번 쓰고 버리는 **'일회용 문화**(Disposable Culture)**'**는 심각한 환경 문제를 야기했고, 미세 플라스틱은 바다와 토양을 오염시켜 결국 우리의 식탁까지 위협하게 되었다.

석유화학이 만든 신세계는 인류에게 전례 없는 물질적 풍요를 안겨주었지만, 동시에 지속가능성이라는 어려운 숙제를 남겼다. 이 숙제는 20세기 후반을 지나 21세기에 들어서면서, 우리가 반드시 해결해야 할 시대적 과제가 되었다. 석유가 준 풍요의 달콤함에 취해 있는 동안, 우리는 그 대가에 대해 너무 오랫동안 외면하고 있었던 것이다.

3.4. 페트로달러 시스템과 글로벌 네트워크의 완성

2차 산업혁명이 낳은 풍요는 눈부셨다. 헨리 포드의 자동차는 교외의 넓은 도로를 질주했고, 에디슨의 전구는 도시의 밤을 대낮처럼 밝혔다. 플라스틱과 나일론은 물질의 풍요를 약속했고, 대량생산과 대량소비는 전례 없는 번영의 시대를 열었다. 이 모든 영광의 중심에는 단 하나의 에너지원, 바로 석유가 있었다. 석유는 20세기 산업 문명의 혈액이었고, 이 혈액을 안정적으로 공급하고 그 거래를 통제하는 것이 곧 세계의 패권을 유지하는 길이 되었다.

하지만 이 거대한 글로벌 경제 시스템이 원활하게 돌아가기 위해서는, 단순히 석유를 시추하고 운송하는 물리적 네트워크만으로는 부족했다. 그 위에서 수많은 국가가 신뢰를 바탕으로 거래할 수 있는 안정적인 **금융 네트워크**, 즉 보이지 않는 '결제 시스템'이 필요했다. 2차 세계대전 이후, 그 역할을 한 것은 금(Gold)에 고정된 미국 달러를 중심으로 한 **브레턴우즈 체제**(Bretton Woods System)였다. 각국은 미국 달러를 기준으로 자국 통화의 가치를 정했고, 미국은 언제든 달러를 가져오면 약속된 양의 금으로 바꿔주겠다고 보증했다. 이 금본위제는 세계 경제에 안정성을 부여했다.

그러나 1960년대 후반, 이 시스템은 뿌리부터 흔들리기 시작했다. 베트남 전쟁으로 막대한 재정을 쏟아부은 미국이 금 보유고 이상으로 달러를 찍어내자, 달러의 가치에 대한 의심이 커졌다. 결국 1971년 8월 15일, 리처드 닉슨 미국 대통령은 달러와 금의 교환을 중단하겠다는 충격적인 선언을 한다. 이른바 '닉슨 쇼크'였다. 금이라는 든든한 닻을 잃어버린 달러는 망망대해를 표류하는 종잇조각이 될 위기에 처했다. 세계는 극심한 금융 혼란에 빠져들었고, 미국의 패권 역시 중대한 도전에 직면했다.

바로 이 절체절명의 위기 속에서, 미국은 달러를 구원하고 세계 경제의 패권을 유지하기 위한 기상천외하고도 대담한 전략을 구상했다. 금을 대체할 새로운 '닻'을 찾는 것이었다. 그리고 그들은 그 닻을, 텍사스의 유전과 중동의 사막에서 발견했다. 바로 **석유**였다. 달러를 금이 아닌 석유에 묶어버리는, 인류 역사상 가장 거대한 금융 실험, **페트로달러 시스템**(Petrodollar System)이 그렇게 탄생하고 있었다.

사막의 거래 : 달러와 석유의 운명적 동맹

페트로달러 시스템의 탄생 배경에는 1973년의 **1차 오일쇼크**가 결정적인 역할을 했다. 제 4차 중동전쟁에서 이스라엘을 지원한 서방 국가들에 대항하여, 사우디아라비아를 필두로 한 아랍 석유 수출국 기구(OAPEC)는 석유 생산을 줄이고 수출을 금지하는 '석유 무기화' 전략을 단행했다. 국제 유가는 불과 몇 달 만에 4배 가까이 폭등했고, 전 세계는 극심한 경제 혼란에 빠졌다.

이 위기 속에서, 당시 미국의 외교를 총괄하던 헨리 키신저 국무장관은 위기를 기회로 바꾸는 치밀한 외교 작전에 돌입했다. 그는 1974년, 세계 최대의 산유국이자 OPEC의 실질적인 리더였던 사우디아라비아와 비밀리에 접촉하여 거부할 수 없는 제안을 한다.

미국의 제안은 이러했다. "미국이 사우디 왕가의 안위를 보장하고, 최신 무기를 제공하며, 이스라엘로부터의 위협을 막아주겠다. 그 대가로, 사우디아라비아는 두 가지를 약속해달라."

첫째, 앞으로 사우디가 수출하는 모든 석유의 결제 대금을 오직 미국 달러로만 받는다.

둘째, OPEC의 다른 회원국들도 석유를 달러로만 거래하도록 강력한 영향력을 행사한다.

사우디아라비아는 이 제안을 받아들였다. 이는 양국 모두에게 '윈-윈' 게임이었다. 미국은 달러의 지위를 부활시킬 절호의 기회를 잡았고, 사우디는 막강한 군사적 보호와 중동의 맹주로서의 정치적 입지를 보장받았다. 이 은밀한 약속 위에서, 달러는 금과의 연결고리가 끊어진 대신, 현대 산업 사회의 가장 필수적인 자원인 석유와 새로운 동맹을 맺게 되었다.

보이지 않는 제국의 작동 원리 : 달러 수요와 자본의 재순환

페트로달러 시스템은 어떻게 달러를 세계의 기축통화로 만들었을까? 그 원리는 두 개의 강력한 메커니즘을 통해 작동했다.

첫 번째는 **'인위적인 달러 수요 창출'**이다. 이 시스템이 구축되면서, 전 세계 모든 국가는 석유를 수입하기 위해 반드시 먼저 미국 달러를 확보해야만 했다. 일본이 자동차를 만들든, 독일이 기계를 만들든, 한국이 배를 만들든, 그 공장을 돌리기 위한 석유를 사려면 달러가 필요했다. 이는 미국의 경제 상황이나 재정 건전성과는 무관하게, 전 세계적으로 달러에 대한 끊임없는 수요가 발생하도록 만드는 강력한 장치였다. 금이라는 실물 자산의 보증 없이도, '석유'라는 필수재에 대한 독점적 결제권을 통해 달러의 가치를 유지시킨 것이다.

두 번째는 **'페트로달러의 재순환**(Petrodollar Recycling)**'** 메커니즘이다. 석유를 팔아 막대한 달러를 벌어들인 사우디아라비아와 중동 산유국들은 갑자기 손에 쥔 천문학적인 돈(오일 머니)을 어떻게 처리해야 할지 고민에 빠졌다. 이 막대한 잉여 자본, 즉 '페트로달러'를 안전하게 투자할 곳이 필요했다. 이때 미국은 다시 한번 그들에게 매력적인 제안을 했다. "그 돈을 미국의 국채(Treasury Bonds)에 투자하라. 그러면 안전하게 자산을 불려주겠다."

산유국들에게는 다른 대안이 없었다. 당시 이 정도 규모의 자본을 안정적으로 흡수할 수 있는 금융시장은 미국 월스트리트밖에 없었다. 결국, 산유국들은 석유를 판 돈으로 미국 국채를 대량으로 사들였다. 이는 사실상, 미국 정부에 돈을 다시 빌려주는 것과 같았다. 이 교묘한 자본의 순환은 미국에게 '마법'과 같은 혜택을 안겨주었다.

미국의 '과도한 특권'과 글로벌 네트워크의 완성

페트로달러 시스템은 미국에게 '과도한 특권(Exorbitant Privilege)'이라 불릴 만한 막대한 이점을 주었다.

첫째, 미국은 **만성적인 무역적자와 재정적자**를 감수할 수 있게 되었다. 다른 나라라면 수입이 수출보다 많아 자국 통화 가치가 폭락하고 경제 위기를 맞았겠지만, 미국은 달랐다. 전 세계가 석유를 사기 위해 달러를 원했기 때문에, 미국은 단순히 달러를 더 찍어내기만 하면 해외의 상품과 자원을 마음껏 살 수 있었다. 또한, 산유국들이 다시 사주는 국채 덕분에 낮은 이자율로 막대한 빚을 내어 정부 재정을 꾸리고 군사비를 충당할 수 있었다.

둘째, **달러의 기축통화 지위**가 완전히 굳어졌다. 전 세계의 모든 원자재와 상품 거래는 자연스럽게 달러를 기준으로 이루어지게 되었고, 각국 중앙은행은 외환보유고의 대부분을 달러 자산으로 채웠다. 이는 미국이 자국의 통화 정책을 통해 세계 경제 전체에 막대한 영향력을 행사할 수 있음을 의미했다.

셋째, 이 시스템은 20세기 후반의 **글로벌 네트워크를 완성**하는 마지막 고리였다. 석유, 자동차, 그리고 전기가 물리적인 네트워크를 만들었다면, 페트로달러 시스템은 이 모든 것을 움직이는 금융 네트워크를 완성했다. 중동에서 생산된 석유가 달러로 거래되어 전 세계 산업국으로 흘러 들어가고, 산업국에서 생산된 공산품이 다시 달러로 거래되어 전 세계로 팔려나갔다. 그리고 그 과정에서 발생한 막대한 자본(페트로달러)은 다시 미국 월스트리트로 재순환되어, 이 거대한 글로벌 시스템 전체에 유동성을 공급했다.

결론적으로, 2차 산업혁명 시대의 눈부신 풍요와 우리가 아는 현대 자본주의의 글로벌 네트워크는, 바로 이 페트로달러 시스템이라는 보이지 않는 금융 질서 위에서 유지될 수 있었다. 하지만 이 시스템은 동시에 중동 지역을 세계 지정학의 가장 뜨거운 화약고로 만들었고, 석유를 둘러싼 끝없는 분쟁과 갈등의 씨앗을 뿌렸다.

석유와 달러의 동맹은 지난 50년간 세계 경제를 지배해왔다. 하지만 이제 에너지 대전환의 시대가 도래하면서, 이 견고했던 동맹에도 서서히 균열의 조짐이 보이고 있다. 석유의 시대가 저물고, 새로운 에너지원이 부상하면서, 과연 달러는 계속해서 왕좌를 지킬 수 있을까? 이 질문에 대한 답은, 제 3차 산업혁명과 함께 시작될 새로운 시대의 이야기 속에서 찾아야 할 것이다.

[Deep Dive : 포디즘과 소비주의 : 대량생산, 대량소비 시대의 개막]

석유가 내연기관의 심장을 뛰게 하고, 전기가 가정의 밤을 밝히기 시작하면서 2차 산업혁명은 물질적 풍요를 위한 기술적 준비를 마쳤다. 하지만 기술만으로는 사회가 변하지 않는다. 그 기술로 만들어낸 상품을 누구나 구매하고 향유할 수 있는 사회경제적 시스템이 뒷받침될 때, 비로소 혁명은 완성된다. 20세기 초, 바로 이 마지막 퍼즐 조각을 맞추며 현대 자본주의의 문을 활짝 연 인물이 있었다. 그는 위대한 발명가라기보다는 위대한 시스템 설계자였고, 그의 이름은 20세기 경제 시스템 그 자체를 상징하는 단어가 되었다. 바로 헨리 포드(Henry Ford)와 그가 창조한 포디즘(Fordism)이다.

포디즘은 단순히 자동차를 대량으로 생산하는 기술을 넘어, '대량생산'이 '대량소비'를 낳고, 이것이 다시 대량생산을 촉진하는 거대한 선순환의 톱니바퀴를 만들어낸 사회경제적 패러다임이었다. 이 새로운 시스템은 노동의 개념, 소비의 의미, 그리고 평범한 사람들의 라이프스타일까지 모든 것을 바꾸어 놓으며, 오늘날 우리가 사는 **소비주의(Consumerism)** 사회의 원형을 창조했다.

공장에서 시작된 혁명 : 컨베이어 벨트와 시간의 재구성

1908년, 헨리 포드는 튼튼하고, 단순하며, 누구나 운전하고 수리할 수 있는 자동차 '모델 T'를 세상에 내놓았다. 그의 꿈은 자동차를 소수 부유층의 전유물이 아닌, 평범한 미국 가정을 위한 생필품으로 만드는 것이었다. 하지만 이를 위해서는 넘어야 할 거대한 산이 있었다. 바로 '가격'이었다. 당시 자동차는 여전히 숙련된 장인들이 수작업으로 소량 생산하는 사치품이었고, 가격이 너무 비쌌다.

포드는 이 문제를 해결하기 위해 생산 과정 자체를 혁명적으로 바꾸기로 결심했다. 그는 시카고의 도축장에서 소와 돼지가 천장에 매달린 컨베이어를 따라 이동하며 부위별로 '분해'되는 모습에 영감을 받았다. 그는 이 과정을 정반대로 뒤집어, 컨베이어 벨트 위에서 움직이는 섀시(차대)에 노동자들이 부품을 순서대로 '조립'하는 시스템을 고안했다.

이것이 바로 **조립 라인**(Assembly Line), 즉 컨베이어 벨트 시스템의 탄생이다.

이 시스템의 핵심은 '노동의 분업과 표준화'였다. 과거에는 한 명의 숙련공이 엔진부터 바퀴까지 자동차의 여러 부분을 책임지며 조립했다. 하지만 조립 라인 위에서 노동자들은 평생 단 하나의 나사를 조이거나, 단 하나의 바퀴를 끼우는 극도로 단순하고 반복적인 작업만을 수행했다. 노동자들은 더 이상 차를 따라다니며 일할 필요가 없었다. 그들은 제자리에 서 있고, '일감'이 그들 앞으로 흘러왔다. 작업의 속도는 노동자의 숙련도가 아니라, 컨베이어 벨트의 속도에 의해 결정되었다.

이 단순한 발상의 전환은 생산성의 기적을 낳았다. 1913년 포드의 하이랜드 파크 공장에 조립 라인이 처음 도입되었을 때, 모델 T 한 대를 만드는 데 걸리는 시간은 12시간 8분에서 불과 1시간 33분으로 단축되었다. 생산성이 8배나 향상된 것이다. 생산 비용은 극적으로 감소했고, 포드는 모델 T의 가격을 계속해서 인하할 수 있었다. 1908년 825달러였던 가격은 1920년대 중반에는 260달러까지 떨어졌다. 자동차는 마침내 평범한 미국인도 꿈꿀 수 있는 현실적인 목표가 되었다.

'일당 5달러'의 충격 : 노동자가 소비자가 되는 순간

생산성의 혁신을 이룬 포드는 1914년 1월 5일, 당시 미국 산업계를 뒤흔든 충격적인 발표를 한다. 바로 노동자들의 최저 임금을 기존의 두 배가 넘는 '일당 5 달러(Five-Dollar Day)'로 인상하겠다는 선언이었다.

당시 경쟁 기업주들은 포드가 미쳤다고 비웃었다. 이는 자본주의의 기본 원리를 무시하는 자살행위처럼 보였다. 하지만 이는 결코 자선이나 시혜적인 조치가 아니었다. 그것은 포디즘의 핵심을 이루는, 지극히 냉철하고 계산된 비즈니스 전략이었다.

포드는 두 가지 문제를 해결해야 했다. 첫째는 높은 이직률이었다. 조립 라인의 단조롭고 비인간적인 노동은 노동자들에게 극심한 스트레스를 주었고, 이로 인해 연간 이직률이 370%에 달할 정도였다. 끊임없이 새로운 노동자를 뽑고 훈련시키는 비용이 막대했다. 파격적인 임금 인상은 숙련된 노동자들을 공장에 붙잡아두는 가장 효과적인 방법이었다.

하지만 더 중요하고 혁명적인 이유는 두 번째에 있었다. 포드는 자신의 공장에서 쏟아져 나오는 수많은 자동차를 사 줄 새로운 소비자가 필요했다. 그리고 그는 그 해답을 바로 자신의 공장 안에서 찾았다. **"우리 공장의 노동자들이 자신이 만든 차를 살 수 있을 만큼의 임금을 받아야 한다."** 이 생각이야말로 포디즘의 정수였다. 노동자를 단순히 비용을 발생시키는 생산 수단으로만 보는 것이 아니라, 상품을 구매하여 이윤을 창출해주는 '잠재적 소비자'로 인식하기 시작한 것이다.

'일당 5달러'는 미국 사회에 거대한 파장을 일으켰다. 포드 공장에 취직하기 위해 전국의 노동자들이 몰려들었고, 다른 기업들도 경쟁적으로 임금을 올릴 수밖에 없었다. 이는 미국 노동자 계급 전체의 구매력을 비약적으로 향상시키는 결과를 낳았고, 바야흐로 '대중 소비 사회(Mass Consumption Society)'의 문을 활짝 열었다. 생산과 소비가 톱니바퀴처럼 맞물려 돌아가는 포디즘의 선순환 시스템이 마침내 완성된 순간이었다.

소비주의, 새로운 시대의 종교가 되다

대량생산과 대중소비의 결합은 20세기 사회를 지배하는 새로운 이데올로기, 즉 소비주의(Consumerism)를 탄생시켰다. 과거 청교도적 가치를 중시했던 미국 사회에서 '절약'과 '금욕'은 중요한 미덕이었다. 하지만 이제 '소비'가 경제를 성장시키는 애국적인 행위이자, 개인의 행복을 실현하는 중요한 수단으로 여겨지기 시작했다.

이러한 변화를 부채질한 것은 **광고 산업**의 등장이었다. 라디오, 신문, 잡지와 같은 대중 매체는 기업들이 소비자에게 직접 욕망을 속삭이는 강력한 확성기가 되었다. 광고는 단순히 상품의 정보를 전달하는 것을 넘어, 그 상품을 소유함으로써 얻게 될 사회적 지위, 매력, 그리고 행복에 대한 환상을 팔았다. '최신형 자동차를 타는 멋진 남성', '최신 가전제품으로 가사에서 해방된 우아한 여성'의 이미지는 대중의 무의식 속에 소비에 대한 갈망을 심어 놓았다.

소비를 촉진하기 위한 새로운 금융 기법도 등장했다. 이전까지 현금으로만 거래하던 고가의 상품을 이제 할부(Installment Plan)와 신용(Credit)으로 구매할 수 있게 되었다. 당장 돈이 없어도 미래의 소득을 담보로 현재의 욕망을 충족시킬 수 있게 된 것이다. 이는 소비의 문턱을 극적으로 낮추며 소비주의 문화를 더욱 가속했다. 자동차의 보급으로 탄생한 교외의 단독주택은 이러한 소비주의를 담아내는 완벽한 그릇이었다. 넓은 차고에는 자동차를, 거실에는 라디오와 소파를, 그리고 주방에는 냉장고와 토스터를 채워 넣어야 했다. 이웃집이 새로운 모델의 자동차나 세탁기를 사면, 뒤처지지 않기 위해 빚을 내서라도 따라 사야 하는 '**과시적 소비**(Conspicuous Consumption)' 문화가 확산되었다. 개인의 정체성은 더 이상 그가 무엇을 믿고 어떻게 사느냐가 아니라, 그가 무엇을 소유하고 소비하느냐에 따라 규정되기 시작했다.

결론적으로, 포디즘과 소비주의는 2차 산업혁명이 낳은 기술적 혁신을 사회적, 문화적 혁명으로 완성시킨 핵심적인 소프트웨어였다. 헨리 포드가 설계한 대량생산-대량소비 시스템은 석유와 전기를 연료로, 20세기 미국 자본주의의 눈부신 성장을 이끌었다. 이 시스템은 수많은 사람에게 전례 없는 물질적 풍요를 안겨주었지만, 동시에 환경 파괴, 자원 고갈, 그리고 끝없는 욕망의 굴레라는 어두운 그림자 또한 드리우기 시작했다. 그리고 이 거대한 소비 사회의 동력을 안정적으로 유지하기 위해, 세계는 석유라는 황금빛 액체를 둘러싼 새로운 지정학적질서 속으로 깊숙이 편입되어야만 했다.

제4장
반도체, 디지털, 그리고 에너지의 제어
– 제3차 산업혁명

4.1. 에너지 생산에서 에너지 제어로 : 반도체의 역할

1차 산업혁명이 땅속의 검은 돌, 석탄을 깨워 증기라는 거인의 근육을 만들고, 2차 산업혁명이 황금빛 액체, 석유를 뽑아 올려 내연기관과 전력망이라는 강력한 심장을 이식한 시대였다면, 20세기 후반부터 시작된 세 번째 혁명은 과거와는 전혀 다른 차원에서 전개되었다. 이번 혁명의 주인공은 땅속에서 캐내는 거대한 에너지원이 아니었다. 그것은 인간의 머리카락보다도 가느다란 회로에 새겨진, 눈에 보이지 않을 만큼 작은 통제자, 바로 **반도체**(Semiconductor)였다.

제 3차 산업혁명, 즉 디지털 혁명은 인류의 에너지 활용 패러다임을 근본적으로 바꾸어 놓았다. 이전까지의 혁명이 더 많은 에너지를 '생산'하고 '소비'하는 데 초점이 맞춰진 양적 팽창의 역사였다면, 3차 산업혁명은 에너지를 얼마나 더 정밀하게 '**제어**(Control)'하고, 효율적으로 '**관리**(Manage)'하며, 지능적으로 '**변환**(Convert)'할 수 있는가에 대한 질적 전환의 역사였다. 그 모든 변화의 중심에, 전기의 흐름을 자유자재로 조절하는 마법의 돌, 반도체가 있었다.

새로운 시대의 연금술 : 반도체의 본질

반도체는 그 이름처럼, 전기가 아주 잘 통하는 '도체(Conductor)'와 전기가 거의 통하지 않는 '부도체(Insulator)'의 중간적 성질을 띤 물질이다. 평소에는 부도체처럼 전기를 막고 있다가, 특정 조건(빛, 열, 전압 등)을 가해주면 도체처럼 전기를 흘려보내는 신비한 특성을 지닌다.

이것이 왜 혁명적일까? 이는 인류가 비로소 전기의 흐름을 켜고 끄는(On/Off) 극도로 작고 빠른 스위치를 손에 넣게 되었음을 의미하기 때문이다. 이 단순한 On/Off 신호의 조합은 '0'과 '1'이라는 디지털 언어의 기초가 되었고, 이 언어를 처리하는 장치, 즉 컴퓨터의 탄생을 가능하게 했다. 반도체로 만든 트랜지스터와 집적회로(IC)는 과거 진공관이 차지하던 거대한 방 크기의 컴퓨터를 손톱만 한 칩으로 압축시키는 기적을 낳았다.

에너지의 관점에서 보면, 반도체는 '에너지의 수도꼭지'와 같다. 1, 2차 산업혁명이 거대한 댐을 쌓고 파이프라인을 깔아 막대한 양의 물(에너지)을 쏟아붓는 방식이었다면, 반도체는 그 물줄기를 마이크로초(µs, 100 만 분의 1 초) 단위로 열고 닫으며, 필요한 곳에 정확히 필요한 양만큼의 물방울을 떨어뜨릴 수 있게 해주는 초정밀 제어 장치였다. 이 정밀한 제어 능력은 에너지 활용의 모든 측면을 근본적으로 바꾸어 놓았다.

에너지 효율의 혁명 : '두뇌'를 갖게 된 기계들

반도체가 가져온 가장 큰 변화는 기계에 **'두뇌**(Brain)**'**, 즉 마이크로프로세서를 이식한 것이다. 이전 시대의 기계들은 강력했지만 맹목적이었다. 증기기관은 그저 주어진 석탄을 태워 맹렬히 피스톤을 움직일 뿐이었고, 내연기관은 운전자가 밟는 가속 페달에 따라 기계적으로 연료를 빨아들일 뿐이었다. 에너지 효율을 높이려는 시도는 있었지만, 이는 기계공학적인 개선의 영역에 머물러 있었다.

하지만 반도체 기반의 컴퓨터는 기계가 주변 상황을 '인지'하고, 데이터를 '처리'하며, 최적의 판단을 '실행'할 수 있게 만들었다. 이는 에너지 효율을 이전과는 비교할 수 없는 수준으로 끌어올렸다.

가장 대표적인 사례가 바로 자동차의 엔진 제어 유닛(ECU, Engine Control

Unit)이다. 과거 기계식 기화기(Carburetor)는 운전 조건과 상관없이 비교적 일정한 비율로 연료와 공기를 섞어 엔진에 보냈다. 하지만 ECU는 수십 개의 센서로부터 엔진의 온도, 회전 속도, 산소 농도, 가속 페달의 깊이 등 수많은 정보를 실시간으로 입력받는다. 그리고 이 데이터를 분석하여, 1초에도 수백 번씩 연료 분사량과 점화 시점을 0.001초 단위로 정밀하게 조절한다. 그 결과, 자동차는 모든 운전 상황에서 최적의 연비를 달성하고 배기가스 배출을 최소화할 수 있게 되었다. 같은 양의 기름으로 더 멀리 가고, 더 깨끗한 공기를 만드는 '지능형 연소'가 가능해진 것이다.

이러한 지능형 제어는 산업 현장에서도 혁명을 일으켰다. 공장의 로봇 팔은 더 이상 정해진 동작만 반복하지 않는다. 센서를 통해 제품의 위치와 형태를 인식하고, 가장 적은 에너지를 소모하는 최적의 경로로 움직여 부품을 조립한다. 거대한 용광로는 온도와 압력을 실시간으로 모니터링하며 연료 투입량을 정밀하게 제어하여 에너지 낭비를 막는다. **이 모든 산업 자동화(Industrial Automation)의 핵심에는 바로 반도체가 있었다.**

재생에너지 시대를 연 열쇠 : 변덕스러운 자연을 길들이다

반도체의 역할은 기존 에너지의 효율을 높이는 데 그치지 않았다. 더 나아가, 이전에는 제대로 활용할 수 없었던 새로운 에너지원의 잠재력을 폭발시키는 결정적인 열쇠가 되었다. 바로 태양광과 풍력 같은 **변동성 재생에너지(VRE)**다.

태양광과 풍력은 깨끗하지만, 치명적인 약점을 가지고 있다. 바로 자연의 변덕에 따라 발전량이 시시각각 변한다는 점이다. 구름이 해를 가리거나 바람이 멎으면 발전량은 순식간에 0으로 떨어진다. 또한, 태양광 패널은 직류(DC) 전기를 생산하고, 풍력 터빈의 회전 속도에 따라 발전되는 전기의 주파수는 계속 변한다. 이처럼 거칠고 불안정한 전기를 우리가 사용하는 안정적인 교류(AC) 전력망에 그대로 연결하는 것은 불가능하다.

바로 이 문제를 해결한 것이 반도체 기술의 집약체인 **전력 변환 장치**(Power Converter), 특히 **인버터**(Inverter)다. 인버터는 태양광 패널이 생산한 직류 전기를, 전력망의 주파수와 위상에 정확히 동기화된 깨끗한 교류 전기로 바꾸어주는 역할을 한다. 풍력 터빈에서는 발전기의 회전 속도와 상관없이 항상 일정한 주파수의 교류 전기를 만들어낸다.

즉, 반도체는 변덕스럽고 길들여지지 않은 야생마와 같은 재생에너지를, 우리가 안심하고 탈 수 있는 잘 훈련된 말로 바꾸어주는 '마법의 조련사'인 셈이다. 반도체 기반의 전력전자 기술 없이는, 오늘날 우리가 이야기하는 태양광, 풍력 발전은 그저 실험실 수준의 기술로만 남았을 것이다. 3차 산업혁명이 낳은 반도체 기술이, 미래 에너지 전환의 가장 중요한 기술적 토대를 마련한 것이다.

에너지 제어의 시대 : 새로운 패러다임의 시작

결론적으로, 제3차 산업혁명은 에너지 패러다임을 **'생산 중심'**에서 **'제어 중심'**으로 전환시켰다. 1, 2차 산업혁명이 더 많은 석탄과 석유를 캐내어 더 강력한 힘을 얻는 '근육의 시대'였다면, 3차 산업혁명은 그 힘을 얼마나 더 지능적으로 사용하는가에 초점을 맞추는 '두뇌의 시대'였다.

반도체는 이 두뇌의 역할을 수행하며, 기존 화석연료 시스템의 효율을 극대화하는 동시에, 재생에너지라는 새로운 에너지 시스템의 문을 열었다. 이는 에너지 시스템이 더 이상 거대 발전소 중심의 중앙집중적이고 일방적인 공급망이 아니라, 수많은 분산된 에너지원들이 서로 정보를 주고받으며 유기적으로 작동하는 지능형 네트워크로 진화할 수 있는 기술적 기반을 마련했음을 의미한다.

하지만 이 디지털 혁명은 인류에게 새로운 과제를 안겨주었다. 반도체가 만들어낸 이 새로운 '두뇌'들, 즉 컴퓨터와 인터넷, 그리고 데이터센터는 이전 시대와는 비교할 수 없을 만큼 막대한 양의 전기를 소비하기 시작했다. 인류는 에너지 제어의 시대를 열었지만, 동시에 그 제어 시스템을 유지하기 위해 더 많은 에너지를 필요로 하는 역설적인 상황에 직면하게 된 것이다.

4.2. 디지털 인프라의 부상 : 인터넷, 데이터센터, 그리고 막대한 전력 수요

반도체가 기계에 '두뇌'를 이식하고 에너지의 흐름을 정밀하게 제어하기 시작하면서, 인류는 이전과는 완전히 다른 종류의 인프라를 구축하기 시작했다. 1차 산업혁명이 강철 레일을 깔아 **철도망**을 만들고, 2차 산업혁명이 구리선을 깔아 **전력망**을 만들었다면, 3차 산업혁명은 빛의 속도로 정보를 실어 나르는 광섬유 케이블을 깔아 **인터넷**이라는 거대한 디지털 신경망을 창조했다.

이 새로운 인프라는 물리적인 형태가 없었지만, 그 영향력은 철도나 전력망보다 훨씬 더 강력하고 광범위했다. 인터넷은 전 세계의 컴퓨터를 하나로 묶어 정보와 자본, 문화가 국경 없이 흐르는 새로운 차원의 공간을 만들어냈고, 이는 20세기 후반의 세계화(Globalization)를 가속하는 결정적인 동력이 되었다.

하지만 이 보이지 않는 디지털 세계를 유지하기 위해서는, 현실 세계에 거대한 물리적 실체가 필요했다. 바로 21세기의 공장이자 도서관이며, 현대 문명의 모든 데이터를 저장하고 처리하는 거대한 두뇌, **데이터센터**(Data Center)다. 우리가 스마트폰으로 메시지를 보내고, 클라우드에 사진을 저장하며, 인공지능에게 질문을 던지는 모든 순간, 지구 반대편 어딘가에 있는 데이터센터의 수많은 서버들이 굉음을 내며 돌아가고 있다.

그리고 이 디지털 혁명의 심장부는, 이전 시대의 그 어떤 공장보다도 탐욕스럽게 에너지를 소비하는 '전기 먹는 하마'가 되었다. 반도체가 연 '에너지 제어'의 시대는, 역설적으로 인류 역사상 가장 집중적이고 폭발적인 전력 수요를 창출하는 시대로 이어지고 있었다.

21세기의 공장, 데이터센터의 탄생

초기의 인터넷은 대학과 연구소의 컴퓨터들을 연결하는 학술적인 네트워크에 가까웠다. 하지만 1990년대 월드 와이드 웹(www)이 등장하고, 아마존이나 구글과 같은 기업들이 등장하면서 인터넷은 상업과 일상의 공간으로 폭발적으로 확장되었다. 이메일, 온라인 쇼핑, 소셜 미디어, 스트리밍 서비스… 이 모든 디지털 활동은 막대한 양의 데이터를 생성했고, 기업들은 이 데이터를 안전하게 저장하고, 신속하게 처리하며, 전 세계 사용자들에게 끊김 없이 제공해야 하는 과제에 직면했다.

이 문제를 해결하기 위해 탄생한 것이 바로 **데이터센터**다. 데이터센터는 수천, 수만 대의 고성능 컴퓨터 서버와 스토리지, 그리고 네트워킹 장비들을 24시간 365일 최적의 환경에서 운영하기 위해 설계된 거대한 시설이다. 이곳은 단순히 컴퓨터를 모아놓은 창고가 아니다. 그곳은 21세기 기업들의 가장 중요한 자산인 '데이터'를 생산하고 가공하는 **디지털 시대의 공장**이다.

이 공장이 멈추는 순간, 온라인 쇼핑몰의 결제가 마비되고, 은행의 금융 거래가 중단되며, 우리가 클라우드에 저장해 둔 소중한 사진들이 사라질 수 있다. 따라서 데이터센터의 설계는 단 하나의 목표, 즉 **'무중단(Non-stop)'** 운영에 초점이 맞춰져 있다. 그리고 이 절대적인 안정성을 유지하기 위해, 데이터센터는 상상을 초월하는 양의 전기를 소비하기 시작했다.

전기 먹는 하마 : 데이터센터는 왜 전기를 많이 사용하는가?

국제에너지기구(IEA)에 따르면, 2022년 기준 전 세계 데이터센터의 전력 소비량은 약 460TWh로, 이는 영국 전체의 연간 전력 소비량과 맞먹는 수준이다. 그리고 이 수요는 AI 혁명과 함께 기하급수적으로 증가하여 2026년에는 1,000TWh를 넘어설 것으로 예측되는데, 이는 일본 전체의 전력 소비량을 뛰어넘는 엄청난 양이다. 왜 이 디지털 공장은 이토록 막대한 전기를 필요로 할까?

첫째, 핵심 동력인 **서버** 자체의 전력 소비다. 데이터센터의 서버들은 우리가 사용하는 일반 컴퓨터와는 차원이 다른 고성능 프로세서(CPU)와 메모리를 탑재하고, 24시간 내내 복잡한 연산을 수행한다. 특히 최근 AI 연산에 필수적인 그래픽 처리 장치(GPU)는 단일 칩의 전력 소비량이 수백 와트(W)에 달할 정도로 전력 소모가 크다.

둘째, 열과의 전쟁, 즉 **냉각 시스템**이다. 수만 대의 서버가 내뿜는 열은 데이터센터를 거대한 오븐으로 만든다. 반도체는 열에 매우 취약하기 때문에, 서버의 온도를 15~25℃ 사이로 일정하게 유지하기 위해 거대한 냉각 장치(HVAC: 냉난방공조)가 쉴 새 없이 돌아가야 한다. 데이터센터 총 전력 소비량의 30~40%가 바로 이 냉각에 사용될 정도로, 데이터센터 운영은 사실상 '열과의 전쟁'이다.

셋째, 안정성을 위한 **전력 인프라**다. 데이터센터는 만에 하나 발생할 수 있는 정전에 대비해, 거대한 무정전 전원 장치(UPS)와 비상용 디젤 발전기를 갖추고 있다. 이들 예비 전력 시스템을 유지하고, 전력을 변환하는 과정에서도 상당한 에너지 손실이 발생한다.

데이터센터의 에너지 효율을 나타내는 대표적인 지표가 바로 **전력효율지수**(PUE, Power Usage Effectiveness)다. 이는 데이터센터 전체가 소비하는 전력량을 IT 장비(서버 등)가 소비하는 전력량으로 나눈 값으로, 1에 가까울수록 에너지 효율이 높다는 의미다. 예를 들어 PUE가 1.5라면, IT장비가 1W의 전기를 쓸 때 냉각과 전력 인프라에 0.5W의 전기가 추가로 사용된다는 뜻이다. 구글이나 마이크로소프트 같은 하이퍼스케일 데이터센터들은 PUE를 1.1수준까지 낮추며 효율을 극대화하고 있지만, 여전히 막대한 양의 전기를 필요로 한다는 사실은 변하지 않는다.

AI 혁명, 불타는 전력 수요에 기름을 붓다

최근 몇 년간 이어진 **인공지능(AI) 혁명**, 특히 챗 GPT와 같은 생성형 AI의 등장은 이미 뜨거운 데이터센터의 전력 수요에 기름을 붓는 격이 되었다.

과거의 검색 엔진이 이미 존재하는 정보를 '찾아주는' 역할에 그쳤다면, 생성형 AI는 수십억 개의 데이터를 학습하여 새로운 글과 이미지, 코드를 '창조'해낸다. 이 과정은 비교할 수 없을 만큼 막대한 양의 컴퓨팅 파워를 필요로 한다.

단적인 예로, 우리가 구글에서 한 번 검색할 때 소비되는 전력은 약 0.3Wh 수준이다. 하지만 챗 GPT에 질문 하나를 던지는 데 그 10배에 가까운 약 2.9Wh의 전력이 소모되는 것으로 추정된다. 전 세계 수억 명의 사람들이 매일같이 AI를 사용하기 시작하면서, 전력 수요는 우리가 예상했던 것보다 훨씬 더 가파른 속도로 증가하고 있다.

특히, 대규모 언어 모델(LLM)을 '훈련(Training)'시키는 과정은 그야말로 전력 소비의 블랙홀이다. GPT-3 모델 하나를 훈련하는데 약 1,287MWh의 전력이 소모된 것으로 알려졌는데, 2025년 현재 등장한 최신 거대 언어 모델들은 이보다 몇 배나 많은 전력을 소비하는 것으로 추정된다. 모델의 규모가 커지고 성능이 고도화될수록 이 전력 수요는 더욱 폭발적으로 늘어날 것이다.

이러한 AI의 폭발적인 전력 수요는 미래 산업 경쟁력의 지형을 바꾸고 있다. 이제 기업과 국가의 경쟁력은 단순히 AI기술을 보유했느냐가 아니라, 그 AI를 안정적으로 구동할 수 있는 **막대한 양의 무탄소 전력**을 확보할 수 있느냐에 달려있게 되었다. 이것이 바로 구글, 마이크로소프트, 아마존과 같은 빅테크 기업들이 원자력 발전소와 직접 전력 구매 계약(PPA)을 체결하거나 소형모듈원자로(SMR)에 막대한 돈을 투자하는 등, 안정적인 청정에너지원을 확보하기 위해 사활을 건 경쟁에 나서는 이유다.

결론적으로, 반도체가 이끈 3차 산업혁명은 인류에게 디지털이라는 새로운 세계를 열어주었다. 인터넷과 데이터센터라는 새로운 인프라는 이제 우리 사회와 경제를 지탱하는 가장 중요한 기반이 되었다. 하지만 이 디지털 유토피아는 현실 세계의 막대한 에너지 공급 없이는 단 하루도 유지될 수 없는 신기루와 같다. '에너지 제어'를 통해 효율성을 추구했던 혁명이, 역설적으로 인류 역사상 가장 거대한 '에너지 수요'를 창출한 것이다. 이 거대한 수요를 어떻게, 어떤 에너지로 감당할 것인가? 이 질문은 에너지 대전환 시대를 살아가는 우리에게 던져진 가장 근본적이고도 시급한 과제가 되었다.

4.3. 사회 변화의 키워드 : 디지털화, 세계화, 자동화

반도체라는 '마법의 돌'이 세상에 등장하고, 인터넷과 데이터센터라는 새로운 인프라가 행성을 덮기 시작하면서, 인류 사회는 이전과는 비교할 수 없는 속도와 깊이로 변화의 소용돌이에 휩싸였다. 1, 2차 산업혁명이 주로 생산 방식과 물질적 환경을 바꾸는 '하드웨어'의 혁명이었다면, 3차 산업혁명은 사회가 작동하는 방식과 사람들이 관계를 맺는 방식, 즉 사회의 '소프트웨어'를 근본적으로 재편하는 혁명이었다.

이 복잡하고 다층적인 변화의 양상은 세 개의 강력한 키워드로 요약될 수 있다. 바로 **디지털화**(Digitalization), **세계화**(Globalization), 그리고 **자동화**(Automation)다. 이 세 가지 흐름은 서로가 서로의 원인이자 결과가 되어 거대한 시너지를 일으키며, 20세기 후반부터 오늘날에 이르기까지 우리 사회의 모든 영역을 재구성했다. **디지털화**는 물리적 거리의 제약을 없애 세계화를 가속했고, 이렇게 연결된 글로벌 시장은 가장 효율적인 생산 방식을 찾기 위해 자동화를 촉진했으며, 다시 자동화 기술의 발전은 더 정교한 디지털화를 요구하는 선순환의 고리를 만들었다.

첫 번째 키워드 : 디지털화(Digitalization) – 모든 것을 0과 1로 번역하다

3차 산업혁명의 가장 근본적인 특징은 세상의 모든 아날로그 정보를 '0'과 '1'이라는 공통의 디지털 언어로 번역하기 시작했다는 점이다. 글자, 숫자, 소리, 이미지, 영상 등 과거에는 각기 다른 물리적 매체(종이, 필름, LP판 등)에 담겨 있던 모든 정보가, 이제는 반도체 칩 안에서 동일한 전기적 신호의 조합으로 변환되었다.

이것이 왜 혁명적일까? 디지털화는 정보에 씌워져 있던 세 가지 물리적 족쇄를 한 번에 풀어버렸기 때문이다.

첫째, **복제의 한계**가 사라졌다. 아날로그 정보는 복사할수록 품질이 저하된다. 카세트테이프를 여러 번 복사하면 잡음이 섞이고, 사진을 복사하면 해상도가 떨어진다. 하지만 디지털 정보는 0과 1의 조합이므로, 수억 번을 복사해도 원본과 100% 동일한 품질을 유지한다. 정보의 무한 복제가 가능해진 것이다.

둘째, **전송의 한계**가 사라졌다. 과거에는 정보를 전달하기 위해 사람이 직접 이동하거나 물리적인 매체를 배송해야 했다. 그 속도는 말이나 기차, 배의 속도를 넘을 수 없었다. 하지만 디지털 정보는 인터넷이라는 신경망을 통해 빛의 속도로 전 세계 어디든 순식간에 전달될 수 있다.

셋째, **융합의 한계**가 사라졌다. 글, 소리, 영상 등 서로 다른 형태의 정보들이 '디지털'이라는 공통 언어로 번역되면서, 이들을 자유롭게 결합하고 편집하는 것이 가능해졌다. 이는 스마트폰 하나로 사진을 찍고, 영상을 편집하며, 음악을 듣고, 글을 쓰는 '멀티미디어' 시대를 열었다.

이러한 디지털화는 사회의 소통 방식을 근본적으로 바꾸었다. 편지는 이메일로, 회의는 화상 통화로, 신문은 온라인 뉴스로 대체되었다. 사람들은 페이스북과 인스타그램 같은 소셜 미디어를 통해 시공간의 제약 없이 관계를 맺고 자신의 일상을 공유하기 시작했다. 아마존과 알리바바는 전 세계의 상점을 하나의 거대한 온라인 시장으로 만들었고, 넷플릭스와 유튜브는 콘텐츠의 유통 방식을 완전히 바꾸어 놓았다.

에너지 분야에서 디지털화의 의미는 더욱 중요하다. 기존의 전력망은 발전소에서 가정으로 전기가 일방적으로 흐르는 '아날로그' 시스템이었다. 하지만 여기에 디지털 센서와 양방향 통신 기술을 접목한 스마트그리드(Smart Grid)는 전력 시스템을 '디지털' 시스템으로 바꾸었다. 발전소, 송전망, 그리고 가정의 스마트 미터가 실시간으로 정보를 주고받으며, 전력의 생산량과 소비량을 0과 1의 데이터로 변환하여 분석하고 예측한다. 이를 통해 전력망 운영자는 변동성이 큰 재생에너지의 출력에 맞춰 수요를 조절하거나, 남는 전력을 에너지 저장 장치로 보내는 등, 이전에는 불가능했던 지능적이고 유연한 에너지 관리를 할 수 있게 되었다. 디지털화는 에너지 시스템에 '두뇌'와 '신경망'을 부여한 것이다.

두 번째 키워드 : 세계화(Globalization) - 압축된 행성의 탄생

디지털화가 닦아놓은 기술적 토대 위에서, **세계화**의 물결은 이전과는 비교할 수 없는 속도와 규모로 행성 전체를 휩쓸었다. 물론 세계화 자체는 새로운 현상이 아니다. 2차 산업혁명 시대의 증기선과 전신도 세계를 하나로 묶는 역할을 했다. 하지만 20세기 후반의 디지털 세계화는 그 성격이 근본적으로 달랐다. 그것은 더 빠르고, 더 깊었으며, 국가나 거대 기업뿐만 아니라 개인의 삶까지 파고드는 전면적인 변화였다.

인터넷은 물리적 국경의 의미를 희미하게 만들었다. 캘리포니아의 애플 본사에서 디자인된 아이폰 설계도는 순식간에 중국 선전의 폭스콘 공장으로 전송되어 생산에 들어갔다. 뉴욕 월스트리트의 금융 자본은 런던과 도쿄의 주식 시장을 24시간 넘나들며 이윤을 찾아 움직였다. 이처럼 생산, 자본, 정보가 전 지구적 차원에서 가장 효율적인 곳을 찾아 실시간으로 이동하는 **글로벌 공급망**(Global Supply Chain)과 **글로벌 금융 시스템**이 완성되었다.

하지만 이러한 초연결성은 새로운 취약성을 낳았다. 2008년 미국에서 시작된 서브프라임 모기지 사태가 순식간에 전 세계적인 금융 위기로 번져나간 것처럼, 한 지역의 위기는 이제 더 이상 그 지역만의 문제로 끝나지 않고 글로벌 네트워크를 통해 전 세계로 빠르게 전파되었다.

에너지 분야에서도 세계화는 새로운 질서를 만들었다. 기후변화라는 전 지구적 문제에 대응하기 위해, 파리협정과 같은 국제적인 규범이 만들어졌다. 유럽연합(EU)의 탄소국경조정제도(CBAM)나 미국의 인플레이션 감축법(IRA)처럼, 한 지역의 에너지 및 환경 정책은 이제 전 세계 무역 질서의 규칙을 바꾸는 강력한 힘을 갖게 되었다. 애플이나 구글과 같은 글로벌 기업들이 선언한 **RE100**(재생에너지 전기 100%사용)은, 부품을 공급하는 전 세계 모든 협력업체들이 따라야 하는 새로운 '글로벌 스탠더드'가 되었다. 에너지는 더 이상 한 국가의 국내 문제가 아니라, 복잡한 글로벌 공급망과 지정학적 관계 속에서 풀어야 하는 다차원 방정식이 된 것이다.

세 번째 키워드 : 자동화(Automation) **- 인간의 일을 대신하는 기계**

디지털화와 반도체 기술의 발전은 필연적으로 **자동화**의 시대를 열었다.

자동화란 기계가 인간의 개입 없이 스스로 작업을 수행하는 것을 의미한다.

1, 2차 산업혁명 시대의 기계가 인간의 '근육'을 대체했다면, 3차 산업혁명의 자동화는 인간의 '두뇌'가 수행하던 영역까지 넘보기 시작했다. 초기에는 공장의 조립 라인에서 용접이나 도색 같은 단순 반복 작업을 수행하는 산업용 로봇이 자동화의 주역이었다. 이들은 정해진 프로그램에 따라 정확하고 지치지 않는 노동력을 제공하며 생산성을 획기적으로 향상시켰다.

하지만 컴퓨터의 연산 능력이 기하급수적으로 발전하고 인공지능(AI) 기술이 등장하면서, 자동화는 새로운 국면으로 접어들었다. 이제 기계는 단순히 정해진 일을 반복하는 것을 넘어, 데이터를 통해 스스로 '학습'하고 '판단'하며, 예측 불가능한 상황에 '대응'하는 **지능형 자동화(Intelligent Automation)**로 진화하고 있다.

공장의 AI비전 시스템은 컨베이어 벨트 위의 불량품을 0.01초 만에 식별해내고, 물류 창고의 로봇은 가장 효율적인 경로를 스스로 계산하여 상품을 운반한다. 은행의 알고리즘은 수백만 건의 거래를 분석하여 사기 거래를 실시간으로 탐지한다. 이러한 지능형 자동화는 제조업뿐만 아니라 금융, 의료, 법률 등 다양한 서비스 산업의 풍경까지 바꾸어 놓고 있다.

최근에는 한 걸음 더 나아가, AI가 디지털 세계를 넘어 현실 세계와 직접 상호작용하는 **피지컬 AI(Physical AI)** 기술이 부상하고 있다. 테슬라의 옵티머스와 같은 휴머노이드 로봇은 공장이나 가정에서 인간이 수행하던 복잡한 물리적 작업을 대신하게 될 것이다.

이러한 자동화의 물결은 에너지 시스템에 두 가지 상반된 영향을 미친다. 한편으로는, 자동화된 로봇과 제어 시스템, 그리고 이 모든 것을 구동하는 AI 연산 자원을 위해 막대한 양의 안정적인 전력이 필요하게 되어, 에너지 수요를 더욱 증가시키는 요인이 된다. 다른 한편으로는, AI기반의 자동화 기술이 에너지 전환의 가장 중요한 해결책이 되기도 한다. AI는 스마트그리드를 통해 전력망 전체의 수요와 공급을 초 단위로 최적화하고, 기상 데이터를 분석하여 재생에너지 발전량을 정확하게 예측하며, 스마트 빌딩의 에너지 소비를 자동으로 제어하여 낭비를 막는다.

결론적으로, 디지털화, 세계화, 자동화라는 세 개의 거대한 흐름은 반도체 혁명이 쏘아 올린, 서로 얽혀 있는 세 발의 화살과 같다. 이 화살들은 20세기 후반의 사회 구조를 완전히 해체하고, 우리가 사는 21세기의 모습을 빚어냈다. 하지만 이 모든 혁신의 기반에는, 이전 시대와는 비교할 수 없을 만큼 거대하고, 깨끗하며, 안정적인 에너지를 요구하는 거대한 패러독스가 숨어 있었다. 바로 이 지점에서, 인류는 기후위기라는 거대한 위협과 마주하며, 또 한 번의 에너지 패러다임 전환이라는 피할 수 없는 과제 앞에 서게 된다.

제 1 부를 정리하며

1만 년의 정체를 깨뜨린 것은 결국 새로운 에너지였습니다. 석탄은 인류를 '생물학적 에너지'의 굴레에서 해방시켰고, 석유와 전기는 '대량생산-대량소비'라는 현대 문명의 기틀을 마련했습니다. 그리고 반도체는 에너지를 '생산'하는 시대를 넘어, '제어'하는 시대를 열었습니다. 이처럼 에너지 패러다임의 전환은 언제나 기술, 경제, 사회 전체의 근본적인 변화를 동반했습니다. 하지만 이 눈부신 풍요의 시대는, 이제 기후위기라는 거대한 청구서를 우리 앞에 내밀고 있습니다. 제 2 부에서는 이 보이지 않는 위협의 실체를 파헤치고, 전 세계가 이 위기에 어떻게 대응하며 새로운 규칙을 만들어가고 있는지 그 치열한 현장으로 들어가 보겠습니다.

제 2 부
보이지 않는 위협과 새로운 과제
– 기후변화와 탄소중립 시대

제 2 부를 시작하며

　우리가 이룩한 풍요의 원천, 화석연료가 이제 우리의 생존을 위협하는 부메랑이 되어 돌아오고 있습니다. 제 2 부에서는 더 이상 외면할 수 없는 현실이 된 기후 재앙의 민낯을 마주합니다. IPCC의 과학적 증거부터 우리 눈앞에서 벌어지는 폭염, 홍수, 가뭄의 현실까지, 지구가 보내는 경고의 의미를 짚어봅니다. 나아가, 파리협정, RE100, 탄소국경세 등 이 위기 속에서 탄생한 새로운 글로벌 스탠더드가 어떻게 우리 기업과 국가의 운명을 좌우하는 새로운 규칙이 되었는지 심층적으로 분석합니다.

전기화, 마지막 에너지 혁명
Electrification, The Final Energy Revolution

제5장
뜨거워지는 지구, 인류에게 보내는 경고

5.1. 기후변화는 정말 인간 때문일까? : IPCC의 과학적 증거들

우리가 기억하는 여름의 풍경이 사라지고 있다. 저녁이면 선선한 바람이 불어오던 툇마루의 기억, 쨍한 햇살 아래에서도 나무 그늘은 시원했던 어린 시절의 추억, 그리고 사계절의 변화가 뚜렷해 자연의 순리를 느끼게 해주던 예측 가능성. 이제 여름은 숨 막히는 열기와 끈적이는 습기로 가득 찬, 재난에 가까운 계절이 되어가고 있다. 겨울은 겨울답지 않게 포근하다가도, 어느 날 갑자기 모든 것을 얼려버리는 극단적인 한파가 들이닥친다. 봄과 가을은 그 존재감을 잃어버린 채, 길고 혹독한 여름과 변덕스러운 겨울 사이에서 잠시 스쳐 지나가는 계절이 되었다.

"원래 여름은 덥고 겨울은 추운 거 아닌가? 요즘 사람들이 너무 유난 떠는 것같아."

아직도 누군가는 이렇게 말할지 모른다. 혹은 "지구의 기후는 원래 주기적으로 변하는 거야. 과거에도 빙하기가 있었고, 따뜻한 시기도 있었잖아. 지금의 온난화도 그저 자연적인 순환의 일부일 뿐이야." 라고 반문할 수도 있다. 실제로 지난 수십 년간, 기후변화의 원인을 둘러싼 논쟁은 과학의 영역을 넘어 치열한 정치적, 경제적 공방의 대상이 되어왔다. 화석연료 산업의 막대한 자본이 후원하는 일부 회의론자들은 의도적으로 데이터를 왜곡하거나 불확실성을 부풀리며 대중의 혼란을 부추겼다.

하지만 지금, 2020년대에 이르러 이 논쟁은 사실상 종결되었다. 전 세계 수천 명의 주류 과학자들이 수십 년간 쌓아 올린 압도적인 증거 앞에서, '인간의 활동이 현재의 기후변화를 초래했다'는 사실은 더 이상 과학적 논쟁의 대상이 아니다. 그것은 지구가 둥글다는 사실만큼이나 명백한, 과학적 '합의(Consensus)'의 영역에 들어섰다.

이 거대한 합의를 이끌고, 인류에게 가장 권위 있는 경고를 보내온 조직이 바로 **'기후변화에 관한 정부 간 협의체**(IPCC, Intergovernmental Panel on Climate Change)'다. IPCC는 직접 연구를 수행하는 기관이 아니다. 그들은 전 세계 수천 명의 과학자들이 발표한 수만 편의 동료 심사를 거친 연구 논문들을 종합하고, 분석하고, 검토하여, 현재 인류가 기후변화에 대해 과학적으로 어디까지 알고 있는지를 가장 객관적이고 엄정하게 평가하는 '과학의 최종 재판관'과 같은 역할을 한다. 이들의 보고서는 195개 회원국 정부 대표들의 만장일치 동의를 거쳐 채택되기에, 과학적 권위와 정치적 무게감을 동시에 지닌다.

그렇다면 IPCC와 전 세계 과학자들은 어떤 증거들을 근거로 이토록 단호한 결론에 이르게 되었을까? 우리는 마치 과학수사대의 수사관처럼, 인류가 지구에 남긴 명백한 '범죄의 증거'들을 하나씩 따라가 볼 필요가 있다.

첫 번째 증거 : 행성의 맥박, 킬링 곡선이 말해주는 진실

기후변화가 음모론이나 과장이 아니라는 가장 명백하고도 상징적인 증거는, 하와이 마우나로아 산 정상에서 60년 넘게 기록되고 있는 하나의 과학 데이터에 담겨 있다. 바로 **'킬링 곡선**(Keeling Curve)'이다.

1958년, 찰스 데이비드 킬링(Charles David Keeling)이라는 젊은 과학자는 인간의 활동이 대기에 어떤 영향을 미치는지 알아보기 위해, 문명의 오염원으로부터 가장 멀리 떨어진 청정 지역인 하와이 화산 꼭대기에 이산화탄소 농도 측정 장비를 설치했다. 그는 매일같이 대기 중 CO_2 농도를 측정했고, 곧 흥미로운 패턴을 발견했다. 곡선은 1년을 주기로 미세하게 오르내리는 톱니 모양을 그리고 있었다. 봄과 여름, 거대한 숲을 가진 북반구가 광합성을 통해 이산화탄소를 힘껏 빨아들이면 농도가 내려갔고, 가을과 겨울에 나뭇잎이 지고 식물들이 숨을 죽이면 다시 농도가 올라갔다. 그는 인류 역사상 처음으로, 지구가 거대한 생명체처럼 1년에 한 번씩 숨을 쉬고 있음을 시각적으로 증명해낸 것이다.

하지만 그가 발견한 것은 경이로운 지구의 숨결만이 아니었다. 그를 소름 돋게 만든 것은, 이 아름다운 톱니 모양의 곡선이 매년 무섭도록 가파르게 오른쪽 위를 향해 치솟고 있다는 사실이었다. 지구의 자연적인 숨결과는 무관하게, 대기 중 이산화탄소의 절대적인 양 자체가 인류의 산업 활동과 함께 폭발적으로 증가하고 있었던 것이다.

킬링이 처음 측정을 시작했을 때 약 315ppm(parts per million, 100만 분의 1 농도)이었던 CO_2 농도는, 2024년 현재 420ppm을 훌쩍 넘어섰다. 이는 산업화 이전(약 280ppm)에 비해 50%나 증가한 수치이며, 인류가 지구상에 존재했던 지난 수십만 년, 아니 수백만 년 동안 단 한 번도 도달해 본 적 없는 미지의 영역이다. 킬링 곡선은 더 이상의 변명이나 의심이 불가능한, 인류가 지구 대기의 조성을 근본적으로 바꾸어 놓았다는 명백한 '범죄의 증거 기록(Indictment)'인 셈이다.

두 번째 증거 : 탄소의 지문을 찾아라, 동위원소 분석의 과학

"알겠다. 대기 중 이산화탄소가 늘어난 것은 사실이다. 하지만 그게 꼭 인간이 태운 화석연료 때문이라는 증거가 있는가? 화산 활동이나 해양 방출 같은 자연 현상 때문일 수도 있지 않은가?"

회의론자들은 종종 이렇게 반문한다. 과학자들은 이 질문에 답하기 위해, 마치 범죄 현장에 남은 지문을 채취하듯, 대기 중 탄소의 '지문'을 분석하는 정교한 과학적 기법을 사용한다. 바로 **탄소 동위원소(Carbon Isotope) 분석**이다.

자연계의 탄소는 대부분 양성자 6개와 중성자 6개를 가진 '탄소-12(^{12}C)'로 이루어져 있다. 하지만 아주 드물게 중성자가 하나 더 많은 '탄소-13(^{13}C)'이나 두 개 더 많은 '탄소-14(^{14}C)'가 존재한다. 이들은 화학적 성질은 같지만 미세하게 질량이 다른 '쌍둥이' 같은 원소다.

여기서 중요한 점은, 식물이 광합성을 할 때 더 가벼운 ^{12}C를 선호하여 대기 중에서 선택적으로 흡수한다는 것이다. 따라서 수억 년 전 식물이 묻혀서 만들어진 화석연료(석탄, 석유, 천연가스)는, 자연 상태의 대기에 비해 ^{13}C의 비율이 상대적으로 낮다.

과학자들이 지난 수십 년간 대기 중 탄소 동위원소의 비율을 분석한 결과, ^{13}C의 상대적 비율이 지속적으로 감소하고 있음이 밝혀졌다. 이는 대기 중에 추가되고 있는 이산화탄소가, 바로 식물 기원, 즉 화석연료를 태워서 나온 것임을 명백하게 증명하는 '결정적 증거(Smoking Gun)'다. 만약 화산 활동이 주된 원인이었다면 ^{13}C의 비율은 변하지 않았을 것이다.

또한, 방사성 동위원소인 ^{14}C는 약 5,730년의 반감기를 가지고 서서히 붕괴한다. 수억 년 전에 만들어진 화석연료에는 ^{14}C가 거의 남아있지 않다. 그런데 대기 중 ^{14}C의 비율 역시 지속적으로 감소하고 있다. 이는 ^{14}C가 없는 '오래된 탄소', 즉 화석연료가 대량으로 대기 중에 유입되고 있음을 다시 한번 확인시켜 준다. 이처럼 동위원소 분석이라는 과학적 수사 기법은, 현재의 이산화탄소 증가가 자연 현상이 아닌 명백한 '인간의 소행'임을 과학적으로 입증했다.

세 번째 증거 : 과거의 기록, 빙하 코어가 들려주는 이야기

"좋다. 인간 때문에 이산화탄소가 늘어난 것은 인정한다. 하지만 그것이 정말로 지구의 온도를 높이는 원인인가? 둘 사이에 상관관계가 있을 뿐, 인과관계는 없는 것 아닌가?"

이 마지막 의문에 대한 답은, 수십만 년의 지구 기후 역사를 기록하고 있는 거대한 **'타임캡슐'**, 즉 남극과 그린란드의 **빙하 코어**(Ice Core) 속에 담겨 있다. 과학자들은 수 킬로미터 깊이의 얼음을 시추하여, 눈이 내리고 겹겹이 쌓이면서 얼음 속에 갇힌 과거의 공기 방울을 분석한다. 이 공기 방울은 수십만 년 전 지구 대기의 조성을 그대로 간직한 완벽한 화석과 같다.

빙하 코어 분석 결과는 놀라웠다. 지난 80만 년 동안, 지구의 이산화탄소 농도와 평균 기온은 거의 완벽하게 일치하는 궤적을 그리며 오르내렸다. 이산화탄소 농도가 높았던 시기에는 어김없이 기온이 높았고, 농도가 낮았던 시기에는 빙하기가 찾아왔다. 이는 이산화탄소가 지구의 온도를 조절하는 가장 중요한 '온도 조절 다이얼'임을 명백하게 보여준다.

더욱 충격적인 사실은, 지난 80만 년간 지구의 CO_2 농도가 180ppm에서 300ppm 사이의 좁은 범위 안에서만 움직였다는 점이다. 그런데 산업혁명 이후 불과 200여 년 만에, 인류는 이 농도를 420ppm 이상으로 끌어올렸다. 이는 자연적인 변동성의 범위를 압도적으로 벗어난, 인류 역사상 전례 없는 극단적인 사건이다. 과거의 기록은 현재의 온난화가 결코 자연적인 순환의 일부가 아니며, 인간이 만들어낸 이산화탄소라는 강력한 외생 변수에 의해 촉발된 것임을 웅변하고 있다.

IPCC의 최종 판결 : "인간의 영향은 명백하다"

이러한 수많은 과학적 증거들을 종합하여, 2021년 발표된 IPCC 제6차 평가보고서(AR6)는 인류에게 역사상 가장 강력하고도 단호한 경고를 보냈다. 보고서의 첫 문장은 다음과 같다.

"최근의 기후 시스템 변화가 광범위하고, 빠르며, 심화되고 있고, 수천 년, 수만 년 동안 전례가 없었다는 것은 명백하다(It is unequivocal that human influence has warmed the atmosphere, ocean and land)." (출처: IPCC AR6 WGI 보고서)

여기서 'unequivocal'이라는 단어는 '논쟁의 여지가 없는', '명백한'이라는 뜻으로, 과학계가 사용할 수 있는 가장 강력한 표현이다. 더 이상의 의심이나 논쟁은 무의미하다는 최종 판결과도 같다. 보고서는 또한, 관측된 온난화의 거의 전부(100%)가 인간의 활동 때문이라고 결론 내렸다.

과학적 진단은 끝났다. 범인은 인류 자신이며, 범행의 증거는 차고 넘친다. 지구는 지금 고열에 시달리며 우리에게 비상 신호를 보내고 있다. 이제 질문은 '왜?'가 아니라 '어떻게?'로 넘어가야 한다. 이 뜨거워지는 지구가 우리의 삶에 구체적으로 어떤 재앙을 불러오고 있는지, 그리고 그 재앙의 현실을 우리는 어떻게 마주해야 하는지, 다음 절에서 그 참혹한 현실의 풍경 속으로 들어가 볼 시간이다.

5.2. 폭염, 홍수, 가뭄 : 숫자로 보는 기후재앙의 현실

과학자들은 산업혁명 이후 지구의 평균 기온이 이미 약 1.1℃ 상승했다고 말한다. 1.1℃. 일상에서 체감하기 힘든 이 미미해 보이는 숫자는, 그러나 지구라는 거대한 생명체에게는 고열의 시작을 알리는 치명적인 증상이다. 건강한 성인의 체온이 36.5℃에서 37.6℃로 오른 것과 같다. 약간의 미열이라고 생각할 수 있지만, 이는 몸 어딘가에 심각한 염증이 생겼다는 명백한 증거이며, 이대로 방치하면 걷잡을 수 없는 고열과 합병증으로 이어질 수 있다는 강력한 경고다.

지구의 온도가 단 1.1℃ 올랐을 뿐인데, 왜 우리는 전례 없는 재앙들을 마주하고 있는 것일까? 이는 '평균'이라는 단어가 가진 함정 때문이다. 지구 시스템은 너무나도 복잡하고 정교하게 연결되어 있어, 평균 온도의 작은 변화가 시스템 전체의 균형을 무너뜨리고 극단적인 현상들을 연쇄적으로 증폭시킨다. 지구는 이제 단순히 더워지는 것을 넘어, 예측 불가능하고 폭력적인 방식으로 자신의 고통을 표출하기 시작했다.

과거에는 '100년에 한 번 올까 말까 한 재앙'이라고 불리던 일들이, 이제는 매년 여름과 겨울 뉴스의 헤드라인을 장식하는 **'뉴 노멀**(New Normal)'이 되었다. 이것은 더 이상 먼 나라의 이야기가 아니다. 지금부터 우리는 막연한 불안감을 넘어, 구체적인 숫자와 데이터, 그리고 우리 눈앞에서 벌어진 생생한 사건들을 통해 기후재앙의 냉혹한 현실을 정면으로 마주해야 한다.

첫 번째 재앙, 불의 시대 : '괴물불(Gigafire)'이 행성을 삼키다

기후변화가 가장 먼저 드러내는 얼굴은 바로 '불'이다. 기록적인 폭염과 수십 년간 누적된 가뭄은 전 세계의 숲을 거대한 장작더미로 만들었다. 한번 불이 붙으면 인간의 소방 능력으로는 도저히 감당할 수 없는 거대한 화마, 즉 **'메가파이어**(Megafire)' 또는 **'기가파이어**(Gigafire)'로 번진다. 이것은 더 이상 우리가 알던 산불이 아니다. 스스로 날씨를 만들고, 몇 달씩 꺼지지 않으며, 대륙을 건너 다른 나라의 하늘까지 뒤덮는 괴물의 등장이다.

- **호주의 '검은 여름**(Black Summer)' : 2019년 말부터 2020년 초까지 호주를 덮친 산불은 현대 인류가 마주한 최악의 기후 재앙 중 하나로 기록된다. 이 화마는 무려 **1,860만 헥타르**의 숲을 태웠다. 이는 남한 전

체 면적(약 1,000만 헥타르)보다 훨씬 넓은 땅이 잿더미로 변했음을 의미한다. 33명의 사람이 목숨을 잃었고, **30억 마리** 이상의 코알라, 캥거루 등 야생동물이 죽거나 삶의 터전에서 내쫓겼다. 시드니와 멜버른 같은 대도시는 몇 주 동안 세계 최악의 대기질을 기록했고, 그 잿빛 연기는 태평양을 건너 12,000km 떨어진 칠레와 아르헨티나까지 도달했다.

- **꺼지지 않는 캐나다의 불길** : 2023년 캐나다에서는 역사상 최악의 산불이 발생했다. 연중 꺼지지 않는 이른바 '좀비 파이어(Zombie Fire)'가 겨울 내내 땅속에서 살아남았다가 봄이 되자 다시 타오르기 시작했다. 전국적으로 1,500만 헥타르 이상이 불탔고, 이는 과거 10년 평균의 6배에 달하는 면적이다. 이 산불이 내뿜은 막대한 연기는 제트기류를 타고 대서양을 건너 미국 뉴욕과 유럽의 하늘까지 오렌지색으로 물들였다. 뉴욕 시민들은 난생처음 겪는 오렌지색 하늘 아래서 숨 막히는 공기를 마셔야 했고, 야외 활동 금지령이 내려졌다. 이는 기후 재앙이 더 이상 국경 안에 갇히지 않는, 전 지구적 문제임을 명백히 보여준 사건이었다.

- **불이 만드는 날씨, 파이로큐뮬로닌버스**(Pyrocumulonimbus) : 더욱 무서운 것은, 불길이 너무나 거세져 자체적으로 거대한 뇌운(雷雲)을 만들어내는 현상이다. 이 '화재 적란운'은 번개를 동반하여 또 다른 산불을 일으키고, 강력한 토네이도를 만들어 불씨를 수십 킬로미터 밖으로 퍼뜨린다. 마치 불이 스스로 날씨를 창조하며 자신을 복제하고 확장하는, 공포 영화 같은 피드백 루프가 현실이 된 것이다.

두 번째 재앙, 물의 분노 : '대기의 강'이 도시를 침수시키다

어떤 곳에서는 불이 모든 것을 태우는 동안, 다른 곳에서는 물이 모든 것을 집어삼키고 있다. 뜨거워진 대기는 과거보다 훨씬 더 많은 수증기를 머금을 수 있다. 과학자들은 기온이 1℃ 오를 때마다 대기가 머금을 수 있는 수증기의 양이 약 7%씩 증가한다고 설명한다(클라우지우스-클라페이롱 관계식). 이는 한번 비가 내리면, 마치 하늘에 구멍이 뚫린 듯 엄청난 양의 물을 한꺼번에 쏟아붓는 '극한 호우(Extreme Rainfall)'로 이어진다.

- **도시를 잠기게 한 시간당 100mm의 폭우** : 2022년 8월, 대한민국 서울 강남역 일대는 시간당 100mm가 넘는 기록적인 폭우로 완전히 물에 잠겼다. 도로 위 자동차들은 속수무책으로 침수되었고, 저지대 주택과 상가는 흙탕물에 휩쓸렸다. 2023년 충북 오송의 지하차도가 불과 몇 분 만에 불어난 강물에 휩쓸려 수많은 인명을 앗아간 비극은, 우리의 도시 인프라가 새로운 기후 현실에 얼마나 취약한지를 똑똑히 보여주었다. 이는 더 이상 남의 나라 이야기가 아닌, 바로 우리의 현실이다.

- **독일과 벨기에를 휩쓴 '1000년 만의 홍수'** : 2021년 7월, 서유럽에는 이틀 동안 무려 **150mm**의 비가 쏟아졌다. 이는 평소 두 달 치 강수량이 단 이틀 만에 쏟아진 것이다. 독일과 벨기에의 작은 마을들은 순식간에 거대한 급류에 휩쓸렸고, 220명 이상이 목숨을 잃었다. 과학자들은 이 사건을 '1000년 빈도의 홍수'라고 불렀지만, 기후변화 시대에 이 끔찍한 재앙은 불과 몇십 년 안에 다시 반복될 수 있다고 경고한다.

- **나라의 3분의 1을 잠기게 한 파키스탄 대홍수** : 2022년 파키스탄은 '스테로이드를 맞은 몬순'이라 불릴 만한 최악의 홍수를 겪었다. 평년보다 10배나 많은 비가 쏟아지면서 국토의 **3분의 1**이 물에 잠겼고, 3,300만 명의 이재민이 발생했다. 이는 파키스탄 인구 7명 중 1명이 삶의 터전을 잃었음을 의미한다. 이 홍수로 인한 경제적 피해액은 300억 달러(약 40조 원)를 넘어섰고, 이는 파키스탄 경제를 수십 년 후

퇴시킨 국가적 재앙이 되었다.

세 번째 재앙, 목마른 대지 : 끝없는 가뭄의 역설

역설적이게도, 하늘에서 더 많은 비를 쏟아내는 동안, 땅은 점점 더 메말라가고 있다. 기온 상승은 토양과 저수지의 물을 더 빨리 증발시키고, 대기 순환의 패턴을 바꾸어 특정 지역에는 비구름이 아예 접근하지 못하게 만든다.

- **바닥을 드러낸 문명의 젖줄** : 2022년 여름, 유럽은 500년 만의 최악의 가뭄을 겪었다. 유럽 물류의 대동맥인 라인강과 이탈리아 농업의 젖줄인 포강이 바닥을 드러내면서 수많은 화물선이 발이 묶이고, 농업 및 공업용수 공급이 중단되었다. 강바닥에서는 과거 가뭄 때 조상들이 새겨놓은 '나를 보면 울어라(Wenn du mich siehst, dann weine)'라는 문구의 '헝거 스톤(Hunger Stone)'들이 모습을 드러내며 재앙을 경고했다.

- **아프리카의 뿔, 40년 만의 최악의 가뭄** : 소말리아, 에티오피아, 케냐 등이 위치한 동아프리카 지역은 4년 연속 우기가 실종되는 최악의 가뭄으로 수천만 명이 기아 위기에 직면했다. 가축들은 떼죽음을 당했고, 사람들은 물과 식량을 찾아 고향을 버리고 난민이 되어 떠돌고 있다. 기후변화는 단순히 날씨의 문제가 아니라, 한 사회를 붕괴시키고 지정학적 불안을 야기하는 생존의 문제임을 보여준다.

- **소리 없이 녹아내리는 빙하** : 지구의 거대한 냉장고인 북극과 남극, 그리고 히말라야의 빙하는 지금 이 순간에도 인류가 상상하는 것보다 훨씬 빠른 속도로 녹아 바다로 흘러들고 있다. 북극의 여름철 해빙(sea ice)은 지난 40년간 절반 가까이 사라졌다. 햇빛을 반사하던 하얀 얼음(알베도 효과)이 줄고, 열을 흡수하는 어두운 바다가 넓어지면서 온난화를 더욱 가속하는 악순환의 고리가 만들어졌다. 더 심각한 것은 그린란드와 남극 대륙의 육상 빙하(ice sheet)가 녹는 것이다. 이 거대한 얼음 덩어리가 모두 녹는다면 해수면은 수십 미터 상승하여 런던, 뉴욕,

상하이, 그리고 부산과 인천 같은 세계 주요 해안 도시들을 물에 잠기게 할 것이다. 과학자들은 이미 그린란드 빙하의 일부가 현재의 온난화 수준만으로도 미래에 전부 녹는 것이 예정된 '좀비 얼음(Zombie Ice)' 상태가 되었다고 경고한다.

이 모든 숫자와 사례들은 하나의 명백한 사실을 가리키고 있다. 1.1℃의 미열은 지구 시스템 전체를 흔들기 시작했으며, 우리는 이미 그 파괴적인 결과를 목격하고 있다. 이것은 더 이상 미래에 대한 경고가 아니다. 이것은 바로 지금, 우리가 발 딛고 서 있는 현실이다. 그리고 이 현실은, 지난 200년간 인류에게 풍요를 안겨주었던 바로 그 에너지 시스템의 근본적인 역설을 드러내고 있다.

5.3. 에너지 시스템의 역설 : 풍요의 원천이 위협이 되다

지난 200년간 인류는 화석연료라는 거인의 어깨 위에 올라타 눈부신 풍요의 시대를 건설했다. 석탄은 공장의 심장을 뛰게 했고, 석유는 전 세계를 하나의 시장으로 묶었으며, 천연가스는 따뜻하고 편리한 삶을 선사했다. 우리의 현대 문명 전체는 이 강력하고 안정적인 에너지 시스템이라는 토대 위에 세워진 거대한 성채와도 같았다. 우리는 이 성채 안에서 기후의 변덕이나 자연의 위협은 더 이상 우리의 번영을 가로막지 못할 것이라 믿었다.

하지만 지금, 우리는 기후위기라는 거대한 재앙 앞에서 충격적이고도 지독한 역설과 마주하고 있다. 바로 이 위기를 초래한 **가해자였던 에너지 시스템이, 이제는 기후위기의 가장 직접적이고 취약한 피해자가 되고 있다는 사실**이다. 우리가 굳건하다고 믿었던 성채의 토대가, 바로 그 성에서 뿜어져 나온 오염물질 때문에 서서히 붕괴하고 있는 것이다. 풍요의 원천이 이제는 우리의 생존을 위협하는 아킬레스건으로 돌변하고 있다.

이러한 에너지 시스템의 역설은 더 이상 이론이나 미래의 예측이 아니다. 그것은 이미 전 세계 곳곳에서 대규모 정전, 에너지 가격 폭등, 그리고 사회 시스템 마비라는 형태로 현실화되고 있다. 미국의 에너지 심장부 텍사스를 덮친 기록적인 한파와, 유럽 문명의 젖줄을 말려버린 최악의 가뭄 사태는, 우리의 에너지 시스템이 새로운 기후 현실 앞에서 얼마나 취약한지를 보여주는 생생한 경고장이다.

사례 1 : 얼어붙은 에너지 제국, 2021년 텍사스 한파 사태

2021년 2월, 미국의 대표적인 에너지 생산지이자 '에너지 제국'이라 불리던 텍사스주를 전례 없는 북극 한파가 덮쳤다. 평소 온화한 기후를 자랑하던 댈러스의 기온이 영하 19도까지 떨어졌고, 주 전역이 눈과 얼음으로 뒤덮였다. 문제는 텍사스의 모든 에너지 인프라가 '더위'에 대비해 설계되었을 뿐, 이러한 극단적인 '추위'는 단 한 번도 상상해 본 적이 없다는 데 있었다.

한파가 닥치자, 텍사스의 에너지 시스템은 마치 도미노처럼 연쇄적으로 무너지기 시작했다.

- **얼어붙은 천연가스 공급망** : 텍사스 전력 생산의 절반 이상을 차지하는 천연가스 발전의 공급망이 가장 먼저 마비되었다. 시추 장비인 유정(Wellhead)이 얼어붙었고, 파이프라인의 밸브와 계측 장비가 동파되었으며, 처리 시설의 가동이 중단되었다. 설상가상으로, 난방 수요가 폭증하면서 가정용 가스 공급이 우선시되자, 발전소로 가야 할 가스의 공급은 더욱 줄어들었다. 전기를 만들어야 할 발전소가 연료 부족으로 멈춰 서는, 최악의 상황이 벌어진 것이다.
- **멈춰 선 풍력 터빈** : 텍사스는 미국에서 풍력 발전 설비가 가장 많은 주이기도 하다. 하지만 덴마크나 캐나다의 터빈과 달리, 텍사스의 터

빈 대부분에는 날개에 얼음이 어는 것을 방지하는 결빙 방지 장치가 설치되어 있지 않았다. 세차게 돌아가야 할 거대한 날개들은 얼어붙은 채 미동도 하지 않았고, 전체 풍력 발전 용량의 절반 가까이가 가동을 멈췄다.

- **석탄과 원자력의 동반 셧다운** : 위기는 여기서 그치지 않았다. 야적장에 쌓여 있던 석탄 더미는 얼어붙어 운송이 불가능해졌고, 심지어 4기의 원자력 발전소 중 1기는 냉각수를 공급하는 파이프가 얼어붙어 안전을 위해 가동을 중단해야만 했다.

공급은 연쇄적으로 붕괴하는데, 난방을 위한 전력 수요는 사상 최고치로 폭증했다. 텍사스의 독립적인 전력망 운영 기관인 ERCOT(Electric Reliability Council of Texas)는 시스템 전체의 붕괴, 즉 주 전체가 암흑에 빠지는 대규모 블랙아웃을 막기 위해 최후의 수단인 강제 순환 정전(Rolling Blackouts)을 실시할 수밖에 없었다.

그 결과는 참혹했다. 최대 450만 가구가 길게는 일주일 이상 암흑과 영하의 추위 속에 갇혔다. 사람들은 전기가 끊긴 집 안에서 추위에 떨다 저체온증으로 목숨을 잃었고, 일산화탄소 중독 사고가 속출했다. 공식적으로 집계된 사망자만 246명에 달했다. 전력 도매가격은 평소의 수백 배인 MWh당 9,000달러까지 치솟으며 시장은 완전히 마비되었고, 이 사태로 인한 경제적 피해액은 2,000억 달러(약 260조 원)에 달하는 것으로 추정된다.(출처: Federal Reserve Bank of Dallas)

텍사스 사태는 우리에게 뼈아픈 교훈을 남겼다. 기후변화가 초래하는 '경험해보지 못한 날씨'는, 가장 현대적이고 에너지 자원이 풍부한 지역의 시스템마저 얼마나 쉽게 파괴할 수 있는지를 보여주었다. 과거의 기후 데이터를 기반으로 설계된 에너지 인프라는, 이제 더 이상 안전하지 않다.

사례 2 : 말라버린 강과 멈춰 선 원전, 2022년 유럽 폭염과 가뭄

텍사스가 혹한으로 얼어붙었다면, 2022년과 2023년 여름 유럽은 불타는 폭염과 500년 만의 최악의 가뭄으로 신음했다. 이 재앙은 정반대의 방식으로 에너지 시스템의 심장부를 강타했다.

- **힘을 잃은 원자력 강국, 프랑스의 딜레마** : 프랑스는 전력의 70% 이상을 원자력에 의존하는 세계 최고의 원자력 강국이다. 원자력은 날씨와 상관없이 24시간 안정적인 전력을 공급하는 대표적인 기저부하 전력원으로 여겨져 왔다. 하지만 이 '안정적인' 원전들이 가뭄과 폭염 앞에서 속수무책으로 멈춰 서기 시작했다. 대부분의 내륙 원전은 론강이나 가론강 같은 강물을 냉각수로 사용하는데, 극심한 가뭄으로 강 수위가 위험할 정도로 낮아진 것이다. 설상가상으로 폭염 때문에 강물 자체의 수온이 너무 높아져, 원전에서 나온 뜨거운 냉각수를 그대로 방류할 경우 강 생태계를 파괴할 수 있는 상황에 이르렀다. 결국 프랑스 전력공사(EDF)는 전체 56기의 원전 중 절반에 가까운 원전의 출력을 줄이거나 가동을 일시 중단해야만 했다.

- **멈춰버린 물과 석탄** : 가뭄은 수력 발전에도 직격탄을 날렸다. 노르웨이, 스페인, 이탈리아 등 수력 발전 비중이 높은 국가들은 저수지가 바닥을 드러내면서 발전량이 급감했다. 한편, 독일에서는 라인강의 수위가 낮아지면서 석탄을 실어 나르는 바지선 운항이 중단되는 사태까지 벌어졌다. 당시 독일은 러시아-우크라이나 전쟁으로 러시아산 가스 공급이 끊기자 석탄 발전소 가동을 늘리고 있었는데, 연료를 운송할 '물길'이 막혀버린 것이다.

이 모든 일은 최악의 시점에 동시에 벌어졌다. 러시아의 에너지 무기화로 유럽 전체가 에너지 위기에 처한 상황에서, 가장 믿었던 기저 전력원인 원자력과 수력 발전이 동시에 멈춰 선 것이다. 전력 수요는 에어컨 때문에 폭증하는데, 공급은 줄어드니 전력 가격은 천정부지로 치솟았다. 2022년 8월, 독일과 프랑스의 전력 도매가격은 1년 전보다 10배 이상 폭등하며 MWh당 1,000유로에 근접하는 사상 최고치를 기록했다.

유럽의 가뭄 사태는 텍사스 사태와는 또 다른 중요한 교훈을 준다. 기후변화는 단순히 재생에너지의 간헐성 문제만을 악화시키는 것이 아니다. 우리가 가장 안정적이라고 믿었던 원자력, 수력, 화력발전소마저도, 결국은 물과 같은 자연환경과 복잡하게 얽혀 있으며 기후변화의 영향에서 결코 자유로울 수 없다는 사실이다.

가해자에서 피해자로, 역설의 심화

텍사스와 유럽의 사례는 명백한 사실을 보여준다. 우리의 현재 에너지 시스템은 과거의 안정적인 기후를 전제로 설계되고 운영되어 왔다. 하지만 기후변화는 그 전제 자체를 무너뜨리고 있다. 홍수, 가뭄, 폭염, 한파 등 예측 불가능한 극한 기후는 언제든 에너지 공급망의 목을 조를 수 있다. 송전탑은 강력한 태풍과 산불에 쓰러지고, 발전소는 물 부족이나 혹한에 멈춰 선다.

이는 기후위기의 가장 큰 아이러니이자, 가장 위험한 '악순환의 고리'를 만든다. 화석연료 기반의 에너지 시스템이 기후변화를 유발하고 → 기후변화는 극한 기후를 낳아 에너지 시스템을 파괴하며 → 파괴된 에너지 시스템은 기후 재앙에 대한 대응과 복구를 어렵게 하고, 동시에 기후위기를 해결하기 위한 새로운 청정에너지 인프라 건설마저 지연시킨다.

지구가 보내는 경고는 더 이상 무시할 수 없는 수준에 이르렀다. 우리의 풍요를 지탱해주던 거대한 에너지 시스템은 이제 스스로가 만든 위기 앞에 위태롭게 흔들리고 있다. 이 절박하고도 명백한 위기 앞에서, 그동안 성장을 위해 질주해 온 인류는 마침내 브레이크를 밟고 새로운 길을 모색하지 않을 수 없게 되었다. 그리고 이 물리적 위기는, 곧바로 각국의 생존 본능을 자극하며 새로운 지정학적 질서의 재편으로 이어지게 된다.

5.4. 기후변화 팬데믹과 '각자도생'의 시대

2020년, 인류는 코로나19라는 바이러스 앞에서 국경과 이념을 넘어선 전 지구적 위기가 무엇인지를 뼈저리게 실감했다. 눈에 보이지 않는 바이러스는 가장 강력한 국가의 방어 시스템도 무력화시켰고, 세계의 공급망을 마비시켰으며, 우리 모두의 일상을 송두리째 바꾸어 놓았다. 우리는 이 팬데믹을 겪으며, 하나의 위협이 인류 전체의 운명을 어떻게 좌우할 수 있는지, 그리고 그 위기 앞에서 국제 공조가 얼마나 중요하고도 어려운지를 학습했다.

그런데 지금, 인류는 코로나19보다 훨씬 더 거대하고, 더 오래 지속되며, 더 근본적인 파괴력을 지닌 또 다른 팬데믹의 한복판에 서 있다. 바로 '기후변화 팬데믹'이다.

기후변화는 더 이상 단순한 환경 문제가 아니다. 그것은 바이러스와 같이 국경을 존중하지 않으며, 사회의 가장 취약한 고리부터 파괴하고, 결국에는 글로벌 시스템 전체를 마비시키는 전 지구적 위기라는 점에서 팬데믹과 놀라울 만큼 닮아있다. 코로나19 바이러스에 긴 잠복기가 있듯, 기후변화 팬데믹 역시 지난 200년간의 산업 활동이라는 긴 '잠복기'를 거쳐 이제 폭염, 홍수, 가뭄이라는 뚜렷한 '증상'을 전 세계적으로 발현시키고 있다. 바이러스가 노약자나 기저질환자에게 더 치명적이듯, 기후 재앙의 피해 역시 가뭄과 해수면 상승에 직접적으로 노출된 저개발국과 사회적 약자에게 불균등하게 집중된다.

하지만 결정적인 차이가 있다. 코로나19 팬데믹이 역설적으로 인류의 연대와 협력의 필요성을 일깨웠다면, 기후변화 팬데믹은 정반대의 방향으로 흐르고 있다. 공동의 위협 앞에서 함께 해결책을 모색하기보다는, 각자의 생존을 위해 국경의 성벽을 더 높이 쌓고, 이웃의 희생을 발판 삼아 자국의 이익을 극대화하려는 냉혹한 '**각자도생(各自圖生)'의 시대**가 열리고 있는 것이다. 숭고한 이상과 국제적 약속의 시대는 저물고, 노골적인 국익과 생존 본능이 세계를 지배하는 새로운 지정학적 질서가 펼쳐지고 있다.

무너진 신뢰, 사라진 연대 : 글로벌 거버넌스의 실패

이론적으로, 기후변화처럼 인류 전체의 생존을 위협하는 문제는 강력한 국제 공조를 통해 해결하는 것이 가장 합리적이다. 하지만 현실은 정반대였다. 기후변화를 둘러싼 지난 30년의 국제 협상 역사는 사실상 '실패와 불신의 역사'에 가까웠다.

1997년 채택된 교토의정서는 선진국에 온실가스 감축 의무를 부과한 첫 국제 협약이었지만, 세계 최대 배출국이었던 미국이 비준을 거부하고 중국, 인도 등 개발도상국이 의무에서 제외되면서 반쪽짜리 협약으로 전락했다. 2009년 코펜하겐 기후변화회의는 선진국과 개도국 간의 책임 공방과 이견을 좁히지 못하고 아무런 법적 구속력 있는 합의를 도출하지 못한 채 막을 내렸다.

이러한 실패의 경험은 국가들 사이에 깊은 불신을 남겼다. '내가 먼저 희생하더라도, 다른 나라가 약속을 지키지 않으면 나만 손해 본다'는 '죄수의 딜레마(Prisoner's Dilemma)'가 국제 관계를 지배하기 시작했다.

2015년 **파리협정**의 채택은 이러한 교착 상태를 깨뜨린 역사적인 진전이었다. 선진국과 개도국을 막론하고 195개 당사국 모두가 '자발적으로' 온실가스 감축 목표(NDC, Nationally Determined Contribution)를 제출하고, 지구 평균 기온 상승을 2℃보다 훨씬 낮게, 나아가 1.5℃까지 억제하기 위해 노력하기로 합의한 것이다.

하지만 파리협정의 가장 큰 강점이자 약점은 바로 그 '자발성'에 있었다. 법적 구속력이나 강제적인 이행 수단이 없기에, 각국은 자국의 경제 상황이나 정치적 이해관계에 따라 언제든 목표를 후퇴시키거나 약속을 어길 수 있었다. 도널드 트럼프 행정부의 파리협정 탈퇴 선언은 이러한 체제의 취약성을 극명하게 보여주었다.

결국, 기후위기라는 공동의 위협은 국가들을 하나로 묶는 구심력이 아니라, 각자의 살길을 찾게 만드는 원심력으로 작용하기 시작했다. '지구를 구하자'는 거대 담론 뒤에서는, 이 거대한 전환의 과정에서 어떻게 자국의 산업을 보호하고, 어떻게 새로운 시대의 기술 패권을 쥘 것이며, 어떻게 전환의 비용을 다른 나라에 떠넘길 것인가에 대한 각국의 냉정한 계산기가 바쁘게 돌아가기 시작했다.

녹색의 이름으로 쌓아 올리는 장벽 : 신(新)보호무역주의의 시대

'각자도생'의 시대가 낳은 가장 뚜렷한 현상은 바로 **녹색 보호무역주의**(Green Protectionism)의 대두다. 과거 국가들이 관세와 수입 규제라는 노골적인 장벽을 쌓았다면, 이제는 **'기후위기 대응'과 '탄소중립'**이라는 환경적 명분을 내세워 자국의 산업을 보호하고 경쟁국의 진입을 막는 훨씬 더 정교하고 강력한 장벽을 쌓고 있다. 이 새로운 게임의 규칙을 주도하는 것은 단연 미국과 유럽이다.

- **미국의 거대한 진공청소기, 인플레이션 감축법**(IRA) : 2022년 바이든 행정부가 통과시킨 이 법안은 이름과 달리 인플레이션 감축보다는, 미국의 제조업을 부활시키고 중국의 클린테크 독주를 견제하며, 기후위기에 대응하려는 세 가지 목표를 동시에 노린 야심 찬 산업 정책이다. 법안의 핵심은 전기차, 배터리, 태양광, 풍력 등 청정에너지 분야에 무려 3,690억 달러(약 500조 원)에 달하는 천문학적인 보조금과 세금

혜택을 쏟아붓는 것이다.

하지만 이 막대한 돈에는 '**메이드 인 아메리카**(Made in America)'라는 강력한 조건이 붙어있다. 전기차 보조금을 받으려면 반드시 북미에서 최종 조립되어야 하고, 배터리의 핵심 광물과 부품 역시 미국이나 미국의 동맹국에서 생산된 것이어야 한다. 이는 전 세계의 관련 기업들에게 보내는 명확하고도 거부할 수 없는 메시지였다. "미래 산업의 과실을 함께 누리고 싶다면, 공장을 우리 미국 땅으로 가져와라. 그러면 우리가 상상 이상의 혜택을 주겠다." IRA는 그야말로 세계의 클린테크 투자 자금을 블랙홀처럼 빨아들이는 거대한 진공청소기가 되었다. 한국, 일본, 유럽의 수많은 기업들이 이 혜택을 받기 위해 미국에 수십조 원 규모의 공장을 짓겠다고 발표했고, 이는 동맹국들의 산업 기반을 공동화시키는 결과를 낳고 있다.

- **유럽의 탄소 성채, 탄소국경조정제도(CBAM)** : 유럽연합(EU)은 규제와 표준이라는 '채찍'을 들었다. 2026년부터 본격 시행될 CBAM은, 철강, 알루미늄, 시멘트 등 특정 품목을 유럽에 수출하는 역외 기업들에게, 해당 제품을 생산하는 과정에서 배출된 탄소의 양만큼의 비용을 '탄소 국경세' 형태로 부과하는 제도다.

이는 사실상, 유럽의 높은 환경 기준을 전 세계에 강요하는 것이다. 이제 한국이나 중국, 인도의 기업들은 유럽에 물건을 팔기 위해 자신들의 생산 공정을 친환경적으로 바꾸거나, 그렇지 않으면 국경에서 비싼 세금을 물어야만 한다. EU는 관세라는 무역 정책을 통해, 전 세계 기업들의 생산 방식을 바꾸는 '녹색 산업혁명'을 강제하고 있는 셈이다.

IRA와 CBAM은 표면적으로는 기후위기 대응이라는 숭고한 목표를 내세우지만, 그 본질은 자국의 산업을 보호하고, 글로벌 공급망을 자국 중심으로 재편하며, 새로운 시대의 경제적 주도권을 확보하려는 치열한 '각자도생' 전략의 산물이다.

새로운 자원 전쟁 : 리튬과 코발트를 지배하는 자

에너지 전환은 새로운 자원 전쟁의 서막을 열었다. 20세기의 전쟁이 검은 황금, 석유를 차지하기 위한 싸움이었다면, 21세기의 전쟁은 '하얀 석유'라 불리는 **리튬**을 비롯한 핵심 광물을 확보하기 위한 싸움이다.

전기차 배터리, 태양광 패널, 풍력 터빈의 영구자석 등 모든 클린테크 기술은 리튬, 코발트, 니켈, 흑연, 희토류와 같은 핵심 광물 없이는 만들어질 수 없다. 문제는 이들 자원의 매장과 생산, 그리고 제련 과정이 특정 국가에 극도로 편중되어 있다는 점이다. 특히 중국은 전 세계 희토류 생산의 60%, 코발트 제련의 70%, 리튬 가공의 60%를 장악하며, 클린테크 공급망의 목줄을 쥐고 있다.

미중 갈등이 격화되면서, 중국은 언제든 이 자원을 '무기화'할 수 있다는 위협적인 신호를 보내고 있다. 이에 맞서 미국과 서방 국가들은 '핵심광물안보파트너십(MSP)'과 같은 동맹을 결성하고, 중국을 배제한 새로운 공급망을 구축하기 위해 필사적인 노력을 기울이고 있다. 이는 단순히 자원을 확보하는 경제적 문제를 넘어, 미래 산업의 주도권과 국가 안보가 걸린 새로운 '**그레이트 게임**(The Great Game)'이 시작되었음을 의미한다.

결론적으로, 기후변화 팬데믹은 인류를 하나의 운명 공동체로 묶는 대신, 각자의 생존을 위해 더욱 치열하게 경쟁하는 '각자도생'의 시대로 내몰고 있다. 이상적인 국제 협력의 시대는 가고, 냉혹한 국익이 모든 것을 결정하는 시대가 왔다. 이 새로운 질서 속에서, 에너지 자립도가 낮고 수출 의존도가 높은 대한민국은 그 어떤 나라보다도 더 현명하고 절박한 생존 전략을 모색해야만 하는 기로에 서 있다.

제6장
파리협정에서 RE100까지
– 피할 수 없는 글로벌 스탠더드

6.1. '1.5°C를 지켜라' : 전 세계의 약속, 파리협정

2015년 12월 12일, 프랑스 파리 근교의 르부르제 전시장. 2주간의 치열하고 살얼음판 같던 협상을 마친 195개국 대표단이 한자리에 모였다. 의장이었던 로랑 파비위스 프랑스 외무장관의 손에는 녹색 의사봉이 들려 있었다. 그의 얼굴에는 감격과 피로가 교차했다. "지금 이 회의실에는 작은 망치 하나가 있지만, 저는 여러분과 함께라면 이 망치로 큰일을 해낼 수 있다고 믿습니다." 마침내 그가 최종 합의안의 통과를 선언하며 의사봉을 내리치자, 회의장은 뜨거운 환호와 기립박수로 가득 찼다. 일부 대표단은 서로를 부둥켜안고 눈물을 흘렸다.

이것은 단순한 외교적 수사가 아니었다. 2009년 코펜하겐에서의 처참한 실패 이후, 국제 사회가 기후위기라는 공동의 위협 앞에서 다시 한번 하나가 될 수 있음을 증명한, 역사가 바뀌는 순간이었다. 인류가 마침내 지구를 향한 뒤늦고도 간절한 공동의 약속, **파리 기후변화 협정**(The Paris Agreement)을 채택한 것이다.

이 약속의 핵심은 제2조 1항에 명시된, 단순하고도 명확한 한 문장에 담겨 있었다.

"지구 평균 기온 상승을 산업화 이전(1850~1900년) 대비 2°C보다 훨씬 낮게(well below 2°C) 유지하고, 나아가 1.5°C까지 억제하기 위해 노력한다."

1.5°C. 이 숫자는 단순한 목표치가 아니었다. 그것은 과학자들이 수십 년간의 연구를 통해 인류에게 제시한 '재앙의 마지노선'이자, 인류 문명이 감당할 수 있는 마지막 저지선이었다. 왜 2°C가 아닌 1.5°C였을까? 단 0.5°C의 차이가 인류와 지구 생태계에 돌이킬 수 없는 차이를 만들기 때문이다.

IPCC의 특별보고서에 따르면, 지구 온도가 1.5°C 상승했을 때와 2°C 상승했을 때의 미래는 완전히 다르다.

- **생태계의 붕괴** : 기온이 1.5°C 상승하면, 전 세계 산호초의 70~90%가 사라지지만, 2°C 상승하면 99% 이상이 전멸하여 바다의 열대우림은 영원히 사라진다. 북극의 여름철 해빙은 1.5°C 시나리오에서는 100년에 한 번꼴로 완전히 녹지만, 2°C 시나리오에서는 10년에 한 번꼴로 녹아내려 북극곰과 같은 생명체는 생존 자체가 불가능해진다.

- **극한 기후의 일상화** : 1.5°C 상승 시 100년에 한 번 오던 극심한 폭염은 10년에 한 번꼴(정확히는 8.6배 더 자주)로 찾아오지만, 2°C 상승 시에는 3~4년에 한 번꼴(13.9배 더 자주)로 찾아와 사실상 매년 겪는 일상이 된다. 극한 호우의 빈도와 강도 역시 1.5°C에 비해 2°C에서 훨씬 더 파괴적으로 증가한다.

- **돌이킬 수 없는 문턱, 티핑 포인트** : 무엇보다 1.5°C를 넘어서는 순간, 우리는 제5장에서 살펴보았던 아마존 열대우림의 사바나화, 그린란드 빙상과 서남극 빙상의 붕괴, 영구동토층의 해빙과 같은 여러 개의 '티핑 포인트(Tipping Point)'를 자극하여, 인류가 더 이상 통제할 수 없는 파국적인 연쇄 반응을 일으킬 위험이 기하급수적으로 커진다.

1.5°C는 과학이 인류에게 허락한 마지막 안전선이었던 셈이다. 이 절박한 목표를 달성하기 위해, 파리협정은 이전의 기후 협약과는 근본적으로 다른 새로운 접근 방식을 채택했다. 바로 **'바텀업(Bottom-up)'** 방식이다.

과거 1997년의 교토의정서는 일부 선진국에게만 온실가스 감축 의무를 강제하는 '톱다운(Top-down)' 방식이었다. 이는 결국 세계 최대 배출국인 미국과 중국이 참여하지 않는 반쪽짜리 협약으로 귀결되는 실패를 낳았다. 파리협정은 이 실패를 교훈 삼아, 선진국과 개발도상국을 막론하고 195개 당사국 모두가 각자의 사정에 맞춰 '자발적으로 결정한 국가별 기여 방안(NDC, Nationally Determined Contribution)'을 제출하고, 5년마다 이를 검토하여 목표를 상향하도록 하는 체계를 만들었다.

이는 강제성은 약하지만, 모든 국가를 예외 없이 기후위기 대응의 장으로 끌어들였다는 점에서 외교적 대타협의 산물이었다. '누가 더 책임이 큰가'를 따지는 소모적인 논쟁에서 벗어나, '모두가 각자의 위치에서 할 수 있는 최선을 다하자'는 공동의 원칙을 세운 것이다.

파리협정은 단순히 환경 조약이 아니었다. 그것은 전 세계의 정부, 기업, 그리고 투자자들에게 보내는 명확하고도 강력한 '신호(Signal)'였다. **"화석연료의 시대는 끝났다. 이제 세계 경제의 운영체제는 저탄소, 탈탄소 경제로 전환될 것이다."** 이 신호는 즉각적으로 시장에 영향을 미치기 시작했다. 글로벌 연기금과 자산운용사들은 화석연료 기업에 대한 투자를 철회하기 시작했고, 기업들은 자신들의 비즈니스 모델을 저탄소 구조로 바꾸지 않으면 미래에 생존할 수 없다는 사실을 깨닫기 시작했다.

이 아름다운 약속의 이면에서는, 이제 각국의 냉정한 계산기가 바쁘게 돌아가기 시작했다. 이 거대한 전환의 과정에서 어떻게 자국의 산업을 보호하고, 어떻게 새로운 시대의 주도권을 쥘 것인가? 파리협정의 잉크가 마르기도 전에, 세계는 '환경'이라는 이름 아래 새로운 형태의 지정학적, 경제적 전쟁에 돌입했다. 선진국들은 이제 '탄소'를 기준으로 새로운 무역 규칙을 만들고, 국경에 거대한 '녹색 장벽'을 쌓아 올리기 시작했다. 1.5°C를 지키자는 인류 공동의 약속은, 역설적으로 각자의 생존을 위한 치열한 '각자도생'의 시대를 여는 신호탄이 되고 만 것이다.

6.2. 유럽의 채찍과 미국의 당근 : 녹색 무역전쟁의 서막

2015년 파리에서 맺었던 숭고한 약속, 1.5℃를 향한 인류 공동의 다짐은 전 세계에 강력한 신호를 보냈다. '화석연료의 시대는 끝났다.' 그러나 이 아름다운 약속의 잉크가 마르기도 전에, 세계는 '환경'이라는 이름 아래 새로운 형태의 지정학적, 경제적 전쟁에 돌입했다. '지구를 구하자'는 거대 담론 뒤에서는, 이 거대한 전환의 과정에서 어떻게 자국의 산업을 보호하고, 어떻게 새로운 시대의 기술 패권을 쥘 것이며, 어떻게 전환의 비용을 다른 나라에 떠넘길 것인가에 대한 각국의 냉정한 계산기가 바쁘게 돌아가기 시작했다.

이 새로운 게임의 규칙을 설계하고 판을 주도한 것은 단연 대서양을 사이에 둔 두 거인, 유럽연합(EU)과 미국이었다. 그들은 각자 다른 방식, 즉 규제라는 '채찍'과 보조금이라는 '당근'을 들고, 21세기 글로벌 경제의 질서를 자신들에게 유리하게 재편하려는 거대한 체스 게임을 시작했다. 이것은 더 이상 단순한 환경 정책이 아니었다. '녹색'이라는 이름의 갑옷을 입은, 총성 없는 **무역 전쟁의 서막**이었다.

유럽의 채찍 : 그린딜과 탄소국경조정제도(CBAM)라는 이름의 해자(垓子)

새로운 규칙의 설계자는 단연 유럽연합(EU)이었다. 2019년 12월, 우르줄라 폰데어라이엔 EU 집행위원장은 '유럽 그린딜(European Green Deal)'이라는 야심 찬 계획을 발표한다. 이는 2050년까지 유럽을 세계 최초의 '탄소중립 대륙'으로 만들겠다는 거대한 비전이자, 유럽의 새로운 성장 전략이었다. 폰데어라이엔 위원장은 그린딜을 "유럽의 '맨 온 더 문(Man on the Moon)' 프로젝트"라고 칭하며, 인류가 달에 착륙했던 것과 같은 역사적 도약임을 선언했다.

이를 위해 EU는 2030년까지 온실가스 배출량을 1990년 대비 최소 55% 감축하겠다는 구체적인 중간 목표를 담은 **'핏 포 55(Fit for 55)'** 패키지를 2021

년에 발표하고, 산업, 에너지, 교통, 건축 등 사회 모든 분야를 탈탄소 구조로 바꾸는 대수술에 착수했다. 유럽 내 기업들은 세계에서 가장 강력한 탄소 배출 규제와 환경 기준을 따라야만 했다.

그런데 EU 관료들에게는 한 가지 깊은 고민이 있었다. 만약 유럽 내 기업들만 이처럼 강력한 규제를 받게 되면 어떻게 될까? 예를 들어, 독일의 A 철강회사가 막대한 돈을 투자해 친환경 수소환원제철 기술을 도입했다고 가정해보자. 당연히 생산 원가가 올라가고, 철강 제품 가격도 비싸질 것이다. 그런데 바로 그때, 강력한 규제가 없는 한국이나 튀르키예의 B 철강회사가 값싼 석탄 발전을 이용해 만든 저렴한 철강을 유럽 시장에 수출한다면 어떻게 될까? 독일의 A사는 가격 경쟁에서 밀려 파산하고, 유럽의 철강 산업은 붕괴할 것이다. 결국 A사마저 규제가 없는 나라로 공장을 옮겨버리는 '**탄소 누출**(Carbon Leakage)' 현상이 발생할 수 있다. 이렇게 되면 유럽의 일자리는 사라지고, 지구 전체의 탄소 배출량은 전혀 줄어들지 않는 최악의 결과가 초래된다.

이 딜레마를 해결하기 위해 EU가 꺼내 든 비장의 카드가 바로 탄소국경조정제도(CBAM, Carbon Border Adjustment Mechanism)다. 이름은 복잡하지만 그 원리는 중세 시대 성(城)을 둘러싼 깊은 '**해자**(垓子, Moat)'와 같다. 성 안으로 들어오려는 모든 외부인은, 성안의 엄격한 규칙을 똑같이 따라야만 다리를 건널 수 있게 만든 것이다.

CBAM의 작동 방식은 교묘하고도 강력하다. 2023년 10월부터 전환기간에 들어갔고, 2026년부터 본격 시행될 이 제도는 철강, 알루미늄, 시멘트, 비료, 전력, 수소 등 6개 품목을 유럽에 수출하는 역외 기업들에게 새로운 의무를 부과한다.

- **탄소 배출량 보고** : 먼저, 이들 기업은 해당 제품을 생산하는 과정에서 배출된 탄소의 총량(embedded carbon)을 EU가 정한 방식에 따라 정밀하게 측정하고, 분기별로 EU에 의무적으로 보고해야 한다.

- **CBAM 인증서 구매** : 그리고 2026년부터는 보고된 배출량에 상응하는 만큼의 'CBAM 인증서'를 구매하여 제출해야만 유럽에 수출할 수 있다. 이 인증서의 가격은 유럽 내부의 **탄소배출권거래제(EU-ETS)** 시장에서 거래되는 탄소배출권 가격과 연동된다.

이는 사실상, 국경에서 '탄소세(Carbon Tax)'를 물리는 것과 같다. 예를 들어 한국의 철강회사가 제품 1톤당 1톤의 이산화탄소를 배출했고, 당시 EU의 탄소 가격이 톤당 80유로라면, 제품 1톤을 수출할 때마다 80유로(약 12만 원)의 추가 비용을 지불해야 하는 것이다. 만약 한국 내에서 이미 탄소 배출에 대한 비용(탄소세 등)을 지불했다면 그만큼을 차감해주지만, 그렇지 않다면 고스란히 부담해야 한다.

CBAM이 가져올 파급효과는 엄청나다.

첫째, **전 세계 모든 국가에 '탄소 가격'을 강제**한다. 이제 유럽에 제품을 수출하는 모든 국가는 자국 산업의 탄소 배출량을 정확히 측정하고 관리해야만 한다. '탄소'는 더 이상 공짜로 버릴 수 있는 배출가스가 아니라, 달러나 유로처럼 값을 치러야 하는 비용이 되었다.

둘째, **친환경 기술 투자를 전 세계적으로 유도**한다. 생산 과정에서 탄소 배출을 줄이지 못하면, 그만큼 국경에서 더 많은 세금을 내야 하므로 가격 경쟁력을 잃게 된다. 결국 모든 수출 기업은 살아남기 위해 생산 공정을 더 효율적으로 바꾸고, 재생에너지를 사용하며, 저탄소 기술에 투자할 수밖에 없다. EU는 관세라는 무역 정책을 통해, 전 세계 기업들의 생산 방식을 바꾸는 '녹색 산업혁명'을 강제하고 있는 것이다.

셋째, **EU의 규범을 글로벌 스탠더드**로 만들고 있다. EU는 이 제도를 다른 품목으로 점차 확대할 계획이다. 초기 6개 품목을 넘어, 향후 자동차, 플라스틱, 유기화학물 등 더 많은 공산품이 포함될 것이다. 이는 대한민국 주력 수출 산업 대부분이 이 '녹색 장벽'의 영향권 아래 놓이게 됨을 의미한다. EU

는 마치 거대한 성채의 성벽을 높이 쌓고, '탄소'라는 이름의 해자를 깊게 파서, 자신들이 정한 규칙을 따르는 자만이 교역의 혜택을 누릴 수 있는 새로운 질서를 구축하고 있다.

미국의 당근 : 보조금이라는 이름의 거대한 진공청소기, IRA

유럽이 규제와 장벽이라는 '채찍'을 들었다면, 대서양 건너 미국은 정반대의 무기, 즉 '당근'을 들고 반격에 나섰다. 하지만 그 당근은 세계 경제를 통째로 빨아들일 만큼 거대하고 강력한, 인플레이션 감축법(IRA, Inflation Reduction Act)이라는 이름의 진공청소기였다.

2022년 8월, 바이든 행정부가 통과시킨 이 법안은 이름과 달리 인플레이션감축보다는, 미국의 제조업을 부활시키고 중국의 클린테크 독주를 견제하며, 기후위기에 대응하려는 세 가지 목표를 동시에 노린 야심 찬 산업 정책이다. 법안의 핵심은 기후 및 청정에너지 분야에 무려 3,690억 달러(약 500조 원)에 달하는 천문학적인 보조금과 세금 혜택을 쏟아붓는 것이다.

하지만 이 막대한 돈에는 한 가지 강력하고 노골적인 조건이 붙어있다. 바로 '메이드 인 아메리카(Made in America)'다.

- **전기차** : 소비자가 최대 7,500달러의 세액공제를 받으려면, 해당 전기차는 반드시 '북미에서 최종 조립'되어야 한다. 또한 배터리에 들어가는 핵심 광물은 미국 또는 미국과 자유무역협정(FTA)을 맺은 국가에서 채굴·가공되어야 하고, 주요 부품 역시 북미에서 생산된 것이어야 한다.

- **배터리 및 재생에너지** : 미국 내에서 배터리 셀, 모듈, 태양광 패널, 풍력 터빈 등을 생산하는 기업에는 생산량에 비례해 막대한 세액공제(AMPC, 첨단 제조 생산 세액공제)를 제공한다.

이는 전 세계의 관련 기업들에게 보내는 명확하고도 거부할 수 없는 메시지였다. "미래 산업의 과실을 함께 누리고 싶다면, 공장을 우리 미국 땅으로 가져와라. 그러면 우리가 상상 이상의 혜택을 주겠다."

IRA는 그야말로 세계 경제에 거대한 충격파를 던졌다.

첫째, **글로벌 투자 자금을 블랙홀처럼 빨아들였다.** 한국의 현대자동차, LG에너지솔루션, 삼성SDI, SK온을 비롯해 일본, 유럽의 수많은 기업들이 IRA의 혜택을 받기 위해 미국 조지아, 테네시, 미시간 주에 수십조 원 규모의 전기차 및 배터리 공장을 짓겠다고 발표했다. 대한민국의 미래 먹거리가 될 첨단 산업의 핵심 생산기지가 미국으로 대거 이동하는 현상이 벌어진 것이다.

둘째, '**프렌드 쇼어링(Friend-shoring)'을 통해 공급망을 재편**하고 있다. IRA는 배터리 핵심 광물의 조달처에서 '**해외 우려 기관**(FEOC, Foreign Entity of Concern)', 즉 사실상 중국과 러시아, 북한, 이란 기업을 배제했다. 이는 세계 배터리 공급망을 '중국이 주도하는 망'과 '미국과 그 동맹(친구)들이 주도하는 망'으로 분리하려는 의도를 노골적으로 드러낸 것이다. 이제 기업들은 단순히 값싼 부품을 쓰는 것이 아니라, 그 부품이 '어느 나라 편'에서 만들어졌는지를 따져야만 하는 지정학적 계산까지 해야 하게 되었다.

셋째, **전 세계적인 '보조금 전쟁'에 불을 붙였다.** IRA의 파격적인 혜택에 위기감을 느낀 유럽연합 역시 '탄소중립산업법(Net-Zero Industry Act)'을 발표하며 맞대응에 나섰다. 캐나다와 일본 등 다른 국가들도 자국으로의 투자를 유치하기 위해 비슷한 인센티브 정책을 내놓고 있다. 바야흐로 세계는 더 많은 녹색 투자를 유치하기 위해 출혈 경쟁을 벌이는, '보조금 전쟁'의 시대로 돌입했다.

결국 파리에서 맺었던 숭고한 약속은, 10년도 채 되지 않아 각국의 이익을 위한 치열한 경제 전쟁의 명분이 되었다. 유럽은 규제 권력을 이용해 자신들의 표준을 세계 표준으로 만들려 하고, 미국은 달러와 보조금이라는 금융 권력을 이용해 첨단 산업의 생산기지를 자국으로 끌어들이고 있다.

이 새로운 질서 속에서, 국가의 힘은 더 이상 군사력이나 GDP만으로 측정되지 않는다. 이제는 '탄소 경쟁력'이 국력의 새로운 척도가 되었다. 얼마나 값싸고 풍부한 재생에너지를 가지고 있는가, 얼마나 혁신적인 탈탄소 기술을 보유하고 있는가, 그리고 얼마나 효율적으로 탄소 배출을 줄일 수 있는가가 그 나라의 산업 경쟁력과 미래를 좌우하게 된 것이다. 세계는 이제 두 부류의 국가로 나뉘게 될 것이다. 청정에너지와 기술을 기반으로 새로운 부가가치를 창출하는 **'녹색 선도국'**. 그리고 여전히 화석연료에 의존하며, 국경에서는 탄소세를 물고, 자국 기업들은 보조금을 찾아 해외로 떠나버리는 **'회색 낙오국'**.

이 거대한 지정학적 게임의 규칙은 이미 정해졌다. 이제 모든 국가는 이 새로운 판 위에서 자신의 생존 전략을 찾아야만 한다.

6.3. 애플과 구글의 선언 : 시장이 만든 새로운 규칙, RE100

국가의 법률은 의회에서 만들어지고, 국제 조약은 정부 간의 협상으로 체결된다. 우리는 이것이 세상을 움직이는 공식적인 '규칙'이라고 배워왔다. 하지만 지금, 21세기 글로벌 경제의 현장에서는 공식적인 정부보다 더 빠르고, 더 강력하게, 그리고 더 집요하게 기업의 운명을 좌우하는 또 다른 권력이 등장했다. 바로 '보이지 않는 정부(The Invisible Government)'다.

이 정부는 대통령이나 총리를 선출하지 않는다. 헌법이나 법률을 공포하지도 않는다. 하지만 이들이 정한 규칙을 따르지 않으면, 세계 시장에서 가장 중요한 비즈니스 기회를 박탈당하고, 결국에는 공급망에서 퇴출당하는 혹독한 심판을 받게 된다. 이 강력한 보이지 않는 정부의 이름은 바로 **RE100**(Renewable Electricity 100%), 그리고 그 구성원은 애플, 구글, 마이크로소프트, BMW, 이케아와 같은 세계 최정상의 글로벌 기업들이다.

지난 절에서 우리는 각국 정부가 기후위기에 대응하기 위해 어떻게 '녹색 장벽'을 쌓고, '보조금 전쟁'을 벌이며 새로운 무역 질서를 만들어가는지 살펴보았다. 하지만 지금부터 우리가 들여다볼 이야기는, 그보다 더 미시적이면서도 우리 기업들의 목을 직접 조여 오는, 더 현실적인 압박에 관한 것이다.

RE100이라는 자발적인 환경 캠페인이 어떻게 전 세계 제조업의 목줄을 쥔 괴물로 성장했는지, 그리고 수출로 먹고사는 대한민국이 이 새로운 규칙 앞에서 왜 속수무책으로 흔들리고 있는지, 그 심장부로 들어가 보자.

착한 거인의 탄생 : RE100, 어떻게 시작되었나

2014년, 영국의 비영리단체인 '**더 클라이밋 그룹**(The Climate Group)'과 '**탄소정보공개프로젝트**(CDP, Carbon Disclosure Project)'가 조촐한 캠페인을 시작했다. 기업들이 사용하는 전력을 2050년까지 100% 재생에너지로 전환하겠다는 자발적인 약속을 하도록 독려하는 것이었다. 초기에는 이케아(IKEA), 스위스 리(Swiss Re) 등 환경 문제에 관심이 많았던 몇몇 유럽 기업들이 참여하는, 그저 의미 있는 '착한 기업'들의 모임처럼 보였다.

초기 참여 기업들의 동기는 비교적 명확하고 선의에 가까웠다.

첫째는 **기업의 사회적 책임(CSR)과 브랜드 이미지 제고**였다. '우리 기업은 환경을 생각하는 착한 기업'이라는 이미지는 소비자들에게 긍정적인 인상을 주었고, 특히 환경에 민감한 유럽 시장에서는 중요한 마케팅 수단이 되었다.

둘째는 **에너지 비용의 안정성 확보**였다. 화석연료 가격은 지정학적 리스크에 따라 널뛰기를 반복하지만, 일단 태양광이나 풍력 발전소를 짓거나 장기 구매 계약을 맺고 나면 연료비 걱정 없이 장기간 안정적인 가격으로 전기를 확보할 수 있다는 장점이 있었다.

셋째는 **미래 규제에 대한 선제적 대응**이었다. 언젠가는 탄소 배출에 대한 강력한 규제가 도입될 것이 분명했기에, 미리 재생에너지로 전환하여 미래의 리스크를 줄이려는 현명한 기업들의 선제적 투자였다.

하지만 누구도 이 '착한 거인'이 불과 몇 년 만에 전 세계 공급망을 호령하는 무서운 권력으로 성장하리라고는 예상하지 못했다. 변화의 기폭제가 된 것은 바로 실리콘밸리의 IT 공룡들이었다.

나비효과 : 쿠퍼티노의 약속이 화성 공장을 흔들다

글로벌 기업들의 RE100 선언이 정말로 무서운 이유는, 그 약속이 자신들의 공장이나 오피스에서 끝나지 않는다는 점에 있다. 바로 '**공급망**(Supply Chain)' 전체를 향한 압박으로 이어지기 때문이다.

기업의 탄소 배출은 보통 세 가지 범위(Scope)로 나뉜다.

- Scope 1 : 기업이 직접 소유한 보일러나 차량에서 화석연료를 태워 직접 배출하는 탄소.
- Scope 2 : 기업이 한국전력 등 외부에서 사 오는 전기를 만드는 과정에서 간접적으로 배출된 탄소.
- Scope 3 : 원료 채굴, 부품 생산, 물류, 제품 사용 및 폐기 등 기업의 활동과 관련된 모든 외부 공급망에서 발생하는 총 배출량.

초기의 RE100은 주로 Scope 2, 즉 기업이 사서 쓰는 전기를 재생에너지로 바꾸는 데 초점이 맞춰져 있었다. 구글은 2017년, 전 세계에 흩어져 있는 자사의 데이터센터와 오피스에서 사용하는 전력의 100%를 재생에너지로 구매하는 데 성공했다고 발표하며 이 흐름을 주도했다.

하지만 애플, 마이크로소프트와 같은 선도 기업들은 여기서 만족하지 않았다. 그들은 자사의 전체 탄소 발자국을 분석한 결과, 자신들이 직접 통제하는 Scope 1, 2의 배출량보다, 전 세계에 흩어져 있는 수많은 협력업체, 즉 **Scope 3에서 발생하는 배출량이 전체의 95% 이상을 차지한다**는 사실을 깨달았다. 진정한 탄소중립을 달성하기 위해서는, 이 거대한 공급망의 체질을 바꾸지 않고는 불가능하다는 결론에 이른 것이다.

그리고 마침내, 2020년 애플은 전 세계 제조업계를 뒤흔든 선언을 한다.

"2030년까지 우리의 모든 제품 생산 과정, 즉 공급망 전체를 100% 탄소 중립으로 만들겠다."

이것은 거대한 나비의 날갯짓이었다. 미국 캘리포니아 쿠퍼티노에 있는 애플 본사에서 나온 이 한 문장의 약속은, 태평양을 건너 대한민국 화성와 평택, 파주에 있는 반도체·디스플레이 공장에 거대한 태풍을 몰고 왔다.

상황을 구체적으로 그려보자. 대한민국의 A 부품회사는 수년간의 노력 끝에 애플의 까다로운 품질 기준을 통과하여 아이폰에 들어가는 핵심 부품을 납품하게 되었다. 이는 회사에 엄청난 매출과 자부심을 안겨주었다. 그런데 어느 날, 애플의 구매 담당자로부터 한 통의 이메일이 도착한다.

"귀사의 RE100 이행 계획을 제출해주십시오. 귀사가 우리에게 납품하는 부품은 반드시 100% 재생에너지로 생산되어야 합니다. 2030년까지 이 목표를 달성하지 못할 경우, 새로운 부품 공급업체를 찾아볼 수밖에 없습니다."

A사의 경영진은 패닉에 빠진다. 그들은 지금까지 최고의 품질과 가장 저렴한 가격으로 부품을 공급하는 데만 집중해왔다. 자신들이 쓰는 전기가 석탄으로 만들어졌는지, 원자력으로 만들어졌는지는 단 한 번도 고려해 본 적이 없었다. 이제 와서 갑자기 재생에너지를 어디서, 어떻게 구해야 할지 막막하기만 하다. 이것이 바로 '공급망 압박'의 냉정한 현실이다.

이러한 움직임은 비단 애플만의 이야기가 아니다.

- **자동차 업계** : 독일의 BMW와 스웨덴의 볼보는 이미 협력업체들에게 '녹색 강철(Green Steel)'과 '저탄소 알루미늄'을 사용하라고 요구하고 있다. 배터리를 납품하는 LG에너지솔루션이나 SK온에게는 당연히 재

생에너지로 배터리를 만들 것을 요구한다.
- **소비재 업계** : 스웨덴의 가구 공룡 이케아는 물류 파트너들에게 2025년까지 모든 배송 차량을 전기차로 바꿀 것을 요구하고 있다.
- **스포츠 브랜드** : 나이키 역시 신발과 의류를 만드는 전 세계 협력 공장에 재생에너지 사용을 강력하게 권고하고 있다.

이제 RE100은 착한 기업들의 자발적인 약속이 아니라, 글로벌 공급망에 참여하기 위한 '필수 자격증'이 되었다. 그리고 안타깝게도, 대한민국은 이 자격증을 따기에는 너무나 불리한 시험 환경에 놓여있다.

'RE100 적자국', 대한민국의 딜레마

글로벌 기업들의 거센 요구 앞에서, 한국 기업들은 왜 이렇게 힘들어하는 것일까? 단순히 의지가 부족해서일까? 아니다. 문제는 훨씬 더 구조적이고 근본적인 '공급과 비용의 딜레마'에 있다.

첫 번째, **절대적으로 부족한 '녹색 전기'의 공급**이다.

2023년 기준 한국의 전체 발전량에서 신재생에너지가 차지하는 비중은 9.2%에 불과하다. 이는 OECD 국가 중 최하위 수준이다. 반면, 대한민국의 주력 산업인 반도체, 석유화학, 철강 등은 엄청난 양의 전기를 소비하는 '전력 다소비' 업종이다. 삼성전자와 SK하이닉스, 이 두 기업이 한 해에 사용하는 전력량만 해도 부산시 전체의 가정용 전력 사용량보다 많다. 이들 수출 기업들이 RE100을 달성하기 위해 필요한 재생에너지의 총량은, 현재 우리나라에서 생산되는 재생에너지의 총량을 훌쩍 뛰어넘는다.

이는 마치, 전교생이 모두 특정 참고서를 사겠다고 아우성인데, 학교 앞 서점에는 그 책이 단 몇 권밖에 들어오지 않은 것과 같은 상황이다. 사고 싶어도 살 수가 없는, 심각한 **공급-수요 불일치** 상태인 것이다. 이 때문에 대한민국은 'RE100 적자국'이라는 꼬리표를 달게 되었다.

두 번째, **너무나 비싼 '녹색 전기'의 가격**이다.

설사 운 좋게 재생에너지를 구매할 기회를 잡았다고 해도, 그 비용이 문제다. 현재 기업이 재생에너지 전기공급사업자와 직접 전력구매계약(PPA)을 맺을 경우, 그 가격은 일반 산업용 전기요금보다 20~30% 가량 비싸다.

왜 한국의 재생에너지는 이렇게 비쌀까? 국토가 좁고 산지가 많아 대규모 태양광이나 풍력 발전소를 지을 땅이 부족하고 비싸기 때문이다. 또한, 제12장에서 자세히 다루겠지만, 전력망이 포화 상태라 발전소를 지어도 계통에 연결하는 데 막대한 추가 비용과 시간이 든다. 각종 인허가 절차도 복잡하다. 반면, 드넓은 사막과 평야를 가진 미국 텍사스나 중동에서는 태양광 발전 단가가 세계 최저 수준이다. 결국 한국 기업들은 다른 나라 경쟁 기업들보다 훨씬 더 비싼 값에 'RE100 자격증'을 사야만 하는, 불리한 게임을 하고 있는 셈이다.

이러한 구조적 한계 때문에, RE100에 공식적으로 가입한 한국 기업의 수는 2024년 10월 기준 36개에 불과하다. 이는 수백 개의 기업이 가입한 미국이나 유럽은 물론, 일본에 비해서도 초라한 성적이다. 의지가 없어서가 아니라, RE100을 이행할 물리적, 경제적 여건이 너무나 척박하기 때문이다.

결론적으로, RE100은 더 이상 단순한 환경 캠페인이 아니다. 그것은 글로벌 프리미엄 시장에 진입하기 위한 '비자(VISA)'이자, 이 새로운 질서를 주도하는 기업들이 만든 '보이지 않는 정부'의 법률이다. 수출로 먹고사는 대한민국에게, 이 정부가 발행하는 비자를 취득하는 것은 선택이 아닌 생존의 문제다. 하지만 이 문제를 해결하기 위해 무작정 태양광과 풍력 발전소를 짓기 시작하면, 우리는 곧바로 세 번째 딜레마의 벽에 부딪히게 된다. 애써 만든 깨끗한 전기조차 실어 나르지 못해 썩혀 버려야 하는, 대한민국의 꽉 막힌 전력망이라는 거대한 벽 말이다.

[Deep Dive : 탄소국경세(CBAM) : 이제 탄소는 비용이다]

지난 수백 년간, 공장 굴뚝에서 뿜어져 나오는 검은 연기는 '성장'의 상징이었다. 그 연기 속에 포함된 이산화탄소는 눈에 보이지도, 냄새가 나지도 않았으며, 무엇보다 아무런 비용을 치르지 않고 대기 중으로 버릴 수 있는 '공짜 쓰레기'였다. 경제학자들은 이를 생산 과정에서 발생하지만 가격에는 반영되지 않는 '외부효과(Externality)'라고 불렀다. 기업들은 이 공짜 배출권을 마음껏 누리며 이윤을 극대화했고, 그 대가는 지구 전체가, 그리고 미래 세대가 떠안아야 할 몫으로 미뤄져 왔다.

하지만 이제 그 '공짜 점심'은 끝났다. 유럽연합(EU)이 2026년부터 본격적으로 시행할 탄소국경조정제도(CBAM, Carbon Border Adjustment Mechanism)는, 이 보이지 않던 탄소에 구체적인 가격표를 붙여 전 세계의 무역 송장에 청구하겠다는, 역사상 가장 야심 차고 강력한 시도다.

CBAM은 단순히 새로운 세금이 아니다. 이것은 기후위기 시대를 맞아 EU가 자신들의 경제적, 산업적 생존을 위해 구축한 거대한 '규칙의 전환'이다. 이제 '탄소'는 더 이상 추상적인 환경 문제가 아니라, 철강 1톤, 시멘트 1포대의 가격을 결정하는 명백하고도 피할 수 없는 비용(Cost)이 되었다. 이 새로운 규칙을 이해하지 못하는 국가는, 그리고 기업은, 21세기 글로벌 무역 전쟁에서 낙오될 수밖에 없다.

왜 CBAM인가? '탄소 누출'을 막기 위한 방패

EU가 이처럼 전 세계적인 무역 마찰을 감수하면서까지 CBAM이라는 강력한 카드를 꺼내 든 이유는 무엇일까? 그 배경에는 '탄소 누출(Carbon Leakage)'이라는 고질적인 딜레마가 있다.

EU는 세계에서 가장 먼저, 그리고 가장 강력하게 기후위기 대응에 나선 지역이다. EU 내부의 기업들은 2005년부터 시작된 탄소배출권거래제(EU-ETS)에 따라, 자신들이 배출하는 탄소에 대해 돈을 내야 한다. 2024년 기준, EU-ETS 시장에서 탄소 1톤의 가격은

70~80유로를 넘나든다. 이는 유럽 기업들에게 상당한 추가 생산 비용을 의미한다.

문제는 여기서 발생한다. 예를 들어, 독일의 A 철강회사가 톤당 80유로의 탄소 비용을 감수하며 친환경 철강을 생산한다고 가정해 보자. 그런데 바로 그때, 탄소 배출에 대한 아무런 규제가 없는 B 국가의 철강회사가 값싼 화력발전으로 만든 저렴한 철강을 유럽에 수출한다면 어떻게 될까? 독일의 A사는 가격 경쟁에서 밀려 시장에서 퇴출될 것이고, 결국 A사마저 공장을 규제가 없는 B 국가로 옮겨버릴 것이다.

이것이 바로 '탄소 누출'이다. EU가 아무리 강력하게 자국 내 탄소 배출을 규제해도, 그 생산 기반이 규제가 없는 역외 지역으로 이전해버리면, EU의 산업 경쟁력과 일자리는 사라지고 지구 전체의 탄소 배출량은 전혀 줄어들지 않는 최악의 결과가 초래된다.

CBAM은 바로 이 탄소 누출을 막기 위해 고안된 정교한 '방패'다. "유럽으로 들어오는 모든 수입품은, 유럽 내에서 생산된 제품과 동일한 탄소 비용을 부담해야 한다."는 원칙을 국경에 적용함으로써, 역내외 기업간의 경쟁 조건을 평등하게 맞추겠다는 것이다. 즉, 더 이상 값싼 탄소를 무기로 유럽 시장을 공략할 수 없도록 국경에 '공정한 운동장'을 만들겠다는 선언이다.

2. CBAM의 작동 방식 : 탄소에 가격표를 붙이는 과정

CBAM은 어떻게 탄소에 가격표를 붙이는가? 그 과정은 매우 체계적이고 단계적으로 설계되어 있다.

- **대상 품목** : 2026년부터 철강, 알루미늄, 시멘트, 비료, 전력, 수소 등 6개 품목에 우선적으로 적용된다. 이들은 생산 과정에서 탄소 배출이 많고, 국제 무역이 활발하며, 탄소 누출의 위험이 가장 큰 산업들이다. EU는 향후 유기화학물, 플라스틱 등 다른 품목으로 대상을 확대할 계획이다.
- **전환기간**(2023.10 ~ 2025.12) : 본격적인 비용 부과에 앞서, 수출 기업들이 새로운 시스템에 적응할 수 있도록 2년 3개월의 전환기간을 두었다. 이 기간 동안, 유럽에 해당 품목을 수출하는 기업은 실제 비용을 내지는 않지만, 제품 생산 과정에서

발생한 직·간접 탄소 배출량을 측정하여 분기별로 EU 집행위원회에 의무적으로 보고해야 한다. 이는 전 세계 기업들에게 자신들의 탄소 발자국을 정밀하게 계산하고 관리하는 시스템을 갖추도록 강제하는 첫 단계다.

- **본격 시행(2026.01 ~)** : 2026년부터는 실제 비용 부과가 시작된다. 유럽 수입업자는 매년 5월 31일까지, 전년도에 수입한 제품에 내재된 총 탄소 배출량에 해당하는 만큼의 'CBAM 인증서'를 구매하여 EU에 제출해야 한다.
  - **인증서 가격** : CBAM 인증서 1개의 가격은 EU-ETS 주간 경매 가격의 평균치와 연동된다. 즉, 유럽 내부의 탄소 가격이 오르면, 국경을 넘는 탄소의 가격도 똑같이 오르는 구조다.
  - **탄소 가격 차감** : 만약 수출국(예 : 한국)에서 이미 탄소세나 배출권거래제 등을 통해 탄소 비용을 지불했다면, 그 금액만큼은 CBAM 인증서 구매 시 차감받을 수 있다. 이는 각국이 자국의 탄소 가격 제도를 강화하도록 유도하는 강력한 인센티브로 작용한다. EU에 세금을 내느니, 차라리 그 돈을 자국 정부에 내는 것이 낫기 때문이다.

3. 조용한 쓰나미 : CBAM이 몰고 올 글로벌 경제의 재편

CBAM은 단순히 몇몇 품목에 대한 무역 규제가 아니다. 이는 전 세계 산업과 무역의 패러다임을 근본적으로 바꾸는 '조용한 쓰나미'와 같다.

첫째, 전 세계적인 '탄소의 비용화'를 촉발한다. CBAM은 사실상 전 세계 모든 국가에 '탄소 가격을 매기라'고 강요하는 것과 같다. 이제 탄소 배출량은 기업의 재무제표에 직접적인 영향을 미치는 핵심적인 비용 항목이 되었다. 탄소 감축 능력, 즉 '탄소 경쟁력'이 곧 제품의 '가격 경쟁력'이 되는 시대가 열린 것이다.

둘째, **공급망 전체의 투명성을 요구**한다. 철강 제품 하나를 만들기 위해서는 수많은 협력업체로부터 원료와 부품을 공급받는다. CBAM은 최종 제품뿐만 아니라, 그 제품을 만드는 데 들어간 모든 원료와 부품, 심지어 운송 과정에서 발생한 탄소까지 추적하여 보고하도록 요구한다. 이는 대기업뿐만 아니라, 그들과 거래하는 중소·중견기업까지 공급망 전체가 탄소 배출량을 관리해야 함을 의미한다. 이제 기업들은 단순히 값싼 부품을 찾는 것을 넘어, '저탄소 부품'을 만드는 협력업체를 찾아야만 한다.

셋째, 글로벌 무역 지도를 새로 그린다. 앞으로 세계 시장은 탄소 배출 규제가 강하고 재생에너지 인프라가 잘 갖추어진 '녹색 생산 블록'과, 여전히 화석연료에 의존하는 '회색 생산 블록'으로 재편될 것이다. CBAM은 이 두 블록 사이에 높은 장벽을 세우는 역할을 한다. 장기적으로 생산기지는 탄소 비용이 저렴한, 즉 재생에너지가 풍부하고 저렴한 지역으로 이동하게 될것이다.

대한민국에게 CBAM은 피할 수 없는 거대한 도전이다. 한국은 세계 10위권의 철강 수출국이며, 대유럽 수출 의존도도 높다. 하지만 제조업 중심의 산업 구조와 높은 화석연료 의존도 때문에, 우리의 주력 수출품들은 상대적으로 높은 '탄소 함량'을 가지고 있다. 이는 곧 유럽 시장에서 막대한 CBAM 비용을 부담해야 함을 의미하며, 이는 우리 제품의 가격 경쟁력에 치명타가 될 수 있다.

결론적으로, CBAM의 등장은 200년간 이어져 온 '공짜 탄소' 시대의 종언을 고하는 명백한 신호탄이다. 이제 탄소는 기업의 생존과 국가의 산업 경쟁력을 좌우하는 핵심 변수가 되었다. 이 새로운 규칙에 얼마나 빨리, 그리고 효과적으로 적응하느냐가, 다가오는 에너지 대전환 시대에 승자와 패자를 가르는 결정적인 분기점이 될 것이다.

제7장
전기화(Electrification)
– 에너지의 최종 목적지

7.1. 왜 모든 에너지는 전기로 통하는가 : 압도적인 효율성

지금까지 우리는 기후위기라는 거대한 위협과 그에 맞서 새로운 규칙을 만들어가는 세계의 모습을 살펴보았다. 파리협정의 숭고한 약속은 각국의 생존을 위한 녹색 무역전쟁으로 이어졌고, 글로벌 기업들은 RE100과 CBAM이라는 보이지 않는 장벽을 통해 공급망 전체의 체질 개선을 요구하고 있다. 이 모든 변화의 소용돌이는 결국 하나의 질문으로 귀결된다. "그렇다면 우리는 앞으로 어떤 에너지를, 어떻게 사용해야 하는가?"

그 해답의 방향은 놀라울 만큼 명확하고 일관되게 한 곳을 가리키고 있다. 바로 **전기화**(Electrification)다.

전기화란, 지금까지 석유, 석탄, 가스 등 화석연료를 직접 태워 열이나 동력을 얻던 모든 부문, 즉 자동차, 난방, 산업 공정 등을 **전기**를 사용하는 방식으로 대체하는 거대한 전환 과정을 의미한다. 자동차의 엔진은 전기 모터로, 가정의 가스보일러는 히트펌프로, 공장의 화석연료 가열로는 전기 가열로나 전기로 만든 그린수소로 대체하는 것이다. 이는 에너지 시스템의 최종 소비 단계를 '전기'라는 단일한 플랫폼으로 통합하여, 시스템 전체의 효율을 극대화하고 재생에너지의 활용도를 높여 탄소중립을 달성하기 위한, 21세기 에너지 전환의 가장 핵심적인 전략이자 최종 목적지다.

왜 모든 길은 로마로 통하듯, 모든 에너지는 전기로 통하게 되는 것일까? 그것이 단순히 '깨끗해서'일까? 물론 재생에너지로 만든 전기는 깨끗하다. 하지만 전기화로의 전환을 이끄는 더 근본적이고 강력한 동력은, 바로 다른 모든 에너지 형태를 압도하는 **경이로운 효율성**(Efficiency)에 있다.

에너지의 보이지 않는 낭비 : 열역학 제2법칙의 지배

우리가 일상에서 '에너지'라고 말할 때, 우리는 종종 중요한 사실을 잊는다. 우리가 실제로 필요로 하는 것은 에너지를 담고 있는 1차 에너지(석유, 석탄, 가스) 그 자체가 아니라, 그 에너지를 변환하여 얻는 최종적인 '유용한 에너지(Useful Energy)'다. 자동차를 움직이는 '운동 에너지', 방을 따뜻하게 하는 '열에너지', 전구의 불을 밝히는 '빛 에너지'가 바로 그것이다.

문제는 1차 에너지를 유용한 에너지로 변환하는 과정에서, 우주의 근본 법칙인 **열역학 제2법칙**에 따라 막대한 양의 에너지가 쓸모없는 열과 소음, 진동 등으로 흩어져 사라진다는 점이다. 현재 우리가 의존하는 화석연료 직접 연소 시스템은 이 '에너지 변환의 비효율'이라는 측면에서 최악에 가깝다. RMI(로키 마운틴 연구소)의 분석에 따르면, 현재 인류가 사용하는 1차 에너지의 약 **3분의 2**가 최종적으로 유용한 일을 하지 못한 채 그대로 낭비되고 있다. 우리는 지구를 데우고, 대기를 오염시키며 막대한 비용을 들여 에너지를 채굴하고 수입하지만, 그중 3분의 1만이 실제로 우리의 삶을 풍요롭게 하는 데 쓰이고, 나머지는 허공으로 사라지고 있는 셈이다.

전기화는 바로 이 막대한 낭비를 줄이는 가장 효과적이고 강력한 방법이다. 구체적인 사례를 통해 그 압도적인 효율의 차이를 확인해 보자.

자동차의 심장 교체 : 내연기관 vs 전기 모터

지난 100년간 자동차의 심장은 **내연기관 엔진**이었다. 이 엔진은 휘발유나 경유를 실린더 안에서 폭발시켜 그 힘으로 피스톤을 움직이고, 복잡한 동력 전달 장치를 거쳐 바퀴를 굴린다. 이 과정은 에너지 낭비의 연속이다.

- **내연기관의 에너지 손실** : 연료가 가진 화학에너지의 약 60~70%는 엔진 자체의 열과 배기가스의 뜨거운 열로 허공에 버려진다. 엔진을 식히기 위해 거대한 라디에이터가 끊임없이 돌아가는 이유가 바로 이것이다. 남은 30~40%의 에너지마저도 변속기, 구동축 등 복잡한 부품들을 거치면서 마찰로 손실된다. 결국, 휘발유 100의 에너지가 투입되었을 때, 실제 바퀴를 굴리는 데 사용되는 '유용한 운동 에너지'는 고작 **15~25%**에 불과하다. 나머지 75~85%는 우리의 이동에 아무런 기여도 하지 못한 채, 대기를 데우고 소음과 진동을 만드는 데 쓰여 사라진다.

반면, **전기차의 심장은 전기 모터**다. 이 시스템은 놀라울 정도로 단순하고 효율적이다.

- **전기차의 에너지 효율** : 배터리에 저장된 전기에너지는 거의 손실 없이 전기 모터로 전달된다. 전기 모터는 이 전기에너지를 운동 에너지로 바꾸는 변환 효율이 90%를 훌쩍 넘는다. 감속기 등 최소한의 동력 전달 장치를 거쳐 바퀴에 힘이 전달되기까지의 전체 효율, 즉 배터리의 전기가 바퀴를 굴리는 힘으로 전환되는 비율(Well-to-Wheel Efficiency)은 무려 80~90%에 달한다.

즉, 같은 양의 에너지가 주어졌을 때, 전기차는 내연기관차보다 **3~4배 더 효율적으로** 그 에너지를 실제 움직임으로 전환한다. 이것이 전기차가 가진 근본적인 우위다.

난방의 혁명 : 가스보일러 vs 히트펌프

가정의 난방 역시 마찬가지다. 지난 수십 년간 우리의 겨울을 책임져 온 것은 **가스보일러**였다. 가스를 태워 물을 데우고, 그 뜨거운 물을 순환시켜 집을 따뜻하게 하는 방식이다. 최신 고효율 콘덴싱 보일러의 효율은 약 90% 수준으로, 꽤 효율적인 시스템처럼 보인다.

하지만 전기화 시대의 난방은 완전히 다른 원리로 작동한다. 바로 **히트펌프**(Heat Pump)다. 히트펌프는 에어컨의 작동 원리를 거꾸로 이용한 것이다. 에어컨이 실내의 열을 빼앗아 실외로 버리는 장치라면, 히트펌프는 겨울철 차가운 바깥 공기 속에 미세하게나마 존재하는 열에너지를 '퍼올려서(Pump)' 압축하여 고온으로 만든 뒤, 실내로 옮겨주는 장치다.

- **히트펌프의 경이로운 효율** : 히트펌프는 열을 '생산'하는 것이 아니라, 이미 존재하는 열을 '이동'시키는 방식이기 때문에 투입된 에너지보다 훨씬 더 많은 열에너지를 만들어낼 수 있다. 최신 히트펌프는 투입된 전기 에너지 1만큼으로, 외부에서 3~4만큼의 열에너지를 퍼올려, 총 4~5만큼의 난방 효과를 낸다. 에너지 효율이 무려 400~500%에 달하는 것이다.

이는 가스보일러의 효율(약 90%)을 압도하는, 그야말로 혁명적인 수준이다. 전기화를 통해 난방에 필요한 1차 에너지의 양을 4분의 1 이하로 줄일 수 있다는 의미다.

왜 전기인가? 기술적 우위와 미래 확장성

전기화가 매력적인 이유는 단순히 효율이 높다는 데 그치지 않는다. 전기는 다른 에너지원들이 갖지 못한 본질적인 **기술적 우위**와 **미래 확장성**을 가지고 있다.

- **완벽한 제어 가능성** : 전기는 반도체를 통해 마이크로초 단위로 정밀하게 제어할 수 있는 유일한 에너지다. 이는 제4장에서 보았듯이, AI와 결합하여 에너지의 생산, 저장, 소비를 실시간으로 최적화하는 스마트 그리드와 같은 지능형 시스템을 가능하게 한다.
- **궁극의 청정에너지원** : 전기는 그 자체로 오염물질을 배출하지 않는

다. 만약 그 전기를 태양광, 풍력, 원자력과 같은 무탄소 전원으로부터 얻는다면, 우리는 완벽한 '탄소 제로' 에너지 시스템을 구축할 수있다.
- **양방향 소통과 참여** : 전기는 일방적으로 소비되기만 하는 에너지가 아니다. 전기차 배터리(V2G)나 가정용 태양광 패널을 통해, 이제 모든 소비자가 에너지를 생산하고 전력망에 다시 판매하는 '프로슈머'가 될 수 있다. 이는 에너지 시스템을 중앙집중적 독점에서, 시민이 참여하는 분산형 민주주의로 바꾸는 힘을 가지고 있다.

결론적으로, 전기화로의 거대한 흐름은 피할 수 없는 시대적 대세다. 그것은 기후위기 대응이라는 환경적 당위성을 넘어, 에너지 낭비를 최소화하고 시스템 전체의 효율을 극대화하려는 가장 근본적이고 합리적인 경제적 선택이기 때문이다. 인류의 에너지 시스템은 이제 '전기'라는 이름의 거대한 플랫폼 위에서 새롭게 재편되고 있다. 그리고 이 거대한 전환의 여정은 이미 120년 전부터 시작된, 길고도 꾸준한 과정이었다.

7.2. 120년의 여정 : 건물, 산업, 그리고 수송 부문의 전기화

우리가 지금 목도하고 있는 '전기화'라는 거대한 물결은, 어느 날 갑자기 시작된 새로운 현상이 아니다. 그것은 120년이 넘는 시간 동안, 때로는 더디게, 때로는 폭발적으로, 인류 문명의 풍경을 꾸준히 바꾸어 온 장대한 여정의 클라이맥스다. 에디슨의 전구가 처음으로 뉴욕의 밤을 밝혔던 그 순간부터, 전기라는 보이지 않는 에너지는 우리의 가정과 공장, 그리고 마침내 도로 위까지, 그 영역을 끊임없이 확장해 왔다.

이 긴 여정을 이해하는 것은 현재의 에너지 전환을 제대로 파악하기 위해 필수적이다. 전기화의 역사는 기술이 어떻게 사회에 수용되고 확산되는지를 보여주는 생생한 교과서이며, 과거의 성공과 한계 속에서 미래의 방향을 예측할 수 있는 중요한 단서를 제공하기 때문이다. RMI(로키 마운틴 연구소)의 분석에 따르면, 이 120년의 여정은 크게 세 개의 물결로 나누어 볼 수 있다. 첫 번째 물결은 건물과 산업 현장을 휩쓸었고, 긴 정체기를 거쳐, 마침내 두 번째 거대한 물결이 가장 완고했던 요새, 수송 부문의 문을 부수고 있다.

첫 번째 물결 : 빛과 힘, 가정과 공장을 정복하다(20세기 초)

20세기 초, 전기가 처음 등장했을 때 그것은 마법과도 같은 신기술이었다. 하지만 이 마법이 일상이 되기까지는 꽤 오랜 시간이 걸렸다.

- **가정의 혁명** : 빛에서 가전으로

초기 전기의 가장 큰 용도는 단연 조명이었다. 에디슨의 백열전구는 화재 위험이 크고 그을음이 심했던 가스등을 대체하며, 도시의 부유층 가정을 중심으로 빠르게 퍼져나갔다. 밤의 어둠을 정복한 빛의 혁명은 사람들의 활동 시간을 늘리고, 가정의 풍경을 근본적으로 바꾸었다.

하지만 진정한 혁명은 전기가 단순히 빛을 넘어 '힘(Power)'을 가정으로 배달하기 시작하면서 본격화되었다. 1920년대와 30년대, 전기 모터를 장착한 다양한 가전제품들이 쏟아져 나왔다. 전기 냉장고는 매일 얼음을 배달받아야 했던 불편함을 없애고 식재료를 신선하게 보관해주었다. 전기 세탁기는 여성들을 끔찍한 중노동이었던 손빨래에서 해방시켰다. 전기 청소기, 전기 다리미, 전기 토스터… 이 마법 같은 기계들은 이전 세대 여성들이 평생을 바쳐야 했던 가사노동의 시간을 획기적으로 줄여주었고, 그들에게 새로운 시간과 가능성을 선물했다.

이는 20세기 여성의 사회 진출과 지위 향상에 중요한 물질적 토대를 마련한, 조용한 혁명이었다. 이처럼 건물 부문의 전기화는 20세기 초반부터 꾸준히 진행되어, 1900년대 초반 0%에 가까웠던 최종 에너지 수요 내 전기 비중은 2020년대에 이르러 30%를 넘어섰다.

- **공장의 재창조** : 증기기관에서 전기모터로

산업 현장에서 전기가 가져온 변화는 더욱 극적이었다. 1차 산업혁명 시대의 공장은 거대한 증기기관 하나가 뿜어내는 힘을, 복잡하게 얽힌 벨트와 풀리, 기어 시스템을 통해 공장 전체의 기계들로 전달하는 중앙집중식 동력 시스템이었다. 이 시스템은 공장의 구조를 3~4층의 수직적 형태로 제한했고, 쉴 새 없이 돌아가는 벨트들은 소음과 먼지를 유발하며 노동자들의 안전을 심각하게 위협했다.

전기는 이 모든 것을 바꾸었다. 공장주들은 더 이상 거대한 증기기관 하나에 의존할 필요가 없었다. 이제는 각각의 기계마다 작고 효율적인 **개별 전기 모터**를 달 수 있게 된 것이다. 이는 '**단위 구동**(Unit Drive)' 방식이라 불리는, 공장 동력 시스템의 코페르니쿠스적 전환이었다.

이 변화는 단순히 동력원을 바꾼 것을 넘어, 공장의 공간과 생산 방식 자체를 재창조했다. 더 이상 벨트를 연결하기 위해 기계들을 빽빽하게 배치할 필요가 없어지자, 공장은 넓고 쾌적한 단층 건물 형태로 바뀔 수 있었다. 원료의 투입부터 완제품의 생산까지, 가장 효율적인 순서에 따라 기계를 배치하는 '흐름 생산(Flow Production)'이 가능해졌고, 이는 헨리 포드의 컨베이어 벨트 시스템과 결합하여 2차 산업혁명의 폭발적인 생산성 향상을 이끌었다. 산업 부문 역시 꾸준한 전기화 과정을 거쳐, 최종 에너지 소비에서 전기가 차지하는 비중이 30%를 넘어서게 되었다.

긴 정체기 : 화석연료의 완고한 요새, 수송과 난방

이처럼 건물과 산업 부문에서 성공적인 첫 번째 전기화 물결이 지나간 후, 전기화의 진격은 수십 년간 긴 정체기를 맞이하는 것처럼 보였다. 가장 큰 에너지 소비 부문인 수송(Transport)과 난방(Heating)이라는 두 개의 완고한 요새가 화석연료의 지배 아래 굳건히 버티고 있었기 때문이다.

- **수송 부문** : 20세기 내내 도로는 내연기관 엔진의 독무대였다. 석유에서 정제된 휘발유와 경유는 에너지 밀도가 극도로 높았고, 주유소라는 편리한 인프라가 전 세계에 촘촘히 깔려 있었다. 이에 비해 당시의 배터리 기술은 너무나도 원시적이어서, 무겁고, 비쌌으며, 한 번 충전으로 갈 수 있는 거리는 매우 짧았다. 자동차, 트럭, 버스는 물론, 대양을 건너는 거대한 선박과 하늘을 나는 비행기에 이르기까지, 수송 부문의 거의 모든 영역은 석유라는 액체 화석연료의 절대적인 지배 아래 놓여 있었다.
- **난방 부문** : 가정과 건물의 난방, 그리고 산업 공정에 필요한 고온의 열을 공급하는 데는 천연가스가 가장 효율적이고 경제적인 선택지였다. 파이프라인을 통해 안정적으로 공급되는 천연가스는 직접 연소하여 높은 효율로 열을 만들어냈고, 전기를 이용한 저항식 난방(전기장판 등)은 효율이 떨어지고 비용이 비싸 보조적인 수단에 머물렀다.

이처럼 수송과 난방이라는 거대한 두 영역의 장벽에 막혀, 20세기 후반까지 전기화의 확산은 더디게 진행되었다.

두 번째 물결 : S-커브의 변곡점을 넘어서(21세기)

하지만 21세기에 들어서며, 이 길고 긴 정체기는 끝을 고하고 있다. 기후 위기 대응이라는 강력한 외부 압력과, 배터리 및 히트펌프 기술의 비약적인 발전이라는 내부 동력이 만나면서, 수송과 난방 부문에서 마침내 두 번째 전기화의 거대한 물결이 시작된 것이다.

기술 확산 이론에는 '**S-커브**(S-Curve)'라는 것이 있다. 새로운 기술은 처음에는 소수의 혁신가들만이 사용하는 더딘 도입기(1단계)를 거친다. 그러다 기술의 성능이 개선되고 가격이 하락하면서, 어느 순간 '티핑 포인트(Tipping

Point)'를 넘어 다수의 대중에게 폭발적으로 확산되는 급성장기(2단계)에 진입한다. 그리고 시장이 포화 상태에 이르면 다시 성장세가 둔화되는 성숙기(3단계)를 맞는다.

지금, 전기차와 히트펌프는 마침내 S-커브의 변곡점을 **돌파하며, 누구도 막을 수 없는** 폭발적인 급성장기로 진입했다.

- **도로 위의 혁명, 전기차의 질주** : 2010년대 초반만 해도 전기차는 일부 얼리어답터들의 전유물이었다. 하지만 2015년 이후, 전기차와 배터리 판매량은 거의 매년 두 배 가까이 성장하며 기존 시장 예측을 계속해서 뛰어넘고 있다. 2023년 기준으로 전 세계 전기차 누적 판매량은 4,000만 대를 돌파했고, 신차 판매에서 전기차가 차지하는 비중은 18%에 이르렀다. 특히 노르웨이에서는 신차 10대 중 8대가 전기차일 정도로 대중화되었고, 세계 최대의 자동차 시장인 중국에서도 신차 3대 중 1대가 전기차일 정도로 빠르게 확산되고 있다. 이는 전기차가 더 이상 틈새시장의 제품이 아니라, 내연기관차를 대체하는 시장의 주류로 자리 잡고 있음을 명백히 보여준다.

- **난방의 재발견, 히트펌프의 부상** : 히트펌프 역시 마찬가지다. 오랫동안 일부 지역에서만 사용되던 히트펌프는, 러시아-우크라이나 전쟁으로 인한 유럽의 가스 가격 폭등과 각국 정부의 강력한 보조금 정책에 힘입어 폭발적인 성장세를 보이고 있다. 2023년 기준 전 세계에 설치된 히트펌프는 2억 5,000만 대를 넘어섰으며, 특히 유럽 시장에서는 매년 30~40%씩 판매량이 급증하고 있다. 오스트리아, 영국, 네덜란드 등 유럽 국가들은 가스보일러의 신규 판매 금지 계획을 발표하며 전기화 전환을 더욱 가속하고 있다.

이처럼 120년이라는 긴 시간을 거쳐, 전기화는 마침내 인류 문명의 마지막 영토였던 수송과 난방 부문까지 정복하기 시작했다. 이 거대한 전환의 흐름은 이제 그 누구도 막을 수 없는 시대적 대세가 되었다. 그리고 이 폭발적인 성장의 중심에는, 전기차와 히트펌프, 그리고 인공지능이라는 세 개의 강력한 엔진이 자리 잡고 있다.

7.3. 폭발적 성장의 동력 : 전기차, 히트펌프, 그리고 AI

120년의 긴 여정을 거쳐, 전기화는 마침내 수송과 난방이라는 완고한 요새의 성문을 부수고 S-커브의 폭발적인 성장기에 진입했다. 이 거대한 두 번째 물결은 과거와는 비교할 수 없는 속도와 파괴력으로 글로벌 에너지 지형을 재편하고 있다. 그렇다면 무엇이 이처럼 극적인 변화를 만들어내고 있는가? 이 폭발적인 성장의 중심에는, 서로 다른 영역에서 출발했지만 결국 '전기'라는 하나의 플랫폼 위에서 만나 거대한 시너지를 일으키고 있는 세 개의 강력한 엔진이 자리 잡고 있다.

첫 번째 엔진은 도로 위의 풍경을 바꾸고 있는 **전기차**(EV), 두 번째 엔진은 우리의 주거 공간을 혁신하는 **히트펌프**(Heat Pump), 그리고 마지막 세 번째 엔진은 디지털 세계의 모든 것을 빨아들이며 새로운 차원의 수요를 창출하고 있는 인공지능(AI)이다. 이 세 가지 동력은 각각 기후위기 대응, 기술 발전, 그리고 지정학적 위기라는 시대적 과제와 맞물리며, 인류의 전력 수요를 전례 없는 수준으로 끌어올리고 있다.

첫 번째 동력 : 도로 위의 혁명, 전기차의 질주

2010년대 초반, 도로 위 전기차는 마치 희귀한 새처럼, 일부 얼리어답터나 환경운동가들의 전유물로 여겨졌다. 짧은 주행거리, 부족한 충전 인프라, 그리고 비싼 가격. 전기차는 내연기관차의 아성을 넘기에는 너무나도 연약한 도전자처럼 보였다. 하지만 불과 10년 만에, 상황은 180도 바뀌었다. 전기차는 더 이상 미래의 가능성이 아닌, 내연기관의 시대를 종식시키고 있는 현재의 주류가 되었다.

이 극적인 반전의 중심에는 **리튬이온 배터리 기술의 혁명**이 있었다. 전기차 가격의 30~40%를 차지하는 배터리의 가격은 지난 10년간 무려 90% 가까이 하락했다. 2010년 1kWh당 1,100달러를 훌쩍 넘었던 배터리 팩의 가격은 2023년 139달러 수준까지 떨어졌다. 동시에 에너지 밀도는 꾸준히 향상되어, 한 번 충전으로 500km 이상을 주행하는 것이 더 이상 특별한 일이 아니게 되었다. 기술의 진보가 가격의 장벽을 무너뜨리면서, 전기차는 마침내 대중의 선택지에 들어올 수 있게 된 것이다.

이러한 기술적 진보를 시장의 혁신으로 연결한 것은 단연 테슬라(Tesla)의 등장이었다. 테슬라는 단순히 전기차를 만드는 회사가 아니었다. 그들은 강력한 성능과 혁신적인 소프트웨어, 그리고 전 세계에 촘촘히 깔린 자체 급속 충전망(슈퍼차저)을 통해, 전기차가 내연기관차보다 '더 뛰어난 제품'이 될 수 있음을 증명했다. 테슬라의 성공은 BMW, 폭스바겐, 현대자동차 등 기존의 거대한 자동차 제국들이 마지못해 전기차 시장에 뛰어들도록 만드는 강력한 '메기 효과'를 일으켰다.

여기에 세계 최대의 자동차 시장인 **중국**이 정부의 강력한 정책적 지원을 등에 업고 전기차 굴기(崛起)에 나서면서, 경쟁은 더욱 치열해졌다. BYD와 같은 중국 기업들은 압도적인 가격 경쟁력을 무기로 내수 시장을 장악하고, 이제는 유럽과 동남아 시장까지 넘보고 있다. 이러한 글로벌 경쟁은 전기차의 가격을 더욱 낮추고 성능을 끌어올리는 선순환을 만들며 대중화를 가속하고 있다.

그 결과, 전기차 판매량은 S-커브의 가장 가파른 구간을 따라 수직 상승하고 있다. 2023년 한 해에만 전 세계에서 **1,400만 대** 이상의 전기차가 팔렸고, 이는 2020년에 비해 4배 이상 증가한 수치다. 이제 도로 위를 달리는 전기차는 총 4,000만 대를 넘어섰다.

이 수백만, 수천만 대의 전기차는 단순히 교통수단을 넘어, 전력 시스템에 거대한 영향을 미치는 '움직이는 에너지 저장고'가 되고 있다. 일반적인 전기차 한 대에 탑재된 배터리 용량은 약 60~80kWh 수준이다. 이는 한 가구가 3~4일 동안 사용할 수 있는 막대한 양의 전기다. 수천만 대의 전기차가 동시에 충전기에 꽂히는 저녁 시간은 전력망에 엄청난 피크 부하를 유발하는 새로운 도전 과제가 된다. 동시에, 이 거대한 배터리들을 하나의 **가상발전소(VPP)**처럼 활용하여 전력망의 안정성을 높이는 새로운 기회 또한 열리고 있다. 전기차의 질주는 도로의 풍경뿐만 아니라, 에너지 시스템의 미래까지 바꾸고 있는 것이다.

두 번째 동력 : 난방의 재발견, 히트펌프의 부상

수송 부문에서 전기차 혁명이 진행되는 동안, 건물 부문에서는 **히트펌프**가 조용한 혁명을 이끌고 있다. 히트펌프는 에어컨의 원리를 거꾸로 이용하여, 적은 양의 전기로 외부 공기나 땅속의 열을 '퍼올려' 실내를 난방하는 고효율 전기 기기다.

오랫동안 히트펌프는 일부 지역에서만 사용되는 생소한 기술이었지만, 2022년 러시아의 우크라이나 침공이 모든 것을 바꾸었다. 러시아가 유럽으로향하는 천연가스 밸브를 잠그자, 유럽의 가스 가격은 천정부지로 치솟았고, 수많은 가정이 난방비 폭탄을 맞았다. 이 지정학적 위기는 유럽 국가들에게 에너지 안보의 중요성을 절감하게 했고, 러시아산 가스에 대한 의존에서 벗어나기 위한 가장 현실적인 대안으로 히트펌프가 급부상하게 된 것이다.

각국 정부는 파격적인 보조금과 세제 혜택을 통해 히트펌프 보급에 사활을 걸었다. 독일, 프랑스, 영국 등 주요 국가들은 신축 건물에 가스보일러 설치를 금지하거나, 기존 보일러를 히트펌프로 교체할 경우 막대한 지원금을 지급하는 정책을 경쟁적으로 내놓았다.

이러한 정책적 드라이브에 힘입어 히트펌프 시장은 폭발적으로 성장했다. 유럽 시장에서는 매년 30~40%씩 판매량이 급증하고 있으며, 미국에서도 IRA의 지원 아래 판매량이 꾸준히 늘고 있다. 2023년 기준, 전 세계에 설치된 히트펌프는 **2억 5,000만 대**를 넘어섰다.

히트펌프의 확산은 전력 시스템에 새로운 형태의 변화를 가져온다. 과거에는 여름철 에어컨 사용으로 인한 냉방 부하가 연중 최대 전력 수요(피크)를 기록했다. 하지만 이제는 겨울철 난방까지 전기가 책임지게 되면서, **겨울철 난방 피크**가 여름철 냉방 피크를 뛰어넘는 새로운 수요 패턴이 나타나고 있다. 이는 전력망 운영자들이 이제 여름뿐만 아니라 겨울철의 안정적인 전력 공급까지 고민해야 함을 의미하며, 에너지 저장 장치와 유연성 자원의 중요성을 더욱 부각시키고 있다.

세 번째 동력 : AI 혁명, 새로운 차원의 전력 수요

전기차와 히트펌프가 이미 가파른 전력 수요 상승 곡선을 그리고 있는 와중에, 21세기 기술 혁명의 정점인 인공지능(AI)이 등장하며 이 상승세에 로켓 엔진을 달았다. 챗 GPT로 대표되는 생성형 AI의 등장은, 인류의 생산성을 비약적으로 높일 잠재력을 보여주었지만, 동시에 그 이면에는 상상을 초월하는 전력 소비라는 대가가 숨어 있었다.

AI, 특히 대규모 언어 모델(LLM)은 '데이터'를 먹고 '연산'을 통해 성장한다. 그리고 이 연산 과정은 엄청난 양의 컴퓨팅 파워, 즉 막대한 전기를 필요로 한다.

- **훈련(Training) 단계** : GPT-3 모델 하나를 훈련하는 데는 약 1,287MWh의 전력이 소모된 것으로 알려졌는데, 이는 미국 가정 120

가구가 1년 동안 사용할 수 있는 양이다. 더 고도화된 최신 모델들은 이보다 훨씬 더 많은 전기를 소비한다.

- **추론(Inference) 단계** : 한번 훈련된 모델을 실제 서비스에 사용하는 추론 단계의 전력 소비는 더욱 심각하다. 우리가 챗 GPT에 질문 하나를 던질 때마다, 데이터센터의 수많은 GPU 서버들이 동시에 작동하며 답을 생성해낸다. 구글 검색 한 번에 0.3Wh가 사용된다면, AI 검색은 그 10배에 가까운 전력을 소모한다. 전 세계 수억 명의 사람들이 매일 AI를 사용하기 시작하면서, 데이터센터의 전력 소비량은 기하급수적으로 늘어날 수밖에 없다.

국제에너지기구(IEA)는 2026년까지 전 세계 데이터센터의 전력 소비량이 2022년 대비 두 배 이상 증가하여 **1,000TWh**를 넘어설 것으로 전망했다. 이는 독일 전체의 연간 전력 소비량의 두 배에 달하는 엄청난 양이다.

이러한 AI의 폭발적인 전력 수요는 글로벌 빅테크 기업들을 '에너지 기업'으로 변모시키고 있다. 마이크로소프트, 구글, 아마존, 메타의 비즈니스 성패는 이제 그들이 얼마나 혁신적인 AI 모델을 만드느냐 뿐만 아니라, 그 모델을 24시간 안정적으로 구동할 수 있는 **막대한 양의 청정 전력**을 어떻게 확보하느냐에 달려있게 되었다. 이 때문에 그들은 세계에서 가장 큰 재생에너지 구매자가 되었으며, 심지어 차세대 원자력 기술인 SMR 개발에 직접 투자하거나, 원자력 발전소와 직접 전력 구매 계약을 맺는 등, 이전에는 상상할 수 없었던 방식으로 에너지 시장의 핵심 플레이어가 되고 있다.

결론적으로, 전기차, 히트펌프, 그리고 AI라는 세 개의 강력한 동력은 각기 다른 영역에서 시작되었지만, 이제는 서로의 성장을 가속하며 전력 수요를 폭발시키는 거대한 융합의 흐름을 만들어내고 있다. 이는 인류가 탄소중립이라는 목표를 향해 나아가기 위해 반드시 거쳐야 할 과정이지만, 동시에 우리의 낡고 노후화된 전력 시스템을 한계까지 몰아붙이는 거대한 도전이기도 하다. 이 폭발적인 수요를 감당할 수 있는 강력하고 유연하며 깨끗한 전력 시스템을 어떻게 구축할 것인가? 이 질문에 대한 답을 찾지 못한다면, 전기화 시대의 장밋빛 미래는 대규모 정전이라는 악몽으로 바뀔 수도 있다.

7.4. 3D 에너지 혁명 : 탈탄소화, 탈중앙화, 디지털화

전기차의 질주, 히트펌프의 부상, 그리고 AI가 촉발한 데이터센터의 폭증. 우리가 앞서 살펴본 전기화의 거대한 동력들은 단순히 에너지 소비량을 늘리는 것을 넘어, 에너지 시스템의 작동 방식과 구조 그 자체를 근본적으로 뒤흔들고 있다. 20세기의 에너지 시스템이 소수의 거대 발전소에서 각 가정과 공장으로 전기를 일방적으로 보내는, 단순하고 예측 가능한 '중앙집권적 독점 체제'였다면, 21세기의 에너지 시스템은 수백만, 수천만 개의 분산된 에너지원들이 거미줄처럼 얽혀 실시간으로 정보를 주고받으며 유기적으로 작동하는, 복잡하고 역동적인 **'네트워크 생태계'**로 진화하고 있다.

이 거대한 패러다임의 전환은 세 개의 강력한 축을 중심으로 일어나고 있다. 바로 **탈탄소화(Decarbonization)**, **탈중앙화(Decentralization)**, 그리고 **디지털화(Digitalization)**다. 에너지 전문가들은 이 세 가지 흐름의 앞 글자를 따, 현재 우리가 겪고 있는 변화를 **'3D 에너지 혁명'**이라고 부른다.

이 세 가지 'D'는 각각 독립적으로 움직이는 것이 아니다. 그것들은 서로가 서로의 원인이자 결과가 되어 거대한 톱니바퀴처럼 맞물려 돌아가며, 전기화 시대의 본질을 규정하고 미래 에너지 시스템의 청사진을 그리고 있다. 3D 혁명은 전기화가 나아가야 할 최종 목적지이자, 우리가 마주한 에너지 전환의 가장 완전한 모습이다.

첫 번째 D : 탈탄소화(Decarbonization) – 혁명의 궁극적인 목표

3D 혁명의 가장 상위에 있는 목표이자, 이 모든 변화를 추동하는 근원적인 동력은 단연 **탈탄소화**다. 기후위기라는 인류 공동의 위협 앞에서, 온실가스 배출의 주범인 화석연료와의 결별은 더 이상 선택이 아닌 생존의 문제가 되었다. 전기화는 바로 이 탈탄소화를 위한 가장 강력하고 효과적인 수단이다. 하지만 여기서 우리는 중요한 전제를 잊어서는 안 된다. **전기화 자체가 탄소 배출을 줄여주는 것은 아니라는 사실**이다. 만약 자동차의 엔진을 전기 모터로 바꾸더라도, 그 전기를 석탄 화력발전소에서 만들어 공급한다면, 오염의 발생지가 자동차의 배기구에서 발전소의 굴뚝으로 이동했을 뿐, 지구 전체의 탄소 배출량은 크게 달라지지 않는다.

따라서 전기화 혁명은 반드시 '**발전원의 탈탄소화**'와 함께 가야만 의미가 있다. 즉, 우리가 사용하는 전기를 태양광, 풍력, 수력과 같은 재생에너지나 원자력과 같은 무탄소 전원으로부터 공급하는 것이다. 깨끗한 전기를 만들어, 효율적인 전기 기기를 통해 사용하는 것. 이것이 바로 탈탄소화의 핵심 공식이다.

이러한 이유로, 전 세계는 지금 재생에너지 설비를 폭발적으로 늘리고 있다. 2023년 한 해에만 전 세계적으로 신규 추가된 재생에너지 설비 용량은 510GW에 달했으며, 이는 지난 20년간의 성장세를 뛰어넘는 놀라운 속도다. 태양광 패널과 풍력 터빈의 가격은 지난 10년간 각각 80% 이상 하락하며, 이제 많은 지역에서 화석연료 발전보다 더 저렴한 가장 경제적인 에너지원이 되었다.

탈탄소화는 에너지 시스템의 경제성 계산법 자체를 바꾸고 있다. 과거에는 연료비가 저렴한 화력발전이 가장 경쟁력 있는 에너지원이었다. 하지만 이제는 연료비가 '0원'인 재생에너지가 시장의 주류로 부상하고 있으며, 여기에 CBAM과 같은 탄소 비용이 부과되면서 화석연료의 경쟁력은 급격히 하락하고 있다. 탈탄소화는 더 이상 환경 운동가들의 구호가 아니라, 기업의 생존과 국가의 산업 경쟁력을 좌우하는 가장 중요한 경제적 변수가 된 것이다.

두 번째 D : 탈중앙화(Decentralization) - 에너지 민주주의의 시작

탈탄소화, 특히 태양광과 풍력 같은 재생에너지의 확산은 필연적으로 에너지 시스템의 두 번째 거대한 변화, 즉 **탈중앙화**를 이끈다.

20세기의 전력 시스템은 소수의 거대한 중앙 발전소(화력, 원자력, 대규모 수력)가 높은 송전탑을 통해 수백 킬로미터 떨어진 도시의 수동적인 소비자에게 전기를 일방적으로 공급하는 '**중앙집중형**(Centralized)' 모델이었다. 이 시스템에서 전력 생산의 주체는 국가나 거대 전력회사였고, 일반 시민은 그저 매달 요금을 내는 소비자에 불과했다.

하지만 재생에너지 시대는 이 피라미드 구조를 완전히 뒤집는다. 태양광 패널은 더 이상 사막의 거대한 발전소에만 있는 것이 아니다. 이제는 우리 집 지붕, 아파트 베란다, 공장 옥상, 심지어 고속도로 방음벽에도 설치될 수 있다. 에너지 생산의 주체가 소수의 거대 기업에서 수백만, 수천만 명의 평범한 시민과 기업으로 분산되는 것이다.

이처럼 소규모로 분산되어 있는 에너지 자원들을 **분산에너지자원**(DER, Distributed Energy Resources)이라고 부른다. 여기에는 옥상 태양광뿐만 아니라, 에너지 저장 장치(ESS), 전기차, 스마트 가전, 건물 에너지 관리 시스템(BEMS) 등 수요를 조절할 수 있는 모든 자원이 포함된다.

탈중앙화는 에너지 시스템에 다음과 같은 근본적인 변화를 가져온다.

- **프로슈머(Prosumer)의 등장** : 에너지를 소비(Consume)만 하던 소비자가, 이제는 직접 에너지를 생산(Produce)하여 자가 소비하고, 남는 전기를 전력망에 판매하여 수익까지 창출하는 능동적인 '프로슈머'로 진화한다. 이는 에너지 시장의 주권이 소수 공급자에게서 다수의 시민에

게로 이동하는 '에너지 민주주의'의 시작을 의미한다.
- **에너지 효율성과 회복탄력성 증대** : 전기를 소비하는 곳 가까이에서 직접 생산함으로써, 장거리 송전 과정에서 발생하는 막대한 에너지 손실을 줄일 수 있다. 또한, 태풍이나 산불과 같은 재난으로 인해 중앙 전력망이 마비되더라도, 지역 내의 분산 전원들이 독립적으로 작동하는 마이크로그리드(Microgrid)를 통해 병원, 소방서, 통신 시설 등 핵심 시설에 전력을 공급하여 사회의 회복탄력성을 높일 수 있다.
- **새로운 비즈니스 모델의 창출** : 수많은 프로슈머와 분산에너지자원들을 하나로 묶어 거대한 발전소처럼 운영하는 가상발전소(VPP), 개인 간에 전기를 직접 거래하는 P2P 에너지 거래 등, 이전에는 상상할 수 없었던 혁신적인 에너지 서비스 산업이 탄생하는 기반이 된다.

세 번째 D : 디지털화(Digitalization) – 혁명을 완성하는 신경망

하지만 이처럼 복잡하고, 변덕스러우며, 분산된 에너지 시스템을 어떻게 안정적으로 운영할 수 있을까? 수백만 개의 태양광 패널, 수십만 대의 전기차, 수만 개의 에너지 저장 장치, 그리고 시시각각 변하는 날씨. 이 모든 변수를 인간의 능력으로 실시간 제어하는 것은 불가능하다.

바로 이 지점에서, 3D 혁명의 마지막 퍼즐 조각이자 이 모든 변화를 가능하게 하는 핵심적인 기술, **디지털화**가 등장한다. 디지털화는 탈탄소화되고 탈중앙화된 미래 에너지 시스템을 안정적으로 운영하기 위한 필수적인 '**두뇌**' 이자 '**신경망**' 역할을 한다.

- **지능형 예측과 최적화** : 인공지능(AI)은 기상위성 데이터, 각 지역의 센서 정보, 그리고 과거의 발전 패턴을 학습하여, 몇 시간 뒤, 혹은 며칠 뒤의 태양광 및 풍력 발전량을 오차 범위 1% 이내로 정확하게 예측한다. 또한, 사람들의 생활 패턴과 산업 활동 데이터를 분석하여 전력

수요를 예측하고, 이에 맞춰 에너지 저장 장치의 충·방전을 지시하거나, 전기차의 충전 시간을 자동으로 조절하는 등 시스템 전체의 균형을 실시간으로 최적화한다.

- **사물인터넷(IoT)과 양방향 소통** : 전력망 곳곳에 설치된 스마트 센서와 가정의 스마트 미터, 전기차 충전기, 스마트 가전 등 모든 기기가 사물인터넷으로 연결된다. 이를 통해 전력망 운영자는 시스템의 상태를 손바닥 보듯 파악할 수 있으며, 각 기기와 양방향으로 소통하며 수요와 공급을 정밀하게 제어할 수 있다. 예를 들어, 전력망에 공급 과잉이 예상되면, 각 가정의 스마트 세탁기와 식기세척기를 전기요금이 가장 저렴한 시간대에 자동으로 작동하도록 신호를 보낼 수 있다.
- **블록체인과 투명한 거래** : 블록체인 기술은 중앙 관리 기관 없이도 개인 간의 P2P 에너지 거래를 안전하고 투명하게 기록하고 정산할 수 있는 기반을 제공한다. 이는 에너지 민주주의를 실현하고, 다양한 에너지 신사업이 활성화될 수 있는 투명한 시장 환경을 조성하는 데 기여한다.

결론적으로, 3D 에너지 혁명은 서로 분리된 현상이 아니다. **탈탄소화**라는 궁극적인 목표를 달성하기 위해 재생에너지를 확대하면, 필연적으로 시스템은 **탈중앙화**될 수밖에 없다. 그리고 이 복잡한 분산형 시스템을 안정적으로 운영하기 위해서는, 반드시 **디지털화**라는 기술적 기반이 뒷받침되어야만 한다. 이 세 개의 거대한 축이 함께 돌아갈 때, 비로소 우리는 화석연료 시대의 낡은 패러다임을 넘어, 깨끗하고 효율적이며 민주적인 미래 에너지 시스템을 완성할 수 있을 것이다. 하지만 이 장밋빛 미래로 가는 길은 결코 순탄하지 않다. 3D 혁명은 우리의 낡고 경직된 전력 시스템에 이전에는 경험하지 못했던 거대한 도전 과제들을 던지고 있다. 이제 우리는 그 흔들리는 전력 시스템의 현실을 정면으로 마주할 시간이다.

제8장
흔들리는 전력 시스템
– 변동성이라는 거대한 과제

8.1. 노후화된 혈관 : 전 세계 전력망의 현실

우리가 지금까지 그려본 3D 에너지 혁명의 미래는 눈부시다. 탈탄소화된 깨끗한 전기가, 탈중앙화된 수많은 프로슈머들의 손에서 만들어지고, 디지털화된 지능형 네트워크를 통해 우리 삶 구석구석으로 흘러 들어가는 세상. 하지만 이 화려하고 역동적인 미래로 나아가기 위해, 우리는 먼저 우리 발밑에 깔린, 낡고 녹슬었으며, 이제는 비명을 지르고 있는 20세기의 유산을 정면으로 마주해야만 한다. 바로 **전력망**(Power Grid)이다.

전력망은 현대 문명의 가장 중요한 인프라다. 그것은 발전소라는 심장에서 만들어진 '전기'라는 혈액을, 도시와 공장, 그리고 가정이라는 온몸의 세포 하나하나에까지 실어 나르는 거대한 **혈관 시스템**과 같다. 이 혈관이 막히거나 터지는 순간, 문명의 심장은 뛸지라도 몸은 마비되고 만다.

문제는, 21세기의 심장(재생에너지, 전기차, AI)은 그 어느 때보다도 젊고 강력한 피를 뿜어내려 하는데, 정작 그 피를 운반해야 할 혈관은 20세기에 만들어진 채 수십 년간 방치되어 동맥경화에 걸린 노인의 혈관처럼 낡고 경직되어 있다는 점이다. 전기화 시대가 가져온 폭발적인 전력 수요와 에너지원의 근본적인 변화는, 이 노쇠한 혈관을 한계까지 몰아붙이고 있다. 전 세계는 지금, 전력망의 고도화를 기후위기 대응의 가장 중요하고 시급한 최전선으로 인식하고 있지만, 그 길은 결코 순탄하지 않다. 문제의 시작은 전력을 수송하는 '혈관', 즉 전력망 그 자체의 노후화에서부터 시작된다.

20세기의 유산 : 왜 우리의 전력망은 낡았는가?

현재 우리가 사용하는 전력망의 기본 골격은 대부분 20세기 중반, 즉 2차 산업혁명의 전성기에 설계되고 건설되었다. 당시의 목표는 명확했다. 소수의 거대한 중앙 발전소(주로 화력, 원자력)에서 생산된 전기를, 예측 가능한 수요를 가진 도시와 공장에 안정적으로, 그리고 일방적으로 공급하는 것이었다. 이 시스템은 지난 50년간 놀라울 만큼 성공적으로 작동하며 현대 산업 사회를 뒷받침했다.

하지만 이 성공의 이면에는, 미래의 변화를 예측하지 못한 설계상의 한계가 내재되어 있었다.

- **일방통행식 설계** : 당시의 전력망은 발전소에서 소비자로 전기가 한 방향으로만 흐르는 '일방통행 도로'로 설계되었다. 수많은 가정과 공장에서 전기를 역으로 보내는(역송전) 상황은 아예 고려 대상이 아니었다.
- **예측 가능한 수요 기반** : 과거의 전력 수요는 경제 성장률과 인구 증가에 따라 비교적 완만하고 예측 가능하게 증가했다. 전력망은 이러한 패턴에 맞춰 점진적으로 증설되었다. 전기차 수백만 대가 저녁 시간에 동시에 충전을 시작하거나, AI 데이터센터가 도시 하나만큼의 전기를 갑자기 끌어다 쓰는 상황은 공상과학의 영역이었다.
- **화석연료 중심의 안정성** : 시스템 전체의 안정성은 언제든 출력을 조절할 수 있는 화석연료 발전소의 '관성(Inertia)'에 전적으로 의존했다. 날씨에 따라 발전량이 널뛰는 재생에너지가 계통의 주인이 되는 세상은 상상조차 하지 않았다.

이처럼 20세기의 패러다임 속에서 건설된 전력망은, 한 번 건설되면 교체 주기가 수십 년에 달하는 거대한 장치 산업의 특성상, 기술과 사회의 변화 속도를 따라잡지 못한 채 서서히 늙어가기 시작했다. 정부와 전력회사는 새로운 발전소를 짓는 데는 막대한 돈을 투자했지만, 이미 깔려있는 전력망을 유지·보수하고 현대화하는 데는 상대적으로 소홀했다. 눈에 잘 보이지 않는 땅속의 케이블이나 산 위의 송전탑에 대한 투자는, 유권자나 주주의 눈에 잘 띄지 않는 '인기 없는' 투자였기 때문이다.

그 결과, 전 세계 선진국을 중심으로 전력망의 노후화는 이제 위험 수위를 넘어서고 있다.

- **미국의 현실** : 미국 에너지부에 따르면, 미국 송전망의 70%는 건설된 지 25년이 넘었으며, 특히 핵심적인 대형 변압기의 평균 수명은 40년에 달한다. 이는 설계 당시의 기대 수명을 이미 넘어선 것이다. 미국 토목학회(ASCE)는 매년 발표하는 인프라 성적표에서 에너지 부문에 수년째 낙제에 가까운 'C-' 등급을 부여하며 시급한 투자를 촉구하고 있다.
- **유럽의 상황** : 유럽 역시 마찬가지다. 유럽 전력망의 40%는 건설된 지 40년이 넘었다. 특히 지하 및 해저 케이블의 일반적인 수명이 40~50년인 점을 감안하면, 당장 교체가 시급한 설비가 유럽 전역에 산적해 있는 것이다.

이 낡고 경직된 혈관은 두 가지 치명적인 합병증을 유발한다. 첫째는 혈액 순환이 원활하지 않아 발생하는 **만성적인 비효율**이고, 둘째는 언제 터질지 모르는 시한폭탄과 같은 **대규모 정전(블랙아웃)의 위험**이다.

새는 에너지와 천문학적인 비용 : 노후화의 대가

오래된 수도관에서 물이 새듯, 노후화된 전력망에서는 막대한 양의 전기가 최종 목적지에 도달하지 못하고 사라진다. 낡은 전선과 변압기는 저항이 높아, 전기를 열의 형태로 허공에 낭비하기 때문이다. 미국에서만 송배전 과정에서 손실되는 전력량은 연간 **전체 발전량의 약 5%**에 달한다. 이는 5천만 가구에 1년 동안 전력을 공급할 수 있는 엄청난 양이다. 우리는 발전소를 돌려 만든 귀한 전기의 20분의 1을, 단순히 낡은 전선을 통과했다는 이유만으로 길바닥에 버리고 있는 셈이다.

노후화된 인프라는 잦은 고장과 정전을 유발하며 천문학적인 사회경제적 비용을 초래한다. 미국 에너지부에 따르면, 날씨와 관련된 정전으로 인해 미국 경제가 입는 피해액은 연간 **최대 700억 달러(약 90조 원)**에 달한다. 정전으로 공장의 생산 라인이 멈추고, 상점의 영업이 중단되며, 데이터센터의 서비스가 마비되는 피해가 반복되고 있는 것이다.

더 큰 문제는, 이 낡은 시스템이 에너지 전환의 발목을 잡고 있다는 점이다. 재생에너지 발전소가 밀집한 시골 지역에서 생산된 깨끗한 전기를, 전력 수요가 많은 대도시로 보내야 하지만, 이들을 연결하는 송전망이 부족하거나 너무 낡아 전기를 보낼 수 없는 '**계통 혼잡**(Grid Congestion)' 현상이 전 세계적으로 심화되고 있다. 이는 제12장에서 자세히 다룰 '출력 제한' 문제의 근본적인 원인이 된다.

새로운 심장을 감당하지 못하는 낡은 혈관

상황은 점점 더 악화되고 있다. 21세기의 새로운 에너지 수요, 즉 전기차와 AI 데이터센터는 이 낡은 혈관에 이전과는 비교할 수 없는 압력을 가하고 있다.

과거의 전력 수요는 비교적 완만하고 넓게 분산되어 있었다. 하지만 이제는 특정 지역에 거대한 데이터센터 단지가 들어서면서, 그 지역의 전력망은 갑자기 도시 하나만큼의 전력 부하를 감당해야 하는 상황에 직면한다. 수십만 대의 전기차가 퇴근 후 동시에 충전을 시작하면, 지역 변압기는 과부하로 터져나갈 위험에 처한다.

이는 마치, 평생 앉아서 일하던 사람이 갑자기 마라톤에 출전하는 것과 같다. 심장은 뛸 준비가 되어 있지만, 다리의 근육과 혈관이 그 엄청난 부하를 감당하지 못하는 것이다.

결론적으로, 전 세계의 전력망은 3D 에너지 혁명이라는 거대한 변화의 파도를 맞이하기에는 너무나 늙고, 병들고, 경직되어 있다. 이 낡고 막힌 혈관을 먼저 치료하고 확장하지 않고서는, 아무리 좋은 약(재생에너지)을 투입해도 온몸으로 퍼져나갈 수 없다. 전력망의 현대화는 더 이상 선택의 문제가 아니라, 에너지 전환의 성패를 좌우하는 가장 시급하고 근본적인 전제 조건이 되었다.

그리고 이 이미 위태로운 시스템 위에, 우리는 이제 '변동성'이라는 이름의, 예측 불가능하고 다루기 힘든 새로운 종류의 스트레스를 더해야만 하는 상황에 놓여있다.

8.2. 변동성 재생에너지(VRE)의 역설 : 간헐성, 불확실성, 낮은 관성

앞서 우리는 21세기 에너지 전환의 심장부로 향하는 혈관, 즉 전력망이 이미 수십 년 된 20세기의 유산으로서 동맥경화에 시달리고 있다는 냉혹한 현실을 마주했다. 그런데 지금, 이 이미 위태로운 노쇠한 시스템 위에, 우리는 기후위기를 해결할 유일한 희망이자 동시에 시스템을 근본적으로 뒤흔드는 새로운 종류의 스트레스를 주입해야만 하는 거대한 역설에 직면해 있다. 바로 **변동성 재생에너지**(VRE, Variable Renewable Energy)**의 확산**이다.

VRE, 즉 태양광과 풍력은 화석연료 시대의 종언을 고하고 탈탄소 사회로 나아가기 위한 필수적인 에너지원이다. 연료비가 '0원'이며, 탄소를 배출하지 않는 이 깨끗한 에너지는 인류의 지속가능한 미래를 위한 약속과도 같다. 하지만 이 약속의 이면에는, 20세기 중앙집중형 전력 시스템과는 완전히 다른 DNA를 가진, 길들여지지 않은 야생마와 같은 본질적인 특성이 숨어있다.

과거의 전력망은 소수의 거대 발전소, 즉 언제든 인간의 통제에 따라 출력을 조절할 수 있는 예측 가능하고 순종적인 '일꾼'들을 중심으로 설계되었다. 하지만 태양광과 풍력은 다르다. 그들은 인간의 명령이 아닌, 오직 자연의 변덕에 따라 움직인다. 이 새로운 주역의 등장은 기존 전력 시스템이 한 번도 경험해보지 못한 세 가지 근본적인 도전 과제를 던진다. 바로 **간헐성**(Intermittency), **불확실성**(Uncertainty), 그리고 **낮은 관성**(Low Inertia)이다. 이 세 가지 특성이야말로, 기후위기를 해결하기 위한 선의의 노력이 역설적으로 우리 문명의 가장 중요한 인프라를 어떻게 위협할 수 있는지를 보여주는 'VRE 패러독스'의 핵심이다.

간헐성과 불확실성 : 변덕스러운 자연에 기댄 에너지

가장 직관적이면서도 가장 다루기 힘든 VRE의 첫 번째 특성은 바로 **간헐성**과 **불확실성**이다.

- **간헐성**(Intermittency)은 말 그대로 에너지가 '간헐적으로', 즉 끊겼다 이어졌다를 반복한다는 의미다. 태양은 밤에는 빛나지 않는다. 아무리 맑은 날이라도 해가 지면 태양광 발전소의 발전량은 순식간에 '0'이 된다. 바람 역시 24시간 내내 부는 것이 아니다. 세차게 불다가도 어느 순간 멈춰버린다. 이는 마치, 국가의 핵심 산업에 필요한 물을 공급하는 댐이, 하루에도 몇 번씩 예고 없이 수문을 닫아버리는 것과 같은 상황이다.

- **불확실성**(Uncertainty)은 간헐성보다 더 교묘하고 예측하기 힘든 문제다. 해가 떠 있고 바람이 부는 동안에도, 그 발전량은 끊임없이 널뛰기를 한다. 맑은 하늘에 갑자기 두꺼운 구름이 지나가면 태양광 발전량은 수 분 만에 70~80%까지 급감했다가, 구름이 지나가면 다시 치솟는다. 풍력 발전은 더욱 예측이 어렵다. 바람의 세기와 방향은 지형과 온

도에 따라 미세하게 변하며, 이는 터빈의 출력을 불규칙하게 만든다.

이러한 변덕스러움이 왜 치명적인 문제일까? 그 이유는 전력 시스템이 가져야 할 가장 중요한 덕목, 즉 **'수급 균형의 원칙'** 때문이다. 전력망은 생산되는 전기의 양(공급)과 소비되는 전기의 양(수요)이 1초의 오차도 없이 완벽하게 일치해야만, 우리가 표준으로 사용하는 60Hz(한국/미국 기준) 또는 50Hz(유럽 기준)라는 일정한 주파수를 유지할 수 있다. 이 주파수는 전력 시스템의 '심장 박동'과도 같다. 만약 공급이 수요보다 많아지면 주파수는 정상 범위보다 높아지고, 반대로 공급이 부족해지면 주파수는 떨어진다. 이 주파수가 일정 범위를 벗어나게 되면, 정밀한 기계들이 오작동을 일으키고, 결국 시스템을 보호하기 위한 안전장치가 작동하여 대규모 정전, 즉 블랙아웃으로 이어질 수 있다.

과거의 시스템에서는 이 균형을 맞추는 것이 비교적 용이했다. 전력 수요는 사람들의 생활 패턴에 따라 예측 가능했고, 중앙 관제실에서는 그 예측에 맞춰 발전소의 출력을 조절하면 되었다. 하지만 이제는 수요뿐만 아니라, 공급 측면의 변동성까지 관리해야 하는, 훨씬 더 복잡하고 어려운 방정식을 풀어야만 하는 상황에 처했다.

이러한 VRE의 변동성이 전력망에 가하는 극심한 스트레스를 가장 상징적으로 보여주는 현상이 바로 '덕 커브(Duck Curve)'다. 2010년대 태양광 보급이 활발했던 미국 캘리포니아에서 처음 관찰된 이 현상은, 하루 동안의 전력 수요 패턴 그래프가 마치 '오리'의 옆모습과 닮았다고 해서 붙여진 이름이다.

- **오리의 배(낮 시간)** : 맑은 날 정오 무렵, 태양광 발전량이 최대치에 이르면, 전력망에 값싼 태양광 전기가 대량으로 쏟아져 들어온다. 이로 인해 기존 화력이나 원자력 발전소의 가동을 최소한으로 줄여야만 한다. 그래프 상에서 순수요(총수요 - 재생에너지 발전량) 곡선이 움푹 꺼지는, 오리의 통통한 배 모양이 만들어진다.

- **오리의 목(저녁 시간)** : 해가 지기 시작하는 늦은 오후, 상황은 급변한다. 태양광 발전량은 절벽처럼 수직으로 떨어진다. 동시에 사람들은 퇴근하여 집으로 돌아와 조명을 켜고, TV를 보며, 저녁 식사를 준비하고, 전기차를 충전하기 시작한다. 전력 수요는 폭발적으로 치솟는다.
- **가장 위험한 순간, 가파른 경사** : 바로 이 짧은 시간 동안, 전력망 운영자는 사라진 태양광 발전의 공백을 메우고 급증하는 수요를 감당하기 위해, 멈춰 있던 가스 화력발전소 등을 엄청나게 빠른 속도로 가동시켜야 한다. 그래프 상에서 수요 곡선이 오리의 목처럼 가파르게 치솟는 이 구간이 바로 전력망이 가장 큰 스트레스를 받는 순간이다. 이 가파른 경사(Ramp-up)를 따라잡지 못하면, 시스템은 균형을 잃고 붕괴할 수 있다. '덕 커브'는 VRE의 비중이 높아질수록 점점 더 깊고 가팔라지며, 전력 시스템의 유연성을 극한까지 시험하는 거대한 과제가 되고 있다.

낮은 관성(Low Inertia) : 사라진 '물리적 맷집'

간헐성과 불확실성이 눈에 보이는 위협이라면, **낮은 관성**은 눈에 보이지 않지만 시스템의 안정성을 근본적으로 뒤흔드는 훨씬 더 교활하고 위험한 문제다. '관성'이라는 물리학 개념이 왜 21세기 전력 시스템의 운명을 좌우하는 핵심 변수가 되었을까?

- **과거 시스템의 '관성'** : 20세기의 전력 시스템은 거대한 회전체(Rotating Mass)들의 집합이었다. 화력, 원자력, 수력 발전소는 모두 증기나 물의 힘으로 거대한 터빈과 발전기(Generator)를 돌려서 전기를 생산한다. 이 수백 톤짜리 쇳덩어리들이 1분에 수천 번씩 회전하면서 만들어내는 물리적인 회전 에너지, 즉 관성(Inertia)은 전력 시스템 전체에 보이지 않는 '안정성'과 '맷집'을 부여했다.

이는 마치 팽이를 돌리는 것과 같다. 무거운 팽이는 한번 돌기 시작하면 웬만한 외부 충격에도 잘 쓰러지지 않고 오랫동안 안정적으로 회전한다. 이것이 바로 관성의 힘이다. 전력망의 주파수(60Hz)는 이 수많은 발전기라는 거대한 팽이들이 함께 돌아가는 '집단적인 회전 속도'와 같다. 만약 갑작스러운 사고로 대형 발전소 하나가 멈추더라도, 계통에 연결된 다른 모든 발전기들의 막대한 관성력이 일종의 '충격 흡수 장치' 역할을 한다. 주파수가 급격히 떨어지는 것을 막아주며, 전력망 운영자가 예비 발전기를 가동시키는 등 대응 조치를 취할 수 있는 귀중한 시간(수 초에서 수십 초)을 벌어주는 것이다.

- **VRE 시대의 '관성 부족'** : 문제는 태양광과 풍력이 이러한 물리적 관성을 제공하지 못한다는 데 있다. 태양광 패널은 반도체 소자를 통해 빛을 직접 전기로 바꾸는 정적인 장치다. 회전하는 부분이 아예 없다. 풍력 터빈은 날개가 회전하지만, 그 회전 에너지는 인버터(Inverter)라는 전력전자 장치를 통해 그리드 주파수에 맞춰 변환된 후 공급된다. 이 인버터는 디지털 신호를 통해 주파수를 '모방'할 수는 있지만, 거대한 쇳덩어리가 가진 물리적인 회전 관성은 전혀 가지고 있지 않다.
- **취약해진 시스템** : 결국, 전력망에서 관성을 제공하던 전통적인 동기 발전기들이 은퇴하고, 그 자리를 관성이 없는 VRE가 대체할수록, 시스템 전체의 총 관성량은 줄어들게 된다. 이는 마치 무겁고 안정적인 팽이들을, 가볍고 쉽게 쓰러지는 팽이들로 바꾸는 것과 같다. 시스템의 '물리적 맷집'이 약해지는 것이다.

낮은 관성 시스템에서는 과거에는 사소했던 작은 고장이나 교란조차 치명적인 결과를 낳을 수 있다. 송전선로 하나가 고장 나거나 작은 발전소 하나가 멈추는 순간, 시스템의 주파수는 이전보다 훨씬 더 빠르고 깊게 요동친다. 충격을 흡수해 줄 완충 장치가 사라졌기 때문이다. 이는 주파수 붕괴를 막기 위한 보호 장치들의 연쇄적인 작동을 유발하고, 결국 대규모 정전으로 이어질 위험을 극적으로 높인다. 2016년 호주 남부에서 발생했던 대규모 정전 사태의 주요 원인 중 하나로 바로 이 '낮은 관성' 문제가 지목되기도 했다.

결론적으로, VRE의 역설은 명백하다. 기후위기를 막기 위해 우리가 반드시 확대해야 할 태양광과 풍력은, 그 본질적인 특성상 지난 100년간 우리가 의존해 온 전력 시스템의 안정성을 근본부터 흔들고 있다. 간헐성과 불확실성은 시스템 운영의 복잡성을 기하급수적으로 높이고, 낮은 관성은 시스템의 기초 체력을 고갈시킨다.

이러한 기술적 난제들은 결국 두 가지의 구체적이고 파괴적인 현상으로 귀결된다. 하나는 애써 만든 깨끗한 에너지를 스스로 버려야 하는 '출력 제한의 딜레마'이고, 다른 하나는 언제 닥칠지 모르는 '대규모 정전의 공포'다. 이제 우리는 이 역설이 만들어내는 구체적인 문제 현장 속으로 더 깊이 들어가 볼 시간이다.

8.3. 출력 제어의 딜레마와 대규모 정전의 공포

변동성 재생에너지(VRE)가 가진 간헐성, 불확실성, 그리고 낮은 관성이라는 세 가지 본질적인 특성은, 더 이상 이론 속의 개념이 아니다. 그것은 지금 이 순간에도 전 세계 전력망 운영자들의 관제실 모니터 위에서, 두 개의 거대한 재앙적인 시나리오로 구체화되고 있다. 하나는 애써 만든 깨끗한 에너지를 스스로의 손으로 버려야 하는 경제적, 환경적 비극, **'출력 제한**(Curtailment)**'**의 딜레마이다. 다른 하나는 현대 문명의 모든 것을 한순간에 멈춰 세울 수 있는 최악의 악몽, **'대규모 정전**(Blackout)**'**의 공포다.

이 두 가지 현상은 동전의 양면과도 같다. 전력망 운영자들은 시스템의 붕괴(정전)를 막기 위해, 눈물을 머금고 출력 제한이라는 고통스러운 선택을 해야만 한다. 출력 제한은 정전을 막기 위한 필사적인 방어 조치이지만, 그 자체가 에너지 전환의 목표를 정면으로 거스르는 심각한 모순이다. 이 딜레마의 심장부로 들어가, VRE의 역설이 어떻게 우리의 에너지 시스템을 벼랑 끝으로 내몰고 있는지 생생하게 들여다보자.

멈춰선 풍력 터빈의 눈물 : 출력 제한의 딜레마

한 해 내내 땀 흘려 농사를 지은 농부가 마침내 황금빛 쌀을 산더미처럼 수확했다. 가족과 이웃들은 풍년에 기뻐하며 춤을 춘다. 그런데 바로 그때, 정부 관리가 찾아와 무표정한 얼굴로 말한다. "축하드립니다. 하지만 유감스럽게도 도로가 너무 막혀서 이 쌀을 시장으로 실어 나를 수가 없습니다. 법규에 따라, 수확한 쌀의 절반은 지금 당장 논에서 태워 없애 주십시오. 이는 국가 식량 시스템의 안정을 위한 불가피한 조치입니다."

이 얼마나 황당하고, 비극적이며, 초현실적인 이야기인가? 농부의 노력은 물거품이 되고, 귀한 쌀은 잿더미가 되며, 시장의 소비자들은 쌀을 구하지 못하는 이 상황. 그런데 이 믿기 힘든 이야기가 지금 21세기 대한민국, 세계 10위권의 경제 대국이자 기술 강국이라 자부하는 바로 이 땅의 에너지 현장에서 매일같이 벌어지고 있다. 농부의 쌀이 '친환경 전기'로 바뀌었을 뿐이다.

이것이 바로 출력 제한(Curtailment)의 본질이다. 출력 제한이란, 재생에너지 발전소가 전기를 생산할 충분한 능력이 있음에도 불구하고, 전력망의 안정성을 위해 중앙 관제실의 명령에 따라 강제로 발전을 중단하거나 출력을 줄이는 조치를 의미한다. 이는 힘들게 생산한, 탄소 배출 없는 깨끗한 에너지를 그대로 버리는 것으로, 심각한 경제적 손실과 환경적 모순을 유발한다.

그렇다면 왜 이런 비극적인 일이 벌어지는 것일까? 주요 원인은 세 가지로 요약할 수 있다.

- **원인 1 : 시스템 과잉 공급**(System Over-supply)

가장 흔한 원인은 전력망 전체의 수요보다 재생에너지 발전량이 너무 많아질 때 발생한다. 이는 주로 전력 수요가 낮은 봄, 가을철 주말 낮 시간에 집중적으로 나타난다. 날씨는 화창하여 전국의 태양광 패널은 최대 효율로 전기를 쏟아내고, 바람까지 강하게 불어 풍력 터빈도 힘차게 돌아간다. 하지만 사람들은 야외 활동을 즐기느라 집과 공장의 전기 사용량은 평소보다 적다.

이 순간, 전력망이라는 거대한 그릇에 담을 수 있는 양보다 훨씬 더 많은 전기가 쏟아져 들어온다. 공급이 수요를 초과하면 전력망의 주파수가 위험 수준까지 상승하게 되고, 이를 방치하면 시스템 전체가 붕괴할 수 있다. 결국 전력망 운영자는 시스템을 보호하기 위해, 가장 손쉽게 제어할 수 있는 재생에너지 발전소들을 향해 "발전을 멈추라"는 고통스러운 명령을 내릴 수밖에 없다. '덕 커브'의 움푹 파인 배 부분에서 일어나는 필연적인 현상이다.

- **원인 2 : 송전망 혼잡**(GridCongestion)

두 번째 원인은 '에너지 교통체증'이다. 재생에너지를 생산하기에 가장 좋은, 즉 햇빛이 가장 강하고 바람이 가장 세찬 곳은 대부분 인구가 적고 땅값이 저렴한 외곽 지역이다. 대한민국의 경우, 전라남도와 제주도가 대표적이다. 반면, 전기를 가장 많이 소비하는 곳은 인구와 산업이 밀집한 수도권이다.

문제는, 전남의 드넓은 '에너지 농장'에서 대량으로 수확한 싱싱한 '전기'를, 수백 킬로미터 떨어진 북쪽의 '에너지 대도시'로 실시간으로 운송해야 하는데, 이 둘을 잇는 에너지 고속도로, 즉 송전망이 왕복 2차선의 좁은 국도 수준에 불과하다는 점이다. 이 좁은 길 위에서 이미 다른 지역의 원자력, 화력 발전소에서 보낸 전기들이 빽빽하게 달리고 있다. 길이 막히는 것은 당연한 수순이다. 결국, 전남의 발전소들은 전기를 생산할 능력이 충분함에도 불구하고, 수도권으로 향하는 길이 꽉 막혀 발전을 멈춰야만 한다.

• **원인 3 : 계통 안정성 요구**(System Stability Needs)

마지막 원인은 앞서 살펴본 '낮은 관성' 문제와 관련이 있다. 때로는 전력망에 공급 과잉이나 송전망 혼잡이 없음에도 불구하고 출력 제한이 발생하기도 한다. 이는 시스템의 안정성을 유지하기 위해 최소한의 '예비력(Reserve)'과 '관성'을 확보해야 하기 때문이다. 전력망 운영자는 만약의 사태(예: 대형 발전소의 갑작스러운 고장)에 대비하여, 항상 일정 수준의 전통적인 동기 발전기들을 온라인 상태로 유지해야 한다. 이 예비 선수들을 위한 자리를 만들기 위해, 어쩔 수 없이 변동성이 큰 재생에너지의 출력을 제한하게 되는 것이다.

이러한 출력 제한 문제는 이제 전 세계적인 현상이다. 중국은 송전망 개발 속도보다 VRE 확산이 빨라 한때 심각한 출력 제한을 겪었고, 미국 캘리포니아와 텍사스, 독일에서도 빈번하게 발생하고 있다.

대한민국에서는 **제주도**가 이 문제의 심각성을 미리 보여주는 '**탄광 속 카나리아**' 역할을 하고 있다. 제주도는 우리나라에서 재생에너지 비중이 가장 높은 지역으로, 우리 에너지 시스템의 미래를 압축적으로 보여준다. 2015년 단 3회에 불과했던 제주도의 출력 제한 횟수는, 2021년 68회, 2022년 124회, 그리고 2023년에는 **183회**로 기하급수적으로 늘어났다. 맑고 바람 좋은 날이면 어김없이 출력 제한 명령이 내려지는 것이 일상이 된 것이다. 이렇게 버려지는 전기의 양은 실로 엄청나서, 2023년 한 해 동안 제주도에서만 약 542GWh의 청정에너지가 낭비되었다. 이는 4인 가구 기준 약 15만 가구가 1년 내내 사용할 수 있는 양이다.

이 문제는 이제 제주도를 넘어 내륙으로 빠르게 확산되고 있다. 태양광 발전소가 밀집한 전라남도 신안과 해남, 풍력 발전 단지가 들어선 경상북도 영양과 강원도에서도 출력 제한이 발생하기 시작했다. 우리는 한쪽에서는 수십조 원을 들여 발전소를 짓고, 다른 한쪽에서는 그 발전소에서 나오는 전기를 수조 원어치씩 버리게 될지도 모르는 모순적인 미래를 향해 가고 있는 것이다.

칠흑 같은 어둠의 공포 : 대규모 정전(Blackout)

출력 제한이 경제적 손실과 환경적 모순의 문제라면, 대규모 정전은 현대 문명 그 자체를 멈춰 세우는 실존적인 위협이다. 전기가 끊기는 순간, 병원의 수술실이 멈추고, 금융 시스템이 마비되며, 통신망이 두절되고, 상하수도 시스템이 작동을 멈춘다. 우리가 당연하게 누리던 모든 것이 한순간에 사라지는 것이다.

VRE의 비중이 높아질수록, 특히 '낮은 관성' 문제가 심화될수록, 이 대규모 정전의 공포는 점점 더 현실적인 위협으로 다가온다. 과거에는 상상하기 어려웠던 작은 교란 요인 하나가, 시스템 전체를 붕괴시키는 '연쇄 고장(Cascading Failure)'의 나비효과를 일으킬 수 있기 때문이다.

- **2016년 호주 남부 정전 사태** : 낮은 관성 시스템의 취약성을 전 세계에 각인시킨 대표적인 사건이다. 당시 강력한 폭풍으로 인해 23개의 송전탑이 쓰러지면서, 계통에 연결되어 있던 다수의 풍력 발전소들이 안전을 위해 동시에 가동을 멈췄다. 이 순간, 시스템의 주파수는 불과 몇 초 만에 위험 수준까지 급락했다. 과거였다면 다른 대형 발전소들의 관성력이 버텨주었겠지만, 당시 호주 남부 전력망은 VRE 비중이 높아 관성력이 매우 낮은 상태였다. 결국 주파수 급락을 견디지 못한 시스템 보호 장치가 작동하여, 주 전체를 본토의 전력망과 연결하는 마지막 송전선마저 끊어버렸다. 그 결과, 주도인 애들레이드를 포함한

170만 가구가 칠흑 같은 어둠에 갇혔고, 시스템을 완전히 복구하는 데는 2주 가까운 시간이 걸렸다.

- **2024년 스페인-포르투갈 정전 사태**: 이 사건은 VRE 비중이 높은 시스템이 얼마나 복잡하고 예측 불가능한 방식으로 붕괴할 수 있는지를 보여준다. 포르투갈의 한 송전선로에서 발생한 고장으로 주파수가 급등하자, 시스템 보호 장치가 작동하여 스페인과 포르투갈에 있는 대규모 태양광 발전소들이 약속이나 한 듯 동시에 전력망에서 탈락했다. 이는 시스템 전체의 붕괴로 이어졌고, 수백만 명의 사람들이 정전을 겪어야 했다.

이러한 사건들은 VRE 중심의 전력 시스템을 안정적으로 운영하기 위해서는, 단순히 재생에너지를 많이 짓는 것을 넘어, 배터리 에너지 저장 시스템(BESS)이나 동기조상기와 같은 유연성 자원을 충분히 확보하여 시스템의 '물리적 맷집(관성)'을 보강하는 것이 얼마나 중요한지를 명백히 보여준다.

결론적으로, 우리는 지금 에너지 전환의 가장 어려운 딜레마 앞에 서 있다. 기후위기를 막기 위해 VRE를 늘려야 하지만, 늘릴수록 시스템은 불안정해진다. 이 불안정한 시스템의 붕괴를 막기 위해 출력 제한을 하면, 청정에너지를 버리게 되어 탄소중립 목표 달성은 멀어진다. 이 진퇴양난의 상황을 어떻게 극복할 것인가? 이 질문에 대한 답을 찾기 위해, 우리는 이제 이 낡고 흔들리는 시스템을 떠받칠 새로운 기술적 기둥들을 탐색해야만 한다.

8.4. 변압기 대란과 공급망 위기

우리는 지금까지 흔들리는 전력 시스템의 두 가지 거대한 도전, 즉 노후화된 인프라의 문제와 변동성 재생에너지(VRE)가 초래하는 운영상의 난제들을 살펴보았다. 하지만 이 거대한 위기의 그림자 뒤에는, 일반 대중에게는 잘 알려지지 않았지만 에너지 전환의 발목을 잡는 또 다른, 훨씬 더 현실적이고 시급한 복병이 숨어있다. 바로 **변압기**(Transformer) **대란**으로 대표되는, 전력망 핵심 설비의 공급망 위기(Supply Chain Crisis)다.

만약 에너지 전환을 거대한 집을 짓는 프로젝트에 비유한다면, 태양광 패널과 풍력 터빈은 깨끗한 에너지를 생산하는 '발전기실'이고, 송전선은 그 에너지를 실어 나르는 '전선'이다. 그런데 이 집을 완성하기 위해서는, 발전기실에서 나온 고압의 전기를 각 방의 콘센트에서 쓸 수 있는 저압의 전기로 안전하게 바꾸어주는, 눈에 잘 띄지 않지만 필수적인 부품이 필요하다. 그것이 바로 변압기다.

변압기는 전력 시스템의 '번역가'이자 '혈압 조절 장치'다. 발전소에서 만들어진 초고압의 전기를 장거리 송전망에 맞게 승압하고, 다시 도시의 변전소와 주택가의 전봇대에서 우리가 사용하는 안전한 전압으로 낮추는 역할을 한다. 이 작은 회색 상자 없이는, 단 한 줄의 전기도 우리의 가정과 공장에 도달할 수 없다. 문제는, 지금 전 세계가 이 필수 부품의 극심한 공급 부족 사태에 직면해 있다는 점이다. 엎친 데 덮친 격으로, 전력 시스템의 노후화와 VRE의 확산이라는 거대한 과제를 해결해야 하는 바로 이 시점에, 그 해결에 필요한 가장 기본적인 '연장'이 동이 나버린 것이다. 이 변압기 대란은 에너지 전환의 속도를 늦추고, 비용을 급등시키며, 심지어 국가 안보마저 위협하는 조용하지만 치명적인 위협으로 떠오르고 있다.

무엇이 변압기를 동나게 만들었나? 수요 폭발과 공급 경직의 이중주

전 세계적인 변압기 부족 사태는 어느 한 가지 원인이 아닌, 폭발하는 수요와 경직된 공급 구조가 맞물리며 발생한 '퍼펙트 스톰(Perfect Storm)'에 가깝다.

수요 측면 : 모든 길이 변압기로 통한다

에너지 전환과 관련된 거의 모든 활동은 필연적으로 새로운 변압기 수요를 창출한다.

- **전력망 현대화 및 확장** : 제8장 1절에서 보았듯이, 전 세계의 낡은 전력망을 교체하고 현대화하는 작업 자체가 엄청난 양의 변압기 교체 수요를 유발한다. 또한, 재생에너지 단지와 도시를 연결하기 위한 신규 송전망 건설 역시 막대한 수의 변압기를 필요로 한다.
- **재생에너지의 확산** : 태양광, 풍력 발전소는 기존 발전소와 다른 전압 특성을 가지기 때문에, 생산된 전기를 전력망에 연결하기 위해 반드시 전용 변압기가 필요하다. 수백만 개의 분산형 태양광 발전소와 수천 개의 풍력 터빈이 건설될수록, 변압기 수요는 기하급수적으로 늘어난다.
- **전기차 충전 인프라** : 전기차 급속 충전기 하나를 설치하기 위해서는, 고압의 전기를 받아 차량 배터리에 맞는 직류 전기로 변환해주는 패드형 변압기가 필수적이다. 미국에서만 향후 10년간 수백만 개의 공공 충전소를 설치할 계획이며, 이는 곧 수백만 개의 새로운 변압기 수요를 의미한다.
- **데이터센터와 공장 증설** : AI 혁명으로 인한 데이터센터의 폭증과, IRA 등의 영향으로 미국 내에 건설되는 반도체 및 배터리 공장들은 막대한 전력을 안정적으로 공급받기 위해 고용량의 특수 변압기를 필요로 한다.

이처럼 전력망의 모든 영역에서 변압기 수요가 동시에, 그리고 폭발적으로 증가하고 있다. 하지만 문제는 이 수요를 감당해야 할 공급 측면의 구조가 너무나도 경직되어 있다는 점이다.

공급 측면 : 늘릴 수 없는 생산 라인

변압기, 특히 송전망에 사용되는 대형 전력 변압기(LPT, Large Power Transformer)는 반도체나 자동차처럼 쉽게 생산량을 늘릴 수 있는 제품이 아니다. 그 생산 과정은 극도로 복잡하고 전문화되어 있으며, 여러 구조적인 제약을 안고 있다.

- **소량 주문 생산 방식** : LPT는 표준화된 대량 생산 제품이 아니다. 각 변압기는 설치될 전력망의 전압, 용량, 환경 조건에 맞춰 개별적으로 설계되고 제작되는 '주문 생산' 방식이다. 이 때문에 자동화된 생산 라인을 구축하기 어렵고, 생산량 확대에 명백한 한계가 있다.

- **장인의 기술과 긴 제작 기간** : 변압기의 핵심 부품인 코일(Coil)을 감는 작업은 고도의 숙련도를 요구하는 수작업에 가깝다. 숙련된 기술자를 양성하는 데는 수년의 시간이 걸린다. 복잡한 설계와 정밀한 제작 과정을 거쳐 대형 변압기 하나를 만드는 데는 짧게는 1년, 길게는 3년에서 5년이라는 엄청난 시간이 소요된다. 지금 주문해도 2028년에나 제품을 받을 수 있다는 의미다.

- **과점화된 시장과 제한된 생산 능력** : 전 세계 대형 변압기 시장은 소수의 글로벌 기업(ABB, Siemens, GE 등)이 장악한 과점 시장이다. 이들 기업은 지난 수십 년간 저성장 기조에 맞춰 생산 시설 투자를 최소화해왔다. 갑자기 수요가 폭발했지만, 새로운 공장을 짓고 생산 능력을 확대하는 데는 수년의 시간과 막대한 투자가 필요하기에 신속한 대응이 불가능하다.

- **핵심 소재 공급망의 병목 현상** : 변압기 제조에는 특수한 소재들이 필요하다. 특히, 변압기 코어의 핵심 재료인 방향성 전기강판(GOES, Grain-Oriented Electrical Steel)은 전 세계적으로 소수의 철강 회사만이 생산할 수 있는 고도의 기술력을 요구하는 제품이다. 이 전기강판의

공급 부족은 변압기 생산 전체를 지연시키는 핵심적인 병목 지점이 되고 있다.

보이지 않는 위협 : 변압기 대란의 파괴적인 결과

이러한 수요와 공급의 극심한 불일치는 이미 전 세계 에너지 시스템에 심각한 결과를 초래하고 있다.

첫째, **에너지 전환 프로젝트의 전면적인 지연 및 취소**다. 미국에서는 변압기 부족으로 인해 태양광, 풍력 발전소 프로젝트의 약 20%가 지연되거나 아예 취소되는 사태가 벌어지고 있다. 발전소를 다 지어놓고도, 전력망에 연결할 변압기를 구하지 못해 가동을 못 하는 것이다. 이는 제12장에서 다룰 대한민국의 '계통 연계 지연' 문제와 본질적으로 맞닿아 있다.

둘째, **비용의 급등**이다. 공급은 부족하고 수요는 넘쳐나니 가격은 천정부지로 치솟고 있다. 미국의 경우, 배전 변압기의 리드타임(주문부터 납품까지 걸리는 시간)이 최대 2년까지 늘어났고, 가격은 불과 몇 년 사이에 4배에서 9배까지 폭등했다. 이는 재생에너지 프로젝트의 경제성을 악화시키고, 결국 최종 소비자의 전기요금 인상으로 이어질 수밖에 없다.

셋째, **전력망의 신뢰도 하락과 국가 안보 위협**이다. 기존의 낡은 변압기가 고장 나도, 교체할 예비 부품을 구하는 데 수년이 걸리는 상황이 벌어지고 있다. 이는 정전 복구를 지연시키고, 전력망 전체의 안정성을 위협한다. 특히 대형 변압기는 국가의 핵심 기반 시설로서, 테러나 자연재해로 파괴될 경우 국가 안보에 심각한 위협이 될 수 있다. 미국 국토안보부는 이미 대형 변압기를 국가 안보의 핵심 위협 요인 중 하나로 지정하고, 예비 부품 확보를 위한 비상 대책을 마련하고 있다.

결론적으로, 변압기 대란은 에너지 전환이라는 거대한 목표를 향해 질주하는 자동차의 '타이어'가 펑크 난 것과 같은 상황이다. 아무리 강력한 엔진(재생에너지)과 똑똑한 운전자(AI)가 있어도, 이 기본적인 부품의 공급이 막히면 앞으로 나아갈 수 없다.

이 공급망 위기는 우리에게 중요한 교훈을 준다. 에너지 전환은 단순히 발전소를 짓고 전기차를 보급하는 화려한 청사진만으로 이루어지지 않는다. 그 이면에는 변압기, 케이블, 개폐기 등 눈에 잘 띄지 않지만 필수적인 수많은 부품과 소재, 그리고 그것을 만드는 숙련된 기술자들로 이루어진 거대한 **제조업 생태계**가 버티고 있어야만 한다. 이 보이지 않는 공급망의 안정성을 확보하지 못한다면, 21세기의 에너지 혁명은 20세기의 낡은 부품 하나를 구하지 못해 좌초될지도 모른다 .

제 2 부를 정리하며

기후위기는 더 이상 과학의 영역이 아닌, 경제와 무역, 그리고 생존의 문제가 되었습니다. EU의 CBAM과 글로벌 기업들의 RE100은, 이제 '탄소'를 기준으로 새로운 무역 장벽을 쌓고 공급망의 규칙을 새로 쓰고 있습니다. 이 거대한 흐름 속에서 모든 에너지는 **'전기화'**라는 하나의 목적지로 모이고 있지만, 우리의 낡은 전력 시스템은 이 변화를 감당하지 못한 채 비명을 지르고 있습니다. 제3부에서는 이 모든 위기가 교차하는 바로 이곳, 대한민국의 지정학적 딜레마와 그 구조적 취약성을 정면으로 마주해 보겠습니다.

제 3 부
지정학의 귀환과 에너지 딜레마
– 대한민국은 어디에 서 있는가?

제 3 부를 시작하며

지금까지 우리는 기후위기라는 거대한 위협 앞에서 전 세계가 어떻게 새로운 규칙을 만들고, 에너지 시스템의 패러다임을 바꾸고 있는지 살펴보았다. 하지만 이 거대한 전환의 소용돌이는, 지구 반대편의 이야기가 아니라 바로 우리 자신의 생존 문제로 날카롭게 파고든다. 이 글로벌 격변의 파도 앞에서, 대한민국은 과연 어디에 서 있는가.

제 3 부에서는 렌즈를 대한민국으로 돌려, 우리가 처한 냉엄한 현실, 즉 '에너지 딜레마'를 정면으로 마주한다. 에너지가 다시 무기가 되는 지정학의 시대 속에서, 92.9%라는 세계 최고 수준의 에너지 수입 의존도는 우리를 사실상의 '에너지 식민지'로 만들었으며, 주변국과 연결되지 않은 '에너지 섬'의 숙명은 외부 충격에 속수무책으로 흔들리는 우리 경제의 가장 치명적인 아킬레스건이 되었다.

여기에 RE100과 산업용 전기요금 상승이라는 '이중의 덫'은 우리 제조업의 숨통을 옥죄고 있고, 애써 만든 재생에너지를 실어 나르지 못해 버려야 하는 전력망의 모순은 에너지 전환의 발목을 잡고 있다. 제 3 부는 이처럼 우리가 외면하고 싶었던 대한민국의 구조적 취약성과 딜레마를 하나하나 심층적으로 분석하며, 냉철한 자기진단의 시간을 갖는다. 이 고통스러운 현실을 직시하는 것이야말로, 위기를 기회로 바꿀 새로운 성장 방정식을 써 내려가기 위한 가장 중요한 첫걸음이 될 것이다.

전기화, 마지막 에너지 혁명
Electrification, The Final Energy Revolution

제9장
에너지, 다시 무기가 되다
– 트럼프 시대의 지정학과 에너지 안보

9.1. '미국 우선주의' 에너지 정책의 귀환

2025년, 미국의 정권이 교체되면서 워싱턴의 공기는 하룻밤 사이에 바뀌었다. 이전 바이든 행정부가 '기후위기 대응'과 '청정에너지 전환'을 최우선 국정 과제로 내세우며 전 세계적인 녹색 경쟁을 주도했다면, 새로 출범한 트럼프 행정부는 그 모든 정책을 '값비싼 망상'으로 규정하며 정반대의 방향으로 정책의 키를 돌렸다. 거대한 정책의 추가 극단에서 극단으로 움직이기 시작한 것이다.

'탄소중립'과 '지속가능성'이라는 단어는 정책 문서에서 자취를 감추었고, 그 자리에는 훨씬 더 직설적이고 강력한 구호가 새겨졌다. 바로 **'미국 우선주의 에너지 지배**(America First Energy Dominance)'다. 이는 단순히 에너지 정책의 변화를 넘어, 기후위기를 바라보는 관점, 동맹을 대하는 태도, 그리고 세계를 움직이는 힘의 본질에 대한 미국의 근본적인 시각 변화를 의미한다.

이 새로운 정책의 핵심은 명확하다. 국제 사회의 약속이나 환경적 가치보다, 미국의 경제적 이익과 에너지 안보를 최우선에 두겠다는 것이다. 이를 위해, 미국 땅에 묻힌 모든 종류의 에너지를, 가장 빠르고, 가장 저렴하게, 그리고 가장 많이 생산하여, 미국을 누구도 넘볼 수 없는 절대적인 에너지 제국으로 만들겠다는 담대한 야망을 드러내고 있다. 이 **'미국 우선주의'** 에너지 정책의 귀환은, 전 세계 에너지 시장과 지정학의 판도를 다시 한번 거대한 혼돈 속으로 밀어 넣고 있다.

봉인 해제된 화석연료 : '에너지 지배'를 향한 질주

트럼프 행정부의 에너지 정책 제1조는, 이전 행정부가 씌워놓은 모든 족쇄를 풀고 미국 내 화석연료 생산을 극대화하는 것이다. 이들의 정책적 자신감의 근원에는 바로 2010년대 미국을 에너지 수입국에서 세계 최대의 생산국으로 변모시킨 **셰일 혁명**(Shale Revolution)의 경험이 자리 잡고 있다.

- 셰일 혁명의 기억과 '에너지 지배'의 토대 21세기 초까지만 해도 미국은 '석유 정점(Peak Oil)' 이론의 공포에 시달리던 세계 최대의 에너지 수입국이었다. 하지만 텍사스와 노스다코타의 광활한 평원 지하 깊은 곳에서, 수압파쇄법(Fracking)과 수평시추법(Horizontal Drilling)이라는 혁신적인 기술이 결합되면서 모든 것이 바뀌었다. 이 기술은 이전에는 채굴이 불가능했던 셰일 암반층의 미세한 틈새에 갇혀 있던 막대한 양의 석유와 천연가스를 경제적으로 추출하는 것을 가능하게 했다.

그 결과는 기적과도 같았다. 미국의 원유 및 천연가스 생산량은 폭발적으로 증가했고, 2018년 미국은 마침내 사우디아라비아와 러시아를 제치고 세계 1위의 산유국으로 등극했다. 에너지 자립을 넘어, 막대한 양의 에너지를 전 세계로 수출하는 에너지 제국으로 변신한 것이다. 이 셰일 혁명은 미국에게 '에너지 독립'이라는 강력한 자신감을 안겨주었고, 중동의 정세에 얽매이지 않고 자국의 이익을 추구할 수 있는 지정학적 자유를 선물했다.

트럼프 행정부의 '에너지 지배' 정책은 바로 이 셰일 혁명의 잠재력을 120% 끌어올리겠다는 선언이다. 이들은 이전 바이든 행정부의 환경 규제가 셰일 혁명의 발목을 잡고, 미국의 에너지 생산 능력을 인위적으로 억제했다고 주장한다. 따라서 그 해법은 명확하다. 모든 규제를 풀어, 미국이 가진 가장 강력한 무기, 즉 땅속에 묻힌 막대한 석유, 천연가스, 그리고 석탄을 다시 꺼내 드는 것이다.

- 석유 및 가스 생산의 전면 확대 : 행정부는 출범 직후부터, 이전 정부

가 환경 보호를 이유로 시추를 제한했던 지역들의 봉인을 해제하는 행정명령에 서명했다. 알래스카의 북극 국립 야생보호구역(ANWR)과 멕시코만 연안의 새로운 해상 유전 개발이 다시 허용되었고, 셰일 오일 및 가스 생산을 촉진하기 위한 각종 규제가 완화되었다. 목표는 단 하나, 미국의 원유 및 천연가스 생산량을 사상 최대 수준으로 끌어올려, 세계 시장에 대한 미국의 영향력을 극대화하는것이다.

- **석탄 산업의 부활** : '깨끗한 석탄'이라는 구호 아래, 사양 산업으로 여겨졌던 석탄 산업을 부활시키려는 움직임도 노골화되고 있다. 석탄 화력발전소에 대한 배출가스 규제를 대폭 완화하고, 탄광 개발에 대한 연방 정부의 지원을 재개하는 등, 미국 내 석탄 생산과 소비를 다시 늘리려는 정책들이 추진되고 있다.

이러한 정책의 명분은 '저렴한 에너지'를 통한 미국 경제의 부흥이다. 휘발유 가격을 낮추어 미국인들의 생활비 부담을 줄이고, 저렴한 전기요금으로 제조업 공장들을 다시 미국으로 불러들이겠다는 것이다. 이는 기후변화라는 거대 담론보다, 당장의 경제 문제에 더 민감한 유권자들에게 직접적으로 호소하는 강력한 정치적 메시지이기도 하다.

규제의 모닥불 : 환경 정책의 전면적 후퇴

화석연료 생산 극대화라는 목표를 달성하기 위해, 행정부는 이전 정부가 수립했던 환경 규제들을 체계적으로, 그리고 전면적으로 해체하는 작업에 착수했다. 이들은 환경 규제를 '미국 기업의 발목을 잡는 붉은 띠(Red tape)'로 규정하고, 이를 걷어내는 것을 최우선 과제로 삼고 있다.

- **환경보호청(EPA)의 무력화** : 이전 정부가 EPA에 부여했던, 발전소의 이산화탄소 배출을 규제할 수 있는 권한을 대폭 축소하거나 폐지하려는 시도가 이루어지고 있다. 이는 미국이 국가 차원에서 온실가스 감

축 노력을 사실상 포기하겠다는 선언과도 같다.
- **메탄 배출 규제 완화** : 석유 및 가스 시추 과정에서 발생하는 강력한 온실가스인 메탄의 누출을 막기 위해 도입되었던 규제들이 대폭 완화되었다. 이는 기업들에게는 단기적인 비용 절감 효과를 주지만, 장기적으로는 기후변화를 더욱 가속하는 결과를 낳는다.
- **자동차 연비 기준 후퇴** : 자동차 제조사들에게 더 효율적인 자동차를 만들도록 강제했던 연비 기준(CAFE)을 완화하여, 기업들이 더 크고 수익성 높은 SUV나 픽업트럭을 더 쉽게 판매할 수 있도록 길을 터주고 있다.

이러한 '규제의 모닥불'은 단순히 몇 개의 법안을 폐기하는 수준을 넘어, 지난 수십 년간 이어져 온 미국의 환경 정책 기조를 근본적으로 뒤흔들고 있다.

새로운 지정학의 게임 : 에너지, 더 노골적인 무기가 되다

'미국 우선주의' 에너지 정책은 단순히 국내용이 아니다. 그것은 세계를 무대로 한 지정학적 게임의 규칙을 바꾸는 강력한 외교적 무기다.

트럼프 행정부는 미국의 막대한 에너지 생산 능력을, 동맹을 관리하고 적을 압박하는 가장 효과적인 지렛대로 활용하려 한다. 러시아의 에너지 무기화에 시달리는 유럽 국가들에게는 안정적인 미국산 LNG 장기 공급 계약을 제안하고, 에너지 안보에 목마른 아시아 동맹국들에게는 미국산 원유 수출을 늘리며 영향력을 확대한다.

여기서 중요한 차이점은, 바이든 행정부가 '녹색 기술'과 '가치 동맹'을 매개로 협력을 추구했다면, 트럼프 행정부는 훨씬 더 노골적이고 거래적인 방식으로 접근한다는 점이다. **"우리의 에너지를 사는 국가는 우리의 친구이며, 안보적 보호를 받을 자격이 있다. 하지만 우리의 경제적 이익에 반하는 행동을 한다면, 언제든 에너지 공급을 무기로 사용할 수 있다."** 는 식의 접근법이다.

결론적으로, '미국 우선주의' 에너지 정책의 귀환은 전 세계 에너지 시장에 거대한 불확실성의 그림자를 드리우고 있다. 이는 단순히 미국의 에너지 믹스가 바뀌는 것을 넘어, 글로벌 기후변화 대응의 동력을 약화시키고, 동맹관계를 재정의하며, 에너지를 둘러싼 지정학적 갈등을 더욱 심화시키는 결과를 낳고 있다.

그리고 이 거대한 정책의 전환은, 이전 행정부의 가장 상징적인 유산이었던 인플레이션 감축법(IRA)의 운명에 직접적인 영향을 미치며, 전 세계 공급망에 또 다른 거대한 충격파를 예고하고 있다.

[Deep Dive : 셰일 혁명 : 바위를 깨뜨린 괴짜들의 이야기]

트럼프 행정부의 '에너지 지배'라는 담대한 구상은 결코 허공에서 나온 것이 아니다. 그 배경에는 2010년대 전 세계 에너지 지도를 바꾼, 21세기 가장 극적인 기술 혁명인 '셰일 혁명'이 있다. 이 혁명은 거대 석유 기업의 화려한 연구실이 아닌, 텍사스의 먼지 나는 평원에서, 주류 학계의 비웃음 속에서도 자신의 신념을 밀어붙였던 몇몇 '괴짜(Maverick)'들의 끈질긴 도전에서 시작되었다.

기술 1 : 수압파쇄법(프래킹, Fracking)

셰일 혁명의 첫 번째 열쇠는 수압파쇄법이다. 셰일은 진흙이 굳어진 퇴적암으로, 마치 스펀지처럼 미세한 구멍 안에 석유와 가스를 품고 있지만, 이 구멍들이 서로 연결되어 있지 않아 내용물이 흘러나오지 못하는 '치밀 암반(Tight Rock)'이다. 프래킹은 바로 이 닫힌 문을 강제로 열어젖히는 기술이다.

그 원리는 지하 2~3km 깊이의 셰일층까지 구멍을 뚫은 뒤, 그 안에 물, 모래, 그리고 소량의 화학물질을 섞은 액체를 탱크로리 수백 대 분량으로 쏟아부어, 순간적으로 엄청난 압력을 가하는 것이다. 이 압력은 단단한 셰일 암반에 수백 미터에 달하는 미세한 균열(Fracture)을 만들어낸다. 이때 함께 주입된 모래(支撐劑, Proppant)가 이 균열이 다시 닫히지 않도록 버팀목 역할을 하면, 그 틈새를 따라 갇혀 있던 석유와 가스가 비로소 시추관을 통해 지상으로 분출되기 시작한다. 이는 마치 바위에 인공적인 혈관을 만들어, 그 안에 갇혀 있던 피를 뽑아내는 것과 같은 원리다.

기술 2 : 수평시추법(Horizontal Drilling)

프래킹만으로는 충분하지 않았다. 수직으로만 구멍을 뚫는 전통적인 방식으로는, 얇게 수평으로 펼쳐져 있는 셰일층과 만나는 접점이 너무 적어 경제성이 나오지 않았다. 두 번째 열쇠는 바로 수평시추법이었다.

이 기술은 지하 깊은 곳 목표 지점에 도달한 시추관을, 정교한 제어 기술을 통해 수평으로 90도 꺾어, 셰일층을 따라 수 킬로미터까지 파고 들어가는 것이다. 이는 시추관이 셰일층과 접촉하는 면적을 수십, 수백 배로 늘려, 한번의 시추로 훨씬 더 많은 양의 석유와 가스를 채굴할 수 있게 만들었다.

셰일 혁명의 아버지, 조지 미첼의 끈질긴 도전

이 두 가지 기술은 사실 오래전부터 존재했지만, 누구도 이 둘을 결합하여 셰일 암반에서 가스를 경제적으로 추출할 수 있다고는 믿지 않았다. 이 불가능에 도전한 인물이 바로 '셰일 혁명의 아버지'라 불리는 조지 미첼(George P. Mitchell)이다.

그리스 이민자 출신의 석유업자였던 그는 1980년대부터 텍사스의 바넷 셰일(Barnett Shale) 지역에서, 모두가 가망 없다고 말하는 셰일가스 개발에 자신의 전 재산을 쏟아부었다. 그는 17년 동안 수백만 달러를 손해 보면서도, 수압파쇄법과 수평시추법의 최적의 조합을 찾기 위한 실험을 멈추지 않았다. 그의 회사 엔지니어들마저 "미친 짓"이라며 그만두기를 권했지만, 그는 "계속하라"고 밀어붙였다.

마침내 1998년, 그의 끈질긴 노력은 결실을 맺었다. 물 대신 미끄러운 젤을 사용하는 '슬릭워터 프래킹(Slickwater Fracking)'이라는 새로운 공법을 개발해내면서, 마침내 셰일가스를 상업적으로 생산할 수 있는 길을 열었다. 2002년, 그는 자신의 회사를 35억 달러에 매각하며 끈질긴 도전의 성공을 증명했다.

오클라호마의 무법자, 해럴드 햄과 셰일 오일

미첼이 셰일 '가스'의 문을 열었다면, 셰일 '오일'의 시대를 연 인물은 오클라호마 출신의 입지전적인 석유업자 해럴드 햄(Harold Hamm)이다. 목화밭 소작농의 13번째 아들로 태어난 그는, 고등학교만 졸업하고 유전 청소부로 시작해 미국 최고의 석유 부자가 된, 살아 있는 '아메리칸 드림'의 상징이다.

그는 2000년대 중반, 노스다코타의 황량한 버켄(Bakken) 셰일 지대에 막대한 양의 석유가 묻혀있다는 것을 직감했다. 그는 조지 미첼의 성공 사례를 연구하여, 프래킹과 수평 시추 기술을 셰일 오일 추출에 적용하기 시작했다. 그의 회사 콘티넨털 리소시스(Continental Resources)는 이 지역에 수천 개의 유정을 뚫었고, 버켄 셰일은 21세기 최대의 유전 중 하나로 떠올랐다.

조지 미첼과 해럴드 햄. 주류의 비웃음 속에서도 자신의 직관과 신념을 믿고 밀어붙였던 이 두 '괴짜'들의 도전이 없었다면, 오늘날 미국의 '에너지 지배'는 불가능했을 것이다. 셰일 혁명은 단순히 기술의 승리가 아니라, 실패를 두려워하지 않는 도전 정신이 만들어낸 기적의 역사다.

9.2. IRA의 좌초와 글로벌 공급망의 대혼란

'미국 우선주의 에너지 지배'라는 강력한 구호 아래, 트럼프 행정부의 귀환은 단순히 미국의 에너지 정책을 바꾸는 것을 넘어, 이전 행정부가 심혈을 기울여 설계했던 글로벌 녹색 질서의 가장 상징적인 기둥을 무너뜨리는 작업으로 이어졌다. 바로 **인플레이션 감축법**(IRA, Inflation Reduction Act)**의 좌초**다.

바이든 행정부 시절, IRA는 전 세계의 자본과 기술을 미국으로 끌어들이는 거대한 '녹색 진공청소기'였다. 수천억 달러에 달하는 파격적인 보조금과 세제 혜택은, 동맹국 기업들에게 "미국이 주도하는 새로운 청정 에너지 공급망에 합류하라"는 거부할 수 없는 제안이었다. 이 약속을 믿고, 대한민국의 배터리, 전기차, 태양광 기업들은 국가의 미래를 건 수십조 원 규모의 투자를 미국 땅에 쏟아부었다. 조지아, 테네시, 미시간 주에 거대한 공장들이 세워지기 시작했고, '프렌드 쇼어링'이라는 이름 아래 미국 중심의 새로운 공급망 지도가 그려지고 있었다. 하지만 정권이 바뀌자, 이 모든 약속은 한순간에 신기루가 될 위기에 처했다. 트럼프 행정부는 IRA를 '국가 재정을 낭비하는 값비싼 녹색 망상'이자 '미국의 경쟁력을 갉아먹는 어리석은 정책'으로 규정했다. 그리고 출범과 동시에, 이 거대한 법안을 해체하거나 무력화하는 작업에 착수했다. 당근은 사라지고, 이제 더 날카롭고 예측 불가능한 채찍이 등장하기 시작했다. IRA의 좌초는, 이 법안을 믿고 베팅했던 전 세계 기업들과 동맹국들을 거대한 혼돈 속으로 몰아넣는, 글로벌 공급망 대혼란의 신호탄이었다.

'좌초된 투자(Stranded Investment)' : 한국 기업의 딜레마

IRA의 폐지 또는 축소는, 특히 대한민국 기업들에게는 최악의 악몽이다. LG에너지솔루션, 삼성SDI, SK온 등 배터리 3사와 현대자동차그룹은 IRA의 보조금(특히 생산세액공제 AMPC와 전기차 구매세액공제)을 전제로, 미국 현지에 수십조 원에 달하는 전기차 및 배터리 생산 기지를 건설해왔다. 이 거대한 투자 결정의 모든 경제성 분석은 IRA의 혜택이 지속될 것이라는 가정 위에 세워져 있었다. 하지만 이제 그 가정이 무너지면서, 이 천문학적인 투자는 순식간에 '좌초된 투자'가 될 절체절명의 위기에 놓였다.

- **수익성 붕괴의 위기** : IRA의 핵심 혜택 중 하나는 미국 내에서 생산된 배터리 셀과 모듈에 대해 kWh당 각각 35달러, 10달러의 생산세액공제(AMPC)를 제공하는 것이었다. 이는 우리 배터리 기업들이 중국의 저가 LFP 배터리에 맞서 가격 경쟁력을 확보할 수 있는 결정적인 무기였다. 하지만 이 보조금이 사라지는 순간, 미국 공장에서 생산되는 배터리의 원가는 급등하게 된다. 막대한 투자비를 들여 미국에 공장을 지었는데, 정작 가격 경쟁력은 중국산 배터리에 밀리는 최악의 상황이 벌어질 수 있다.

- **판매 절벽의 공포** : 소비자에게 최대 7,500달러의 구매 보조금을 지급했던 전기차 세액공제의 폐지 또는 축소는, 전기차 시장 자체를 얼어붙게 만들 수 있다. 특히 아직 내연기관차보다 비싼 전기차의 가격 장벽을 낮춰주던 이 보조금이 사라지면, 소비자들은 다시 휘발유차로 발길을 돌릴 것이다. 조지아에 거대한 전기차 전용 공장을 짓고 있는 현대차그룹에게는, 공장을 가동하기도 전에 판매 절벽에 부딪힐 수 있다는 끔찍한 시나리오다.

- **진퇴양난의 전략적 혼란** : 우리 기업들은 이제 진퇴양난에 빠졌다. 이미 수조 원이 투입된 공장 건설을 중단할 수도, 그렇다고 수익성이 불투명해진 사업을 무작정 밀어붙일 수도 없다. 투자를 계속하자니 밑 빠진 독에 물 붓기가 될 수 있고, 투자를 중단하자니 막대한 매몰 비용과 함께 미국 시장에서의 미래를 포기해야 한다. 이 극심한 불확실성은 기업의 장기적인 경영 전략 수립 자체를 불가능하게 만든다.

IRA라는 '당근'을 보고 미국으로 달려갔던 기업들이, 이제는 그곳에 발이 묶인 채 이러지도 저러지도 못하는 '덫'에 걸려버린 형국이다.

보조금에서 관세로 : 새로운 보호무역주의 장벽

트럼프 행정부의 **'미국 우선주의'**가 보호무역주의를 포기하는 것을 의미하지는 않는다. 오히려, 그 방식이 훨씬 더 노골적이고 공격적으로 변모한다. 바이든 행정부가 '보조금'이라는 당근을 통해 동맹국들을 자신들의 공급망 안으로 끌어들이려 했다면, 트럼프 행정부는 **'관세(Tariff)'**라는 채찍을 통해 외부의 경쟁자들을 차단하고 자국의 산업을 보호하려 한다.

- **보편적 기본 관세(Universal Baseline Tariff)의 위협** : 트럼프 행정부는 모든 수입품에 대해 10%의 보편적인 기본 관세를 부과하고, 특히 중국산 제품에는 60% 이상의 초고율 관세를 부과하겠다는 공약을 내세웠다. 이는 특정 품목에 국한되지 않고, 사실상 모든 교역의 비용을 상승시키는 전면적인 무역 전쟁을 예고하는 것이다.

- **'전광리' 산업의 타겟화** : 특히 중국이 장악하고 있는 태양광, 배터리, 전기차 등 클린테크 제품에 대해서는, 국가 안보를 명분으로 훨씬 더 높은 세율의 관세가 부과될 가능성이 높다. 이는 미국 내에서 생산되지 않는 모든 녹색 제품의 가격을 인위적으로 끌어올려, 자국 산업을 보호하려는 강력한 장벽이다.

이러한 변화는 글로벌 공급망에 또 다른 차원의 혼란을 야기한다. IRA 시대에는 '미국 내에서 생산'하는 것이 중요했다면, 이제는 '미국 내에서, 미국산 부품으로 생산'하지 않으면 살아남기 어려운 시대가 될 수 있다. 예를 들어, 우리 기업이 미국에서 배터리를 생산하더라도, 그 안에 들어가는 일부 부품이나 소재를 해외에서 수입할 경우 높은 관세를 물어야 할 수 있다. 이는 공급망의 완전한 현지화를 강요하는, 훨씬 더 강력하고 폐쇄적인 형태의 보호무역주의다.

글로벌 공급망의 대혼란과 '불확실성의 시대'

결론적으로, IRA의 좌초는 단순히 하나의 법안이 폐기되는 것을 넘어, 글로벌 공급망 전체를 극심한 혼돈 속으로 몰아넣고 있다.

- **신뢰의 붕괴** : 미국의 정책이 행정부가 바뀔 때마다 180도 뒤바뀔 수 있다는 사실은, 동맹국들과 기업들에게 미국 정책의 '신뢰성'에 대한 근본적인 의문을 제기한다. 이는 장기적인 투자를 위축시키고, 기업들이 미국 시장 진출을 주저하게 만드는 요인이 된다.

- **'프렌드 쇼어링'의 종언** : 가치와 동맹을 중심으로 공급망을 재편하려던 '프렌드 쇼어링'의 시대는 가고, 오직 미국의 경제적 이익과 안보 논리에 따라 언제든 규칙이 바뀔 수 있는, 예측 불가능한 **'거래주의 (Transactionalism)'**의 시대가 도래했다.

- **공급망의 파편화와 비용 상승** : 기업들은 이제 단일한 글로벌 공급망 대신, 미국의 정책 변화, EU의 규제, 그리고 중국의 통제 등 각 지역의 지정학적 리스크에 대응하기 위해 여러 개의 파편화된 공급망을 구축하고 관리해야 한다. 이는 필연적으로 글로벌 경제 전체의 효율성을 떨어뜨리고 비용을 상승시키는 결과를 낳는다.

IRA라는 거대한 약속의 땅을 향해 달려갔던 전 세계의 기업들은, 이제 그 땅이 하룻밤 사이에 거대한 지뢰밭으로 변해버린 현실을 마주하고 있다. 이 대혼란의 시대에, 우리 기업과 정부는 어떻게 생존의 길을 찾아야 할까? 이 질문은, 미국의 리더십 부재 속에서 더욱 심화될 '각자도생'의 국제 질서 속에서 더욱 무겁게 우리를 짓누를 것이다.

9.3. 기후 리더십의 공백과 각자도생의 심화

트럼프 행정부의 '미국 우선주의 에너지 지배' 정책과 그에 따른 IRA의 좌초는, 단순히 미국이라는 한 국가의 에너지 정책이 바뀌는 것을 넘어, 지난 10년간 위태롭게 쌓아 올려진 글로벌 기후 대응 체제 전체를 뿌리부터 뒤흔드는 거대한 지각 변동이다. 세계 최대의 경제 대국이자, 세계 2위의 탄소 배출국인 미국이 '기후 리더'의 역할을 공식적으로 포기하고 무대에서 퇴장하는 순간, 전 세계는 구심점을 잃고 **거대한 리더십의 공백**(Leadership Vacuum) 상태에 빠져들었다. 이 공백은 단순히 아쉬운 수준의 문제가 아니다. 그것은 기후위기라는 인류 공동의 위협 앞에서 '함께'라는 최소한의 연대를 불가능하게 만들고, 각국이 오직 자국의 생존만을 위해 이전투구하는, 훨씬 더 노골적이고 냉혹한 '각자도생(各自圖生)'의 시대를 가속화시키는 방아쇠다. 파리협정이라는 이름 아래 간신히 유지되던 이상적인 국제 협력의 시대는 저물고, 이제 각국의 생존 본능과 지정학적 계산만이 모든 것을 결정하는 정글의 법칙이 세계를 지배하기 시작했다.

파리협정의 붕괴 : 약속의 종언과 신뢰의 파산

트럼프 행정부의 가장 상징적인 조치 중 하나는 바로 파리협정(Paris Agreement)의 공식적인 재탈퇴다. 이는 단순히 하나의 국제 조약에서 발을 빼는 것을 넘어, 지난 수십 년간 이어져 온 글로벌 기후 거버넌스의 근간을 무너뜨리는 행위다.

파리협정의 핵심은, 법적 구속력은 약하지만 모든 국가가 '자발적으로' 감축 목표(NDC)를 제출하고, 5년마다 이를 점검하며 점차 목표를 상향시키는 '신뢰 기반의 상향식(Bottom-up)' 체제에 있었다. 이 시스템이 작동하기 위한 최소한의 전제는, 주요 강대국들이 약속을 지키고 리더십을 보여줄 것이라는 국제 사회의 '신뢰'였다.

하지만 미국의 탈퇴는 이 신뢰를 산산조각 냈다.

• **'무임승차자' 문제의 심화** : 세계 최대의 경제 대국이자 누적 배출량 1

위인 미국이 아무런 책임을 지지 않겠다고 선언하는 순간, 다른 국가들은 더 이상 온실가스를 감축해야 할 명분과 동력을 잃게 된다. 특히, 경제 성장이 시급한 개발도상국들은 "왜 우리만 경제 성장을 희생하면서까지 탄소를 줄여야 하는가?"라고 항변할 것이다. 이는 결국 '나만 손해 볼 수 없다'는 '죄수의 딜레마'를 심화시켜, 전 세계적인 감축 노력의 연쇄적인 후퇴를 불러온다.

- **기후 재원의 고갈** : 미국의 탈퇴는 개발도상국의 기후변화 대응을 지원하기 위해 선진국들이 약속했던 녹색기후기금(GCF) 등 국제 기후 재원 조성을 사실상 중단시키는 결과를 낳는다. 이는 선진국과 개도국 사이의 불신을 극대화하고, 기후변화 책임론을 둘러싼 남-북 갈등을 재점화시키는 요인이 된다.

결국, 미국의 리더십 부재는 파리협정을 '이빨 빠진 호랑이'를 넘어, 아무도 지키지 않는 '유명무실한 선언'으로 전락시킬 위험을 내포하고 있다.

새로운 권력의 축 : EU와 중국의 독자 노선 강화

미국이 남기고 간 리더십의 공백을, 다른 강대국들은 각자의 방식으로 채우려 시도한다. 이는 세계 질서를 더 안정시키는 것이 아니라, 오히려 각자의 이익을 중심으로 한 **다극화**(Multipolarity)**와 블록화**(Bloc-ization)를 심화시키는 결과를 낳는다.

- **EU의 '고슴도치 전략'** : 녹색 성채를 쌓다

미국의 이탈에 가장 큰 위기감을 느끼는 곳은 단연 유럽연합(EU)이다. EU는 미국의 보호무역주의와 기후 정책 후퇴에 맞서, 자신들의 산업과 시장을 보호하기 위해 더욱 강력한 '녹색 장벽'을 쌓아 올리는 '고슴도치 전략'을 구사하게 된다.

· **CBAM의 강화 및 확대** : 제6장에서 보았듯이, 탄소국경조정제도

(CBAM)는 더욱 강력하고 광범위하게 시행될 것이다. 적용 품목은 자동차, 플라스틱 등으로 확대되고, 탄소 배출량 산정기준은 더욱 까다로워질 것이다. 이는 사실상, 유럽의 환경 기준을 따르지 않는 모든 제품의 진입을 막는, 강력한 보호무역주의 장벽이다.

- **독자적인 기술 표준화** : EU는 전기차 배터리 규제, 순환경제 지침 등 자신들만의 엄격한 기술 및 환경 표준을 만들어, 이를 '글로벌 스탠더드'로 만들려 시도할 것이다. 이는 EU의 규제 권력을 통해 세계 시장에 대한 영향력을 유지하려는 전략이다.

• **중국의 '기회주의적 리더십'** : 녹색 기술 패권의 야망

중국에게 미국의 리더십 공백은 절호의 기회다. 미국이 스스로 '기후 악당'을 자처하는 동안, 중국은 자신을 '책임감 있는 녹색 기술 리더'로 포지셔닝하며 국제 사회에서의 영향력을 확대하려 할 것이다.

- **'전광리' 공급망 지배력 강화** : 중국은 자국이 압도적인 우위를 점하고 있는 태양광, 배터리, 전기차 공급망을 더욱 강력하게 통제할 것이다. 그리고 이를 지렛대로, 아프리카, 동남아, 남미 등 개발도상국들에게 저렴한 녹색 기술과 인프라를 제공하며(일대일로 연계), 자신들의 경제적, 정치적 영향권 안으로 끌어들일 것이다.
- **선택적 기후 행동** : 하지만 중국의 리더십은 철저히 자국의 이익에 기반한 '선택적' 리더십이 될 것이다. 자국의 기술 패권에 도움이 되는 재생에너지 보급에는 적극적이겠지만, 자국의 경제 성장에 부담이 되는 강력한 온실가스 감축 의무나 투명한 검증 시스템 도입에는 여전히 소극적인 태도를 보일 가능성이 높다.

'각자도생'의 심화 : 에너지 안보가 모든 것을 압도하다

미국의 리더십 부재와 글로벌 협력 체제의 붕괴는, 결국 모든 국가가 오

직 자국의 '에너지 안보'만을 최우선으로 추구하는, 냉혹한 '각자도생'의 시대를 더욱 심화시킨다.

- **화석연료의 귀환** : 기후변화 대응이라는 국제적 압박이 약화되면서, 많은 국가들이 자국의 경제 안정과 에너지 안보를 위해 다시 화석연료로 회귀하려는 유혹에 빠지게 된다. 특히, 에너지 가격 변동에 취약한 에너지 수입국들은, 비용이 많이 드는 재생에너지 전환을 늦추고, 안정적인 화석연료 공급선을 확보하는 데 외교력을 집중하게 될것이다.
- **자원 민족주의(Resource Nationalism)의 부상** : 리튬, 코발트, 희토류와 같은 핵심 광물을 보유한 국가들은, 이를 무기 삼아 자국의 이익을 극대화하려는 '자원 민족주의'를 강화할 것이다. 수출을 통제하거나, 자국 내 가공을 의무화하며, 이를 외교적 협상 카드로 활용하는 사례가 빈번해질 것이다.

결론적으로, 트럼프 행정부의 등장이 가져온 기후 리더십의 공백은, 단순히 미국의 정책 변화를 넘어, 전 세계적인 협력의 시대를 끝내고 분열과 경쟁의 시대를 여는 거대한 변곡점이다. '지구를 구하자'는 공동의 목표는 희미해지고, 그 자리에는 각자의 생존을 위한 냉혹한 셈법만이 남게 되었다.

이처럼 예측 불가능하고 파편화된 세계 속에서, 동맹의 가치는 재정의되고, 무역의 규칙은 끊임없이 바뀔 것이다. 바로 이 대혼돈의 시대 속에서, '에너지 섬' 대한민국은 과연 어떤 생존전략을 세워야 하는가? 다음 절에서는 이 새로운 지정학적 리스크 앞에서 대한민국이 나아가야 할 길을 모색해 보고자 한다.

9.4. 새로운 지정학적 리스크와 대한민국의 대응

미국의 귀환은, 역설적으로 미국이 주도하던 안정적인 세계 질서의 종언을 고하고 있다. '미국 우선주의'의 깃발 아래, 세계는 더 이상 예측 가능한 동맹이나 공유된 가치에 의해 움직이지 않는다. 오직 국익과 힘의 논리, 그리고 예측 불가능한 '거래'만이 존재하는, 거칠고 파편화된 세계. IRA의 좌초와 기후 리더십의 공백이 만들어낸 이 대혼돈의 시대 속에서, '에너지 섬' 대한민국은 이제 그 어떤 나라보다도 더 근본적이고 절박한 질문 앞에 서게 되었다.

우리는 어떻게 생존할 것인가?

과거의 생존 방정식은 비교적 명확했다. 굳건한 한미동맹이라는 안보의 우산 아래, 미국이 주도하는 자유무역 질서에 편승하여 우리의 기술력과 근면함으로 만든 제품을 전 세계에 파는 것이었다. 하지만 이제 그 우산에는 구멍이 뚫렸고, 우리가 달리던 고속도로에는 관세라는 새로운 장벽이 세워지고 있다. 바이든 행정부의 '프렌드 쇼어링'이라는 최소한의 울타리마저 사라지고, 오직 미국의 경제적 이익에 따라 동맹의 가치가 재단되는 **'거래주의(Transactionalism)'** 외교가 새로운 표준이 된 시대.

이 새로운 지정학적 리스크 앞에서, 대한민국은 더 이상 과거의 방식에만 머무를 수 없다. 추격자(Follower)가 아닌 주도자(Initiator)로서, 우리 스스로의 생존 전략을 다층적이고 입체적으로 수립해야만 한다. 이는 단순히 하나의 정책을 바꾸는 수준을 넘어, 우리의 외교, 산업, 그리고 에너지 시스템 전체를 아우르는 국가적 대전략의 재설계를 요구한다.

제1의 전략 : '에너지 안보'를 국가 최상위 의제로

새로운 시대의 제1원칙은 명확하다. 에너지 안보가 곧 경제 안보이자 국가 안보다. 기후변화 대응이라는 거대 담론의 힘이 약해지고, 각국이 자국의 이익을 위해 에너지를 노골적으로 무기화하는 시대에, 안정적인 에너지 확보는 모든 것에 우선하는 최상위의 국가 과제가 되어야 한다.

- **단기적 현실주의** : 화석연료 공급망의 재점검과 다변화

  재생에너지와 청정에너지로의 전환은 우리의 최종 목표지만, 그 과정은 수십 년이 걸리는 긴 여정이다. 그 여정을 완주하기 위해서는, 당장 내일 우리 공장을 돌리고 국민을 먹여 살릴 에너지가 필요하다. 인류가 사용하는 에너지의 80% 이상이 여전히 화석연료에서 나온다는 냉혹한 현실을 직시해야 한다.

  - **공급선 다변화** : 원유의 중동 의존도를 낮추고, 미국의 셰일 오일, 남미의 신흥 산유국 등 공급선을 적극적으로 다변화해야 한다. LNG 역시, 특정 국가와의 장기 계약에만 의존하지 않고, 현물 시장 동향을 면밀히 분석하며 유연한 포트폴리오를 구축해야 한다.
  - **자주 개발 역량 강화** : 한국가스공사나 민간 기업이 해외 유전 및 가스전 개발에 적극적으로 참여하여, 우리가 직접 통제할 수 있는 '자주 개발 물량'을 확보하는 노력이 그 어느 때보다 중요하다. 이는 단순한 경제적 투자를 넘어, 에너지 주권을 확보하기 위한 전략적 투자다.
  - **전략비축유의 확대** : 호르무즈 해협 봉쇄와 같은 최악의 시나리오에 대비하여, 현재 90일분 수준인 전략비축유를 OECD 최고 수준(예: 120일분 이상)으로 확대하고, 비축 기지를 다변화하는 등 국가적 비상 대응 체계를 재점검해야 한다.

- **장기적 근본 해법** : '에너지 자립'을 향한 담대한 투자

  궁극적으로 외부의 지정학적 리스크에서 자유로워지는 유일한 길은, 제5부에서 제안할 '에너지 자립'을 위한 국가적 프로젝트를 흔들림 없이 추진하는 것이다.

- **'에너지 고속도로' 건설** : 제3축(호남권)의 재생에너지와 제2축(동해안)의 무탄소 전원을, 제1축(대수도권)의 첨단 산업 단지로 막힘없이 연결하는 HVDC 기간망 건설은, 더 이상 미룰 수 없는 국가적 최우선 인프라 사업이 되어야 한다.
- **'기술 초격차' 확보** : SMR, 그린수소, E-Fuel, 차세대 태양전지 등, 우리가 세계를 선도할 수 있는 미래 에너지 기술에 대한 R&D 투자를 대폭 확대하여, 누구도 따라올 수 없는 '기술안보'를 구축해야 한다.

제2의 전략 : '가치 동맹'을 넘어 '실리 중심의 다층외교'로

미국과의 안보 동맹은 여전히 우리 외교의 근간이지만, 경제와 통상 분야에서는 더 이상 미국에만 의존하는 '단일 트랙' 전략은 유효하지 않다. 우리는 이제 대한민국의 국익을 중심으로, 사안별로 다른 파트너와 협력하는 '다층적 실리 외교(Multi-layered Pragmatic Diplomacy)'를 구사해야 한다.

- **대미(對美) 외교의 재설계** : '거래주의' 시대의 대미 외교는, 우리가 동맹으로서 어떤 '가치'를 공유하는가를 넘어, 우리가 미국에게 어떤 '이익'을 줄 수 있는지를 구체적으로 증명하고 협상하는 방식으로 전환되어야 한다.
  - IRA 폐지로 피해를 입은 우리 기업들의 문제를 제기하되, 이들의 투자가 미국의 특정 주(State)에 얼마나 많은 일자리를 창출하고 지역 경제에 기여하는지를 적극적으로 설득해야 한다.
  - 보편적 관세 부과 움직임에 대해서는, 한미 FTA의 정신을 강조하며 한국을 예외로 인정해달라고 요구하는 동시에, 우리가 미국의 안보에 기여하는 바를 협상 카드로 활용하는 정교한 전략이 필요하다.
- **대EU/대중(對中) 외교의 균형** : 미국의 리더십 공백 속에서, 우리는 외교적 공간을 더 넓혀야 한다.

- **EU와의 '녹색 연대'** : CBAM과 같은 강력한 환경 규제를 통해 '녹색 성채'를 쌓고 있는 EU는, 우리에게 위기이자 기회다. 우리의 뛰어난 친환경 기술(배터리, 수소 등)을 바탕으로 EU의 기술 표준 제정에 적극적으로 참여하고, 공동 R&D를 추진하며, CBAM 규제에 공동으로 대응하는 '녹색 기술 동맹'을 강화해야 한다.
- **중국과의 '선택적 협력'** : 중국은 우리의 안보를 위협하는 경쟁자인 동시에, 포기할 수 없는 최대의 교역 파트너이자 핵심 원자재 공급국이다. 첨단 기술 분야에서는 경쟁하고 안보를 강화하되, 핵심 소재 공급망 안정화나 기후변화와 같은 글로벌 이슈에서는 협력의 끈을 놓지 않는, 냉철하고도 실용적인 관계 관리가 필요하다.

제3의 전략 : '수출 시장'에서 '글로벌 생산 허브'로

마지막으로, 우리는 대한민국이라는 국가의 정체성을 다시 생각해야 한다. 우리는 더 이상 단순히 물건을 만들어 파는 '수출 시장'에 머물러서는 안 된다. 전 세계의 자본과 기술, 그리고 인재가 모여들어, 가장 깨끗하고 효율적인 방식으로 미래의 제품을 생산하는 '글로벌 녹색 생산 허브'로 거듭나야 한다.

이를 위해 제5부에서 제안할 'RE-Zone 2030'과 'K-RE공사' 모델은 핵심적인 역할을 수행한다. 국가가 주도하여 재생에너지 인프라를 완벽하게 갖추고, 인허가 리스크를 제거한 '준비된 땅'을 제공함으로써, 전 세계의 첨단 기업들이 대한민국에 투자해야만 하는 이유를 만들어주는 것이다.

결론적으로, 트럼프 시대의 귀환이 가져온 대혼돈의 시대는 우리에게 명확한 메시지를 던진다. 더 이상 남이 정해준 규칙을 따라가는 시대는 끝났다는 것이다. 이제 우리는 우리 스스로 규칙을 만들고, 우리의 운명을 개척해야만 한다. 에너지 안보를 최우선으로 하여 내부의 기초 체력을 기르고, 실리 중심의 다층 외교를 통해 외부의 파도를 넘으며, 궁극적으로는 대한민국을 누구도 넘볼 수 없는 '글로벌 녹색 생산 허브'로 만드는 것. 이것이 바로 예측 불가능한 21세기의 지정학적 리스크 속에서, 대한민국이 위기를 기회로 바꾸고 지속가능한 번영을 이어나갈 수 있는 유일한 생존 전략이다.

[Deep Dive : 러시아 – 우크라이나 전쟁의 교훈]

2022년 2월 24일 새벽, 블라디미르 푸틴 러시아 대통령의 '특별 군사작전' 개시 선언과 함께 러시아의 탱크가 우크라이나 국경을 넘었다. 21세기 유럽의 심장부에서 벌어진 이 전면전은 전 세계에 엄청난 충격을 주었다. 하지만 이 전쟁은 단순히 탱크와 미사일만이 오가는 전쟁이 아니었다. 그것은 눈에 보이지 않지만, 현대 문명의 혈관을 타고 흐르는 에너지를 무기로 삼아 상대의 경제와 사회를 마비시키려는, 21세기형 하이브리드 전쟁(Hybrid Warfare)의 서막이었다.

러시아-우크라이나 전쟁은 지난 30년간 이어져 온 탈냉전 시대의 낙관적인 믿음, 즉 '경제적 상호의존이 평화를 보장할 것'이라는 환상을 산산조각 냈다. 특히 수십 년간 러시아의 값싼 천연가스에 의존해 경제적 번영을 구가해 온 유럽에게, 이 전쟁은 자신들이 딛고 서 있던 토대가 얼마나 취약했는지를 깨닫게 한 뼈아픈 각성의 계기였다.

평화로운 시대에 에너지는 자유롭게 거래되는 '상품(Commodity)'이지만, 위기의 시대에는 그 어떤 미사일보다 치명적인 '무기(Weapon)'가 될 수 있다는 냉혹한 진실. 이 전쟁은 에너지 안보가 더 이상 경제 부처의 정책 과제가 아니라, 국가의 생존과 주권이 걸린 최상위의 안보 문제임을 전 세계에 각인시켰다. 이 피비린내 나는 전쟁이 우리에게 남긴 에너지 안보의 교훈들을 하나씩 복기해 보자.

파이프라인이라는 이름의 족쇄 : 유럽의 오판과 러시아의 에너지 무기화

전쟁 발발 이전, 유럽, 특히 독일의 경제 모델은 러시아의 값싼 에너지라는 토대 위에 세워져 있었다고 해도 과언이 아니다. 독일은 강력한 제조업 경쟁력을 유지하기 위해, 파이프라인을 통해 안정적으로 공급되는 러시아산 천연가스에 깊이 의존했다. 2021년 기준, 독일은 천연가스 소비량의 55% 이상을, 유럽연합 전체는 약 40%를 러시아로부터 수입했다.

발트해 해저를 통해 러시아와 독일을 직접 연결하는 **노드스트림**(Nord Stream) 1, 2 가스관은 이러한 '에너지 동맹'의 상징과도 같았다. 유럽은 이를 통해 에너지를 안정적으로 확보하고, 러시아는 막대한 외화 수입을 얻는, 서로에게 이익이 되는 경제적 파트너십이라고 믿었다. 미국을 비롯한 일부 동맹국들이 특정 국가에 대한 과도한 에너지 의존이 가져올 안보적 위험을 수차례 경고했지만, 유럽은 이를 '기우'로 치부했다. 경제적 합리성이 군사적 충돌의 비합리성을 억제할 것이라는 믿음이었다.

하지만 2022년 2월, 그 믿음은 처참하게 깨졌다. 러시아는 우크라이나를 침공함과 동시에, 유럽을 향해 가스관을 잠그는 노골적인 **'에너지 무기화'** 전략을 구사하기 시작했다.

- **공급 차단과 명분 쌓기** : 처음에는 '기술적 문제'나 '정기 보수'와 같은 명분을 내세우며 노드스트림-1을 통한 가스 공급량을 점진적으로 줄여나갔다. 이는 유럽 시장에 극심한 불확실성을 심어주며 가격을 끌어올리기 위한 치밀한 심리전이었다.

- **노골적인 협박과 분열 유도** : 이어서 폴란드, 불가리아, 핀란드 등 러시아에 비판적인 국가들을 겨냥해 가스 공급을 전면 중단하며 '본보기'를 보였다. 이는 유럽연합 내부에 균열을 만들고, 각국이 자국의 이익을 위해 연대를 깨뜨리도록 유도하려는 시도였다.

- **최후통첩, 밸브를 잠그다** : 마침내 2022년 8월 말, 러시아 국영 가스회사 가스프롬은 노드스트림-1의 가동을 무기한 중단한다고 발표했다. 유럽으로 향하는 가장 큰 에너지 동맹이 완전히 끊긴 것이다. 겨울을 앞둔 유럽은 패닉에 빠졌다.

그 결과는 참혹했다. 유럽의 천연가스 가격 지표인 네덜란드 TTF 선물 가격은 전쟁 전보다 **10배 이상 폭등**하며 사상 최고치를 기록했다. 에너지 가격 급등은 수십 년 만의 최악의 인플레이션을 촉발했고, 기업들은 생산 비용을 감당하지 못해 공장 문을 닫았으며, 각국 정부는 다가올 겨울에 국민들이 난방을 하지 못해 얼어 죽을지도 모른다는 공포에 휩싸였다. 수십 년간 러시아의 값싼 에너지가 제공했던 '평화의 배당금(Peace Dividend)'은, 이제 감당할 수 없는 '안보 청구서(Security Bill)'가 되어 돌아온 것이다.

유럽의 필사적인 탈출 : '각자도생'의 에너지전쟁

벼랑 끝에 몰린 유럽은 러시아라는 에너지 족쇄에서 벗어나기 위해 필사적인 몸부림을 시작했다. 'REPowerEU'와 같은 공동 대응 계획이 발표되었지만, 그 이면에서는 각국이 자국의 에너지 안보를 위해 수단과 방법을 가리지 않는 치열한 '각자도생'의 경쟁이 펼쳐졌다.

- **글로벌 LNG 쟁탈전** : 유럽의 최우선 과제는 파이프라인을 통해 들어오던 러시아산 가스(PNG)를 대체할 액화천연가스(LNG)를 확보하는 것이었다. 유럽 국가들은 전 세계 LNG 시장에 뛰어들어, 가격을 불문하고 현물 카고를 싹쓸이하기 시작했다. 이는 전 세계 LNG 가격을 사상 최고 수준으로 끌어올리는 결과를 낳았다.

  이러한 유럽의 'LNG 진공청소기' 효과는 애꿎은 아시아의 개발도상국들에게 직격탄이 되었다. 파키스탄, 방글라데시, 스리랑카와 같은 국가들은 치솟은 LNG 가격을 감당하지 못해 발전소 가동을 멈춰야 했고, 극심한 전력난과 경제 위기에 시달렸다. 한 지역의 에너지 위기가 어떻게 전 지구적인 연쇄 효과를 낳는지를 보여준 사례다.

- **금기의 봉인 해제, 석탄 발전의 귀환** : 탈탄소의 기치를 내걸었던 유럽은 아이러니하게도 에너지 위기 앞에서 가장 '더러운' 연료인 석탄을 다시 찾을 수밖에 없었다. 독일, 오스트리아, 네덜란드 등은 폐쇄했거나 폐쇄 예정이었던 석탄 화력발전소를 재가동하는 비상조치를 단행했다. 이는 기후위기 대응 목표를 일시적으로 후퇴시키는 고통스러운 선택이었지만, 당장의 에너지 안보가 환경 문제보다 더 시급한 생존 과제임을 보여주었다.

- **재생에너지, 안보의 이름으로 부활하다** : 단기적으로는 화석연료에 다시 의존했지만, 장기적으로 유럽은 이번 사태를 계기로 에너지 자립을 위한 유일한 해답이 재생에너지의 폭발적인 확대에 있음을 깨달았다. 태양광과 풍력은 더 이상 단순한 기후변화 대응 수단이 아니었다. 그것은 특정 국가의 지정학적 무기로부터 자유로워질 수 있는, 에너지 주권을 확보하기 위한 가장 강력한 '안보 자산'으로 재평가되었다. 각국은 재생에너지 설비 확충을 위한 인허가 절차를 대폭 간소화하

고, 투자를 가속하는 정책을 경쟁적으로 쏟아냈다.

대한민국을 향한 교훈 : '에너지 섬'의 숙명

러시아-우크라이나 전쟁은 비록 멀리 떨어진 유럽 대륙의 이야기지만, 그 교훈은 에너지의 92.9%를 수입에 의존하고, 주변국과 전력망이나 가스관이 연결되지 않은 고립된 **'에너지 섬'** 대한민국에게 그 어떤 나라보다도 더 아프고 절박하게 다가온다.

첫째, **에너지 공급망 다변화의 시급성**이다. 유럽은 파이프라인이라는 물리적 연결망이라도 있었지만, 그럼에도 불구하고 단일 공급선에 대한 과도한 의존이 얼마나 위험한지를 보여주었다. 원유의 70%를 중동에, LNG의 대부분을 특정 국가에 의존하는 우리의 현실은 훨씬 더 취약하다. 공급선을 다변화하고, 장기 계약 비중을 높이며, 다양한 에너지원을 확보하는 것은 더 이상 선택이 아닌 필수다.

둘째, **에너지 안보는 곧 국가 안보**라는 명백한 인식이다. 우리는 에너지를 단순히 시장에서 사 오는 상품으로 여겨왔지만, 전쟁은 그것이 언제든 무기화될 수 있음을 보여주었다. 에너지 위기는 단순히 기름값이 오르는 경제 문제를 넘어, 산업 전체를 마비시키고 국가 시스템을 붕괴시킬 수 있는 최상위의 안보 위협이다.

셋째, **에너지 자립을 위한 기술 개발의 중요성**이다. 궁극적으로 외부의 지정학적 리스크에서 자유로워지는 유일한 길은 우리 스스로 에너지를 생산하는 것이다. 이는 곧 재생에너지, 차세대 원자력, 그린수소 등 국내에서 생산 가능한 청정에너지 기술의 확보와 보급을 국가의 명운을 건 과제로 추진해야 함을 의미한다.

결론적으로, 러시아-우크라이나 전쟁은 에너지 전환의 시대가 단순히 기술과 환경의 문제가 아니라, 냉혹한 지정학과 국가 안보의 문제임을 전 세계에 각인시켰다. 이 전쟁을 계기로, 세계 에너지 시장의 판도는 새로운 국면으로 접어들고 있다. 에너지 자립을 달성한 미국의 귀환과, 그 미국이 주도하는 새로운 에너지 질서 속에서, 대한민국은 이제 어디에 서서 무엇을 해야 할지 근본적인 질문에 답해야만 한다.

[Deep Dive : 미 – 중 기술 패권 경쟁과 '전광리(전기차·광전지·리튬전지)' 전략]

20세기, 미국과 소련이 벌인 냉전은 이념과 군사력의 대결이었다. 핵탄두의 숫자를 세고, 베를린 장벽을 사이에 두고 대치하며, 제3세계 국가들을 상대로 대리전을 벌이는 방식이었다. 하지만 21세기에 새롭게 부상한 미국과 중국의 패권 경쟁은 전혀 다른 양상으로 전개되고 있다. 이 새로운 냉전의 최전선은 군사분계선이나 미사일 기지가 아니다. 그곳은 바로 우리 손안의 스마트폰을 구동하는 **반도체 팹**(Fab), 도로 위를 달리는 **전기차**(EV), 그리고 사막과 지붕 위에서 빛을 전기로 바꾸는 **태양광 패널**(광전지, Photovoltaics), 그리고 이 모든 것을 움직이는 **리튬이온 배터리** 공장이다.

과거 미-소 냉전이 군비 경쟁과 이념 대결의 양상이었다면, 21세기의 미-중 패권 경쟁은 미래 산업의 표준과 기술 생태계의 주도권을 둘러싼 '기술 전쟁(Tech War)'의 성격을 띤다. 그리고 이 기술 전쟁의 가장 치열하고 상징적인 격전지가 바로 에너지 전환 시대의 핵심 산업, 즉 **'전·광·리(전기차·광전지·리튬전지)'** 분야다.

'전광리'는 단순히 유망한 미래 산업이 아니다. 이것은 20세기 산업 문명의 기반이었던 석유와 내연기관을 대체하고, 21세기 글로벌 경제와 지정학의 판도를 결정할 새로운 '권력의 원천'이다. 이 세 가지 산업을 지배하는 자가 미래 에너지 시스템을 지배하고, 나아가 21세기 세계의 패권을 쥐게 될 것이다. 미국이 인플레이션 감축법(IRA)이라는 초강수를 두면서까지 중국의 질주를 막으려 하는 이유, 그리고 중국이 국가의 명운을 걸고 기술 자립을 외치는 이유가 바로 여기에 있다. 이 거대한 두 거인의 충돌 속에서, 대한민국은 생존을 위한 아슬아슬한 줄타기를 강요받고 있다.

붉은 용의 녹색 야망 : 중국은 어떻게 '전광리'를 지배하게 되었나

불과 20년 전까지만 해도, 클린테크 산업은 독일, 일본, 그리고 미국과 같은 선진국들의 무대였다. 하지만 지금, 이 시장의 풍경은 완전히 바뀌었다. 중국은 태양광 패널부터 풍력 터빈, 전기차 배터리에 이르기까지, 클린테크 산업의 거의 모든 가치사슬을 수직으로 장악하며 '세계의 녹색 공장'으로 군림하고 있다.

- **태양광 제국** : 국제에너지기구(IEA)에 따르면, 전 세계 태양광 패널의 핵심 원료인 폴리실리콘부터 웨이퍼, 셀, 그리고 최종 제품인 모듈에 이르기까지, 모든 생산 단계에서 중국의 점유율은 80%를 훌쩍 뛰어넘는다. 사실상 중국 없이는 전 세계 어느 나라도 태양광 발전소를 지을 수 없는 수준이다.
- **배터리 굴기(崛起)** : 전기차의 심장이자 에너지저장장치(ESS)의 핵심인 배터리 시장에서 중국의 CATL과 BYD는 2024년 기준, 전 세계 시장 점유율 1, 2위를 차지하며 합산 점유율 50%를 넘어서고 있다. 한때 세계 최고를 자랑했던 한국의 배터리 3사(LG에너지솔루션, 삼성SDI, SK온)를 강력하게 위협하며 격차를 벌리고 있다.
- **전기차의 습격** : 세계 최대의 자동차 시장인 중국은 이제 세계 최대의 전기차 생산국이자 수출국이 되었다. BYD는 2023년 4분기, 순수 전기차 판매량에서 테슬라를 추월하며 세계 1위로 등극했고, 샤오펑, 니오와 같은 수많은 후발 주자들이 혁신적인 기술과 가격 경쟁력을 무기로 글로벌 시장을 공략하고 있다.

어떻게 이런 믿기 힘든 수준의 지배력이 가능했을까? 여기에는 서방의 자유시장 경제 모델로는 상상하기 힘든, 중국 특유의 강력한 **국가 주도 발전 전략**이 있었다.

첫째, **정부의 전폭적이고 집요한 지원**이다. 중국 정부는 2010년대 초반부터 클린테크 산업을 단순한 환경 정책이 아니라, 미래 국가의 명운이 걸린 '전략적 신흥 산업'으로 지정했다. 그리고 '2060년 탄소중립'이라는 국가 목표를 내걸고, 이 목표 달성을 위해 상상 초월의 보조금과 정책적 지원을 쏟아부었다. 국영 은행은 기업들에게 거의 무이자에 가까운 막대한 대출을 제공했고, 지방 정부는 공장 부지를 무상으로 제공하거나 세금을 파격적으로 감면해 주었다.

둘째, **거대한 내수 시장**이라는 '성장의 인큐베이터'다. 14억 인구의 거대한 내수 시장은 중국 클린테크 기업들에게는 최고의 '시험장(Test-bed)'이자 '성장의 인큐베이터'였다. 정부의 강력한 보급 정책 아래, 기업들은 실패를 두려워하지 않고 마음껏 기술을 개발하고 생산량을 늘릴 수 있었다. 이 과정에서 수많은 기업들이 치열하게 경쟁하며 옥석이 가려졌고, 살아남은 기업들은 엄청난 생산 노하우와 기술력을 축적하게 되었다.

셋째, **'규모의 경제'를 통한 압도적인 가격 경쟁력 확보다.** 내수 시장에서 단련된 중국 기업들은, 이제 전 세계를 상대로 무서운 '치킨 게임'을 시작했다. 이들은 정부의 지원과 거대한 생산 규모를 바탕으로, 다른 나라 기업들이 도저히 따라올 수 없는 저렴한 가격으로 태양광 패널과 배터리를 쏟아냈다. 이 과정에서 한때 세계 시장을 호령했던 독일과 일본의 태양광 기업들, 미국의 배터리 기업들이 줄줄이 파산하며 시장에서 퇴출되었다. 중국은 경쟁자가 사라진 시장을 독식하며, 자신들의 지배력을 더욱 공고히 했다.

'전광리' 전쟁의 최전선 : 기술과 자원의 각축전

미-중 기술 패권 경쟁은 결국 두 가지 영역에서의 싸움으로 귀결된다. 바로 **차세대 기술 표준을** 누가 선점하느냐와, 그 기술을 구현하는 데 필요한 **핵심 광물을** 누가 안정적으로 확보하느냐의 싸움이다.

- **기술 전쟁** : 배터리 분야에서는 중국이 주도하는 저가형 LFP(리튬인산철) 배터리와, 한국이 강점을 가진 고성능 NCM(니켈·코발트·망간)배터리가 치열하게 경쟁하고 있다. 하지만 진정한 승부처는 화재 위험이 없고 에너지 밀도를 획기적으로 높일 수 있는 '전고체 배터리'와 같은 차세대 기술이다. 이 기술을 먼저 상용화하는 국가가 미래 배터리 시장의 표준을 장악하게 될 것이다. 태양광 분야 역시, 기존 실리콘 태양전지의 효율 한계를 뛰어넘는 '페로브스카이트 탠덤 태양전지' 기술을 누가 먼저 양산하느냐를 두고 총성 없는 전쟁이 벌어지고 있다.

- **자원 전쟁** : 이 모든 첨단 기술은 결국 리튬, 코발트, 니켈, 흑연, 희토류와 같은 핵심 광물 없이는 구현될 수 없다. 문제는 이들 자원의 채굴과 제련 과정 대부분을 중국이 장악하고 있다는 점이다. 이에 맞서 미국과 서방 국가들은 '핵심광물안보파트너십(MSP, Minerals Security Partnership)'과 같은 동맹을 결성하고, 캐나다, 호주, 칠레 등 자원 부국들과의 협력을 강화하며 중국을 배제한 새로운 자원 공급망을

구축하기 위해 필사적인 노력을 기울이고 있다.

이처럼 '전광리'를 둘러싼 미-중 패권 경쟁은 기술, 자원, 공급망, 그리고 무역 규칙이 복잡하게 얽힌 다차원적인 전쟁이다. 그리고 이 거대한 두 거인의 싸움에, 대한민국의 미래가 위태롭게 놓여있다. 우리는 세계 최고의 배터리 및 전기차 기술을 가진 미국의 핵심 동맹국이지만, 동시에 핵심 광물과 소재의 상당 부분을 중국에 의존하고 있는 딜레마에 빠져 있다. 이 새로운 냉전의 시대에, 우리의 생존과 번영을 위한 현명하고도 절박한 국가 전략이 그 어느 때보다도 시급한 이유다.

제10장
에너지 식민지, 대한민국의 자화상

10.1. 92.9%라는 숫자의 무게 : 세계 최고 수준의 에너지 수입 의존도

2023년, 대한민국의 에너지 수입 의존도는 92.9%를 기록했다.

이 숫자는 언뜻 보기에 그저 하나의 통계 수치처럼 보일 수 있다. 하지만 이 네 개의 숫자 속에는, 세계 10위권의 경제 대국이자 첨단 제조업 강국이라 자부하는 대한민국의 화려한 외피 뒤에 감춰진, 가장 근본적이고도 치명적인 취약성이 압축되어 있다. 92.9%. 이것은 우리 경제의 심장을 뛰게 하는 에너지의 거의 전부를 해외에 의존하고 있다는, 사실상의 **'에너지 식민지(Energy Colony)'** 선언과도 같다.

우리가 매일 타는 자동차의 기름, 겨울을 따뜻하게 보내게 해주는 도시가스, 24시간 불이 꺼지지 않는 반도체 공장을 돌리는 전기, 그리고 철을 녹이고 플라스틱을 만드는 데 필요한 모든 에너지의 원천이, 이 땅이 아닌 수천, 수만 킬로미터 떨어진 외국의 땅과 바다에서 온다는 의미다. 우리의 경제적 번영과 국민의 일상이, 우리가 통제할 수 없는 외부 세계의 변덕과 지정학적 리스크라는 살얼음판 위에 아슬아슬하게 서 있다는 뜻이다.

이 92.9%라는 숫자의 무게를 제대로 이해하는 것은, 제3부에서 우리가 마주하게 될 대한민국의 모든 에너지 딜레마를 이해하는 출발점이다. 이 숫자는 왜 이토록 높으며, 다른 나라와 비교했을 때 얼마나 심각한 수준이고, 구체적으로 우리 경제에 어떤 족쇄를 채우고 있는가? 그 냉혹한 현실의 민낯을 정면으로 마주해야 한다.

세계 속의 대한민국 : 예외적인 에너지 종속 국가

에너지 수입 의존도 92.9%는 전 세계적으로도 유례를 찾기 힘든, 극단적으로 높은 수치다. 특히 우리와 같이 제조업을 기반으로 하는 주요 선진국들과 비교하면 그 심각성은 더욱 명확해진다.

- **OECD 평균과의 비교** : 경제협력개발기구(OECD) 38개 회원국의 평균 에너지 수입 의존도는 약 30% 수준이다. 우리는 OECD 평균보다 3배 이상 높은 의존도를 보이고 있다.
- **주요 경쟁국과의 비교** : 우리의 주요 산업 경쟁국인 일본과 독일의 상황을 보자. 일본 역시 우리처럼 부존자원이 빈약하여 에너지 수입 의존도가 88.9%로 매우 높다. 하지만 일본은 우리보다 내수 시장의 비중이 크고, 에너지 효율 개선과 재생에너지 보급에 일찍부터 투자해왔다. 독일은 한때 러시아 가스에 크게 의존했지만, 강력한 제조업 기반에도 불구하고 에너지 수입 의존도는 60%대로 우리보다 훨씬 낮으며, 재생에너지 비중을 획기적으로 높이며 자립도를 키워가고 있다.
- **에너지 생산국과의 비교** : 미국은 셰일 혁명 이후 에너지 순수출국으로 전환했으며, 영국과 캐나다, 호주 등도 풍부한 자원을 바탕으로 에너지 자립을 달성했다.

이러한 비교는 대한민국이 세계 경제 무대에서 얼마나 예외적이고 불리한 조건에서 경쟁하고 있는지를 명백히 보여준다. 우리는 세계 10대 에너지 소비 대국이지만, 에너지 생산은 거의 전무한 기형적인 구조를 가지고 있다. 이는 마치 세계적인 스포츠카를 만드는 회사가, 그 차에 들어갈 엔진과 연료를 전적으로 단 하나의 해외 공급처에서만 사 와야 하는 것과 같은 상황이다. 그 공급처에 문제가 생기는 순간, 우리의 화려한 스포츠카 공장은 즉시 멈춰 설 수밖에 없다.

우리의 에너지 수입 구조를 더 깊이 들여다보면 문제는 더욱 심각해진다.
- **원유** : 소비량의 100%를 수입하며, 그중 약 72%를 중동 지역에 의존한다. 특히 호르무즈 해협은 우리 원유 수송의 생명선이다.
- **천연가스** : 소비량의 100%를 LNG 형태로 수입하며, 카타르, 호주, 미국 등 특정 국가에 대한 의존도가 높다.
- **석탄** : 소비량의 100%를 수입하며, 호주, 인도네시아, 러시아 등에서 들여온다.
- **우라늄** : 원자력 발전의 연료인 우라늄 역시 100% 수입에 의존한다.

결국, 우리가 사용하는 거의 모든 종류의 1차 에너지가 해외에서 온다. 우리 스스로 생산하는 에너지는 수력과 일부 신재생에너지가 전부이며, 그 비중은 7.1%에 불과하다.

과거의 성공 방정식, 현재의 족쇄가 되다

어떻게 우리는 이토록 극단적인 에너지 종속 구조를 갖게 되었을까? 역설적이게도, 이는 과거 우리가 이룩한 눈부신 경제성장, 즉 '한강의 기적'의 성공 방정식이 남긴 유산이다.

1960년대 이후, 대한민국은 '수출 주도형 공업화'라는 국가적 목표 아래 모든 자원을 제조업 육성에 쏟아부었다. 당시 세계는 비교적 안정적인 질서 속에서 자유 무역이 확대되던 시기였다. 에너지는 시장에서 언제든 저렴하게 사 올 수 있는 '상품'으로 여겨졌다. 우리는 이 기회를 최대한 활용했다. 중동에서 값싼 원유를 들여와 정제하여 석유화학 제품을 만들고, 그 제품을 실어 나를 배를 만들었으며, 그 배를 움직일 자동차를 만들었다.

이 전략은 대성공을 거두었다. 우리는 세계에서 가장 가난한 나라 중 하나에서, 반세기 만에 세계적인 제조업 강국으로 도약했다. 하지만 이 눈부신 성장의 이면에는, 에너지 안보와 자립이라는 과제를 철저히 외면한 대가가 숨어 있었다. 우리는 우리 경제의 동력원을 스스로 통제하는 대신, 외부 세계의 안정성에 전적으로 베팅하는 길을 택했다.

20세기에는 이 전략이 유효했다. 하지만 지정학적 리스크가 급증하고, 에너지 패권 경쟁이 치열해지며, 기후위기 대응이 글로벌 스탠더드가 된 21세기에, 과거의 성공 방정식은 이제 우리의 발목을 잡는 가장 무거운 족쇄가 되어버렸다.

92.9%가 초래하는 경제적 대가

이 높은 에너지 수입 의존도는 구체적으로 우리 경제에 어떤 비용을 청구하고 있을까?

첫째, **만성적인 무역수지 악화와 국부 유출**이다. 에너지 가격은 국제 정세에 따라 널뛰기를 반복한다. 중동에서 전쟁의 기운이 감돌거나, 러시아가 가스관을 잠그거나, 혹은 투기 자본이 시장에 개입하는 순간, 국제 유가와 가스 가격은 폭등한다. 그러면 대한민국의 무역수지는 즉시 적자로 돌아선다.

2022년 러시아-우크라이나 전쟁 이후 에너지 가격이 급등했을 때, 대한민국의 에너지 수입액은 1,908억 달러로 사상 최대치를 기록했다. 이는 전년 대비 40% 이상 급증한 수치이며, 같은 해 기록한 478억 달러의 무역수지 적자의 핵심적인 원인이 되었다. 우리가 반도체와 자동차를 팔아 힘들게 벌어들인 막대한 외화가, 그대로 에너지 수입 대금을 치르는 데 쓰여 해외로 빠져나가는 **국부 유출**이 반복되고 있는 것이다.

둘째, **환율 불안과 금융 시장의 변동성 확대**다. 에너지 수입 대금은 대부분 미국 달러로 결제된다. 국제 에너지 가격이 오르면, 우리는 더 많은 달러를 구해야만 한다. 외환 시장에서 달러 수요가 급증하면, 원화 가치는 하락(환율 상승)하게 된다. 원화 가치가 하락하면, 똑같은 양의 에너지를 수입하더라도 더 많은 원화를 지불해야 하므로 수입 물가는 더욱 오르는 악순환에 빠진다. 이는 외국인 투자자들의 이탈을 부추기고, 주식 시장과 금융 시장 전체의 불안정성을 키우는 요인이 된다.

셋째, **통제 불가능한 인플레이션 압력**이다. 에너지는 '모든 가격의 가격(Price of Everything)'이다. 에너지 가격이 오르면, 공장의 전기요금, 트럭의 운송비, 비닐하우스의 난방비, 식당의 가스요금 등 경제의 모든 부문에서 비용이 상승한다. 이는 결국 최종 소비재와 서비스 가격의 인상으로 이어져, 서민들의 삶을 직접적으로 위협하는 고물가 현상을 초래한다.

결론적으로, 92.9%라는 숫자는 단순히 에너지 자원이 부족하다는 사실을 넘어, 대한민국의 경제가 외부 충격에 얼마나 취약한지를 보여주는 바로미터다. 우리의 경제 성장률, 물가, 환율, 그리고 국민의 살림살이가, 우리가 통제할 수 없는 두바이 유가와 호르무즈 해협의 안위에 따라 결정되는 구조. 이것이 바로 '에너지 식민지'의 냉혹한 현실이다. 그리고 이 구조적 취약성은, 다음 절에서 살펴볼 지정학적 리스크와 만나면서 더욱 치명적인 위협으로 증폭된다.

10.2. 지정학적 리스크에 흔들리는 경제 : 에너지 섬의 취약성

앞서 우리는 92.9%라는 숫자가 대한민국 경제에 드리운 무거운 그림자를 확인했다. 이 극단적인 에너지 수입 의존도는 그 자체로도 심각한 문제지만, 대한민국의 독특하고도 가혹한 지정학적 현실과 만나는 순간, 그 파괴력은 기하급수적으로 증폭된다. 우리는 단순히 에너지를 수입하는 나라가 아니다. 우리는 대륙과 해양 어디에도 온전히 연결되지 못한 채, 망망대해에 홀로 떠 있는 **'에너지 섬**(Energy Island)'이다.

'에너지 섬'이라는 표현은 단순한 비유가 아니다. 이것은 대한민국의 에너지 안보가 처한 현실을 가장 정확하게 압축하는 단어다. 지도를 펼쳐보면 우리는 유라시아 대륙의 동쪽 끝에 붙어있는 반도 국가다. 하지만 북쪽으로는 세계에서 가장 예측 불가능하고 폐쇄적인 집단이 철책을 치고 버티고 있어, 대륙으로 향하는 모든 육상 통로가 원천적으로 차단되어 있다. 서쪽과 동쪽, 남쪽은 모두 바다로 둘러싸여 있다.

이러한 지리적 고립은 에너지 수급에 있어 치명적인 결과를 낳는다.

- **파이프라인의 부재** : 유럽의 독일이나 프랑스를 생각해 보자. 그들 역시 상당량의 에너지를 수입하지만, 러시아, 노르웨이, 북아프리카 등과 연결된 거미줄 같은 가스 파이프라인(PNG)을 통해 에너지를 공급받는다. 특정 공급선에 문제가 생겨도, 다른 파이프라인을 통해 긴급하게 에너지를 융통할 수 있는 최소한의 완충 장치가 있다. 하지만 대한민국에는 단 1km의 국제 가스관도, 송유관도 존재하지 않는다. 우리가 사용하는 모든 기름 한 방울, 모든 가스 한 분자는 반드시 배에 실려 수천 킬로미터의 바닷길을 건너와야만 한다.

- **고립된 전력망** : 유럽 국가들은 초국경 전력망(Interconnector)을 통해 서로의 전력 시스템이 연결되어 있다. 자국 내 발전소에 문제가 생겨 전력 공급이 부족해지면, 이웃 나라에서 전기를 즉시 수입하여 위기를 넘길 수 있다. 하지만 대한민국의 전력망은 그 누구와도 연결되지 않은 완전한 고립계(Isolated System)다. 국내에서 대규모 정전 사태가 발생해도, 일본이나 중국에서 단 1W의 전기도 빌려올 수 없다. 모든 문제를 우리 스스로, 우리 영토 안에서 해결해야만 한다.

이처럼 대륙과 해양으로부터 모두 고립된 '에너지 섬'의 숙명은, 우리의 경제가 외부 세계의 지정학적 파도에 속수무책으로 흔들릴 수밖에 없는 구조적 취약성을 만든다. 제10장 [Deep Dive : 호르무즈 해협 봉쇄 시나리오와 비상 계획]에서 살펴 보게 될 호르무즈 해협의 리스크는 그중 가장 대표적인 예일 뿐, 우리의 생명선을 위협하는 위험한 바다는 곳곳에 널려있다.

위험한 바닷길 : 말라카 해협과 남중국해라는 또 다른 화약고

우리가 중동에서 수입하는 원유는 호르무즈 해협을 통과한 뒤, 인도양을 건너 또 하나의 결정적인 관문을 지나야 한다. 바로 말레이 반도와 수마트라 섬 사이의 좁고 긴 수로, **말라카 해협**(Strait of Malacca)이다. 전 세계 해상 물동량의 4분의 1, 그리고 아시아로 향하는 석유의 대부분이 이 해협을 통과한다.

그리고 이 해협을 지나면, 21세기 미-중 패권 경쟁의 가장 뜨거운 무대인 남중국해(South China Sea)가 펼쳐진다. 대한민국으로 들어오는 거의 모든 유조선과 LNG 운반선은 이 바다를 반드시 지나야만 한다. 이곳은 더 이상 평화로운 바다가 아니다. 중국이 '구단선'을 주장하며 군사 기지를 건설하고, 미국이 '항행의 자유'를 내세워 항공모함 전단을 보내는, 일촉즉발의 군사적 긴장이 감도는 화약고다.

만약 남중국해에서 미-중 간의 군사적 충돌이 발생하거나, 중국이 이 해역에 대한 통제권을 무기로 통행을 제한하는 사태가 벌어진다면 어떻게 될까? 이는 호르무즈 해협 봉쇄와는 비교할 수 없는, 훨씬 더 직접적이고 치명적인 위협이 될 것이다. 단순히 에너지 수송로가 막히는 것을 넘어, 대한민국의 수출입 물류 전체가 마비되는 최악의 시나리오다.

이처럼 우리의 에너지 수송로는 단 하나의 안전장치도 없이, 세계에서 가장 위험한 두 개의 화약고(호르무즈 해협, 남중국해)를 연속으로 통과해야 하는, 살얼음판과도 같은 길이다. 이 길 위에서 발생하는 작은 군사적 충돌이나 정치적 갈등은, 즉시 우리 경제에 쓰나미와 같은 충격파를 던진다.

지정학적 리스크가 경제를 강타하는 메커니즘

먼 나라의 지정학적 갈등이 어떻게 우리 공장의 가동률과 내 지갑 속의 돈에 직접적인 영향을 미칠까? 그 메커니즘은 매우 신속하고 파괴적으로 작동한다.

- **1단계** : 해상운임 및 보험료 급등 – 분쟁 해역을 통과하는 선박에 대한 위험이 커지면, 가장 먼저 반응하는 것은 금융 시장이다. 글로벌 선박 보험사들은 해당 해역을 통과하는 모든 선박에 대해 전쟁 위험할증료(War Risk Premium)를 부과한다. 이는 즉시 해상 운임의 급등으로 이어진다. 에너지 가격 자체는 오르지 않았더라도, 그것을 실어나르는 비용이 폭등하면서, 우리가 지불해야 할 총 도입 원가는 상승하기 시작한다.

- **2단계** : 에너지 가격의 변동성 폭발 – 지정학적 불안은 그 자체로 국제 원유 및 가스 시장의 투기 심리를 자극한다. 공급에 차질이 생길 것이라는 '우려'만으로도, 뉴욕과 런던의 상품거래소에서 유가는 배럴당 수십 달러씩 폭등한다. 대한민국처럼 현물 시장 의존도가 높고, 장기 계약 물량이 부족한 국가는 이 가격 변동성에 그대로 노출될 수밖에 없다.

- **3단계** : 실물 경제로의 전이 – 이렇게 상승한 에너지 도입 원가는, 시간차 없이 우리 실물 경제 전체로 전이된다.
  - **제조업 경쟁력 약화** : 나프타를 원료로 쓰는 석유화학, 막대한 전기를 사용하는 반도체와 철강, 벙커C유를 사용하는 시멘트 산업 등, 대한민국의 주력 산업은 모두 에너지 다소비 업종이다. 에너지 비용의 상승은 곧바로 제품의 생산 원가 상승으로 이어진다. 이는 글로벌 시장에서 우리 제품의 가격 경쟁력을 심각하게 약화시키는 요인이 된다.
  - **무역수지 악화 및 환율 불안** : 에너지 수입액이 급증하면서 무역수

지는 적자로 돌아서고, 달러 수요가 늘면서 원화 가치는 하락한다. 이는 다시 수입 물가를 끌어올리는 악순환을 만든다.
- **민생 경제 파탄** : 전기요금, 가스요금, 기름값이 모두 오르면서, 기업의 고통은 곧바로 가계의 고통으로 이어진다. 모든 물가가 오르는 인플레이션 속에서 서민들의 삶은 더욱 팍팍해질 수밖에 없다.

결론적으로, '에너지 섬'이라는 대한민국의 지정학적 운명은, 우리 경제가 외부의 지정학적 리스크라는 파도에 언제든 침몰할 수 있는, 모래 위에 지은 성과 같은 신세임을 의미한다. 우리는 지난 수십 년간 이 아슬아슬한 균형 위에서 기적과도 같은 경제 성장을 이루었지만, 이제 그 균형이 깨지고 있는 21세기 지정학의 귀환 시대에, 우리는 더 이상 과거의 방식에만 의존할 수 없다.

이 구조적 취약성은, 다음 절에서 살펴볼 에너지 가격 급등이라는 현실적인 문제와 만나면서, 대한민국 제조업의 근간을 흔드는 더욱 심각한 위기로 증폭된다.

10.3. 급등하는 에너지 수입액, 흔들리는 제조업 경쟁력

92.9%의 에너지 수입 의존도와 '에너지 섬'이라는 지정학적 고립. 이 두 가지 구조적 취약성은 평화로운 시기에는 수면 아래에 잠복해 있다. 하지만 외부 세계에 지정학적 위기가 닥쳐 국제 에너지 가격이 요동치는 순간, 이 두 개의 족쇄는 서로 맞물려 돌아가며 대한민국 경제의 가장 약한 고리, 즉 **제조업의 경쟁력**을 정면으로 강타하기 시작한다.

우리는 흔히 국제 유가가 오르면 주유소 기름값이 오르고, 가스 가격이 오르면 겨울철 난방비가 오르는 수준에서 에너지 위기를 체감한다. 하지만 이는 빙산의 일각에 불과하다. 에너지 가격 급등의 진짜 파괴력은, 대한민국

경제의 심장이자 부의 원천인 **제조업의 생산 비용을 근본적으로 뒤흔들어, 글로벌 시장에서 우리 기업들이 싸울 무기를 빼앗아 버린다**는 데 있다.

반도체, 자동차, 석유화학, 철강, 조선… '한강의 기적'을 이끌었고 지금도 우리를 먹여 살리는 이 위대한 산업들의 공통점은 무엇일까? 바로 세계 최고 수준의 기술력과 더불어, 엄청난 양의 에너지를 소비하는 '에너지 다소비 업종'이라는 점이다. 급등하는 에너지 수입액은 더 이상 단순한 무역수지의 문제가 아니다. 그것은 우리 제조업의 심장을 옥죄고, 지난 반세기 동안 쌓아 올린 경쟁력의 성채를 서서히 무너뜨리는, 조용하지만 치명적인 공성추와도 같다.

숫자로 보는 충격 : '코리아 코스트'의 실체

에너지 가격의 변동이 우리 경제에 미치는 충격을 가장 직접적으로 보여주는 지표는 바로 **에너지 수입액**이다. 이 숫자는 외부 충격이 우리 경제에 얼마나 큰 비용을 청구하는지를 보여주는 명세서와 같다.

2022년, 러시아-우크라이나 전쟁으로 국제 에너지 가격이 폭등했을 때, 대한민국의 에너지 수입액은 1,908억 달러(약 250조 원)로 사상 최대치를 기록했다. 이는 전년 대비 무려 41.6%나 급증한 수치다. 이 1,908억 달러라는 돈이 얼마나 거대한 규모인지 실감하기 위해 다른 숫자들과 비교해 보자.

- 같은 해 대한민국 정부의 총예산(약 607조 원)의 40%가 넘는 돈이 오직 에너지를 수입하는 데 쓰였다.
- 우리가 자랑하는 반도체 총수출액(1,292억 달러)을 훌쩍 뛰어넘는 금액이다. 우리는 세계 최고의 반도체를 팔아 벌어들인 돈을 모두 쏟아붓고도, 에너지를 사 오기에는 부족했다는 의미다.
- 이로 인해 2022년 대한민국은 478억 달러라는 역대 최대 규모의 무역수지 적자를 기록했다. 14년 만의 무역적자 전환이었으며, 그 적자의 주범은 단연 에너지였다.

이것이 바로 '에너지 식민지'가 치러야 하는 **'코리아 코스트(Korea Cost)'**의 실체다. 국제 에너지 시장의 작은 파도에도, 우리의 국부는 이처럼 속수무책으로 해외로 유출된다. 문제는 이 비용이 단순히 국가의 외환보유고를 줄이는 데 그치지 않고, 우리 산업 현장의 심장부로 직접 파고들어 경쟁력의 기반을 갉아먹는다는 점이다.

주력 산업을 덮친 원가 쓰나미

대한민국을 대표하는 주력 제조업들은 모두 에너지 비용 변화에 극도로 민감한 구조를 가지고 있다. 에너지 가격 상승은 이들 기업에 피할 수 없는 '원가 쓰나미'로 작용한다.

- **석유화학 산업 : 이중의 고통**

    석유화학 산업은 에너지 가격 급등의 충격을 가장 직접적으로, 그리고 이중으로 맞는 산업이다. 이들은 원유를 정제한 나프타(Naphtha)를 주원료로 사용하여 플라스틱, 합성섬유, 합성고무 등 모든 산업의 기초 소재를 만들어낸다. 동시에, 나프타를 분해하는 NCC(나프타 분해 시설) 공정을 가동하기 위해 막대한 양의 열과 전기를 필요로 한다.

    즉, 국제 유가가 오르면 '원재료비'와 '연료비(동력비)'가 동시에 급등하는 이중고에 시달린다. 생산 원가에서 나프타가 차지하는 비중이 70~80%에 달하기 때문에, 유가 상승은 곧바로 제품 가격 경쟁력의 하락으로 이어진다. 특히, 값싼 셰일가스에서 추출한 에탄을 원료로 사용하는 북미나, 석탄을 원료로 사용하는 중국의 경쟁 업체들에 비해, 전적으로 수입 나프타에 의존하는 우리 기업들은 가격 경쟁에서 구조적으로 불리한 위치에 놓일 수밖에 없다. 유가가 급등하면, 우리 석유화학 기업들은 만들수록 손해를 보는 상황에 내몰리게 된다.

- **반도체 산업 : '전기 먹는 하마'의 비명**

대한민국 경제의 버팀목인 반도체 산업은 첨단 기술의 집약체인 동시에, 거대한 '전기 먹는 하마'다. 삼성전자와 SK하이닉스는 대한민국에서 가장 많은 전력을 사용하는 기업 1, 2위를 차지한다. 웨이퍼를 깎고, 씻어내고, 회로를 새기는 수백 개의 공정은 1년 365일, 24시간 단 1초의 정전도 허용하지 않는 초정밀 환경에서 이루어지며, 이를 위해 막대한 양의 전력이 소모된다.

특히, 극자외선(EUV) 노광 장비와 같은 최첨단 공정이 도입되면서 전력 소비량은 더욱 기하급수적으로 늘고 있다. 반도체 생산 원가에서 전기요금이 차지하는 비중은 이미 20~30%에 달하는 것으로 추정된다. 에너지 가격 급등으로 산업용 전기요금이 인상되면, 이는 곧바로 우리 반도체 기업들의 원가 부담으로 이어진다. 대만, 미국 등 경쟁국들이 정부의 강력한 보조금과 저렴한 전기요금을 무기로 자국 내 반도체 생산을 유치하고 있는 상황에서, 높은 전기요금은 우리 반도체 산업의 초격차 전략에 심각한 위협이 될 수 있다.

- **철강·시멘트 산업 : 전통 산업의 딜레마**

철강과 시멘트 산업 역시 대표적인 에너지 다소비 업종이다. 철광석을 녹여 쇳물을 만드는 고로(Blast Furnace)는 막대한 양의 유연탄(코크스)을 필요로 하며, 전기로는 고철을 녹이기 위해 엄청난 전기를 사용한다. 시멘트를 만드는 소성로 역시 유연탄을 주연료로 사용한다.

국제 유연탄 가격과 전기요금의 상승은 이들 전통 기간산업의 원가 구조를 뿌리부터 흔든다. 이는 단순히 철강과 시멘트 산업만의 문제가 아니다. 이들이 생산하는 철강과 시멘트는 자동차, 조선, 건설 등 모든 후방 산업의 기초 자재이기 때문에, 이들 산업의 원가 상승은 결국 대한민국 산업 전체의 경쟁력 약화로 이어지는 연쇄 효과를 낳는다.

흔들리는 경쟁력, 떠나는 기업들

이처럼 에너지 비용의 급등은 우리 주력 산업의 가격 경쟁력을 심각하게 잠식한다. 글로벌 시장은 0.1%의 원가 차이에도 승패가 갈리는 치열한 전쟁터다. 우리 기업들이 밤낮으로 기술을 개발하고 공정을 혁신하여 얻어낸 경쟁력의 우위가, 통제 불가능한 에너지 비용의 상승 한 방에 무력화될 수 있는 것이다.

이러한 '코리아 코스트'는 장기적으로 더 심각한 문제를 야기한다. 바로 **국내 투자의 위축과 산업 공동화**다. 기업의 입장에서, 에너지 비용이 비싸고 지정학적 리스크가 높은 한국에 새로운 공장을 짓는 것보다, 에너지가 저렴하고 정부 보조금까지 주는 미국이나 동남아에 공장을 짓는 것이 훨씬 더 합리적인 선택이 될 수 있다.

이미 이러한 움직임은 현실화되고 있다. 많은 석유화학 및 배터리 기업들이 생산 거점을 북미와 유럽으로 이전하거나 신규 투자를 해외에서 진행하고 있다. 이는 단기적으로는 개별 기업의 생존 전략일 수 있으나, 국가 전체적으로는 양질의 일자리가 사라지고, 기술과 자본이 해외로 유출되며, 제조업의 기반 자체가 무너지는 **'산업 공동화(Deindustrialization)'**라는 최악의 결과로 이어질 수 있다.

결론적으로, 92.9%라는 에너지 종속의 무게는, 급등하는 에너지 수입액이라는 형태로 우리 경제를 짓누르고, 이는 다시 대한민국 제조업의 경쟁력이라는 핵심 기반을 흔드는 치명적인 위협이 되고 있다. 우리는 지금, 과거의 성공을 이끌었던 에너지 다소비형 산업 구조가, 에너지 전환 시대에는 오히려 우리의 발목을 잡는 거대한 딜레마로 변해버린 현실을 마주하고 있다. 그리고 이 딜레마는, 다음 장에서 살펴볼 RE100과 전기요금이라는 또 다른 압박과 만나면서 더욱 복잡하고 풀기 어려운 고차방정식이 되어가고 있다.

[Deep Dive : 호르무즈 해협 봉쇄 시나리오와 비상 계획]

21세기 글로벌 경제는 수많은 위험에 노출되어 있다. 금융 위기, 팬데믹, 기술 패권 경쟁 등 복잡하고 예측 불가능한 위협들이 끊임없이 우리를 시험한다. 하지만 이 모든 위기를 단숨에 압도하고, 현대 산업 문명 전체를 단 몇 주 만에 멈춰 세울 수 있는 단 하나의 사건을 꼽으라면, 그것은 단연 **호르무즈 해협**(Strait of Hormuz)**의 봉쇄**일 것이다.

페르시아만과 오만만을 잇는, 가장 좁은 곳의 폭이 50km 남짓에 불과한 이 좁은 물길. 이곳은 단순한 해협이 아니다. 그곳은 사우디아라비아, 이란, 이라크, UAE, 쿠웨이트, 카타르 등 세계 최대의 석유 및 가스 생산국들이 외부 세계와 연결되는 유일한 출구이자, 전 세계 해상 원유 수송량의 약 3분의 1, LNG 수송량의 4분의 1이 통과하는 세계 경제의 경동맥(Carotid artery)이다. 만약 누군가 이 혈관을 틀어막는다면, 세계 경제는 즉시 질식 상태에 빠지게 될 것이다.

특히 에너지의 92.9%를 수입에 의존하고, 그중 원유의 70% 이상을 바로 이 해협을 통해 들여오는 대한민국에게, 호르무즈 해협 봉쇄는 단순한 해외 뉴스가 아니다. 그것은 국가의 존립 자체를 위협하는, 가장 현실적이고도 파괴적인 '실존적 위협(Existential Threat)'이다. 이 최악의 시나리오 앞에서, 우리의 대비 태세는 과연 충분한가? 이 끔찍한 가정이 현실이 되는 날, 대한민국에는 과연 어떤 일이 벌어질지, 그 시뮬레이션의 막을 올려보자.

악몽의 시나리오 : 봉쇄는 어떻게 시작되는가

호르무즈 해협의 봉쇄는 더 이상 영화 속 상상이 아니다. 이 지역은 이란과 미국, 그리고 주변 아랍 국가들 간의 지정학적 갈등이 상존하는 세계 최대의 화약고다. 봉쇄 시나리오는 다양한 형태로 촉발될 수 있다.

- **이란의 군사적 도발** : 미국이나 이스라엘과의 군사적 충돌이 격화될 경우, 이란은 비대칭 전력의 우위를 활용하여 해협 봉쇄를 최후의 카드로 사용할 수 있다. 이란 혁명수비대(IRGC)는 이미 수차례 유조선 나포와 위협을 통해 자신들의 능력을 과

시해왔다.
- **대리 세력의 공격** : 이란의 지원을 받는 예멘의 후티 반군이나 헤즈볼라와 같은 대리 세력들이 드론이나 미사일로 해협을 통과하는 선박을 공격하여, 사실상의 항해 불능 상태를 만들 수도 있다.
- **의도치 않은 확전** : 해협에서의 작은 군사적 오판이나 우발적 충돌이 걷잡을 수 없는 지역 전쟁으로 비화되면서, 해협 전체가 전쟁터로 변하는 시나리오도 가능하다.

봉쇄의 방식 또한 과거처럼 대규모 함대를 동원하는 방식이 아니다. 이란은 훨씬 더 저렴하고 효과적인 **비대칭 전력**을 통해 해협을 마비시킬 수 있다.

- **기뢰(Naval Mine) 부설** : 해협의 좁은 수로에 수백, 수천 개의 기뢰를 은밀하게 부설하는 것은 가장 효과적인 봉쇄 수단이다. 단 한 척의 유조선이라도 기뢰에 피격되는 순간, 전 세계의 선박 회사와 보험사들은 천문학적인 위험을 감수하고 이 해협에 진입하려 하지 않을 것이다.
- **대함 미사일 및 드론 공격** : 해안에 배치된 대함 미사일과 자폭 드론, 그리고 소형 고속정에 장착된 로켓은 해협을 통과하는 거대하고 둔한 유조선들에게는 치명적인 위협이다.
- **GPS 교란 및 사이버 공격** : 선박의 항법 장치를 교란하거나, 항만 관제 시스템을 사이버 공격으로 마비시켜 해협 전체의 물류를 혼란에 빠뜨릴 수도 있다.

글로벌 경제의 셧다운 : 봉쇄가 불러올 연쇄효과

호르무즈 해협이 단 일주일만 봉쇄되어도, 세계 경제는 즉시 마비 상태에 빠져들 것이다.

- **유가 폭등과 에너지 대란** : 전 세계 원유 공급의 20~30%가 하루아침에 시장에서 사라진다. 국제 유가는 배럴당 200달러, 300달러를 넘어 예측 불가능한 수준까지 치솟을 것이다. 전 세계는 석유를 구하기 위한 치열한 쟁탈전에 돌입하고, '각자도

생'의 원칙이 모든 국제 관계를 지배하게 될 것이다.
- **글로벌 스태그플레이션** : 유가 폭등은 모든 상품의 생산 및 운송 비용을 급등시켜, 통제 불가능한 인플레이션을 촉발한다. 동시에 에너지 부족으로 전 세계 공장들의 가동이 중단되면서, 경기는 급격히 침체된다. 물가는 폭등하는데 성장은 멈추는 최악의 경제 상황, 즉 스태그플레이션(Stagflation)이 전 세계를 덮칠 것이다.
- **금융 시장 붕괴와 공급망 마비** : 패닉에 빠진 투자자들은 주식을 투매하고, 금융 시장은 붕괴 수준의 충격을 겪게 될 것이다. 석유화학 제품을 원료로 하는 반도체, 자동차, 플라스틱 등 모든 산업의 글로벌 공급망이 연쇄적으로 마비될 것이다.

'에너지 섬' 대한민국의 비상 계획 : 과연 버틸 수 있는가?

이 전 지구적 재앙의 파도는, 그 어떤 나라보다 대한민국에 가장 가혹하게 몰아닥칠 것이다. 원유의 70% 이상을 호르무즈 해협에 의존하는 우리에게, 봉쇄는 곧 국가 경제의 '셧다운'을 의미한다.

- **1단계(봉쇄 직후~30일)** : 정부는 즉시 비상사태를 선포하고, 전략비축유(SPR, Strategic Petroleum Reserve)를 방출하기 시작할 것이다. 한국석유공사가 비축한 약 90~100일분의 비축유는 단기적인 충격을 흡수하는 완충재 역할을 한다. 동시에 정부는 모든 국민과 기업을 대상으로 강력한 에너지 절약 조치를 시행할 것이다. 차량 2부제가 실시되고, 주유소에서는 차량당 주유량이 제한된다. 공장들은 가동 시간을 단축하고, 건물의 난방 온도는 엄격하게 통제될 것이다.
- **2단계(봉쇄 30일~90일)** : 비축유가 점차 바닥을 드러내면서, 사회적 혼란은 극에 달한다. 정부는 미국, 일본 등 동맹국 및 국제에너지기구(IEA) 회원국들과 공조하여 비축유를 추가로 확보하려 노력하겠지만, 전 세계가 석유 부족에 시달리는 상황에서 이는 쉽지 않다. 중동을 우회하는 대체 항로(예 : 아프리카 희망봉 경유)를 통해 일부 물량을 확보하려 하겠지만, 이는 운송 기간과 비용을 폭증시켜 경제에 더 큰 부담을 준다. 정유 및 석유화학 공장들의 가동 중단이 현실화되고, 항공과 해운

물류는 마비 상태에 빠진다. 버스와 지하철 운행이 단축되고, 생필품 가격이 폭등하며 사재기 현상이 벌어질 수 있다.

- **3단계(봉쇄 90일 이후)** : 비축유가 고갈되는 순간, 대한민국은 사실상 '국가 기능 정지' 상태에 빠진다. 전력 생산의 상당 부분을 차지하는 석유 및 가스 발전이 멈추면서, 전국적인 순환 정전이 불가피해진다. 병원, 통신, 금융 등 핵심 사회 기반 시설마저 위태로워진다. 수출로 먹고사는 대한민국의 무역은 완전히 중단되고, 원화 가치는 폭락하며 국가 부도 위기에 직면할 수 있다.

이것은 과장된 시나리오가 아니다. 이것이 바로 에너지의 92.9%를 수입하고, 그 생명선을 특정 지역의 지정학적 리스크에 맡겨둔 국가가 감수해야 할 냉혹한 현실이다.

근본적인 해법을 향하여 : 의존의 굴레를 끊어내라

정부의 비상 계획은 분명 존재한다. 전략비축유 확보, 수입선 다변화, 국제 공조 강화 등. 하지만 이 모든 것은 봉쇄가 단기간에 끝난다는 전제 하에서만 유효한 '임시방편'일 뿐이다. 근본적인 문제는, 우리의 경제 구조 자체가 외부의 에너지 공급 없이는 단 하루도 버틸 수 없는, 극도로 취약한 **'에너지 종속'** 상태에 있다는 점이다.

호르무즈 해협 봉쇄 시나리오는 우리에게 고통스러운 질문을 던진다. 언제까지 이 살얼음판 같은 지정학적 리스크 위에서 국가의 명운을 건 도박을 계속할 것인가?

이 질문에 대한 유일한 해답은, 결국 **화석연료 의존의 굴레를 끊어내는 것**이다. 외부에서 수입해야 하는 석유와 가스의 비중을 줄이고, 우리 땅과 바다에서 스스로 생산할 수 있는 에너지, 즉 재생에너지와 원자력, 그리고 그린수소의 비중을 획기적으로 높여 **에너지 자립도**를 높이는 것만이 이 끔찍한 악몽의 시나리오에서 벗어날 수 있는 유일한 길이다.

호르무즈 해협의 파도는 언제든 우리를 덮칠 수 있다. 그 파도가 닥치기 전에, 우리 스스로 파도를 막을 수 있는 튼튼한 방파제를 쌓고, 나아가 파도에 흔들리지 않는 튼튼한 배를 만드는 것. 그것이 바로 에너지 대전환 시대, 대한민국에게 주어진 가장 절박하고도 시급한 과제다.

제11장
RE100과 전기요금, 피할 수 없는 이중의 덫

11.1. "재생에너지로 만들었습니까?" 글로벌 공급망의 새로운 규칙

지금까지 우리는 대한민국 경제를 옥죄는 세 가지 거대한 딜레마, 즉 에너지 종속, 지정학적 취약성, 그리고 이로 인한 제조업 경쟁력 약화의 문제를 살펴보았다. 이 모든 위협은 주로 국가 간의 관계, 국제 정세, 그리고 에너지 가격이라는 거시적인 변수에 의해 촉발되었다. 하지만 지금, 우리 기업들은 정부의 규제나 국제 조약보다 더 직접적이고, 더 집요하며, 더 피하기 어려운 또 다른 종류의 압박에 직면하고 있다.

그것은 바로 글로벌 공급망의 최상위 포식자, 즉 애플, 구글, BMW와 같은 최종 제품을 만드는 글로벌 브랜드 기업들로부터 날아오는 단 하나의 질문이다.

"귀사가 우리에게 납품하는 그 부품, 재생에너지로 만들었습니까?"

이 질문은 더 이상 권고나 제안이 아니다. 이것은 글로벌 시장에 진입하기 위한 새로운 '통행증'이자, 이 통행증을 발급하지 못하는 기업은 공급망에서 가차 없이 퇴출하겠다는 냉혹한 최후통첩이다. RE100(Renewable Electricity 100)으로 대표되는 이 새로운 규칙은, 대한민국 제조업을 '급등하는 에너지 비용'과 '재생에너지 사용 강요'라는 피할 수 없는 **이중의 덫**(Double Bind) 속으로 몰아넣고 있다. 한쪽에서는 생존을 위해 값싼 에너지가 절실한데, 다른 한쪽에서는 돈이 더 들더라도 깨끗한 에너지를 쓰라고 강요하는, 그야말로 진 퇴양난의 상황이다.

규칙 제정자들의 변화 : 정부에서 기업으로

과거 글로벌 무역의 규칙은 주로 국가와 국가 간의 협상, 즉 GATT(관세 및 무역에 관한 일반협정)나 WTO(세계무역기구)와 같은 다자간 협의체를 통해 만들어졌다. 제6장에서 살펴본 EU의 탄소국경조정제도(CBAM) 역시 정부가 주도하는 규제의 연장선에 있다.

하지만 21세기 글로벌 공급망은 너무나도 복잡하고 촘촘하게 얽혀 있어, 정부의 규제만으로는 모든 것을 통제하기 어렵다. 오히려 공급망의 정점에 있는 소수의 거대 글로벌 기업들이 자신들의 구매력(Buying Power)을 이용해 수만 개의 협력업체들에게 자신들의 기준을 따르도록 강요하는, **사적(私的) 거버넌스**의 힘이 훨씬 더 강력하고 효과적으로 작동하기 시작했다.

이러한 변화의 중심에 바로 **RE100**이 있다. 2014년, 영국의 비영리단체인 '더 클라이밋 그룹'이 시작한 이 캠페인은 초기에는 기업의 사회적 책임을 강조하는 자발적인 운동에 가까웠다. 하지만 애플, 구글, 마이크로소프트, BMW와 같은 세계적인 브랜드 파워를 가진 기업들이 대거 참여하고, 나아가 자신들의 약속을 공급망 전체로 확장하면서, RE100은 그 성격이 완전히 바뀌었다.

그들은 자신들의 탄소 배출량 중 대부분(95% 이상)이 공장이나 사무실(Scope 1, 2)이 아닌, 전 세계에 흩어져 있는 수많은 협력업체들의 생산 과정(Scope 3)에서 발생한다는 사실을 깨달았다. 진정한 탄소중립을 달성하고, '친환경 기업'이라는 브랜드 이미지를 지키기 위해서는, 이 거대한 공급망의 체질을 바꾸지 않고는 불가능하다는 결론에 이른 것이다.

그 결과, 애플은 "2030년까지 공급망 전체를 100% 탄소중립으로 만들겠다"고 선언했고, BMW는 "자동차 생산에 사용되는 모든 전력을 100% 재생에너지로 조달하겠다"고 발표했다. 이는 곧, 자신들에게 부품을 납품하는 전 세계 모든 협력업체들에게 보내는 명확한 지침이 되었다. **"우리의 기준을 맞추지 못하면, 당신들은 더 이상 우리의 파트너가 될 수 없다."**

'RE100 적자국' 대한민국의 현실

이 새로운 규칙은 특히 대한민국 제조업에 치명적이다. 우리는 세계 최고의 반도체, 디스플레이, 배터리, 자동차 부품을 만들어 이들 글로벌 기업에 공급하는, 글로벌 공급망의 핵심 국가이기 때문이다. 애플의 아이폰, BMW의 전기차는 한국산 부품 없이는 만들어질 수 없다. 하지만 바로 그 이유 때문에, 우리는 그들의 RE100 요구로부터 자유로울 수 없는 운명에 처해있다.

문제는, 앞서 제6장에서 잠시 언급했듯, 대한민국이 이 요구를 충족시키기에는 너무나도 불리한 조건을 가진 'RE100 적자국'이라는 점이다.

첫째, **공급이 절대적으로 부족하다.** 2023년 기준 한국의 전체 발전량에서 신재생에너지가 차지하는 비중은 9.2%로 OECD 최하위 수준이다. 삼성전자와 SK하이닉스, 이 두 기업이 RE100을 달성하기 위해 필요한 재생에너지의 양만 해도, 현재 우리나라 전체 재생에너지 발전량을 뛰어넘는다. 즉, 우리 기업들은 돈이 있어도 살 수 있는 '녹색 전기' 자체가 없는 심각한 공급 부족 상태에 놓여있다.

둘째, **가격이 너무 비싸다.** 좁은 국토와 복잡한 인허가, 그리고 부족한 전력망 인프라 때문에 한국의 재생에너지 발전 단가는 세계 최고 수준이다. 기업이 재생에너지 발전사업자와 직접 전력구매계약(PPA)을 맺을 경우, 그 가격은 일반 산업용 전기요금보다 20~30% 이상 비싸다. 이는 우리 기업들이 대만, 중국, 미국의 경쟁 기업들보다 훨씬 더 비싼 '녹색 프리미엄'을 지불해야만 RE100을 이행할 수 있다는 의미다.

이중의 덫 : RE100 압박과 전기요금 인상의 딜레마

바로 이 지점에서 대한민국 제조업은 피할 수 없는 이중의 덫에 걸리게 된다.

- **덫의 한쪽 : RE100 미이행의 리스크**

    만약 우리 기업이 비싼 비용과 공급 부족을 이유로 RE100 요구를 맞추지 못하면 어떻게 될까? 단기적으로는 비용을 아낄 수 있을지 모른다. 하지만 장기적으로는 글로벌 공급망에서 퇴출당할 위험에 직면한다. 애플이나 BMW는 한국의 A 기업을 대체할 수 있는, 재생에너지 인프라가 풍부하고 가격이 저렴한 베트남이나 인도의 B 기업을 새로운 파트너로 선택할 것이다. 이는 단순히 특정 기업의 매출 감소 문제가 아니라, 대한민국의 주력 산업 전체가 글로벌 시장에서 고립되고 도태될 수 있는 심각한 위협이다.

- **덫의 다른 한쪽 : RE100 이행의 리스크**

    반대로, 우리 기업이 울며 겨자 먹기로 비싼 '녹색 프리미엄'을 지불하고 RE100을 이행한다고 가정해 보자. 이는 곧 생산 원가의 상승을 의미한다. 이미 에너지 비용 상승으로 원가 압박에 시달리고 있는 상황에서, RE100 이행 비용까지 더해지면 우리 제품의 가격 경쟁력은 더욱 약화될 수밖에 없다. 글로벌 시장에서 0.1%의 가격 차이로 승부가 갈리는 상황에서, 이는 기업의 수익성을 악화시키고 성장의 발목을 잡는 또 다른 족쇄가 된다.

이것이 바로 이중의 덫이다. RE100을 이행하지 않으면 공급망에서 퇴출될 위험이 있고, RE100을 이행하면 원가 상승으로 가격 경쟁력을 잃을 위험이 있다. 이러지도 저러지도 못하는 진퇴양난의 상황.

이 딜레마는 특히 대한민국 경제의 근간을 이루는 중소·중견 부품업체들에게 더욱 가혹하게 작용한다. 대기업은 그나마 자체적으로 재생에너지에 투자하거나 비싼 비용을 감당할 여력이 있지만, 자본과 정보가 부족한 중소기업들은 글로벌 기업들의 RE100 요구에 대응할 방법조차 찾기 어려운 것이 현실이다. 대기업의 RE100 압박이 결국 수많은 중소 협력업체들의 줄도산으로 이어질 수 있다는 경고가 나오는 이유다.

결론적으로, "재생에너지로 만들었습니까?"라는 이 한 문장의 질문은, 에너지 전환 시대에 대한민국 제조업이 마주한 가장 근본적이고도 어려운 과제를 압축해서 보여준다. 이 질문에 어떻게 답하느냐에 따라, 우리 기업과 산업의 미래가 결정될 것이다. 그리고 이 고통스러운 질문은, 다음 절에서 살펴볼 산업용 전기요금 인상이라는 또 다른 현실적인 압박과 만나면서, 우리에게 더욱 시급하고 절박한 선택을 강요하게 된다.

11.2. 73% 폭등 : 기업의 비명을 외면할 수 없는 산업용 전기요금

앞서 우리는 글로벌 공급망의 새로운 규칙으로 떠오른 RE100이 어떻게 대한민국 제조업을 '공급망 퇴출'과 '원가 상승'이라는 진퇴양난의 딜레마로 몰아넣고 있는지를 살펴보았다. 하지만 이 고통스러운 덫의 한쪽 발이 채 빠지기도 전에, 우리 기업들은 전혀 다른 방향에서 날아온 또 다른 덫에 발목을 잡히고 말았다. 바로 지난 수십 년간 당연하게 여겨졌던 **'값싼 산업용 전기' 시대의 종언**이다.

2021년 3월부터 2024년 10월까지, 불과 3년 반의 기간 동안 대한민국의 산업용 전기요금(대기업이 사용하는 고압 전력 기준)은 무려 **73%를 넘나드는 폭등**을 기록했다. 2024년 초 정부가 물가 안정을 이유로 요금을 동결하며 잠시 숨을 고르는 듯했지만, 같은 해 10월 **산업용 전기요금만 평균 9.7%를 추가 인상**하면서 이는 문제의 해결이 아닌 이연(移延)에 불과했음이 다시 한번 입증되었다.

구체적으로 살펴보면, 2021년 kWh당 105.5원이었던 산업용 전기요금은 2024년 10월 인상을 통해 **대기업 대상 산업용(을) 요금이 182.7원**에 이르렀다. 이는 **3년 반만에 73% 이상의 인상률**을 보여주는 수준이다. 더욱 충격적인 것은 **2022년부터 2024년 10월까지 총 7차례에 걸쳐 요금이 인상**되었으며, 이 기간 누적 인상률이 68.7%에서 72.3%에 달한다는 점이다.

특히 2024년 10월의 9.7% 인상은 **산업용 전기요금 인상 폭으로는 역대 최대**를 기록했으며, 대기업의 경우 호당 연간 **1억 1천만원**의 추가 부담이 발생하게 되었다. 이러한 수치들은 지난 반세기 동안 대한민국 제조업의 경쟁력을 떠받쳐 온 가장 중요한 기둥 중 하나가 이미 무너져 내렸음을 알리는, 비명에 가까운 경고음이다.

과거 '한강의 기적'을 가능하게 했던 국가 주도의 저(低)에너지 비용 정책이, 이제는 더 이상 지속 불가능한 한계에 부딪혔음을 보여주는 명백한 선고이자, **한국전력의 203조원에 달하는 누적 적자** 상황에서 기업들만이 전기요금 인상의 부담을 고스란히 떠안게 되는 현실을 적나라하게 드러내고 있다.

"글로벌 고객사는 매년 재생에너지 사용 비율을 높이라고 요구하는데, 국내 전기요금은 분기마다 오르고 있습니다. 해외로 공장을 옮기라는 압박을 온몸으로 느끼고 있습니다. 저희는 대체 어느 장단에 춤을 춰야 합니까?" (국내 중소 부품업체 대표)

글로벌 고객들은 "깨끗한 전기를 쓰라"고 압박하는데, 정작 그 전기를 공급하는 국가 시스템은 "이제 더 이상 값싼 전기는 없다"고 외치는 상황. 이 이중의 압박 속에서 대한민국 제조업은 그야말로 사면초가에 빠졌다. 이 73%라는 숫자가 어떻게 등장했으며, 이것이 우리 산업 현장에 어떤 의미를 갖는지, 그 고통스러운 현실의 속살을 들여다보자.

'값싼 전기'라는 이름의 신화 : 과거의 성공 방정식

지난 수십 년간, 대한민국의 산업용 전기요금은 세계적으로도 매우 저렴한 수준을 유지해왔다. 이는 결코 우연이 아니었다. 그것은 정부가 수출 주도형 제조업을 육성하기 위해 의도적으로 설계하고 유지해 온, 강력한 **정책적 지원**의 산물이었다.

- **교차보조라는 착시** : 표면적으로는 한국전력(KEPCO)이라는 단일 사업자가 전기를 공급하는 것처럼 보이지만, 그 내부에는 복잡한 '교차보조(Cross-subsidy)' 메커니즘이 숨어 있었다. 즉, 주택용이나 일반용(상업용) 전기 사용자에게는 원가보다 높은 요금을 부과하고, 거기서 남는 이익으로 산업용 전기요금을 원가보다 낮게 유지해 주는 방식이었다. 국민과 자영업자가 사실상 대기업의 전기요금을 보조해 주는 구조였던 셈이다.

- **KEPCO의 희생** : 더 근본적으로는, 정부가 정치적, 사회적 이유로 전기요금 인상을 억제할 때마다, 그 모든 손실을 공기업인 KEPCO가 떠안는 구조가 고착화되었다. 국제 에너지 가격이 올라 발전 원가가 상승해도, 정부가 요금 인상을 승인해주지 않으면 KEPCO는 전기를 만들수록 손해를 보는 역마진 구조 속에서 적자를 감수하며 전기를 공급했다.

이러한 '값싼 전기'는 대한민국 제조업, 특히 반도체, 석유화학, 철강과 같은 에너지 다소비 업종에게는 최고의 경쟁력 원천 중 하나였다. 다른 나라 경쟁 기업들보다 훨씬 저렴한 에너지 비용 덕분에, 우리 기업들은 가격 경쟁에서 우위를 점하고 글로벌 시장을 석권할 수 있었다. 값싼 전기는 '한강의 기적'을 이끈 숨은 공신이었던 셈이다.

하지만 이 성공의 신화는, KEPCO라는 공기업의 만성적인 부실과, 사회 전체의 비효율적인 에너지 소비 구조를 대가로 유지되는, 아슬아슬한 외줄타기와도 같았다. 그리고 2022년, 그 줄은 마침내 끊어지고 말았다.

신화의 종언 : KEPCO의 위기와 피할 수 없었던 요금 인상

2022년, 러시아-우크라이나 전쟁이 발발하면서 국제 에너지 시장은 전례 없는 패닉 상태에 빠졌다. 원유, 석탄, 그리고 특히 천연가스(LNG) 가격이 수직으로 상승했다. 화력발전 비중이 높고, 연료의 전량을 수입에 의존하는 KEPCO에게 이는 직격탄이었다. 전기를 만드는 데 필요한 연료비는 몇 배로 뛰었지만, 정부는 물가 상승과 국민 여론을 의식해 전기요금 인상을 극도로 억제했다.

그 결과, KEPCO는 전기를 팔수록 손해를 보는, 상식적으로 이해할 수 없는 경영 상태에 빠져들었다. 2021년부터 2023년까지, KEPCO가 기록한 누적 영업손실은 무려 **43조 원**에 달했다. 이는 KEPCO 창사 이래 최악의 경영 위기였다.

이 천문학적인 적자는 단순히 한 공기업의 부실 문제를 넘어, 국가 경제 전체를 위협하는 시한폭탄이 되었다.

- **국가 신용도 하락** : 적자를 메우기 위해 KEPCO는 채권(한전채)을 대규모로 발행할 수밖에 없었다. 한전채가 시장의 자금을 블랙홀처럼 빨아들이면서, 다른 기업들의 자금 조달이 어려워지고 시장 금리가 상승하는 부작용이 나타났다. KEPCO의 재무 위기가 국가 금융 시스템 전체를 위협할 수 있다는 경고음이 켜진 것이다.
- **전력망 투자 위축** : 더 심각한 문제는, KEPCO가 막대한 적자로 인해 미래를 위한 투자를 할 여력을 완전히 상실했다는 점이다. 제8장에서 보았듯이, 이미 노후화되고 VRE의 확산으로 몸살을 앓고 있는 전력망을 현대화하고 확장하기 위해서는 천문학적인 투자가 필요하다. 하지만 KEPCO가 부실의 늪에 빠지면서, 이 모든 필수적인 투자가 중단

되거나 지연될 위기에 처했다. 이는 대한민국 에너지 시스템의 미래를 담보로 한 위험한 도박이었다.

결국 정부는 더 이상 버틸 수 없었다. KEPCO의 파산을 막고, 왜곡된 전력 시장을 정상화하기 위해, 고통스럽지만 피할 수 없는 선택, 즉 대대적인 전기요금 인상에 나설 수밖에 없었다. 그리고 그 인상의 칼날은, 그동안 가장 큰 혜택을 보아왔던 **산업용 전기**에 가장 매섭게 향했다. 그 결과가 바로 2021년부터 2024년까지 이어진 85%의 기록적인 요금 인상이었다.

제조업의 비명 : 엎친 데 덮친 격

이 85%의 요금 인상은 대한민국 제조업의 심장부를 강타했다. 제10장에서 보았듯이, 에너지 비용 상승은 우리 주력 산업의 원가 구조에 즉각적인 충격을 준다. 그런데 이제는 국제 에너지 가격 변동과 상관없이, 국가가 부과하는 전기요금 자체가 구조적으로 상승하는 새로운 현실에 직면하게 된 것이다.

- **원가 경쟁력의 이중 타격** : 우리 기업들은 이제 '국제 에너지 가격 급등'과 '국내 전기요금 인상'이라는 이중의 원가 상승 압박에 시달리게 되었다. 이는 글로벌 시장에서 우리 제품의 가격 경쟁력을 근본적으로 약화시키는 요인이다.
- **'코리아 디스카운트'의 현실화** : 특히 미국의 IRA와 같이, 경쟁국들이 자국 제조업을 부활시키기 위해 막대한 보조금과 저렴한 에너지를 무기로 제공하는 상황에서, 우리의 전기요금 인상은 더욱 뼈아프다. 경쟁 기업들은 정부로부터 할인을 받는데, 우리 기업들은 오히려 비용이 급등하는 '코리아 디스카운트'가 현실화되고 있는 것이다.

이러한 상황은 우리를 다시 한번 **이중의 덫**이라는 근본적인 딜레마로 이끈다. RE100을 이행하기 위해 비싼 재생에너지를 사자니 원가 부담이 너무 크고, 그렇다고 기존의 산업용 전기를 계속 쓰자니 그 전기요금마저 폭등하여 더 이상 '값싼 대안'이 될 수 없는 상황.

결론적으로, 85%라는 숫자는 지난 50년간 대한민국 제조업을 지탱해 온 '값싼 전기'라는 성공 신화가 공식적으로 끝났음을 알리는 사망 선고와도 같다. 이제 우리 기업들은 에너지 비용을 더 이상 통제 가능한 변수가 아닌, 생존을 위협하는 가장 큰 리스크로 인식해야만 한다. 이 고통스러운 현실은 정부에게도 어려운 숙제를 던진다. 산업 경쟁력을 보호하기 위해 요금 인상을 억제할 것인가, 아니면 KEPCO의 부실을 막고 시장을 정상화하기 위해 추가적인 요금 인상을 감수할 것인가. 이 풀기 어려운 정책의 딜레마 속에서, 대한민국 경제는 지금 중대한 기로에 서 있다.

11.3. 이러지도 저러지도 못하는 정책의 딜레마

글로벌 공급망은 **"깨끗한 전기를 쓰라"**고 압박하고, 국내 에너지 시스템은 "더 이상 값싼 전기는 없다"고 비명을 지른다. 이 거대한 두 개의 덫 사이에, 대한민국 정부는 서 있다. 한쪽 발은 산업 경쟁력이라는 현실에, 다른 한쪽 발은 에너지 전환이라는 미래에 묶인 채, 이러지도 저러지도 못하는 극심한 **정책적 딜레마**(Policy Dilemma)에 빠져있다.

이 딜레마는 단순히 어떤 정책이 더 좋으냐의 문제가 아니다. 그것은 어떤 선택을 하든 반드시 상당한 대가와 희생을 치러야만 하는, 정답이 없는 고차방정식에 가깝다. 산업계를 살리기 위해 전기요금을 억제하면 공기업의 부실과 전력망 투자의 위축이라는 파국을 맞게 되고, 에너지 시스템을 정상화하기 위해 전기요금을 올리면 제조업의 기반이 흔들리고 국민적 저항에 부딪힌다. RE100을 위해 재생에너지 보급을 서두르면 비싼 비용 구조가 심화되고, 이를 늦추면 글로벌 시장에서 고립된다.

이처럼 서로 상충하는 목표들 사이에서, 정부의 정책은 방향을 잃고 표류하는 것처럼 보인다. 이 장에서는 대한민국 정부가 처한 네 가지 핵심적인 정책 딜레마의 구조를 심층적으로 해부하고, 왜 우리의 에너지 정책이 이토록 어렵고 고통스러운 결정을 요구받고 있는지 그 근본적인 원인을 파헤쳐 보고자 한다.

딜레마 1 : 산업 경쟁력 vs KEPCO 정상화

정부가 마주한 가장 즉각적이고 고통스러운 딜레마는 '산업 경쟁력 보호'와 '한국전력(KEPCO)의 경영 정상화'라는 두 마리 토끼 사이에서의 선택이다.

- **산업 경쟁력을 위한 '요금 동결'의 유혹** : 정부의 입장에서, 수출로 먹고사는 나라의 근간인 제조업을 외면하기란 지극히 어렵다. 특히 반도체, 철강, 석유화학 등 주력 산업계는 "전기요금이 더 오르면 공장 문을 닫아야 한다", "경쟁국들은 보조금을 주는데 우리는 요금까지 올리면 글로벌 경쟁에서 이길 수 없다"고 강력하게 호소한다. 이들의 목소리를 무시하고 전기요금을 계속해서 인상하는 것은, 단기적으로 기업의 투자 위축과 일자리 감소, 나아가 국가 경제 전체의 침체로 이어질 수 있다는 정치적 부담을 안겨준다. 따라서 어떻게든 요금 인상을 억제하여 기업의 숨통을 틔워주고 싶은 유혹에 빠지기 쉽다.

- **KEPCO 정상화를 위한 '요금 인상'의 당위** : 하지만 반대편에는 203조 원이라는 천문학적인 누적 적자에 허덕이는 KEPCO가 있다. 이 거대한 부실을 방치하는 것은 더 큰 재앙을 불러온다. KEPCO의 신용등급이 하락하고 채권 발행이 한계에 부딪히면, 최악의 경우 전력 구매 대금을 지불하지 못해 발전소들이 가동을 멈추는, 국가적인 에너지 위기 사태가 발생할 수도 있다. 또한, 적자에 시달리는 KEPCO는 미래를 위한 전력망 투자에 나설 수 없다. 이는 결국 장기적으로 전력 공

급의 질을 떨어뜨리고, 에너지 전환의 발목을 잡아 미래 산업의 경쟁력을 더욱 심각하게 훼손하는 결과를 낳는다. 따라서 KEPCO의 재무구조를 정상화하고, 미래 투자를 위한 재원을 마련하기 위해서는, 고통스럽더라도 원가를 반영한 전기요금 인상이 불가피하다는 당위론이 힘을 얻는다.

이 두 가지 상충하는 목표 사이에서, 정부는 2025년 5월 이후 전기요금을 동결하는 '미봉책'을 선택했다. 이는 당장의 급한 불은 껐을지 모르나, 문제의 근본적인 해결을 미래로 떠넘긴 것에 불과하다. 국제 에너지 가격이 다시 급등하거나, KEPCO의 재무 위기가 한계에 다다르면, 이 딜레마는 언제든 다시 수면 위로 떠오를 수밖에 없다.

딜레마 2 : 국민 여론 vs 시장 원리

전기요금 딜레마는 산업계를 넘어 '국민 여론'과 '시장 원리'의 충돌이라는 더 복잡한 차원으로 확장된다.

- **'물가 안정'을 외치는 국민 여론** : 전기는 단순한 상품이 아니라, 모든 국민이 사용하는 필수 공공재다. 전기요금 인상은 가계의 난방비와 냉방비 부담을 직접적으로 가중시킬 뿐만 아니라, 모든 상품과 서비스의 가격을 끌어올려 인플레이션을 심화시킨다. 특히 고물가 시대에 서민들의 삶이 팍팍해질수록, 전기요금 인상에 대한 국민적 저항과 정치적 부담은 극도로 커진다. 정부와 정치권은 표심을 의식하여 요금 인상에 소극적일 수밖에 없는 구조다.

- **'가격 신호'를 요구하는 시장 원리** : 하지만 경제학의 관점에서, 가격은 자원의 희소성을 알리고 합리적인 소비를 유도하는 가장 중요한 '신호(Signal)'다. 에너지라는 귀한 자원을 원가보다 훨씬 싼 가격에 공급하는 것은, 시장 전체에 "에너지를 낭비해도 괜찮다"는 왜곡된 신호를 보내

는 것과 같다. 이는 기업과 가계의 에너지 효율 개선 노력을 저해하고, 비효율적인 에너지 소비 구조를 고착화시킨다. 시장 원리에 따라 에너지의 실제 가치를 가격에 반영해야만, 사회 전체적으로 에너지 소비를 줄이고 효율을 높이는 근본적인 체질 개선이 가능하다는 것이다.

결국, 국민의 단기적인 고통을 줄이기 위해 가격을 통제할 것인가, 아니면 장기적인 국가 경제의 효율성을 위해 시장 원리를 존중할 것인가 하는 어려운 선택의 문제다.

딜레마 3 : 재생에너지 확대 vs 비용 부담

세 번째 딜레마는 에너지 전환의 핵심 과제인 '재생에너지 확대'와 그로 인해 발생하는 **'비용 부담'** 사이에서 발생한다.

- **'RE100'과 '탄소중립'을 위한 재생에너지 확대** : 글로벌 공급망의 요구와 국가적 탄소중립 목표를 달성하기 위해, 재생에너지 보급을 서둘러야 한다는 것은 거스를 수 없는 대세다. 재생에너지 비중을 획기적으로 높이지 않고서는, 우리 기업들은 수출길이 막히고 국가적으로는 기후 악당이라는 오명을 벗을 수 없다.
- **'전기요금 인상'이라는 비용 부담** : 문제는, 앞서보았듯이 현재 대한민국의 여건에서 재생에너지는 여전히 화석연료나 원자력보다 비싼 에너지원이라는 점이다. 재생에너지 보급을 확대하기 위해서는 막대한 초기 투자 비용이 필요하며, 이는 결국 KEPCO의 전력 구매 비용을 상승시켜 전기요금 인상 압력으로 작용한다. 또한, 재생에너지의 변동성을 보완하기 위한 에너지 저장 장치(ESS)나 전력망 보강에도 천문학적인 추가 비용이 발생한다.

결국, '깨끗한 에너지'를 더 많이 쓸수록, '비싼 전기요금'을 감수해야 하는 트레이드오프 관계에 놓여 있는 것이다. 정부는 재생에너지 보급 속도를 높여 글로벌 스탠더드를 맞출 것인가, 아니면 전기요금 인상 부담을 최소화하기 위해 보급 속도를 조절할 것인가 하는 어려운 선택에 직면해 있다.

딜레마 4 : 단기적 안정 vs 장기적 전환

이 모든 딜레마는 결국 '단기적 안정'과 '장기적 전환'이라는 시간 축의 충돌로 요약될 수 있다.

정부와 정치권은 본질적으로 임기가 정해져 있고, 당장의 경제 지표와 여론에 민감할 수밖에 없다. 따라서 단기적인 산업 충격과 국민 부담을 최소화하기 위해, 고통스러운 구조 개혁을 뒤로 미루고 싶은 유혹을 느끼기 쉽다. 전기요금을 동결하고, KEPCO의 적자를 방치하며, 재생에너지 보급을 늦추는 것은 단기적으로는 가장 쉬운 길처럼 보일 수 있다.

하지만 이러한 단기적 봉합은, 장기적으로 대한민국이 마주할 더 큰 위기의 씨앗을 뿌리는 것과 같다. 에너지 시스템의 근본적인 체질 개선을 미룰수록, KEPCO의 부실은 눈덩이처럼 불어나고, 전력망 인프라는 더욱 노후화되며, 글로벌 에너지 전환의 흐름에서 뒤처져 결국 국가 경쟁력 전체가 돌이킬 수 없는 타격을 입게 될 것이다.

결론적으로, 대한민국 정부는 지금 네 개의 톱니바퀴가 서로 다른 방향으로 돌아가며 삐걱거리는, 복잡한 딜레마의 기계 앞에 서 있다. 어떤 톱니바퀴를 먼저 돌리려 해도, 다른 톱니바퀴가 맞물려 저항하는 형국이다. 이 딜레마를 해결하기 위해서는 단기적인 인기에 영합하는 땜질식 처방이 아니라, 국가의 장기적인 미래를 내다보는 일관된 비전과, 고통 분담에 대한 사회적 대타협을 이끌어내는 강력한 정치적 리더십이 절실히 요구된다. 그리고 이 딜레마의 가장 첨예한 현장은, 바로 다음 장에서 살펴볼 '만들수록 손해'인 재생에너지의 역설과 전력망 병목 현장에서 벌어지고 있다.

제12장
만들수록 손해? 재생에너지의 역설과 전력망 병목 현상

12.1. 전남에서 만든 전기, 서울로 오지 못하는 이유

앞선 장들에서 우리는 대한민국이 처한 두 가지 거대한 딜레마를 살펴보았다. 해외에 에너지 주권을 저당 잡힌 **'에너지 식민지'**의 현실, 그리고 RE100과 전기요금 상승이라는 **'이중의 덫'**. 이 두 가지 문제에 대한 가장 명쾌하고 상식적인 해답은 당연히 우리 땅에서, 우리 기술로, 깨끗하고 값싼 에너지를 많이 만들어내는 것일 것이다. 정부와 민간은 실제로 지난 몇 년간 이 목표를 향해 재생에너지 설비를 부지런히 늘려왔다.

하지만 바로 여기서, 우리는 세 번째, 그리고 어쩌면 가장 답답하고 근원적인 딜레마의 벽과 정면으로 마주치게 된다. 바로 **'전력망 병목 현상**(Grid Bottleneck)'이다. 애써 만든 깨끗한 전기를, 정작 필요한 곳으로 보내지 못해 썩혀 버려야 하는 믿기 힘든 역설. 이것은 마치 모든 국민에게 최신형 5G 스마트폰을 보급했는데, 통신 기지국이 부족해 통화조차 제대로 할 수 없는 것과 같은 상황이다. 대한민국 에너지 시스템의 가장 깊은 곳에 자리한 동맥경화, 그 치명적인 질병의 실체를 지금부터 파헤쳐 보자.

이 문제의 근원은 한반도의 지도를 펼쳐보면 명확히 드러난다. 대한민국의 '에너지 지도'는 극심한 **지리적 불균형**(Geographical Mismatch) 상태에 놓여 있다.

먼저, 에너지를 '생산'하는 지역을 보자. 재생에너지를 만들기에 가장 좋은, 즉 햇빛이 가장 강하고 바람이 가장 세찬 곳은 대부분 국토의 남서쪽에 집중되어 있다. 끝없이 펼쳐진 김제와 해남의 평야, 리아스식 해안의 복잡한 섬과 바다가 있는 전라남도와 전라북도, 그리고 사시사철 바람이 멈추지 않는 제주도. 이곳들이 바로 대한민국 '녹색 발전소'의 핵심 입지다. 실제로 2023년 기준, 우리나라 전체 태양광 설비의 **약 43%**, 풍력 설비의 약 **63%가** 이 호남권과 제주도에 집중되어 있다. 이곳은 말 그대로 대한민국의 '그린 선벨트(GreenSunbelt)'다.

반면, 대한민국에서 에너지를 가장 많이 '소비'하는 지역은 어디일까? 세계적인 반도체 클러스터, 거대한 데이터센터 단지, 그리고 대한민국 인구의 절반인 2,600만 명이 모여 사는 **수도권**이다. 수도권의 전력 소비량은 우리나라 전체의 40%를 훌쩍 넘지만, 정작 이곳에 설치된 재생에너지 설비는 10%에도 미치지 못한다.

생산은 남쪽에서, 소비는 북쪽에서. 이 극심한 지리적 불균형, 이 거대한 '에너지의 남북 격차'가 모든 문제의 시작점이다.

전라남도의 드넓은 '에너지 농장'에서 대량으로 수확한 싱싱한 '전기'를, 수백 킬로미터 떨어진 북쪽의 '에너지 대도시' 서울로 실시간으로 운송해야만 한다. 그런데 이 둘을 잇는 에너지 고속도로, 즉 송전망(Transmission Grid)이 왕복 2차선의 좁은 국도 수준에 불과한 것이다. 더 큰 문제는, 이 좁은 길 위에서 이미 동해안의 원자력 발전소와 충남의 화력 발전소에서 보낸 전기들이 빽빽하게 달리고 있다는 점이다. 새로 수확한 전남의 녹색 전기가 비집고 들어갈 틈이 거의 없다.

이 극심한 '에너지 교통체증'의 결과는 참담하다. 맑고 바람 좋은 봄날, 전남과 제주의 태양광 패널과 풍력 터빈은 잠재력을 최대한 발휘해 엄청난 양의 전기를 쏟아낸다. 하지만 수도권으로 향하는 송전선로는 이미 포화 상태다. 새로 생산된 전기가 더 이상 흐르지 못하고 발전소 인근 지역에 쌓이기 시작한다.

전력망은 수요와 공급이 1초의 오차도 없이 정확히 일치해야 하는 예민한 시스템이다. 특정 지역에 공급량이 수요량을 조금이라도 초과하면, 전력망 전체의 주파수가 흔들리다가 결국 시스템이 붕괴하는 대규모 정전(블랙아웃)으로 이어질 수 있다.

결국 전력거래소의 중앙관제실에서는 시스템 전체의 붕괴를 막기 위해 비상 브레이크를 밟을 수밖에 없다. 남쪽의 발전소들을 향해 고통스러운 명령을 내린다.

"제주 지역 풍력 발전기, 지금 당장 가동을 멈추시오!"
"전남 지역 태양광 발전소, 출력을 절반으로 줄이시오!"

이것이 바로 제8장에서 잠시 언급했던 '**출력 제한**(Curtailment)', 즉 깨끗한 에너지를 생산할 능력이 있음에도 불구하고 강제로 발전을 멈추게 하는 조치다. 애써 지은 발전소를, 돈과 기술을 쏟아부은 청정에너지 설비를, 스스로의 손으로 꺼버려야 하는 비극이다. 전남에서 만든 깨끗한 전기는, 서울로 오고 싶어도 길이 막혀 오지 못하고, 결국 그 자리에서 버려지고 마는 것이다.

이러한 전력망 병목 현상은 단순히 일부 지역의 문제가 아니다. 이는 대한민국 에너지 전환의 가장 근본적인 발목을 잡는 구조적인 암초다.

첫째, **재생에너지 투자의 경제성을 파괴**한다. 발전사업자는 전기를 팔아야 수익을 내고 투자비를 회수할 수 있다. 하지만 출력 제한이 빈번해지면, 발전소를 놀리는 시간이 길어져 수익성은 급격히 악화된다. 이는 미래의 신규 재생에너지 투자를 위축시키는 가장 큰 요인이 된다. 어떤 투자자도, 물건을 만들어도 팔 수 없는 공장에 돈을 투자하려 하지 않을 것이다.

둘째, **국가적 에너지 낭비와 비효율을 초래**한다. 남쪽에서는 연료비 없는 깨끗한 전기를 강제로 버리는 동안, 북쪽 수도권에서는 부족한 전력을 메우기 위해 비싼 LNG 발전소를 더 가동해야 하는 모순적인 상황이 발생한다. 이는 국가 전체의 에너지 비용을 상승시키고, 결국 전기요금 인상 압력으로 되돌아온다.

셋째, RE100 달성을 불가능하게 만든다. 수도권에 위치한 반도체 공장들은 RE100을 달성하기 위해 전남의 깨끗한 전기를 사고 싶어도, 물리적으로 전기를 끌어올 방법이 없다. 이는 우리 기업들이 글로벌 공급망에서 경쟁력을 잃게 만드는 직접적인 원인이 된다.

결론적으로, '전남에서 만든 전기가 서울로 오지 못하는' 이 단순한 문장은, 대한민국 에너지 시스템이 처한 가장 복잡하고도 근원적인 딜레마를 압축해서 보여준다. 발전소를 짓는 기술의 문제가 아니라, 그 에너지를 실어 나를 '길'의 문제. 이제 우리는 이 길이 왜 막혔는지, 그리고 이 길을 뚫기 위해 얼마나 험난한 과정을 거쳐야 하는지를 다음 절에서 더 깊이 들여다볼 것이다.

12.2. 출력 제한 183회 : 애써 만든 청정에너지를 버려야 하는 현실

제주도의 아름다운 해안도로를 달리다 보면, 세찬 바닷바람이 불어와 머리카락을 온통 헝클어뜨리는데도, 저 멀리 언덕 위의 거대한 풍력 터빈의 하얀 날개가 미동도 없이 멈춰서 있는 기이한 광경을 종종 목격할 수 있다. 고장 난 것이 아니다. 전기를 보낼 길이 꽉 막혀, 중앙 관제실의 명령에 따라 강제로 세워둔 것이다.

이것은 21세기 대한민국 에너지 정책의 비효율과 모순을 상징하는 가장 슬픈 풍경이자, '만들수록 손해'라는 역설의 생생한 증거다. 이 강제 멈춤 조치, 즉 출력 제한(Curtailment)은 이제 제주도에서는 피할 수 없는 일상이 되었고, 곧 한반도 내륙 전체의 현실이 될 것임을 예고하는 불길한 전조다.

'탄광 속 카나리아' 제주의 비명

제주도는 대한민국 에너지 시스템의 미래를 미리 보여주는 '살아있는 실험실'이자, 위험을 가장 먼저 알리는 '탄광 속 카나리아'다. 섬이라는 고립된 특성과 풍부한 자연환경 덕분에, 제주도는 전국에서 가장 먼저, 그리고 가장 높은 수준의 재생에너지 보급률을 달성했다. 2023년 기준, 제주도의 전력 소비량 중 재생에너지가 차지하는 비중은 약 19%에 달해, 전국 평균(9.2%)의 두 배를 훨쩍 넘는다.

하지만 이 자랑스러운 성과의 이면에는, 감당할 수 없는 성공의 고통이 숨어 있었다. 제주도라는 작은 그릇에, 너무 많은 양의 에너지가 담기기 시작한 것이다. 전력망이 이를 수용하지 못하면서, 출력 제한은 해마다 기하급수적으로 늘어나는 추세를 보였다.

- **숫자로 보는 비극**: 2015년, 제주도에서 출력 제한이 시행된 횟수는 단 3회에 불과했다. 하지만 2020년에는 77회로 급증했고, 2021년 68회, 2022년 124회를 거쳐, 2023년에는 마침내 183회를 기록했다. 이는 이틀에 한 번꼴로, 맑고 바람 좋은 날이면 어김없이 섬 어딘가의 발전기가 강제로 멈춰 섰음을 의미한다.

- **버려지는 청정에너지**: 이렇게 버려지는 전기의 양은 실로 엄청나다. 2023년 한 해 동안 출력 제한으로 인해 사라진 전력량은 약 542GWh에 달한다. 이는 4인 가구 기준 약 15만 가구가 1년 내내 사용할 수 있는 막대한 양이며, 이를 판매했을 때의 잠재적 손실액은 수백억 원에 이른다.

- **악화되는 현실**: 이 문제는 해결될 기미가 보이지 않는다. 2024년에는 상반기에만 이미 100회를 훨씬 넘는 출력 제한이 발생하며, 또다시 역대 최악의 기록을 경신할 것이 확실시되고 있다. 카나리아는 이미 질식 상태에 빠졌는데, 우리는 그 비명 소리를 들으면서도 갱도 안으

로 계속 들어가고 있는 형국이다.

내륙으로 상륙한 재앙

"제주도는 특수한 섬이니까"라는 안일한 인식은 더 이상 유효하지 않다. 제주도의 비극은 이제 해협을 건너 한반도 내륙으로 빠르게 확산되고 있다. 태양광 발전소가 밀집한 전라남도 신안과 해남, 풍력 발전 단지가 들어선 경상북도 영양과 강원도에서도 출력 제한이 발생하기 시작했다.

그리고 2024년 봄, 마침내 사상 처음으로 **호남 지역에서 대규모 출력 제한**이 시행되었다. 이는 대한민국 에너지 시스템에 역사적인, 그리고 매우 불길한 변곡점이 찍혔음을 의미한다. 제주도라는 특수한 실험실의 문제가, 이제 국가 전체의 시스템적 문제로 비화했음을 공식적으로 인정한 것이다.

정부의 '제10차 전력수급기본계획'에 따르면, 2030년까지 재생에너지 비중을 21.6%까지 확대할 계획이다. 하지만 현재의 전력망 구조가 개선되지 않는다면, 2030년에는 연간 **7.9TWh**의 전력이 출력 제한으로 낭비될 수 있다는 암울한 전망이 나온다. 이는 현재 가동 중인 대형 원자력 발전소 1기가 1년 내내 생산하는 전력량과 맞먹는 규모다. 우리는 한쪽에서는 수십조 원을 들여 발전소를 짓고, 다른 한쪽에서는 그 발전소에서 나오는 전기를 수조 원어치씩 버리게 될지도 모르는, 극도로 비효율적이고 모순적인 미래를 향해 가고 있는 것이다.

출력 제한은 왜 치명적인가 : 산업 생태계의 붕괴

출력 제한은 단순히 전기를 조금 버리는 수준의 문제가 아니다. 이것은 대한민국 재생에너지 산업 생태계 전체를 고사시키는 치명적인 독소와 같다.

첫째, **재생에너지 사업의 경제성을 파괴한다.** 발전사업자는 은행과 투자자로부터 막대한 자금을 빌려(프로젝트 파이낸싱, PF) 발전소를 짓는다. 이들은 발전소를 최소 20년간 안정적으로 운영하여 전기를 판매하고, 그 수익으로 대출을 갚고 이익을 남기는 사업 모델을 가지고 있다.

하지만 출력 제한이 빈번해지면 이 사업 모델은 근본부터 흔들린다. 발전소 가동률이 예상보다 낮아지면, 수익은 급감하고 대출 원리금을 상환하기 어려워진다. 실제로 제주도의 일부 풍력 발전소는 잦은 출력 제한으로 인해 심각한 경영난에 시달리고 있다. 이러한 현실은 새로운 투자자들에게 강력한 '위험 신호'로 작용한다. 어떤 금융기관도, 어떤 연기금도, 물건을 만들어도 팔 수 없는 공장에, 그것도 정부의 명령으로 멈춰 세워야 하는 공장에 선뜻 돈을 빌려주려 하지 않을 것이다. 결국 출력 제한은 미래의 신규 재생에너지 투자를 가로막고, 대한민국의 에너지 전환 속도를 늦추는 가장 큰 암초가 된다.

둘째, 에너지 시스템 전체의 비효율과 비용을 증가시킨다. 제12장 1절에서 보았듯이, 남쪽 호남에서는 연료비가 '0원'인 깨끗한 태양광 발전을 강제로 멈추는 동안, 북쪽 수도권에서는 부족한 전력을 메우기 위해 해외에서 비싼 돈을 주고 수입한 LNG를 태워 발전소를 더 가동해야 하는 모순적인 상황이 발생한다.

이는 국가 전체적으로 보면, 가장 값싼 에너지원을 버리고 가장 비싼 에너지원을 사용하는, 극도로 비합리적인 선택이다. 이 비효율로 인해 발생하는 추가 비용은 고스란히 KEPCO의 적자로 쌓이고, 결국 모든 국민이 부담해야 할 전기요금 인상 압력으로 되돌아온다. 출력 제한은 결코 발전사업자만의 문제가 아닌, 우리 모두의 문제인 것이다.

셋째, RE100과 같은 글로벌 스탠더드 충족을 불가능하게 만든다. 수도권에 위치한 삼성전자와 SK하이닉스는 RE100을 달성하기 위해 전남의 깨끗한 전기를 간절히 원하고 있다. 하지만 물리적인 '길'이 막혀 있고, 그나마 생산된 전기마저 출력 제한으로 버려지는 상황에서, 이들이 필요한 만큼의 재생에너지를 조달하는 것은 원천적으로 불가능하다. 이는 우리 기업들이 글로벌 공급망에서 경쟁력을 잃고, 최악의 경우 해외로 생산기지를 이전하게 만드는 직접적인 원인이 된다.

결론적으로, '출력 제한 183회'라는 숫자는 단순히 버려진 전기의 양을 의미하는 것이 아니다. 그것은 대한민국 에너지 시스템의 구조적 모순이 임계점에 다다랐음을 알리는 경고등이자, 이 문제를 해결하지 않고서는 에너지 전환이라는 목표를 향해 단 한 걸음도 더 나아갈 수 없다는 명백한 선언이다.

그렇다면 이 막힌 길을 뚫으면 되지 않는가? 이 지극히 상식적인 질문에, 현실은 결코 간단하지 않은 답을 내놓는다. 다음 절에서는 왜 새로운 송전탑 하나를 세우는 데 10년이라는 세월이 걸리는지, 그 길고도 험난한 여정의 실체를 들여다볼 것이다.

12.3. 송전탑 건설, 10년의 기다림 : 인프라가 기술을 따라가지 못할 때

"그렇다면 송전망을 더 많이, 더 빨리 지으면 되는 것 아닌가?"

전남에서 만든 전기가 서울로 오지 못하고, 애써 만든 청정에너지를 버려야 하는 이 비극적인 현실 앞에서, 누구나 이 지극히 상식적인 질문을 던지게 된다. 길이 막히면 새 길을 뚫는 것, 이것이 문제 해결의 가장 단순하고 명쾌한 방법처럼 보이기 때문이다.

하지만 현실은 결코 간단하지 않다. 지금 대한민국에서 새로운 초고압 송전선로 하나를 건설하는 것은, 단순히 철탑을 세우고 전선을 연결하는 기술적인 토목 공사가 아니다. 그것은 수십 개의 정부 부처와 지방자치단체의 허가를 받아내고, 수백, 수천 명의 이해관계자들을 설득하며, 때로는 격렬한 사회적 갈등과 법적 분쟁을 헤쳐나가야 하는, 평균 **10년**에서 길게는 **15년**이 걸리는 길고도 험난한 '사회적 대장정'에 가깝다.

문제는, 재생에너지 발전소의 건설 속도가 이 전력망 건설 속도를 훨씬 앞지른다는 데 있다. 태양광 발전소는 불과 1~2년이면 뚝딱 지을 수 있다. 정부가 "재생에너지를 늘리자"고 정책의 가속 페달을 밟는 동안, 그 에너지를 실어 나를 도로는 10년 뒤에나 개통되는 상황이 반복되고 있다. 기술의 발전 속도를 인프라가 따라가지 못하는 이 심각한 '속도의 불일치'가, 바로 전력망 병목 현상의 근본적인 원인이다. 왜 새로운 송전탑 하나를 세우는 데 이토록 오랜 세월이 걸리는 것일까? 그 끝없는 기다림의 이면에 숨겨진, 보이지 않는 장벽들을 하나씩 살펴보자.

첫 번째 장벽 : 절대적인 시간의 문제

호남의 해상풍력 단지에서 생산된 전기를 수도권으로 보내기 위한 대규모 서해안 해저 송전망 프로젝트를 예로 들어보자. 이 거대한 '에너지 고속도로' 하나를 건설하기 위해 거쳐야 하는 과정은 험난하기 짝이 없다.

- **1단계 : 기본 계획 수립(1~2년)**

  모든 것은 책상 위에서 시작된다. 한국전력(KEPCO)과 전력거래소는 장기적인 전력 수요와 발전 계획을 예측하여, 어디에서 어디로, 어느 정도 용량의 송전선로가 필요한지를 결정하는 기본 계획을 수립한다. 이 과정에서 경제성, 기술적 타당성, 환경적 영향 등 수많은 요소를 검토해야 한다.

- **2단계 : 입지 선정 및 주민 동의(3~5년, 혹은 그 이상)**

  가장 어렵고, 가장 많은 시간이 걸리는 단계다. 계획이 수립되면, 송전선로가 지나갈 구체적인 경과지를 선정해야 한다. 수백 킬로미터에 달하는 선로가 지나가는 길에는 수많은 마을과 농지, 산이 있다. KEPCO는 해당 지역의 모든 지방자치단체와 협의를 거쳐야 하고, 수십 차례의 주민 설명회를 열어 사업의 필요성을 설명하고 동의를 얻어야 한다. 하지만 이 과정은 대부분 격렬한 반대에 부딪힌다. 이 단계를 통과하는 데 5년이 걸릴지, 10년이 걸릴지는 아무도 예측할 수 없다.

- 3단계 : 정부 부처 인허가(2~3년)

주민 동의라는 거대한 산을 넘어도, 더 높은 산들이 기다리고 있다. 국토교통부, 환경부, 해양수산부, 문화재청 등 관련 정부 부처만 십여 개에 달하며, 이들로부터 각각의 법률에 따른 인허가를 모두 받아내야 한다. 특히, 사업이 환경에 미치는 영향을 평가하는 환경영향평가는 가장 까다로운 관문 중 하나다. 환경단체의 반대와 전문가들의 문제 제기 속에서, 이 평가는 수년간 지연되기도 한다.

- 4단계 : 토지 보상 및 실제 공사(2~3년)

이 모든 행정적, 사회적 절차를 통과하고 나서야 비로소 실제 공사에 들어갈 수 있다. 송전탑이 들어설 부지를 매입하고, 선로가 지나가는 토지에 대한 보상 절차를 진행한다. 그리고 마침내, 산을 깎고, 거대한 철탑을 세우며, 전선을 연결하는 물리적인 공사가 시작된다.

이처럼 하나의 송전망 프로젝트는 평균 10년이라는 인고의 세월을 필요로 한다. 2년이면 지어지는 발전소의 속도를, 10년이 걸리는 인프라가 도저히 따라잡을 수 없는 구조적인 미스매치가 발생하고 있는 것이다.

두 번째 장벽 : 보이지 않는 사회적 전쟁, 님비(NIMBY) 현상

송전망 건설을 가로막는 가장 거대하고 근본적인 장벽은 기술이나 행정이 아니다. 그것은 바로 **사회적 갈등**, 즉 **님비**(NIMBY, Not In My Back Yard) **현상**이다. 전력 공급의 안정성을 위해 새로운 송전망이 필요하다는 점은 모두가

동의하지만, 그 거대한 철탑이 하필 '내 집 뒷마당'을 지나가는 것은 결사반대하는 것이다.

이는 단순히 지역 이기주의라고 치부할 수 없는, 매우 복잡하고 뿌리 깊은 문제다. 주민들의 반대에는 크게 세 가지 이유가 있다.

- **재산권 침해** : 거대한 송전탑이 들어서고 고압선이 하늘을 가로지르면, 아름다운 자연 경관이 훼손되고 땅값이 떨어진다는 것은 부인할 수 없는 현실이다. 평생을 일궈온 농지와 집의 가치가 하락하는 것을 지켜봐야 하는 주민들의 입장에서, 이는 생존권이 걸린 문제다.
- **전자파에 대한 공포** : 주민들이 가장 우려하는 것은 고압선에서 나오는 전자파(EMF, Electromagnetic Field)가 건강에 해로울 것이라는 깊은 불안감이다. 정부와 KEPCO는 "세계보건기구(WHO)의 기준치보다 훨씬 낮아 인체에 무해한 수준"이라고 과학적 데이터를 제시하며 설득하지만, 한번 자리 잡은 불안과 불신은 쉽게 사라지지 않는다. '만약 내 아이에게 암이 생긴다면 누가 책임질 것인가?'라는 부모의 근원적인 공포 앞에서, 과학적 데이터는 힘을 잃기 쉽다.
- **절차적 불투명성과 불신** : 과거 정부와 KEPCO가 사업을 추진하는 과정에서 주민들과 충분히 소통하지 않고, 일방적으로 밀어붙였던 경험들이 쌓여 깊은 불신을 만들어냈다. 주민들은 KEPCO를 '신뢰할 수 없는 거대 권력'으로 인식하고, 그들의 모든 설명과 제안을 일단 의심하고 보는 경향이 있다.

이러한 갈등이 극단적으로 폭발한 사건이 바로 2000년대 중반부터 10여 년간 이어진 **경남 밀양 765kV 송전탑 건설 사태**다. 신고리 원전에서 생산된 전력을 수도권으로 보내기 위한 이 프로젝트는, 경로에 포함된 밀양시 주민들의 격렬한 반대에 부딪혔다. 대부분 고령의 농민이었던 주민들은 자신의 삶의 터전을 지키기 위해 공사 차량을 몸으로 막아섰고, 행정대집행에 나선

KEPCO 직원 및 경찰과 매일같이 충돌했다. 이 과정에서 두 명의 주민이 스스로 목숨을 끊는 비극적인 사건까지 발생하며, 송전망 건설은 대한민국 사회에 깊은 상처를 남긴, 하나의 '사회적 전쟁'이 되었다.

밀양의 비극은 송전망 건설이 더 이상 경제성과 효율성만으로 밀어붙일 수 있는 사업이 아님을 명백히 보여주었다. 주민들의 목소리에 귀 기울이고, 그들의 희생에 대해 정당하고 투명한 보상을 제공하며, 사업의 이익을 지역사회와 함께 나누는 **'사회적 수용성**(Social Acceptance)**'**을 확보하지 않고서는, 단 한 개의 송전탑도 세우기 어려운 시대가 된 것이다.

세 번째 장벽 : 흩어진 권한, 부재한 컨트롤 타워

이러한 시간적, 사회적 문제들을 해결하고 조율해야 할 정부의 정책 시스템마저 삐걱거리고 있다. 송전망 건설은 여러 부처의 이해관계가 복잡하게 얽혀 있는 사안이지만, 이를 총괄하고 강력하게 추진할 '컨트롤 타워'가 부재하다.

- 전력망 계획은 산업통상자원부와 KEPCO가 주도하지만, 환경영향평가는 환경부가, 국토 이용 규제는 국토교통부가, 해양 환경 관련 협의는 해양수산부가 각각의 법률에 따라 독립적으로 권한을 행사한다. 이 과정에서 부처 간 협의가 원활하지 않거나 이견이 발생하면, 사업은 하염없이 지연될 수밖에 없다.

- 더 근본적인 문제는, 발전소 건설 계획과 송전망 건설 계획이 따로 노는 '선(先) 발전, 후(後) 송전'의 낡은 패러다임이다. 정부가 특정 지역에 대규모 발전소 건설을 허가해 준 뒤에야, KEPCO가 부랴부랴 그 전기를 실어 나를 송전망 계획에 착수하는 방식이 반복되고 있다. 자동차는 이미 다 만들어졌는데, 그제야 도로를 어떻게 놓을지 설계하는 것과 같다.

이러한 제도적 난맥상은 에너지 전환의 속도를 가로막는 보이지 않는, 그러나 가장 강력한 장벽이다.

결론적으로, '송전탑 건설, 10년의 기다림'이라는 현실은 대한민국 에너지 시스템의 가장 아픈 환부를 드러낸다. 기술의 발전 속도를 따라가지 못하는 낡은 인프라, 경제적 효율성과 사회적 가치가 충돌하는 깊은 갈등의 골, 그리고 이 모든 것을 조율하지 못하는 분절된 정책 시스템. 이 세 가지 문제가 복합적으로 얽혀, 우리는 애써 만든 깨끗한 에너지를 눈앞에 두고도 사용하지 못하는 비극적인 역설에 갇혀버렸다.

이 꽉 막힌 딜레마의 고리를 끊어내지 않고서는, 대한민국은 에너지 전환이라는 새로운 시대로 나아갈 수 없다. 이제 우리는 이 절망적인 현실 분석을 바탕으로, 이 복잡하게 얽힌 매듭을 풀고 새로운 미래를 열어갈 담대한 해법을 모색해야 한다. 그 해법의 실마리는, 바로 다음 부인 제4부에서 본격적으로 탐색하게 될 것이다.

제 4 부
미래를 여는 기술과 비즈니스
– 차세대 에너지 포트폴리오

제 4 부를 시작하며

제 3 부에서 우리는 '에너지 식민지'라는 대한민국의 자화상과 마주하며, 피할 수 없는 수많은 딜레마의 무게를 확인했다. 이 총체적 난국 속에서 절망하고만 있을 수는 없다. 위기의 이면에는 언제나 새로운 기회가 숨어 있으며, 문제의 본질을 정확히 파악했다면 이제는 해법을 찾아 나설 차례이다.

제 4 부에서는 위기 분석에만 머무르지 않고, 이 복잡하게 얽힌 매듭을 풀고 미래를 열어갈 구체적인 '기술적 해법'과 새로운 '비즈니스 기회'를 탐색한다. 에너지 전환의 가장 큰 난제인 재생에너지의 간헐성을 극복할 스마트그리드와 에너지 저장 시스템부터, 안전성과 유연성이라는 새로운 옷을 입고 우리에게 다시 답을 묻는 차세대 원자력(SMR), 그리고 인류의 에너지 패러다임 자체를 바꿀 핵융합과 화이트 수소와 같은 궁극의 게임 체인저에 이르기까지, 미래 에너지 시장의 판도를 바꿀 기술들의 잠재력과 과제를 심도 있게 살펴볼 것이다.

이 장은 단순히 기술을 나열하는 것을 넘어, 대한민국이 구축해야 할 '차세대 에너지 포트폴리오'의 청사진을 제시한다. 과거의 성공 방정식이 더 이상 통하지 않는 시대, 이 새로운 기술의 포트폴리오 속에서 대한민국은 위기를 기회로 바꾸고 새로운 시대를 선도할 무기를 발견하게 될 것이다.

전기화, 마지막 에너지 혁명
Electrification, The Final Energy Revolution

제13장
재생에너지의 간헐성을 극복하는 기술들

13.1. 스마트그리드와 디지털 트윈 : AI 기반의 전력망 운영

지금까지 우리는 대한민국 에너지 시스템이 처한 참담한 현실을 마주했다. 해외에 에너지 주권을 저당 잡힌 '에너지 식민지'의 현실, RE100과 전기요금 상승이라는 '이중의 덫', 그리고 애써 만든 청정에너지마저 썩혀 버려야 하는 '전력망 병목'이라는 모순. 이 세 가지 딜레마는 서로가 서로의 원인이자 결과가 되어 거대한 악순환의 고리를 형성하고, 대한민국 경제의 발목을 단단히 잡고 있다.

진단은 끝났다. 이제 우리는 치료를 시작해야 한다. 이 복잡하게 얽힌 매듭을 풀고 새로운 미래를 열기 위한 해법은 어디에 있을까? 그 해답의 첫 번째 실마리는, 바로 3차 산업혁명이 우리에게 선물한 가장 강력한 무기, **디지털 기술**과 인공지능(AI)에서 찾을 수 있다.

낡고 경직된 20세기의 전력망을, 스스로 생각하고 예측하며 최적의 해법을 찾아내는 21세기의 지능형 전력망, 즉 **스마트그리드**(Smart Grid)로 재탄생시키는 것. 이것이 바로 에너지 전환의 수많은 난제를 해결하기 위한 가장 근본적이고도 시급한 과제다. 그리고 이 스마트그리드의 완벽한 구현을 위해, 현실의 전력망을 가상 세계에 그대로 복제하여 수만 가지 시뮬레이션을 돌려보는 **디지털 트윈**(Digital Twin) 기술이 그 핵심적인 두뇌 역할을 수행하게 될 것이다.

낡은 혈관에 신경을 심다 : 스마트그리드란 무엇인가?

스마트그리드는 기존의 일방향 전력망에 정보통신기술(ICT), 사물인터넷(IoT), 그리고 인공지능(AI)을 융합하여, 전력 공급자와 소비자가 **양방향으로 실시간 정보를 교환**하며 에너지 효율을 최적화하는 차세대 지능형 전력망이다.

20세기의 전력망이 발전소에서 가정으로 전기가 일방적으로 흐르는, 단순한 '수도관'과 같았다면, 스마트그리드는 전력망 곳곳에 '센서'와 '통신장비'라는 신경세포를 심어, 전력의 흐름을 실시간으로 감지하고, 분석하며, 양방향으로 제어하는 '살아있는 신경망'과 같다.

이 신경망이 어떻게 작동하는지 구체적으로 살펴보자.

- **실시간 데이터 수집** : 전력망 곳곳에 설치된 스마트 센서(PMU, Phasor Measurement Unit 등)는 1초에도 수십 번씩 전압, 전류, 주파수 등 전력망의 건강 상태를 측정하여 중앙 관제 시스템으로 전송한다. 각 가정과 공장에 설치된 스마트 미터(AMI, Advanced Metering Infrastructure)는 15분 단위로 전력 사용량 정보를 전력회사와 실시간으로 주고받는다.

- **양방향 소통과 제어** : 과거에는 소비자가 전기를 얼마나 썼는지 한 달 뒤에나 고지서를 통해 알 수 있었다. 하지만 스마트그리드 환경에서는 소비자가 스마트폰 앱을 통해 실시간으로 자신의 전력 사용량과 현재의 전기요금을 확인할 수 있다. 더 나아가, 전력회사는 전력망이 혼잡할 때 소비자에게 신호를 보내 "지금 에어컨 온도를 1도만 높여주시면 요금을 할인해 드리겠습니다"와 같은 수요 반응(DR, Demand Response) 프로그램을 통해 소비자의 참여를 유도할 수 있다.

- **분산된 자원의 통합** : 스마트그리드는 옥상 태양광, 에너지 저장 장치(ESS), 전기차 등 수많은 분산에너지자원(DER)을 하나의 네트워크로 묶어 통합적으로 관리한다. 이를 통해, 개별적으로는 작고 변덕스럽지만, 전체적으로는 하나의 거대한 발전소처럼 작동하는 시스템을 구현

할 수 있다.

스마트그리드는 어떻게 VRE의 역설을 해결하는가?

이러한 스마트그리드의 기능은 제8장에서 살펴보았던 변동성 재생에너지(VRE)의 치명적인 문제점, 즉 간헐성, 불확실성, 그리고 낮은 관성 문제를 해결하는 데 결정적인 역할을 한다.

- **간헐성과 불확실성의 극복** : AI 기상예보관의 등장

  AI 기반의 스마트그리드는 더 이상 과거의 통계에만 의존하지 않는다. 기상위성이 촬영한 구름의 이동 데이터, 전국 각지의 센서가 보내오는 풍속과 일조량 정보, 심지어 대기 중 미세먼지 농도(빛의 산란에 영향을 미침)까지, 상상할 수 있는 모든 데이터를 실시간으로 학습한다.

  이를 통해 AI는 30분 뒤, 1시간 뒤, 심지어 다음 날의 특정 지역 태양광 및 풍력 발전량을 오차 범위 1% 이내로 정확하게 예측해낸다. 이 초정밀 예측은 전력망 운영자에게 미래에 대비할 수 있는 귀중한 시간을 벌어준다. 예를 들어, 잠시 후 강한 바람이 멎어 풍력 발전량이 급감할 것으로 예측되면, AI는 미리 예비 발전기(ESS나 가스발전 등)에 시동을 걸도록 지시하여, 공급 부족 사태를 사전에 방지한다. '덕 커브'의 가파른 경사를 예측하고, 그에 맞춰 시스템을 미리 준비시키는 것이다.

- **출력 제한의 최소화** : 지능형 수요 관리

  봄날 오후, 태양광 발전량이 폭증하여 공급 과잉이 예상될 때, 과거의 시스템은 무작정 발전소를 멈추는(출력 제한) 무식한 방법밖에 없었다. 하지만 스마트그리드는 훨씬 더 지능적인 해법을 제시한다.

  AI 관제탑은 이 시간대에 전기를 더 많이 사용하도록 유도하는 '가격 신호'를 시장에 보낸다. 전기요금이 마이너스(-)가 되는 '실시간 요금

제'를 통해, 기업과 가정이 이 시간에 맞춰 전기를 사용하도록 유도하는 것이다. 이 신호를 받은 스마트 공장은 생산 라인의 가동 시간을 조정하고, 각 가정의 스마트 세탁기와 식기세척기는 자동으로 작동을 시작하며, 전국의 전기차 충전기는 일제히 충전을 시작한다. 버려질 뻔했던 잉여 전기를, 새로운 수요를 창출하여 흡수하는 것이다. 이는 출력 제한이라는 사회적 낭비를 최소화하고, 재생에너지의 활용도를 극대화하는 가장 효과적인 방법이다.

- **낮은 관성 문제의 해결** : 가상 관성(Virtual Inertia) 기술
반도체 기반의 인버터는 물리적 관성이 없다는 태생적 한계를 가지고 있다. 하지만 최신 인버터 기술은 소프트웨어 알고리즘을 통해, 마치 물리적 관성이 있는 것처럼 전력망의 주파수 변화에 빠르고 안정적으로 반응하는 '가상 관성' 기능을 제공한다. 스마트그리드는 전력망 전체의 관성 수준을 실시간으로 모니터링하고, 필요에 따라 인버터의 가상 관성 제어 모드를 작동시켜 시스템의 안정성을 유지한다.

미래를 미리 보는 거울 : 디지털 트윈

스마트그리드가 전력망의 '신경망'이라면, 디지털 트윈(Digital Twin)은 그 신경망이 만들어내는 모든 정보를 바탕으로 미래를 예측하고 최적의 의사결정을 내리는 '두뇌'에 해당한다.

디지털 트윈은 현실 세계의 물리적 자산(발전소, 송전망, 변압기, 심지어 도시 전체)을, 가상 공간에 쌍둥이(Twin)처럼 똑같이 복제하는 기술이다. 이 가상의 쌍둥이는 현실 세계의 데이터와 실시간으로 연동되어, 현실의 변화를 그대로 반영하며 함께 살아 숨 쉰다.

전력망 분야에서 디지털 트윈의 활용 가치는 무궁무진하다.

- **고장 예측 및 예지 정비** : 관제사는 디지털 트윈을 통해 전국의 모든

변압기와 송전선로의 상태를 3D 모델로 한눈에 파악할 수 있다. AI는 실시간으로 수집되는 온도, 진동, 부하량 데이터를 분석하여, 특정 변압기가 과열되어 고장 날 확률이 80%에 달한다는 사실을 미리 알려준다. 관제사는 실제 고장이 발생하기 전에 유지보수팀을 보내 부품을 교체함으로써, 대규모 정전 사태를 사전에 방지할 수 있다.

- **최적의 의사결정을 위한 시뮬레이션** : 만약 특정 지역에 예기치 않은 폭설이 내려 태양광 발전이 멈추거나 송전선로에 문제가 생겼을 경우, AI는 현실 세계에 조치를 취하기 전에 이 디지털 트윈 위에서 수만 가지 시뮬레이션을 돌려본다. A 발전소의 출력을 높이고 B 지역의 ESS를 방전시키는 시나리오, C 지역의 수요 반응을 요청하는 시나리오 등, 다양한 대응책의 결과를 미리 시뮬레이션하고, 가장 빠르고 안전하게 시스템을 복구할 수 있는 최적의 해법을 찾아내 관제사에게 제시한다.

- **미래 인프라 투자의 효율화** : 정부나 전력회사가 새로운 해상풍력 단지나 HVDC 송전망을 건설하려 할 때, 디지털 트윈은 그 투자의 효과를 미리 검증하는 강력한 도구가 된다. 가상의 공간에 새로운 인프라를 건설하고, 그것이 기존 전력망에 어떤 영향을 미치고, 병목 현상을 얼마나 해소하는지를 수치적으로 정확하게 분석할 수 있다. 이는 막대한 비용이 들어가는 인프라 투자의 실패 위험을 줄이고, 가장 효과적인 곳에 자원을 집중할 수 있게 해준다.

결론적으로, 스마트그리드와 디지털 트윈은 더 이상 미래 기술이 아니다. 그것은 변동성, 복잡성, 불확실성으로 가득 찬 21세기 에너지 시스템을 안정적으로 운영하기 위한 필수적인 생존 도구다. AI라는 강력한 두뇌를 장착한 지능형 전력망은, 우리가 마주한 수많은 에너지 딜레마를 해결하고, 진정한 의미의 탈탄소 사회로 나아가는 가장 확실한 길을 열어줄 것이다. 하지만 이 똑똑한 두뇌가 제 역할을 하기 위해서는, 에너지를 저장하고 필요할 때 꺼내 쓸 수 있는 튼튼한 '근육'이 반드시 필요하다.

13.2. 에너지 저장 시스템(BESS, 양수발전)과 유연성 자원

앞서 우리는 스마트그리드와 디지털 트윈이라는 강력한 '두뇌'가 어떻게 변덕스러운 재생에너지 시대를 헤쳐나갈 지혜를 제공하는지 살펴보았다. 인공지능(AI)은 미래를 예측하고, 수많은 분산된 자원들을 최적으로 제어하며, 전력망이라는 거대한 오케스트라를 지휘한다. 하지만 아무리 뛰어난 지휘자라도, 그의 지휘에 맞춰 연주할 악기가 없다면 아름다운 음악은 완성될 수 없다. 특히, 바람이 멎고 해가 지는 순간, 이 똑똑한 두뇌가 기댈 수 있는 튼튼한 '근육'이 반드시 필요하다.

에너지 전환 시대에 이 근육의 역할을 하는 것이 바로 **에너지 저장 시스템**(ESS, Energy Storage System)이다.

에너지 저장은 재생에너지의 간헐성이라는 태생적 한계를 극복하는 가장 직접적이고 확실한 해법이다. 전기가 남아돌 때 저장해 두었다가, 부족할 때 꺼내 쓰는 것. 이 지극히 단순한 원리 속에, 21세기 전력 시스템의 안정성을 담보하고 에너지 전환을 완성할 가장 중요한 열쇠가 숨어있다. 이는 마치 자연이 내리는 비를 댐에 가두었다가 가뭄이 들 때 흘려보내는 것과 같다. ESS는 전력망의 거대한 '에너지 댐'이자, 변동성을 흡수하는 강력한 '완충 장치'다.

현재 전력 시스템에서 활용되는 대표적인 에너지 저장 기술은 크게 두 가지다. 하나는 첨단 기술의 집약체인 **배터리 에너지 저장 시스템**(BESS)이고, 다른 하나는 수십 년간 검증된 전통의 강자 **양수발전**(Pumped-storage Hydro-electricity)이다. 이 두 기술은 각기 다른 장단점을 가지고 상호 보완적인 역할을 수행하며, 다른 유연성 자원들과 함께 미래 전력망의 안정성을 책임지게 될 것이다.

전력망의 스위스 군용칼 : 배터리 에너지 저장 시스템(BESS)

BESS는 우리가 스마트폰이나 전기차에서 사용하는 리튬이온 배터리를, 수백, 수천 개씩 거대한 컨테이너 안에 집적하여 전력망에 연결한 대규모 '충전지'다. 이 기술은 최근 몇 년간 배터리 가격이 극적으로 하락하면서, 에너지 저장 시장의 '게임 체인저'로 급부상했다. BESS는 놀라울 정도로 다재다능하여, 전력망이 마주한 다양한 문제들을 해결하는 '스위스 군용 칼(Swiss Army Knife)'과 같은 역할을 수행한다.

- **기능 1 : 시간 이동(Time-shifting)과 차익 거래(Arbitrage)**

    BESS의 가장 기본적인 기능은 전기를 '시간 이동'시키는 것이다. 즉, 전력 가격이 저렴할 때 전기를 충전했다가, 가격이 비쌀 때 방전하여 그 차익을 얻는 것이다. 이는 제8장에서 보았던 '덕 커브(Duck Curve)' 문제를 해결하는 가장 효과적인 방법이다.

    - **오리의 배 채우기** : 태양광 발전량이 폭증하는 한낮, 전력 공급 과잉으로 전기요금이 헐값이 되거나 심지어 마이너스(-)로 떨어질 때 BESS는 열심히 전기를 충전한다. 이는 버려질 뻔했던 잉여 재생에너지를 흡수하여 출력 제한을 막아주는 효과를 낳는다.
    - **저녁 피크 시간대 공급** : 해가 지고 전력 수요가 급증하는 저녁 피크 시간대, BESS는 낮에 저장해 두었던 저렴한 전기를 방전하여 전력망에 공급한다. 이는 비싼 LNG 발전소의 가동을 최소화하여 전력 도매가격을 안정시키고, '덕 커브'의 가파른 목 부분을 완만하게 만드는 역할을 한다.

- **기능 2 : 주파수 조정(Frequency Regulation) – 0.1초의 승부사**

    BESS의 진정한 위력은 그 놀라운 '반응 속도'에 있다. 기존 발전소들이 출력을 조절하는 데 수 분에서 수십 분이 걸리는 반면, BESS는 0.1초, 심지어 그보다 더 짧은 밀리초(ms) 단위로 충전과 방전을 전환할 수 있다.

    이 초고속 반응 속도는 전력망의 '심장 박동'인 주파수를 안정시키는 데 최적화되어 있다. 만약 대형 발전소 하나가 갑자기 고장 나 전력망에서 탈락하는 순간, 주파수는 급격히 떨어진다. 이때 BESS는 이 변화를 즉시 감지하고, 0.1초 만에 저장된 전력을 방전하여 주파수가 위험 수준까지 떨어지는 것을 막아준다. 반대로, 주파수가 너무 높아질 경우에는 즉시 충전 모드로 전환하여 과잉 에너지를 흡수한다. 이처럼 BESS는 전력망의 안정성을 지키는 가장 빠르고 강력한 '응급 구조대'이자, 낮은 관성 문제를 해결하는 핵심적인 솔루션이다.

- **기능 3 : 다양한 부가 서비스(Ancillary Services)**

    BESS는 이 외에도 전압을 일정하게 유지하거나, 송전망의 혼잡을 완화하고, 정전 시 비상 전력을 공급하는 등 전력망의 안정적인 운영에 필요한 다양한 부가 서비스를 제공하며 높은 수익을 창출할 수 있다.

하지만 이 만능 칼에도 한계는 있다. 현재 주류인 리튬이온 배터리는 ▲여전히 가격이 비싸고, ▲리튬, 코발트, 니켈 등 특정 국가에 편중된 핵심 광물에 대한 의존도가 높으며, ▲화재 위험성이 상존하고, ▲무엇보다 에너지를 저장할 수 있는 시간이 4~6시간 내외로 짧다는 **단주기**(Short-duration) 저장의 한계를 가진다. 며칠씩 장마가 이어지거나 바람이 불지 않는 상황을 감당하기에는 역부족인 것이다.

이러한 한계를 극복하기 위해, **나트륨이온 배터리**(SIB, Sodium-ion Battery), 바나듐 레독스 흐름 전지(VRFB) 등 리튬을 사용하지 않으면서도 10시간 이상

장시간 저장이 가능한 **장주기 BESS**(LDES, Long-duration Energy Storage) 기술 개발이 전 세계적으로 치열하게 이루어지고 있다.

검증된 거인 : 양수발전(Pumped-storageHydroelectricity)

BESS가 첨단 기술의 총아라면, 양수발전은 수십 년간 검증된, 가장 신뢰할 수 있는 대규모 에너지 저장 기술의 '거인'이다. 그 원리는 놀라울 만큼 간단하다.

높이가 다른 두 개의 저수지(상부댐과 하부댐)를 건설한 뒤, 전력 수요가 적고 전기요금이 저렴한 심야 시간에 하부댐의 물을 상부댐으로 펌프를 이용해 끌어올린다. 이렇게 상부댐에 저장된 물은, 전기에너지가 **위치에너지**의 형태로 변환된 것이다. 그리고 전력 수요가 많은 피크 시간대에, 상부댐의 수문을 열어 물을 방류하면, 그 물이 터빈을 돌려 다시 전기를 생산하는 방식이다.

양수발전은 BESS가 갖지 못한 명확한 장점들을 가지고 있다.

- **압도적인 저장 용량과 장주기 저장** : 양수발전소 하나는 수백 MWh에서 수 GWh에 달하는, BESS와는 비교할 수 없는 엄청난 양의 에너지를 저장할 수 있다. 한번 물을 채워 놓으면 며칠, 몇 주간 에너지를 저장할 수 있어, 단기적인 변동성뿐만 아니라 계절적 변동성까지 대응할 수 있는 거의 유일한 장주기 저장 수단이다.
- **긴 수명과 검증된 신뢰성** : BESS의 수명이 10~15년인 데 반해, 양수발전소의 수명은 50년 이상으로 매우 길다. 이미 전 세계적으로 100년 가까이 운영되며 그 기술적 신뢰성이 완벽하게 검증되었다.
- **빠른 반응 속도와 관성 제공** : 양수발전은 수 분 내로 발전을 시작할 수 있어 예비 전력으로서의 역할이 뛰어나며, 거대한 터빈이 회전하며 전력망에 물리적인 관성을 공급하여 시스템 안정에도 기여한다.

물론 단점도 명확하다. ▲두 개의 댐을 지을 수 있는 거대한 산악 지형이 필요하다는 **입지 제약**이 매우 크고, ▲건설에 10년 가까운 오랜 시간과 막대한 초기 투자 비용이 들며, ▲대규모 토목 공사로 인한 **환경 파괴** 논란에서 자유로울 수 없다.

유연성 자원 포트폴리오 : 완벽한 팀을 만들다

결론적으로, BESS와 양수발전은 서로 경쟁하는 기술이 아니라, 각자의 장점을 살려 서로의 단점을 보완하는 **완벽한 파트너**다. 마치 단거리 육상 선수와 마라톤 선수가 다르듯, BESS는 주파수 조정과 같은 단기적인 변동성에 순발력 있게 대응하는 '단거리 선수' 역할을 하고, 양수발전은 계절적 수요 변화와 같은 장기적인 에너지 수급 불균형을 해결하는 '마라톤 선수' 역할을 한다.

미래의 안정적인 전력 시스템은 이 두 가지 저장 기술뿐만 아니라, 다양한 유연성 자원(Flexibility Resources)들을 포트폴리오로 구성하여, 마치 잘 짜인 팀처럼 유기적으로 운영해야만 한다. 여기에는 ▲AI 기반의 지능형 **수요 반응(DR)**, ▲필요할 때 신속하게 출력을 조절할 수 있는 **가스 화력발전**, ▲이웃 나라와 전기를 주고받는 **초국경 전력망**(Interconnector) 등이 모두 포함된다.

스마트그리드라는 지휘자 아래, BESS라는 순발력 좋은 미드필더와 양수발전이라는 든든한 골키퍼, 그리고 다양한 유연성 자원들이 각자의 역할을 수행하는 팀. 이것이 바로 변동성이라는 거대한 과제를 넘어, 에너지 전환을 성공으로 이끌 '드림팀'의 모습이다. 그리고 이 팀의 공격력을 극대화하기 위해서는, 에너지를 생산지에서 소비지까지 막힘없이 전달하는 강력한 '공격 루트'가 필요하다.

13.3. 초고압직류송전(HVDC) : 대륙을 잇는 에너지 고속도로

스마트그리드라는 지능형 '두뇌'와 에너지 저장 시스템(ESS)이라는 튼튼한 '근육'. 우리는 에너지 전환의 두 가지 핵심적인 기술적 해법을 살펴보았다. 하지만 이 두 가지만으로는 퍼즐이 완성되지 않는다. 아무리 똑똑한 두뇌와 강력한 근육을 가져도, 그 힘과 지혜를 필요한 곳까지 전달할 수 있는 빠르고 효율적인 '혈관'이 없다면 무용지물이다.

특히, 대한민국처럼 에너지의 생산지(호남, 동해안)와 소비지(수도권)가 수백 킬로미터 떨어져 있는 지리적 불균형 문제를 안고 있는 국가에게, 이 '혈관'의 중요성은 아무리 강조해도 지나치지 않다. 제12장에서 보았듯이, 현재 대한민국의 전력망은 낡고 비좁은 국도와 같아서, 남쪽에서 생산된 깨끗한 에너지를 북쪽으로 실어 나르지 못하는 극심한 '에너지 교통체증'에 시달리고 있다.

이 만성적인 동맥경화를 해결하고, 대한민국 전역에 깨끗한 에너지의 피를 막힘없이 공급할 새로운 대동맥. 그것이 바로 **초고압직류송전**(HVDC, High-Voltage Direct Current) 기술이다. HVDC는 단순히 더 많은 전기를 보내는 기술을 넘어, 국가와 대륙을 횡단하는 **'에너지 고속도로**(Energy Superhighway)**'**를 건설하여, 21세기 에너지 시스템의 공간적 제약을 극복하고 글로벌 에너지 지도를 새로 그리는 혁명적인 인프라 기술이다.

왜 직류(DC)인가? 교류(AC)의 한계를 넘어서

지난 100년간, 전 세계 전력망은 니콜라 테슬라가 완성한 **교류**(AC, Alternating Current) 방식이 지배해왔다. 교류는 변압기를 이용해 쉽게 전압을 바꾸고, 복잡한 전력망을 구성하기에 용이하다는 장점 덕분에 20세기 전력 시스템의 표준이 될 수 있었다.

하지만 교류 방식에는 장거리, 대용량 송전 시대에 부합하지 않는 몇 가지 치명적인 한계가 있다.

- **전력 손실의 문제** : 교류는 전선을 따라 흐르면서 '리액턴스(Reactance)'라는 저항 성분 때문에 상당한 양의 전력 손실이 발생한다. 거리가 멀어질수록 이 손실은 눈덩이처럼 불어나, 수백 킬로미터 이상 떨어진 곳으로 전기를 보낼 때는 효율이 크게 떨어진다. 이는 마치, 서울에서 부산까지 완행열차를 타고 가면서 역마다 승객(에너지)을 조금씩 잃어버리는 것과 같다.
- **주파수 동기화의 제약** : 교류 전력망은 시스템 전체가 동일한 주파수(한국 60Hz, 유럽 50Hz)로 정확하게 동기화되어 움직여야 한다. 따라서 서로 다른 주파수를 사용하거나, 주파수가 불안정한 독립적인 전력망(예 : 해상풍력단지)을 직접 연결하는 것이 기술적으로 매우 어렵고 복잡하다.
- **환경 및 공간적 제약** : 교류 송전선로는 주변에 강력한 전자기장을 형성하여, 이를 막기 위해 송전탑과 송전선로 사이에 넓은 이격거리(Right-of-way)를 확보해야 한다. 이는 더 많은 토지를 필요로 하고, 주민들의 반대와 환경 문제를 야기하는 원인이 된다.

초고압직류송전(HVDC)은 바로 이 교류의 한계를 정면으로 돌파하는 기술이다. HVDC는 발전소에서 생산된 교류 전기를, 변환소(Converter Station)에서 고압의 직류로 바꾸어 보낸 뒤, 전기를 받는 곳에서 다시 교류로 변환하여 공급하는 방식이다. 이 단순한 변환 과정이 전력 전송의 패러다임을 바꾼다.

- **압도적인 장거리 전송 효율** : 직류는 리액턴스가 없어, 교류에 비해 장거리 송전 시 전력 손실이 30~50%나 적다. 이는 서울에서 부산까지 논스톱으로 달리는 KTX와 같다. 호남의 재생에너지를 손실 없이 수도권까지 효율적으로 보낼 수 있는 가장 완벽한 기술인 셈이다.
- **비동기 연계의 자유로움** : HVDC는 '주파수'라는 개념 자체가 없기 때

문에, 서로 다른 주파수를 사용하는 국가 간의 전력망이나, 주파수가 불안정한 해상풍력단지를 기존 전력망에 아무런 문제 없이 안정적으로 연결할 수 있다. 이는 국가 간 전력 거래를 촉진하고, 대규모 재생에너지 단지를 통합하는 데 핵심적인 역할을 한다.

- **친환경성과 공간 효율성** : HVDC는 교류보다 전자기장 발생이 훨씬 적고, 더 좁은 면적의 전선과 철탑으로 같은 양의 전기를 보낼 수 있다. 이는 국토 이용 효율을 높이고, 송전탑 건설에 따른 주민 수용성 확보에도 훨씬 유리하다. 특히, 땅을 파고 케이블을 묻는 지중화나 바다 밑으로 케이블을 까는 해저 케이블 방식에서 HVDC의 장점은 극대화된다.

대륙을 잇는 에너지 고속도로 : 글로벌 HVDC 프로젝트

이러한 장점 덕분에, HVDC는 더 이상 미래 기술이 아니다. 이미 전 세계는 이 '에너지 고속도로'를 건설하여 에너지 지도를 새로 그리는 거대한 프로젝트들을 추진하고 있다.

- **유럽의 슈퍼그리드(Supergrid)** : 유럽은 HVDC 기술을 이용하여 북해의 풍부한 해상풍력, 노르웨이의 수력, 그리고 남부 유럽의 태양광을 하나의 거대한 전력망으로 묶는 '슈퍼그리드'를 구축하고 있다. 예를 들어, 영국과 노르웨이 사이에는 세계에서 가장 긴 720km의 해저 HVDC 케이블 '노스 시 링크(North Sea Link)'가 설치되어, 바람이 많이 부는 날에는 영국의 풍력 전기를 노르웨이로 보내고, 바람이 없는 날에는 노르웨이의 수력 전기를 영국으로 가져오는, 양국의 에너지를 공유하는 시스템을 완성했다.
- **중국의 '서전동송(西電東送)' 프로젝트** : 중국은 서부의 사막과 고원에서 생산된 막대한 양의 수력 및 태양광 에너지를, 동부의 인구 밀

집 및 산업 지역으로 보내기 위해 수천 킬로미터에 달하는 초장거리 HVDC 송전망을 건설하고 있다.
- **호주-싱가포르 '선 케이블(Sun Cable)' 프로젝트** : 호주의 드넓은 사막에 세계 최대 규모의 태양광 발전 단지를 짓고, 여기서 생산된 전기를 4,200km에 달하는 해저 HVDC 케이블을 통해 싱가포르까지 수출하려는 야심 찬 프로젝트도 추진되고 있다. 이는 한 국가의 청정에너지를 다른 국가로 수출하는, 새로운 형태의 '에너지 무역' 시대를 예고한다.

대한민국의 선택 : 국가 HVDC 기간망 구축

이러한 글로벌 트렌드는 '에너지 섬' 대한민국에게 매우 중요한 시사점을 던진다. 우리는 비록 이웃 나라와 전력망을 연결하기는 어렵지만, HVDC 기술을 우리 국토 내부에 적용하여 '국가 HVDC 기간망'을 구축함으로써, 현재 우리가 겪고 있는 대부분의 전력망 문제를 해결할 수 있다.

- **서해안 HVDC 슈퍼 하이웨이** : 제12장에서 보았듯이, 호남의 재생에너지 잠재력은 엄청나지만 수도권으로 보낼 길이 막혀있다. 이를 해결하기 위해, 전남의 해상풍력과 태양광 단지에서 생산된 수십 GW의 전력을, 서해안을 따라 해저 케이블로 건설하여 충청권 산업단지를 거쳐 수도권까지 직접 연결하는 대동맥을 건설해야 한다. 이는 주민 반대가 심한 육상 송전탑 건설을 최소화하면서, 가장 빠르고 효율적으로 병목 현상을 해결할 수 있는 최적의 해법이다.
- **동해안 에너지 클러스터 연계** : 신한울 원전 등 동해안의 대규모 무탄소 발전 단지와, 향후 들어설 동해안 부유식 해상풍력단지에서 생산된 청정에너지를 수도권으로 직접 연결하는 또 다른 HVDC 대동맥을 건설해야 한다.

무엇보다 중요한 것은 **'선(先)투자, 선(先)건설'** 로의 패러다임 전환이다. 지금처럼 발전소가 다 지어진 뒤에야 허겁지겁 송전망을 계획하는 방식으로는 영원히 병목 현상을 해결할 수 없다. 정부가 국가 에너지 계획에 따라 재생에너지 발전의 잠재력이 큰 지역을 미리 지정하고, 그곳을 향해 HVDC 고속도로를 먼저 뚫어주는 '계획입지제도'를 도입해야 한다. 도로를 먼저 내어 새로운 도시가 들어서도록 유도하듯, 전력망을 먼저 깔아 깨끗한 투자가 모여들도록 길을 터주어야 한다.

결론적으로, HVDC는 단순히 기술의 문제를 넘어, 대한민국의 에너지 딜레마를 해결하고 미래 성장 동력을 창출할 **전략적 인프라**다. 반세기 전 경부고속도로가 대한민국의 산업화를 이끈 대동맥이 되었듯, 21세기의 HVDC 에너지 고속도로는 대한민국의 에너지 자립과 탄소중립을 이끌 새로운 혈맥이 될 것이다. 이 혈관이 튼튼하게 구축될 때, 스마트그리드라는 두뇌와 ESS라는 근육은 비로소 제 기능을 다하며, 에너지 전환이라는 거대한 목표를 향해 힘차게 나아갈 수 있을 것이다.

13.4. V2G와 에너지 프로슈머 : 수요 관리의 혁신

지금까지 우리는 에너지 전환의 난제들을 해결하기 위한 거대한 기술적 해법들을 살펴보았다. 스마트그리드는 시스템에 '두뇌'를, 에너지 저장 시스템(ESS)은 '근육'을, 그리고 초고압직류송전(HVDC)은 '혈관'을 제공한다. 이 모든 것은 공급 측면에서, 즉 에너지를 어떻게 더 지능적으로 만들고, 저장하며, 전달할 것인가에 대한 이야기였다.

하지만 21세기 에너지 혁명의 마지막 퍼즐 조각은, 가장 예상치 못한 곳에 숨겨져 있다. 바로 우리 자신, 즉 에너지 '소비자'의 역할 변화다.

지난 100년간, 우리는 에너지 시스템의 수동적인 말단에 위치한 존재였다. 거대한 발전소에서 보내주는 전기를 일방적으로 소비하고, 매달 날아오는 고지서에 요금을 납부하는 것이 우리가 할 수 있는 전부였다. 하지만 3D 에너지 혁명(탈탄소화, 탈중앙화, 디지털화)은 이 수직적이고 일방적인 관계를 뿌리부터 뒤흔들고 있다.

이제 우리는 단순히 에너지를 소비하는 '컨슈머(Consumer)'가 아니다. 우리 집 지붕의 태양광 패널로 에너지를 직접 '생산(Produce)'하고, 전기차 배터리에 에너지를 저장하며, 스마트 기기를 통해 에너지 소비를 능동적으로 조절하는, 새로운 시대의 주체 **'프로슈머(Prosumer)'**로 진화하고 있다.

그리고 이 수백만 프로슈머들의 손에, 전력망의 안정성을 획기적으로 높이고 에너지 전환을 완성할 가장 강력하고도 잠재력 있는 '비밀 병기'가 쥐어져 있다. 바로 우리 아파트 주차장에 서 있는 전기차(EV)다. 전기차가 단순히 전기를 소비하는 것을 넘어, 전력망과 소통하며 에너지를 다시 되파는 **V2G(Vehicle-to-Grid)** 기술은, 도시 전체를 하나의 거대한 분산형 에너지 저장 시스템으로 만드는, 수요 관리의 최종 진화 형태이자 에너지 민주주의의 시작이다.

잠자는 거인을 깨우다 : 전기차 배터리의 엄청난 잠재력

우리는 전기차를 주로 '이동수단'으로 생각한다. 하지만 전기차의 본질을 에너지의 관점에서 다시 보면, 그것은 '바퀴 달린 거대한 배터리'다.

생각해 보라. 일반적인 전기차 한 대에 탑재된 배터리 용량은 약 60~80kWh 수준이다. 이는 대한민국 4인 가구가 평균적으로 2~3일 동안 사용할 수 있는 엄청난 양의 전기다. 그런데 자동차라는 물건의 속성상, 대부분의 차량은 하루 24시간 중 95% 이상의 시간을 주차장에서 멈춰 서 있다. 즉, 우리 도시에는 지금 이 순간에도 수십만, 수백만 개의 거대한 고용량 배터리가 아무 일도 하지 않은 채 잠자고 있는 셈이다.

만약 이 잠자는 거인들을 하나의 네트워크로 묶어, 필요할 때 그 배터리에 저장된 전력을 조금씩 꺼내 쓸 수 있다면 어떻게 될까?

2030년, 대한민국에 전기차 500만 대가 보급된다고 가정해 보자. 이들의 배터리 용량을 평균 70kWh로 계산하면, 그 총량은 무려 **350GWh**에 달한다. 이는 현재 건설 중인 국내 최대 규모의 양수발전소보다 수십 배나 큰 용량이며, 국가 전체의 전력 시스템을 몇 시간 동안 책임질 수 있는 어마어마한 규모의 '예비 발전소'가 우리 주차장에 이미 존재하게 됨을 의미한다.

V2G 기술은 바로 이 엄청난 잠재력을 현실로 만드는 열쇠다. V2G는 전기차가 단순히 충전기에서 전기를 받아먹기만 하는 단방향 관계를 넘어, 전력망의 상태에 따라 배터리의 전력을 다시 충전기(양방향 충전기)를 통해 전력망으로 역송전(방전)할 수 있게 해주는 기술이다. 전기차 소유주는 자신의 차를 사용하지 않는 시간에 전력망 안정에 기여하고, 그 대가로 상당한 수익을 얻을 수 있다.

V2G는 어떻게 작동하는가 : 스마트 충전에서 양방향 거래까지

V2G는 하루아침에 구현되는 기술이 아니다. 그것은 기술의 복잡성과 가치에 따라 여러 단계로 진화한다.

- **1단계 : V1G(단방향 스마트 충전**, Unidirectional Smart Charging)

  가장 기본적인 단계는 충전 시간을 '지능적으로' 조절하는 것이다. 전기차를 퇴근 후 충전기에 꽂아두면, AI 플랫폼이 전력망의 부하와 실시간 전기요금을 분석하여, 전력 수요가 가장 적고 전기요금이 가장 저렴한 심야 시간대에 알아서 충전을 시작한다. 이는 전력망의 저녁 피크 부하를 완화하고, 전기차 소유주의 충전 비용을 절감해주는 가장 단순하고 효과적인 수요 관리 방식이다.

- **2단계 : V2H/V2B**(Vehicle-to-Home/Building)

한 단계 더 나아가면, 전기차를 우리 집이나 건물의 '비상용 파워뱅크'로 활용할 수 있다. 예를 들어, 태풍으로 인해 정전이 발생했을 때, 전기차 배터리에 저장된 전력을 집으로 끌어와 냉장고, 조명, 통신 장비 등 필수 기기를 며칠간 사용할 수 있다. 이는 재난 상황에서 가계의 회복탄력성을 높여주는 중요한 역할을 한다.

- **3단계 : V2G(양방향 전력 거래, Bidirectional PowerTransfer)**

가장 완전한 형태의 V2G는 전기차가 전력망과 직접 에너지를 거래하는 것이다.

- **주파수 조정(FR) 시장 참여** : 제13장 2절에서 보았듯이, 전력망의 주파수를 안정시키는 것은 매우 높은 가치를 지닌 서비스다. V2G 기술을 탑재한 수천 대의 전기차는 AI 관제탑의 신호에 따라 0.1초 만에 동시에 충전과 방전을 전환하며, 주파수의 미세한 변동을 잡아내는 역할을 수행할 수 있다. 전기차 소유주는 주차만 해놓고도, 주파수 조정 시장에 참여하여 BESS 사업자와 동등한 수익을 얻을 수 있다.

- **에너지 차익 거래** : 낮 시간 동안 회사 주차장에서 저렴한 태양광 전기로 차를 충전한 뒤, 전력 수요가 몰리는 저녁 피크 시간대에 집 근처 충전기에서 전력망으로 전기를 되팔아 차익을 남기는 것도 가능하다.

이러한 V2G 생태계가 활성화되면, 전기차는 더 이상 비싼 '소비재'가 아니라, 이동의 편의를 제공하는 동시에 스스로 돈을 버는 '수익형 자산'으로 그 개념이 바뀌게 될 것이다. 이는 전기차 보급을 더욱 가속하는 강력한 경제적 유인이 될 수 있다.

프로슈머의 시대 : 에너지 민주주의의 완성

V2G와 같은 수요 관리 기술의 확산은, 20세기 에너지 시스템을 지배했던 근본적인 패러다임을 전환시킨다. 바로 **'공급이 수요를 따라가는'** 시대에서 **'수요가 공급에 반응하는'** 시대로의 전환이다.

과거에는 전력 수요가 늘어날 것으로 예상되면, 그 수요를 맞추기 위해 거대한 발전소를 더 짓는 공급 중심의 사고방식이 지배적이었다. 하지만 이제는 굳이 비싼 발전소를 짓지 않더라도, 수백만 프로슈머들의 현명한 소비 패턴 변화를 유도하여 피크 수요를 줄이고, 그들의 분산된 자원(태양광, ESS, 전기차)을 활용하여 공급 부족을 메우는, 훨씬 더 경제적이고 효율적인 해법이 가능해진 것이다.

이러한 변화의 중심에는 **에너지 프로슈머**가 있다.

- **개인 프로슈머** : 자신의 집 지붕에 태양광 패널을 설치하고, 남는 전기를 가정용 ESS나 전기차에 저장했다가, 이웃에게 직접 판매(P2P 거래)하거나 VPP 사업자를 통해 전력 시장에 참여하여 수익을 창출한다.
- **건물 프로슈머** : 상업용 빌딩이나 공장은 거대한 옥상과 주차장을 활용하여 대규모 태양광 발전소를 운영하고, 건물 에너지 관리 시스템(BEMS)을 통해 냉난방과 조명을 최적으로 제어하며, 주차장의 전기차 충전기들을 V2G 자원으로 활용하여 새로운 부가 수입을 얻는다.
- **지역 프로슈머** : 마을 주민들이 협동조합을 결성하여 지역의 유휴 부지에 태양광이나 풍력 발전소를 공동으로 소유하고, 그 수익을 지역 사회 발전과 주민 복지에 재투자하는 '에너지 자립 마을' 모델도 가능하다.

이처럼 프로슈머의 등장은 에너지의 생산과 소비, 그리고 분배의 권력이 소수의 거대 기업과 중앙 정부에서, 우리 동네, 우리 아파트 단지, 그리고 우리 개개인에게로 이동하는 '에너지 민주주의'의 실현을 의미한다.

넘어야 할 과제들

물론 이 장밋빛 미래가 현실이 되기까지는 아직 해결해야 할 기술적, 제도적 과제들이 남아있다. ▲잦은 충·방전이 배터리의 수명을 단축시킬 수 있다는 우려, ▲수백만 대의 분산된 자원을 해킹으로부터 보호해야 하는 사이버 보안문제, ▲프로슈머들이 생산한 전력의 가치를 공정하게 평가하고 보상해 줄 수 있는 새로운 전력 시장 제도의 설계, ▲그리고 양방향 충전기와 같은 관련 인프라의 표준화 및 보급 등이 시급한 과제다.

하지만 분명한 것은, 에너지 전환의 시대에 수요 측면의 혁신은 더 이상 부가적인 선택지가 아니라는 점이다. 그것은 공급 측면의 기술들과 함께 돌아가야만 하는, 혁명의 필수적인 한쪽 바퀴다.

스마트그리드, ESS, HVDC라는 강력한 하드웨어 위에, V2G와 에너지 프로슈머라는 시민들의 자발적인 참여와 혁신적인 아이디어가 더해질 때, 비로소 우리는 변동성이라는 거대한 파도를 넘어, 깨끗하고 효율적이며 민주적인 미래 에너지 시스템이라는 새로운 항구에 도달할 수 있을 것이다.

[Deep Dive : 나트륨 배터리의 조용한 반격]

에너지 전환의 시대는 필연적으로 '저장의 시대'다. 변덕스러운 재생에너지를 길들이고, 수억 대의 전기차를 움직이기 위해 인류는 더 저렴하고, 더 안전하며, 더 풍부한 배터리를 찾아 나섰다. 지난 10년간 그 왕좌는 단연 리튬이온 배터리의 차지였다. 하지만 리튬이라는 '하얀 석유'는 특정 지역에 편중된 매장량과 천정부지로 치솟는 가격, 그리고 잠재적인 화재 위험성이라는 그림자를 안고 있었다. 바로 이 지점에서, 오랫동안 잊혔던 대안이 무대의 중심으로 화려하게 귀환하고 있다. 바로 우리 발밑, 바다와 암염층에 무한에 가깝게 존재하는 소금의 주성분, 나트륨(Natrium, 소듐-Sodium)을 이용한 배터리다. 나트륨 배터리는 리튬의 완벽한 대안이 될 것이라는 기대와 함께 등장했지만, 오랫동안 치명적인 아킬레스건에 발목이 잡혀 있었다. 나트륨은 리튬보다 무거워 에너지 밀도가 절반 수준에 불과했고, 충방전 수명 역시 6천 회 수준에 머물러 있었다. 이 때문에 움직이는 전기차보다는 고정된 에너지저장장치(ESS)에나 적합한 '2군 기술'로 여겨져 왔다. 하지만 2025년, 세계 1위 배터리 기업인 중국의 CATL이 이 모든 예상을 뒤엎는 혁신적인 나트륨 배터리를 선보이며 시장에 거대한 충격파를 던졌다. 이는 단순히 성능 개선을 넘어, 배터리 시장의 판도 자체를 바꿀 수 있는 '게임 체인저'의 등장을 예고하는 것이었다.

CATL이 제시한 세 가지 혁신

CATL이 2025년 12월 양산을 예고한 차세대 나트륨 배터리는, 과거의 한계를 뛰어넘는 세 가지 압도적인 장점을 무기로 내세웠다.

첫째, **혹한을 이겨내는 강력한 심장이다.** 기존 LFP 배터리의 가장 큰 약점은 낮은 온도에서 급격히 성능이 저하되어, 추운 겨울 전기차의 주행거리가 곤두박질치는 문제였다. 하지만 CATL의 나트륨 배터리는 영하 40도의 혹한에서도 정상적으로 작동하는 경이로운 내한성능을 증명했다. 이는 겨울이 긴 북유럽이나 북미 시장의 판도를 바꿀 수 있는 결정적인 무기다.

둘째, **불타지 않는 절대적인 안전성이다.** 나트륨은 리튬보다 화학적으로 훨씬 안정적이다. CATL은 드릴로 구멍을 뚫고 톱으로 절단하는 극단적인 테스트에서도 화재나 폭발이 전혀 발생하지 않는 압도적인 안전성을 공개하며, 배터리 화재에 대한 소비자의 근원적인 공포를 해소할 수 있는 길을 열었다.

셋째, **소금값 수준의 혁명적인 경제성이다.** 나트륨의 가격은 1kg당 270원 수준으로, 리튬의 50분의 1에 불과하다. 이 저렴한 원료비를 바탕으로, CATL은 자사의 나트륨 배터리가 기존 LFP 배터리보다도 24%나 저렴할 것이라고 예고했다. 이는 전기차의 가격을 한 단계 더 끌어내려, 진정한 '전기차 대중화' 시대를 열 수 있는 가장 강력한 동력이다.

CATL은 이 기술력을 바탕으로 기존 납산 배터리를 대체할 'Naxtra'와 2025년 12월 출시 예정인 전기차용 'Naxtro' 라인업을 공개하며, 모든 배터리 시장을 장악하겠다는 야심을 드러냈다.

기술 패권의 새로운 무기

중국의 전략적 행보 중국 정부는 나트륨 배터리를 단순한 신기술이 아닌, 미래 기술 패권을 좌우할 '전략 자산'으로 인식하고 발 빠르게 움직이고 있다. 2025년 4월, 중국 정부는 바늘로 찌르고, 바닥에 충격을 가하며, 300회 이상의 고속충전을 견뎌야 하는 등 세계에서 가장 까다로운 수준의 전기차 배터리 안전 요구사항을 발표했다. 이는 압도적인 안전성을 가진 나트륨 배터리에 절대적으로 유리한 운동장을 만들어주는, 자국 산업을 위한 정교한 기술 장벽이다.

나아가 2025년 7월에는 나트륨이온 배터리 관련 기술을 '수출 제한 목록'에 포함시키며, 이를 국가 경제 안보 자산으로 관리하겠다는 의지를 노골적으로 드러냈다. 이는 미-중 기술 패권 경쟁의 전선이 반도체를 넘어, 차세대 배터리 분야로 확장되었음을 알리는 명백한 신호탄이다.

글로벌 경쟁과 대한민국의 대응

이러한 중국의 질주에 서방 기업들도 속도를 내고 있다. 유럽에서 나트륨 배터리 개발이 활발하게 진행되고 있다. 유럽연합은 나트륨 이온 배터리 개발을 위한 대규모 프로젝트를 추진하고 있으며, 여러 기업들이 나트륨 배터리 소재 개발 및 양산에 힘쓰고 있다. 프랑스 타이마트(Tiamat)는 2029년까지 연간 5 GWh 생산 능력을 갖춘 나트륨 이온 배터리 공장을 건설할 계획이다. 대한민국 배터리 업계 역시 이 새로운 흐름에 주목하고 있다. SK온은 "시장은 결국 나트륨 배터리 쪽으로 갈 수밖에 없다"고 단언하며 기술 개발 의지를 밝혔고, LG에너지솔루션 역시 2030년 이전 상용화를 목표로 하고 있다. 특히 우리 기업들은 기존의 삼원계 배터리 양극재 생산 설비를 큰 변경 없이 그대로 활용할 수 있다는 강력한 장점을 가지고 있어, 시장이 개화할 경우 빠른 추격이 가능하다. 물론 일각에서는 CATL의 발표가 중국 정부의 압박에 따른 '영끌' 수준의 과장된 발표일 수 있다는 신중론도 제기된다. 진정한 평가는 2025년 12월, 실제 양산 제품이 시장에 나와 그 성능을 증명하는 순간 내려질 것이다. 하지만 분명한 것은, 나트륨 배터리가 리튬 일변도의 배터리 시장에 거대한 균열을 내고, 에너지 전환의 비용을 획기적으로 낮출 수 있는 가장 현실적인 게임 체인저로 부상했다는 사실이다. 소금으로 달리는 자동차의 시대는, 더 이상 먼 미래의 상상이 아닐지도 모른다.

제14장
원자력, 다시 답을 묻다

에너지 전환의 거대한 퍼즐 속에서, 우리는 변동성 재생에너지의 간헐성이라는 태생적 한계를 극복하기 위한 다양한 기술적 해법들을 탐색했다. 스마트그리드와 에너지 저장 시스템, 그리고 HVDC는 분명 강력하고도 필수적인 도구다. 하지만 대한민국의 좁은 국토와 세계 최고 수준의 에너지 소비 밀도, 그리고 RE100을 달성해야 하는 첨단 제조업의 절박한 현실은 우리에게 또 다른 질문을 던지게 한다.

과연, 간헐적인 재생에너지만으로 이 모든 수요를 안정적으로, 그리고 경제적으로 감당할 수 있을까?

이 지점에서 우리는 오랫동안 외면하고 싶었고, 격렬한 논쟁의 중심에 있었던 에너지원, 원자력과 다시 마주하게 된다. 기후위기와 에너지 안보라는 두 개의 거대한 위협 앞에서, 우리는 원자력이 가진 압도적인 에너지 밀도와 24시간 흔들림 없는 안정성이라는 가치를 다시 한번 평가하지 않을 수 없게 되었다. 하지만 그와 동시에, 우리의 뇌리에는 여전히 후쿠시마의 비극과 해결되지 않은 핵폐기물이라는 어두운 그림자가 깊이 자리 잡고 있다.

이 장에서는 '원자력 찬반'이라는 낡은 이념의 틀을 넘어, 원자력이 가진 숙명적 과제를 정면으로 마주하고, 과거의 한계를 극복하기 위한 차세대 기술의 눈부신 진화, 그리고 재생에너지와의 현명한 공존 가능성을 탐색하며, 대한민국 에너지 포트폴리오의 마지막 퍼즐 조각을 맞춰보고자 한다.

14.1. 안전과 폐기물, 원자력의 숙명적 과제

원자력. 우리에게 이 단어는 늘 두 개의 얼굴로 다가온다.

한쪽 얼굴은 '프로메테우스의 불'이다. 인간이 신의 영역에서 훔쳐 온 가장 강력하고 효율적인 에너지. 우라늄 원자핵이 쪼개지는 순간 뿜어져 나오는 경이로운 힘은, 단 1그램의 연료가 석탄 3톤, 석유 9드럼과 맞먹는 에너지를 내뿜는다. 단 한 점의 탄소도 배출하지 않고, 날씨와 상관없이 24시간 365일 칠흑 같은 어둠을 대낮처럼 밝히는, 현대 문명의 가장 믿음직한 심장이다.

하지만 그 이면에는 또 다른 얼굴이 있다. 바로 '판도라의 상자'다. 1986년 우크라이나의 체르노빌, 그리고 2011년 우리 이웃 나라 일본의 후쿠시마에서 터져 나온, 인간의 통제를 벗어난 원자력의 끔찍한 재앙. 한번 열리면 다시는 닫을 수 없는 상자처럼, 보이지 않는 방사능 공포를 퍼뜨리고 수십만 명의 삶을 뿌리째 흔들었던 그 끔찍한 기억은 우리 모두의 뇌리에 깊은 트라우마로 남아있다. 여기에, 인류의 역사를 훌쩍 뛰어넘는 수만 년간 치명적인 방사선을 내뿜는 고준위 방사성 폐기물, 즉 '사용후핵연료'라는 영원할 것 같은 숙제까지. 원자력은 우리에게 편리함을 주는 동시에, 가장 근원적인 불안의 원천이기도 했다.

"과연 절대적으로 안전한가?"
"다 쓴 핵연료는 도대체 어디에, 어떻게 버릴 것인가?"

미래의 가능성을 논하기 전에, 우리는 먼저 원자력이 드리우는 이 두 개의 어두운 그림자를 정면으로, 그리고 정직하게 마주해야 한다.

후쿠시마의 트라우마 : '절대 안전'은 신화였는가

2011년 3월 11일, 규모 9.0의 대지진과 이어진 쓰나미가 후쿠시마 제1원자력발전소를 덮쳤다. 지진으로 외부 전원이 끊기고, 쓰나미로 비상 디젤 발전기마저 침수되면서 원자로를 식힐 모든 수단이 마비되는 '완전 정전(Station Blackout)' 사태가 발생했다. 결국 핵연료가 녹아내리는 '멜트다운'과 연쇄적인 수소 폭발로 이어지며, 인류 역사상 최악의 원전 사고 중 하나로 기록되었다.

후쿠시마의 비극은 전 세계에, 특히 우리에게 뼈아픈 교훈을 남겼다. 첫째, '원자력은 절대적으로 안전하다'는 기술에 대한 맹신이 얼마나 위험한지를 보여주었다. 둘째, 지진과 쓰나미와 같은 '복합 재난'의 위험성을 각인시켰다. 셋째, 사고의 피해가 수십 년이 지나도 끝나지 않는 장기적이고 광범위한 재앙임을 목격하게 했다. 후쿠시마의 교훈은 명확하다. 원자력의 안전은 단순히 기술의 문제가 아니라, 최악의 상황을 가정하고 그에 대한 사회적 신뢰를 확보하는 문제다.

영원한 숙제 : 고준위 방사성 폐기물, 어디에 버릴 것인가

안전성 문제와 더불어 원자력의 근원적인 아킬레스건은 바로 고준위 방사성 폐기물(사용후핵연료) 문제다. 원자로에서 타고 남은 핵연료는, 인체에 치명적인 고준위 방사선을 수만 년에서 길게는 수십만 년 동안 내뿜는다.

대한민국은 1978년 고리 1호기 가동 이래 수십 년간, 이 위험한 폐기물을 원전 부지 내 임시 저장 시설에 계속 쌓아두고만 있다. 이 임시 저장 시설은 이미 포화 상태에 이르렀거나, 2030년대 초반이면 대부분 가득 찰 예정이다. 더 이상 미룰 수 없는, 발등에 떨어진 불이 된 것이다.

정부는 수십 년째 이 폐기물을 지하 깊은 암반에 영구적으로 처분할 고준위 방폐장 부지를 찾고 있지만, "내 집 뒷마당은 안된다"는 님비(NIMBY) 현상에 부딪혀 단 한 걸음도 나아가지 못하고 있다. 이 '영원한 숙제'에 대한 명확한 해법과 사회적 합의 없이는, 미래 세대에게 원자력의 혜택이 아닌 끔찍한 부담만을 떠넘기는 무책임한 세대가 될 수밖에 없다.

14.2. 소형모듈원자로(SMR)와 마이크로모듈원자로(MMR) : 안전성과 유연성

후쿠시마의 비극과 핵폐기물이라는 거대한 딜레마 속에서, 전 세계 과학계는 원자력에 대한 근본적인 질문을 다시 던지기 시작했다. "원자력은 왜 위험해야 하는가? 왜 크고 복잡해야만 하는가?" 이 질문에 대한 대답으로, 과거의 원전과는 완전히 다른 철학으로 무장한 새로운 개념의 원자력이 등장했다. 바로 **소형모듈원자로**(SMR, Small Modular Reactor)와 그 개념을 극한까지 밀어붙인 **마이크로모듈원자로**(MMR, Micro ModularReactor)다.

이는 마치 20세기의 거대한 메인프레임 컴퓨터가 작고 안전한 개인용 컴퓨터(PC)로 진화한 것과 같은 패러다임의 전환이다. '더 크고 강력하게(Bigger is Better)'를 외치던 20세기의 규모의 경제 논리를 버리고, **'더 작고, 더 안전하며, 더 똑똑하게**(Smaller and Smarter is Safer)'라는 21세기의 새로운 철학으로, 원자력이라는 판도라의 상자를 인류가 통제할 수 있는 안전한 도구 상자로 바꾸려는 위대한 도전이 시작된 것이다.

거인의 시대를 넘어 : 소형모듈원자로(SMR)의 세 가지 혁신

SMR은 단순히 기존 대형 원전의 크기를 줄인 '미니 원전'이 아니다. 그것은 안전성, 경제성, 그리고 활용성이라는 세 가지 측면에서 근본적인 혁신을 담고 있다.

- **혁신 1 : '사고가 나도 안전'에서 '사고가 날 수 없는' 구조로**
  - 피동형안전계통

  SMR의 가장 위대한 혁신은 안전 철학의 근본적인 전환이다. 기존 대형 원전은 사고 시 인간이나 기계가 '적극적으로(Active)' 개입해야만 시스템을 멈출 수 있었다. SMR은 이 패러다임을 180도 뒤집는다. 만약 최악의 상황이 발생해도, 인간의 개입이나 외부 전원 없이 오직 중력, 자연 대류와 같은 자연의 물리 법칙만으로 원자로가 스스로 식고 영원히 안정 상태를 유지하도록 설계된다. 이를 '피동형안전계통(Passive Safety System)'이라 부르며, 사고 발생 가능성 자체를 원천적으로 차단하는 코페르니쿠스적 전환이다.

- **혁신 2 : 경제성의 새로운 방정식 - 공장 제작과 모듈화**

  SMR은 원자로, 증기발생기 등 핵심 기기들을 규격화된 '모듈(Module)' 형태로 공장에서 미리 제작하여, 건설 현장에서는 레고 블록처럼 조립하는 혁신적인 건설 방식을 채택한다. 이는 공사 기간을 2~3년 수준으로 획기적으로 단축하고, 단계적 투자를 가능하게 하여 사업 리스크를 대폭 완화한다. 이는 원자력 발전에 대한 민간 투자의 문턱을 낮추는 결정적인 역할을 한다.

- **혁신 3 : 원자력의 재발견 - 다목적 활용성**

  SMR은 더 이상 대규모 전력만 생산하는 발전소가 아니다. 그 작은 크기와 높은 안전성은 원자력의 활용 범위를 무한대로 확장시킨다. 전력 생산 외에도 ▲지역난방, ▲해수 담수화, ▲산업 공정열 공급이 가능하며, 특히 탄소 배출 없는 그린수소를 대량 생산하는 데 최적의 에너지원으로 주목받고 있다. AI 데이터센터나 반도체 공장 인근에 건설하여 안정적인 무탄소 전력을 24시간 공급하는 '전용 원전' 모델도 활발히 논의되고 있다.

에너지의 프론티어 : 마이크로모듈원자로(MMR)의 등장

SMR이 원자력의 '다운사이징'을 통해 새로운 가능성을 열었다면, **마이크로모듈원자로(MMR, Micro Modular Reactor)** 는 그 개념을 극한까지 밀어붙여 에너지의 문법 자체를 바꾸고 있는 최전선의 기술이다. MMR은 중앙 전력망이라는 기존의 개념에서 완전히 벗어나, 전력이 필요한 '모든 곳'에 직접 찾아가는 '이동형 에너지 솔루션'이자 '원자력 배터리'라는 새로운 패러다임을 제시한다.

MMR은 통상 전기출력 10MWe 이하의 초소형 원자로를 의미하며, 대형 배달 트럭에 실어 운송할 수 있을 정도로 작게 설계된다. 이는 원자력 발전소의 개념을 수십 년이 걸리는 '건설(Construction)'에서, 단기간에 완료되는 '배치(Deployment)'로 전환시키는 혁명적인 변화다. 공장에서 완제품에 가깝게 제작된 원자로를 필요한 장소로 운송하여, 최소한의 준비 작업만으로 신속하게 설치하고 가동할 수 있기 때문이다.

이러한 특성은 기존 에너지 시스템이 포괄하지 못했던 새로운 시장을 창출한다. 중앙 전력망이 닿지 않는 알래스카나 시베리아 같은 오지 마을, 캐나다의 고립된 광산 현장에서의 전기화, 산업 공정열 공급 및 담수화, 해외 파병 군사 기지의 안정적인 전력원, 그리고 궁극적으로는 달이나 화성의 우주 기지 동력원까지, MMR의 활용 가능성은 무궁무진하다.

특히 MMR은 21세기의 가장 탐욕스러운 에너지 수요처인 AI 데이터센터의 폭발적인 전력 수요를 감당할 완벽한 해법으로 주목받는다. 구글, 마이크로소프트, 아마존과 같은 글로벌 IT 기업들은 자신들의 데이터센터를 24시간 안정적으로, 그리고 탄소 배출 없이 운영하기 위해 SMR과 MMR 개발 기업들과 협력하거나 직접 발전소 건설을 추진하는 등 적극적인 행보를 보이고 있다.

더욱 주목할 점은 MMR이 원자력의 근본적인 폐기물 문제에 새로운 해법을 제시할 가능성을 보여준다는 점이다. OpenAI가 투자한 미국의 오클로(Oklo), 나노 뉴클리어 에너지(Nano Nuclear Energy)와 같은 선도 기업들은 주로 고속 중성자를 사용하는 MMR을 개발하고 있다. 특히 오클로는 2024년 7월, 기존 원전에서 나온 사용후핵연료를 재활용하여 MMR의 연료로 사용하는 공정 시연에 성공했다고 발표했다. 이는 골칫덩어리 핵폐기물을 다시 에너지 자원으로 바꾸는, 14.3절에서 논할 '닫힌 핵연료주기'의 가능성을 소형원자로 차원에서 실현할 수 있음을 보여주는 획기적인 진전이다. 이는 MMR이 단순히 작고 유연한 에너지원을 넘어, 원자력의 가장 큰 숙제인 안전성과 폐기물 문제를 동시에 해결할 수 있는, 진정한 '게임 체인저'가 될 수 있음을 시사한다.

14.3. 파이로프로세싱-SFR 연계 : 사용후핵연료, 폐기물인가 자원인가

SMR과 MMR이 '안전성'과 '유연성'에 대한 혁신적인 해답을 제시했지만, 원자력의 발목을 잡는 또 하나의 거대한 족쇄, 바로 '영원한 숙제'라 불리는 고준위 방사성 폐기물, 즉 사용후핵연료 문제다.

원자로에서 타고 남은 이 핵연료는, 인체에 치명적인 고준위 방사선을 수만 년에서 길게는 수십만 년 동안 내뿜는다. 인류의 모든 역사를 합친 것보다도 훨씬 긴 시간 동안 미래 세대는 우리가 사용한 에너지의 대가를 위험한 쓰레기로 떠안고 살아가야 한다. 이 윤리적, 기술적 딜레마에 대한 명확한 해법 없이는, 원자력의 지속가능성은 결코 완성될 수 없다.

그런데 만약, 이 골칫덩어리 핵폐기물이 사실은 '쓰레기'가 아니라 엄청난 에너지를 품고 있는 '보물'이라면 어떨까? 사용후핵연료에서 위험한 독성을 제거하고 그 안에 숨겨진 에너지를 다시 꺼내 쓸 수 있는 현대판 '연금술'이 존재한다면 말이다. 이것은 더 이상 공상과학이 아니다. 파이로프로세싱(Pyroprocessing)과 소듐냉각고속로(SFR, Sodium-cooled Fast Reactor)를 연계하는 차세대 핵연료주기 기술은 바로 이 꿈을 현실로 만들고 있다. 이는 사용후핵연료를 '처분해야 할 폐기물'에서 **'재활용 가능한 에너지 자원'**으로 그 패러다임을 바꾸는, 원자력 기술의 가장 혁명적인 도전이다.

핵폐기물 속 보물찾기 : 현대판 연금술, 파이로프로세싱

우리가 '핵폐기물'이라고 부르는 사용후핵연료의 약 95%는 연소되지 않고 남은 우라늄이며, 약 1%는 플루토늄과 초우라늄 원소(TRU)로 이루어져 있다. 이들은 모두 다시 핵연료로 사용 가능한 잠재적 에너지 자원이다. 실제로 인체에 치명적이고 수십만 년간 사라지지 않는 진짜 '문제아'들은, 전체의 4%에 불과한 핵분열생성물이다. 따라서 96%의 유용한 자원과 4%의 위험한 폐기물을 분리하는 것이 문제 해결의 핵심이다.

파이로프로세싱(건식 재처리)은 바로 이 분리의 마법을 행하는 혁신적인 기술이다. 한국원자력연구원(KAERI)이 세계 최고 수준의 기술력을 보유한 이 방식은, 기존 습식 방식과 달리 사용후핵연료를 500~650℃의 뜨거운 용융염에 녹여 전기화학적 방법으로 원소들을 분리해낸다. 이 기술의 결정적인 장점은 다음과 같다.

- **핵확산 저항성** : 핵무기 원료가 될 수 있는 순수 플루토늄을 단독으로 추출하지 않고, 다른 초우라늄 원소들과 섞인 덩어리 형태로만 추출하여 핵확산 위험을 원천적으로 차단한다.
- **폐기물 저감 효과** : 유용한 자원을 모두 회수하여 최종적으로 처분해야 할 고준위 폐기물의 부피를 원래의 20분의 1로 줄인다. 더 중요한 것은, 방사성 독성이 자연 우라늄 수준으로 떨어지는 데 걸리는 시간이

10만 년 이상에서 300~500년으로 획기적으로 단축된다는 점이다.

핵폐기물을 태우는 용광로 : 소듐냉각고속로(SFR)

파이로프로세싱을 통해 꺼낸 에너지 자원, 즉 초우라늄 원소(TRU)는 기존 경수로에서는 태울 수 없다. 이들을 연료로 사용하기 위해서는 특별한 용광로가 필요한데, 그 역할을 하는 것이 바로 4세대 원자로인 소듐냉각고속로(SFR)이다. SFR은 감속재 없이 '빠른 중성자'를 이용하여 TRU를 효율적으로 핵분열시킨다. 결국, SFR은 파이로프로세싱으로 회수한 핵물질을 태워 전기를 생산하면서 동시에 골칫덩어리 폐기물을 소멸시키는 궁극의 '핵폐기물 소각로'인 셈이다.

꿈의 기술, '닫힌 핵연료주기'의 완성

파이로프로세싱과 SFR이 결합되면, 원자력의 패러다임을 바꿀 '닫힌 핵연료주기(Closed Fuel Cycle)'가 완성된다. 기존 경수로에서 나온 사용후핵연료를 파이로프로세싱으로 재활용해 SFR의 연료를 만들고, SFR은 이를 태워 전기를 생산하면서 폐기물을 소멸시키는 완벽한 선순환 구조다. 이 시스템은 사용후핵연료 문제를 근본적으로 해결할 뿐만 아니라, 수입한 우라늄 자원의 이용 효율을 100배 이상 높여, 자원이 부족한 대한민국에 사실상의 '에너지 자립'을 이룰 수 있는 길을 열어준다.

14.4. 재생에너지와 원자력의 공존 시나리오

지금까지 우리는 에너지 전환을 이끌어갈 다양한 기술적 해법들을 살펴보았다. 변덕스러운 자연에 기댄 재생에너지를 길들이기 위한 스마트그리드,

ESS, HVDC 기술. 그리고 안전성과 폐기물이라는 숙명적 과제를 극복하며 부활을 꿈꾸는 차세대 원자력 기술. 이 두 개의 거대한 흐름은 지난 수십 년간 대한민국 사회에서 서로를 배척하는, 끝나지 않는 이념 전쟁의 대상이었다.

'재생에너지가 미래인가, 원자력이 미래인가?'

이 양자택일의 질문은 오랫동안 우리 사회의 에너지 담론을 소모적인 갈등으로 이끌었다. 한쪽에서는 원자력을 기후위기를 해결할 유일한 현실적 대안이라 주장했고, 다른 한쪽에서는 재생에너지 100%만이 지속가능한 미래를 약속한다고 외쳤다. 하지만 21세기 에너지 전환이라는 거대한 과제 앞에서, 이러한 이분법적 대립은 이제 그 의미를 잃어가고 있다.

문제의 본질은 '무엇을 선택할 것인가'가 아니라, '어떻게 조화시킬 것인가'이다. 기후위기 대응과 에너지 안보라는 두 마리 토끼를 동시에 잡아야 하는 대한민국의 절박한 현실 속에서, 재생에너지와 원자력은 더 이상 경쟁 상대가 아니다. 그들은 각자의 장점으로 서로의 약점을 보완하며, 21세기 대한민국 에너지 시스템을 함께 떠받쳐야 할 **운명적인 파트너**다.

이 장에서는 '재생에너지냐, 원자력이냐'는 낡은 논쟁의 틀을 넘어, 두 에너지원이 어떻게 시너지를 창출하며 공존할 수 있는지, 그 구체적인 시나리오와 미래상을 그려보고자 한다.

왜 공존이 필수적인가 : 서로의 한계를 보완하다

완벽한 에너지원은 존재하지 않는다. 모든 에너지원은 각자의 명확한 장점과 한계를 가지고 있다. 재생에너지와 원자력의 공존이 필연적인 이유는, 한쪽의 약점이 다른 한쪽의 강점으로 완벽하게 보완되기 때문이다.

- **재생에너지의 한계, 원자력의 강점** : 제8장에서 보았듯이, 태양광과

풍력의 가장 큰 아킬레스건은 간헐성이다. 바람이 멎고 해가 지면 발전량은 '0'이 된다. 아무리 많은 ESS를 설치해도, 며칠씩 장마가 이어지거나 바람 없는 날이 계속되는 상황까지 감당하기에는 기술적, 경제적 한계가 명확하다. 특히, 1년 365일 단 1초의 전력 공급 중단도 허용되지 않는 반도체 공장이나 데이터센터, 병원과 같은 핵심 시설의 심장을 변덕스러운 재생에너지에만 맡길 수는 없다.

바로 이 지점에서 **원자력**이 그 진가를 발휘한다. 원자력은 날씨와 계절에 상관없이 24시간 내내 일정한 출력을 유지하며, 탄소 배출 없는 깨끗한 전기를 안정적으로 공급하는 가장 강력한 **기저부하**(Baseload) 전력원이다. 이는 마치, 변화무쌍한 시장 상황 속에서도 매달 꼬박꼬박 들어오는 안정적인 '월급'과 같다. 원자력은 국가 에너지 시스템의 최소한의 안정성을 담보하는 든든한 버팀목 역할을 한다.

- **원자력의 한계, 재생에너지의 강점** : 반대로, 기존 대형 원전의 가장 큰 단점 중 하나는 경직성이다. 한번 가동을 시작하면 출력을 자유자재로, 그리고 신속하게 조절하기가 매우 어렵다. 이는 전력 수요가 급변하거나, 재생에너지 발전량이 넘쳐나는 상황에 유연하게 대응하기 어렵다는 의미다. 봄날 오후, 태양광 발전량이 폭증하여 전기가 남아돌 때, 대형 원전은 출력을 줄이지 못하고 계속해서 전기를 생산하여 공급 과잉을 심화시킬 수 있다.

이때 **재생에너지**는 뛰어난 유연성을 보여준다. 태양광과 풍력은 인버터를 통해 비교적 쉽게 출력을 제어할 수 있으며, ESS와 연계하여 남는 전기를 저장하거나 부족한 전력을 보충하는 데 능동적으로 기여할 수 있다. 또한, 지붕이나 유휴부지 등 다양한 공간에 설치할 수 있는 **분산형 전원**으로서, 중앙 전력망의 부담을 덜어주고 지역 단위의 에너지 자립도를 높이는 데 핵심적인 역할을 한다.

결국, 재생에너지는 변화무쌍하지만 창의적인 '프리랜서'와 같고, 원자력은 묵묵하고 안정적인 '정규직'과 같다. 하나의 건강한 경제 시스템이 다양한 고용 형태로 구성되듯, 미래의 에너지 시스템 역시 이 두 에너지원의 장점을 극대화하는 **'하이브리드 포트폴리오'**를 통해 완성될 수 있다.

공존 시나리오 : 기술이 만들어낼 미래의 풍경

그렇다면 이 '하이브리드 포트폴리오'는 구체적으로 어떤 모습일까? 차세대 원자력 기술과 스마트그리드의 발전은 이전에는 상상할 수 없었던 다양한 공존 모델을 가능하게 한다.

- **시나리오 1 : SMR, 재생에너지의 완벽한 파트너가 되다.**

  기존 대형 원전의 경직성 문제를 해결할 열쇠는 바로 소형모듈원자로(SMR)다. SMR은 대형 원전보다 훨씬 뛰어난 부하추종(Load-following) 운전 능력, 즉 전력 수요 변화에 맞춰 신속하게 출력을 조절하는 능력을 갖추도록 설계된다.

  - **저녁의 구원투수** : 해가 지면서 태양광 발전량이 급격히 감소하는 저녁 시간(덕 커브의 목 부분), SMR은 신속하게 출력을 높여 그 공백을 완벽하게 메워준다. 이는 비싼 LNG 발전소의 가동을 최소화하여 전력 시스템의 비용을 낮추고 안정성을 높이는 역할을 한다.
  - **잉여 전력의 활용** : 반대로, 봄가을 낮 시간대에 재생에너지 발전량이 넘쳐날 때, SMR은 출력을 낮추거나, 그 잉여 전력을 활용하여 새로운 부가가치를 창출할 수 있다. SMR에서 나오는 고온의 열과 이 잉여 전기를 결합하여, 물을 분해해 그린수소를 생산하는 고온수전해(HTSE) 기술이 대표적이다. 이는 버려질 뻔했던 전기를, 미래의 청정 연료인 수소로 전환하는, 그야말로 '일석이조'의 전략이다.

- **시나리오 2 : 산업단지를 위한 '무탄소 에너지클러스터'**

  RE100 달성과 24시간 안정적인 전력 공급이 필수적인 반도체 공장이나 데이터센터 단지를 상상해 보자. 이 단지 인근에는 SMR이 건설되어 흔들림 없는 기저 전력을 공급한다. 공장 지붕과 주차장에는 태양광 패널이 설치되어 낮 시간의 추가 전력을 담당한다. 단지 내에는 대규모 BESS가 설치되어, 생산된 전기를 저장하고 전력망의 주파수를 안정시킨다.

  이 모든 에너지원은 AI 기반의 에너지 관리 시스템(EMS)을 통해 하나의 시스템처럼 유기적으로 제어된다. 이는 외부 전력망의 불안정이나 정전 위험으로부터 완전히 자유로운, 완벽한 '에너지 자립형 산업단지' 모델이다.

- **시나리오 3 : 닫힌 핵연료주기와 연계한 궁극의 시나리오**

  이러한 하이브리드 시스템이 안정적으로 운영되면서 발생하는 사용후 핵연료는, 제14장 3절에서 살펴본 파이로프로세싱-SFR 연계 시스템으로 보내진다. 여기서 유용한 자원은 다시 SFR의 연료로 재활용되고, 최종적으로 남는 것은 방사성 독성이 획기적으로 줄어든 폐기물뿐이다.

  이는 재생에너지의 청정성과 원자력의 안정성, 그리고 닫힌 핵연료주기의 지속가능성이 결합된, 대한민국이 추구할 수 있는 가장 이상적인 **궁극의 에너지 공존 시나리오**다. 이는 기후위기와 에너지 안보 문제를 동시에 해결할 뿐만 아니라, 우라늄 자원의 수입 의존도마저 극복하여 진정한 의미의 에너지 자립을 달성하는 길이다.

이념을 넘어, 실용과 상생으로

물론, 이러한 공존 시나리오가 현실이 되기 위해서는 넘어야 할 산이 많다. SMR의 경제성과 안전성에 대한 최종적인 검증, 재생에너지와 원자력의 출력을 조화롭게 제어할 수 있는 전력 시장 제도의 개편, 그리고 무엇보다 이 두 에너지원에 대한 국민적 신뢰와 사회적 합의를 이끌어내는 과정이 필수적이다.

하지만 분명한 것은, '재생에너지냐, 원자력이냐'는 소모적인 이념 논쟁에 갇혀 있는 동안, 우리는 에너지 전환이라는 거대한 흐름에서 뒤처지고 있다는 사실이다. 빌 게이츠는 그의 저서 『기후재앙을 피하는 법』에서, 기후위기라는 거대한 문제를 해결하기 위해서는 우리가 사용할 수 있는 모든 무기, 즉 '모든 종류의 무탄소 에너지원'을 총동원해야 한다고 역설했다.

에너지 자원이 부족하고, 국토는 좁으며, 첨단 제조업을 기반으로 살아가는 대한민국에게, 특정 에너지원을 배제하는 것은 스스로의 한쪽 팔을 묶고 싸움에 나서는 것과 같다. 이제는 이념의 굴레에서 벗어나, 기술과 데이터에 기반한 **실용주의적 관점**에서, 대한민국의 현실에 가장 적합한 최적의 에너지 믹스를 찾아야 할 때다.

햇빛과 바람이 좋을 때는 재생에너지가 우리 에너지 시스템의 주력 공격수가 되어 마음껏 그라운드를 누비게 하고, 궂은 날씨와 깊은 밤에는 차세대 원자력이 묵묵히 골대를 지키며 팀의 안정성을 책임지는 **현명하고도 상호 보완적인 파트너십**. 이것이야말로 대한민국이라는 팀이 에너지 대전환이라는 거친 경기에서 승리할 수 있는 가장 현실적이고 지혜로운 전략일 것이다.

제15장
미래 에너지 게임 체인저

15.1. 궁극의 청정에너지, 핵융합 : KSTAR와 민간 기업들의 도전

태양을 병 속에 담는 법 : 핵융합의 원리

핵융합의 원리는 우주에서 가장 흔한 현상이다. 태양을 비롯한 우주의 모든 별은 바로 이 핵융합 반응을 통해 빛과 열을 내뿜는다. 그 원리는 원자력(핵분열)과 정반대다. 핵분열이 우라늄처럼 무거운 원자핵을 쪼개면서 에너지를 얻는 방식이라면, 핵융합은 수소처럼 가벼운 원자핵들을 합쳐 더 무거운 원자핵(헬륨)으로 만들면서 에너지를 얻는 방식이다.

이 과정에서 아인슈타인의 유명한 공식, $E=mc^2$이 작동한다. 융합 전 가벼운 원자핵들의 질량을 합친 것보다, 융합 후 만들어진 헬륨 원자핵의 질량이 아주 미세하게 줄어든다. 바로 이 사라진 질량(m)이 빛의 속도(c)의 제곱을 곱한 만큼의 엄청난 에너지(E)로 전환되는 것이다.

지구에서 핵융합을 일으키기 위해 주로 사용하는 연료는 수소의 동위원소인 중수소(Deuterium)와 삼중수소(Tritium)다.

- 중수소는 바닷물에 풍부하게 존재하여, 욕조 하나만큼의 바닷물에서 노트북을 하루 종일 쓸 수 있는 에너지를 얻을 수 있을 정도로 사실상 무한한 자원이다.
- 삼중수소는 자연에는 거의 존재하지 않지만, 핵융합 과정에서 발생하는 중성자를 리튬(Lithium)과 반응시켜 원자로 내에서 직접 생산(Breeding)할 수 있다. 리튬 역시 지구상에 풍부하게 매장되어 있다.

하지만 이 간단해 보이는 원리를 지구에서 구현하는 것은 극도로 어렵다. 원자핵들은 모두 양(+)전하를 띠고 있어 서로를 밀어내는 강력한 척력(전기적 반발력)을 가지고 있다. 이 척력을 이겨내고 원자핵들이 융합하도록 만들기 위해서는, 태양의 중심부보다도 훨씬 더 뜨거운 **1억℃ 이상의 초고온 상태**를 만들어야만 한다.

이 온도에서 모든 물질은 고체, 액체, 기체를 넘어 원자핵과 전자가 분리된 이온화된 상태, 즉 플라스마(Plasma)라는 제4의 상태가 된다. 문제는 1억℃의 플라스마를 담을 수 있는 물질이 지구상에 존재하지 않는다는 점이다. 어떤 금속도 닿는 순간 녹아버릴 것이다.

과학자들은 이 문제를 해결하기 위해, 강력한 자기장을 이용해 플라스마를 공중에 띄워 가두는 '자기 가둠(Magnetic Confinement)' 방식을 고안했다. 그리고 그중 가장 대표적인 장치가 바로 도넛 모양의 진공 용기 주위를 코일로 감아 강력한 자기장을 만들어 플라스마를 가두는 '토카막(Tokamak)'이다.

한국의 태양, KSTAR의 위대한 도전

이 불가능해 보이는 도전에 가장 앞서나가는 국가 중 하나가 바로 대한민국이다. 대전광역시에 위치한 한국핵융합에너지연구원(KFE)의 초전도 핵융합연구장치(KSTAR)는 '한국의 인공 태양'이라 불리며, 세계 핵융합 연구의 역사를 새로 쓰고 있다.

KSTAR가 세계적으로 주목받는 이유는, 다른 장치들이 흉내 낼 수 없는 독보적인 능력을 갖추고 있기 때문이다. 바로 **'장시간 운전(Long-pulse Operation)'** 능력이다. 핵융합이 실제 발전소로 이어지기 위해서는, 1억℃의 플라스마를 단 몇 초가 아니라, 몇 분, 몇 시간, 나아가 1년 내내 안정적으로 유지해야만 한다.

KSTAR는 이를 위해 세계 최초로, 초고온 플라스마를 만드는 데 사용되는 자석 전체를 차세대 **초전도 자석**으로 제작했다. 그 결과, KSTAR는 연이어 세계 신기록을 경신하며 핵융합 연구의 프론티어를 개척하고 있다.

- 2024년 2월, KSTAR는 1억℃의 초고온 플라스마를 무려 48초간 유지하는 데 성공하며, 이전의 자체 세계 기록(30초)을 훌쩍 뛰어넘었다.
- 동시에, 플라스마를 안정적으로 가두는 고성능 운전 모드인 H-모드(High-confinement mode)를 102초간 연속 운전하는 데도 성공했다.

이러한 KSTAR의 눈부신 성과는 단순히 대한민국의 기술력을 과시하는 것을 넘어, 인류 전체의 꿈을 향한 중요한 발걸음이다. KSTAR의 연구 데이터와 운전 경험은, 현재 프랑스 남부 카다라슈에 건설 중인 인류 역사상 최대의 과학 프로젝트, 국제핵융합실험로(ITER, International Thermonuclear Experimental Reactor)의 성공적인 운전을 위한 핵심적인 밑거름이 되고 있다. ITER는 미국, EU, 러시아, 중국, 일본, 인도, 그리고 대한민국이 함께 참여하여, 핵융합 에너지의 과학적, 기술적 실증을 목표로 하는 거대한 국제 협력 프로젝트다. KSTAR는 이 거대한 프로젝트에서 가장 중요한 실험 데이터를 제공하는 핵심적인 파트너로서, 대한민국을 핵융합 기술의 글로벌 리더 반열에 올려놓았다.

새로운 우주 경쟁 : 민간 핵융합 기업들의 도전

과거 정부 주도로 이루어지던 핵융합 연구는 최근 실리콘밸리를 중심으로 폭발적인 변화를 맞고 있다. 막대한 투자를 유치한 민간 스타트업들이 '더 작고, 더 저렴하고, 더 빠른' 상용화를 목표로 치열한 기술 경쟁을 벌이고 있다.

- **커먼웰스 퓨전 시스템즈**(CFS) : MIT에서 분사한 선두주자로, 강력한 고온 초전도 자석 기술을 이용해 소형 토카막으로 핵융합을 구현하여 2030년대 초 상용화를 목표로 한다.
- **헬리온 에너지**(Helion Energy) : 샘 알트먼이 투자한 회사로, 플라스마

를 총알처럼 충돌시켜 에너지를 얻는 독자적인 방식으로 마이크로소프트와 세계 최초의 핵융합 전력 구매 계약을 체결했다.

- **TAE 테크놀로지스**(TAE Technologies) : 구글의 투자를 받아 방사성 폐기물이 거의 없는 '수소-붕소' 핵융합이라는 궁극의 기술에 도전하고 있다.

이들 민간 기업의 등장은 핵융합 생태계에 건전한 혁신을 불어넣으며 상용화 시점을 앞당기는 기폭제 역할을 하고 있다. KSTAR의 굳건한 연구와 민간의 과감한 도전이 시너지를 내면서, '인공 태양'이 인류의 미래를 밝힐 날이 점차 가까워지고 있다.

꿈에서 현실로, 넘어야 할 과제

지금까지 우리가 살펴본 모든 에너지 기술들은, 결국 하나의 거대한 딜레마를 해결하기 위한 과정이었다. 어떻게 하면 인류 문명을 지속시키면서도, 지구 환경을 파괴하지 않는 깨끗하고, 안전하며, 풍부한 에너지를 얻을 수 있을까? 재생에너지는 깨끗하지만 변덕스럽고, 원자력(핵분열)은 안정적이지만 안전과 폐기물이라는 영원한 숙제를 안고 있다. 그런데 만약, 이 모든 딜레마를 한 번에 해결할 수 있는 '궁극의 에너지'가 존재한다면 어떨까? 태양처럼 스스로 빛과 열을 내뿜으며, 연료는 바닷물에서 거의 무한하게 얻을 수 있고, 고준위 방사성 폐기물이나 탄소 배출 걱정도 없으며, 폭발이나 멜트다운의 위험마저 원천적으로 불가능한 꿈의 에너지.

지난 70년간 공상과학 소설의 단골 소재이자, 물리학자들의 가장 위대한 도전 과제였던 **핵융합**(Nuclear Fusion) **에너지**가 바로 그 주인공이다. '지상에 인공 태양을 만드는 기술'이라 불리는 핵융합은, 오랫동안 실현 불가능한 먼 미래의 꿈처럼 여겨져 왔다. 하지만 21세기에 들어서며, 대한민국을 포함한 전 세계 과학자들의 끈질긴 도전과 최근 실리콘밸리를 중심으로 한 민간 기업들의 폭발적인 기술 혁신이 더해지면서, 핵융합은 더 이상 상상의 영역이 아닌, 우리 세대가 그 실현 가능성을 목격할 수 있는 가시권 안으로 들어오고 있다.

핵융합은 더 이상 막연한 꿈이 아니다. 하지만 인공 태양의 빛이 우리 집 전등을 밝히기까지는, 여전히 해결해야 할 거대한 공학적 과제들이 남아있다. ▲투입한 에너지보다 더 많은 에너지를 생산하는 '에너지 증폭(Net Energy Gain, Q〉1)'을 장시간 안정적으로 달성하는 것, ▲원자로 내부에서 삼중수소를 스스로 생산하고 순환시키는 **'삼중수소 증식'** 기술, ▲강력한 중성자 방사선을 수십 년간 견뎌낼 수 있는 **새로운 소재의 개발**, 그리고 ▲핵융합 에너지를 효율적으로 전기로 변환하는 시스템 구축 등이 그것이다.

전문가들은 이러한 난제들을 고려할 때, 최초의 상업용 핵융합 발전소가 등장하는 시점을 2040년대에서 2050년경으로 예측한다. 비록 먼 길이지만, 그 끝에 기다리고 있는 보상은 너무나도 거대하다. 핵융합 에너지의 성공은 인류를 에너지 고갈과 기후변화의 공포에서 해방시키고, 진정한 의미의 지속 가능한 번영의 시대를 여는, 인류 역사상 가장 위대한 기술적 성취가 될 것이다. 그리고 대한민국은 KSTAR를 통해, 그 위대한 역사의 중심에서 핵심적인 역할을 수행하고 있다.

15.2. 땅속의 청정연료, 화이트 수소

에너지 전환의 역사는 인류가 더 효율적이고 깨끗한 에너지원을 찾아 나선 기나긴 여정이었다. 우리는 나무에서 석탄으로, 석탄에서 석유로, 그리고 이제 화석연료에서 재생에너지로의 대전환을 이야기하고 있다. 이 과정에서 수소(Hydrogen)는 연소 시 오염물질 없이 깨끗한 물(H_2O)만 남기는, 탄소중립 시대의 가장 유력한 '만능열쇠'로 주목받았다. 하지만 이 만능열쇠에는 늘 비싼 '생산 비용'이라는 꼬리표가 달고 다녔다.

- **그레이 수소** : 현재 생산되는 수소의 95% 이상을 차지하며, 천연가스를 고온·고압에서 분해하여 만든다. 저렴하지만 만드는 과정에서 다량의 이산화탄소가 배출되어 '친환경'이라고 부를 수 없다.
- **블루 수소** : 그레이 수소와 같은 방식으로 만들지만, 발생하는 이산화탄소를 포집·저장(CCUS) 기술로 땅속에 묻어버리는 방식이다. 탄소 배출을 줄일 수는 있지만, 완벽하지 않고 비용이 비싸다는 단점이 있다.
- **그린 수소** : 궁극적인 해답으로 여겨진다. 태양광이나 풍력 같은 재생에너지로 만든 전기로 물을 전기분해하여 얻는다. 생산 과정에서 탄소 배출이 전혀 없는 100% 완벽한 청정수소지만, 막대한 재생에너지 발전 단지와 비싼 수전해 설비 비용으로 인해 경제성 확보가 더딘 상황이었다.

이 '수소의 딜레마' 속에서, 에너지 전문가들은 수소가 주력 에너지원이 되기까지는 아직 갈 길이 멀다고 이야기해 왔다.

그런데 만약 이 모든 전제를 뒤엎는, 게임의 규칙 자체를 바꾸는 변수가 등장한다면 어떨까? 마치 19세기 캘리포니아에서 금광이 발견되며 수많은 사람들의 운명을 바꾸었듯, 21세기의 인류는 지구 깊숙한 곳에서 새로운 '황금'을 발견하기 시작했다. 바로 인공적으로 만들 필요 없이, 석유나 천연가스처럼 시추만으로 얻을 수 있는 천연 수소, 즉 **화이트 수소**(White Hydrogen) 또는 지질학적 수소(Geologic Hydrogen)다.

이는 수소 경제의 도래를 수십 년 앞당길 수도 있는, 그야말로 '지질학적 로또'이자 21세기판 골드러시다. 오랫동안 불가능하다고 여겨졌던 이 '땅속의 청정연료'가 현실로 다가오면서, 전 세계 에너지 시장은 새로운 흥분과 기대감에 휩싸이고 있다.

지구의 숨겨진 공장 : 화이트 수소는 어떻게 만들어지는가?

화이트 수소는 인류가 미처 알지 못하는 사이, 지구라는 거대한 자연 공장에서 수억 년에 걸쳐 꾸준히 생산되어 온 결과물이다. 과학자들은 화이트 수소가 생성되는 주요 메커니즘을 다음과 같이 설명한다.

- **메커니즘 1 : 철의 산화**(사문암화 작용, Serpentinization)

  가장 대표적인 생성 과정으로, 지하 깊은 곳 맨틀과 가까운 지각에 풍부한 감람석(Olivine)과 같은 철분 함유 광물이 고온·고압 상태에서 물과 만나며 일어나는 화학 반응이다. 이 과정은 마치 거대한 쇠붙이가 지구 내부에서 서서히 녹슬며 수소 기체를 '내쉬는' 것과 같다. 이 자연적인 화학 반응을 통해 막대한 양의 수소가 생성되어 지하의 다공질 암석층에 갇히게 된다.

- **메커니즘 2 : 물의 방사성 분해**(Radiolysis)

  지각에 자연적으로 존재하는 우라늄, 토륨과 같은 방사성 원소는 수백만 년에 걸쳐 서서히 붕괴하며 방사선을 방출한다. 이 방사선 에너지가 지하수와 만나 물 분자(H_2O)를 수소(H_2)와 산소(O_2)로 분해한다. 이는 마치 자연이 만든 거대한 '천연 수전해 장치'가 쉼 없이 수소를 생산하는 것과 같다.

이렇게 생성된 수소는 지구상에서 가장 가벼운 원소이기 때문에 대부분 대기 중으로 빠져나가 사라진다고 알려져 왔다. 이것이 바로 인류가 오랫동안 화이트 수소의 존재를 간과했던 이유다. 하지만 최근의 연구들은 특정 지질 구조, 예를 들어 두꺼운 암염층(salt dome)이나 불투과성 암석층 등이 '뚜껑 (Cap Rock)' 역할을 하며 수소가 빠져나가지 못하도록 가두는 '천연 저장고'가 존재할 수 있음을 밝혀내고 있다.

세계 곳곳에서 터져 나오는 '잭팟' : 글로벌 탐사 현황

화이트 수소의 발견은 치밀한 계획이 아닌, 한 편의 영화 같은 우연에서 시작되었다.

- **사례 1 : 말리의 우연한 발견**

  1987년, 서아프리카 말리의 한 마을에서 우물업자가 물을 찾기 위해 땅을 파내려가던 중, 물 대신 정체불명의 가스가 뿜어져 나왔다. 한 인부가 무심코 던진 담배꽁초에 거대한 불기둥이 치솟자, 위험을 느낀 마을 사람들은 이 우물을 서둘러 시멘트로 막아버렸다. 수십 년이 지난 후, 이 우물의 정체에 의문을 품은 한 석유 기업이 성분 분석을 통해 이것이 98% 순도의 고품질 천연 수소임을 밝혀냈다. 현재 이 우물은 막았던 시멘트를 걷어내고, 연간 200톤의 수소를 생산하며 마을 전체에 전기를 공급하는 '보물'이 되었다.

- **사례 2 : 유럽의 심장부를 뒤흔든 프랑스 로렌의 발견**

  말리의 발견이 작은 가능성을 보여주었다면, 2023년 프랑스 로렌 지역에서의 발견은 화이트 수소를 에너지 시장의 중심으로 끌어올린 결정적인 사건이었다. 과거 석탄 산업의 중심지였던 이 지역의 지하를 탐사하던 연구진은 무려 4,600만 톤에 달하는 유럽 최대 규모의 화이트 수소 매장층을 발견했다. 이는 유럽 전체의 연간 수소 소비량을 훌쩍 뛰어넘는 엄청난 양으로, 러시아산 가스에 대한 의존도를 끊고 진정한 에너지 자립을 꿈꾸는 유럽에 엄청난 희망을 안겨주었다.

이 두 사건을 기점으로 화이트 수소 탐사는 전 세계적인 '붐'으로 번지고 있다. 미국 지질조사국(USGS)은 전 세계에 매장된 화이트 수소가 인류가 수천 년간 사용할 수 있는 수조 톤 규모에 달할 수 있다는 추정치를 내놓았다. 미국과 호주에서는 정부와 민간 기업이 협력하여 대규모 탐사 프로젝트를 진행하고 있으며, 콜로라도의 '내추럴 하이드로젠

에너지(Natural Hydrogen Energy)', 덴버의 '콜로마(Koloma)' 등 수많은 지질학 스타트업들이 빌 게이츠와 같은 거물 투자자들의 지원을 받으며 '수소 사냥꾼'을 자처하며 21세기 골드러시에 뛰어들고 있다.

혁명의 경제학 : '1달러의 약속', 꿈인가 현실인가?

화이트 수소에 대한 전 세계적인 열광의 핵심에는 바로 '1달러의 약속'이 있다. 현재 추정되는 화이트 수소의 생산 비용은 **kg당 약 1달러** 수준이다. 이는 kg당 3~6달러에 달하는 그린수소는 물론, 탄소 배출을 동반하는 그레이수소(약 1.5달러)보다도 저렴한, 그야말로 혁명적인 가격이다.

만약 이 가격이 현실화된다면 에너지 시장에 미칠 파급효과는 상상을 초월한다.

- **수송 부문의 완전한 탈탄소화** : 비싼 수소 가격 때문에 더디게 성장하던 수소 연료전지 자동차, 트럭, 버스 시장이 폭발적으로 성장할 수 있다.
- **산업 부문의 녹색 전환** : 막대한 수소를 필요로 하는 제철(환원제), 석유화학, 비료(암모니아) 산업의 탈탄소화가 경제성을 확보하게 된다. '그린 철강'과 '그린 암모니아'가 더 이상 비싼 구호가 아닌 현실이 되는 것이다.
- **발전 부문의 혁신** : 수소 터빈을 이용한 무탄소 발전이 화력발전을 대체하며, 재생에너지의 간헐성을 보완하는 안정적인 청정 기저 전력원으로 자리 잡을 수 있다.

넘어야 할 거대한 산 : 상용화를 가로막는 현실의 장벽

이 장밋빛 전망에도 불구하고, 땅속의 수소를 우리 집 연료전지로 가져오기까지는 여러 단계의 험난한 기술적, 경제적 과제를 넘어야 한다.

- **탐사의 기술** : 보이지 않는 보물을 찾는 법

가장 큰 난관은 화이트 수소가 어디에, 얼마나 있는지 정확히 찾아내는 탐사 기술의 부재다. 석유 탐사는 150년이 넘는 역사를 통해 데이터와 기술이 축적되었지만, 수소 탐사는 이제 막 걸음마를 뗀 수준이다. 수소는 지구상에서 가장 작고 가벼운 분자라 암석층을 쉽게 뚫고 빠져나가기 때문에, 수소를 가둘 수 있는 특별한 지질 구조(암염층 등)를 찾아내는 것이 관건이다. 이를 위해 인공위성을 통한 지표면 분석, 미생물 활동 탐지, AI 기반의 지질 데이터 모델링 등 첨단 기술이 동원되고 있다.

- **시추와 생산의 어려움** : 수소의 까다로운 성질

수소 매장지를 찾았다 하더라도 이를 안전하게 시추하는 것 또한 새로운 도전이다. 수소는 강철을 부서지기 쉽게 만드는 '수소 취성(Hydrogen Embrittlement)'이라는 특성이 있어, 기존의 석유 시추 장비를 그대로 사용하기 어렵다. 수소에 견딜 수 있는 새로운 합금 소재와 시추 기술 개발이 필수적이다.

- **순도의 문제와 정제 비용** :

땅속에서 나온 천연 수소는 98% 순도의 말리 사례처럼 운 좋은 경우도 있지만, 대부분 메탄, 헬륨, 질소 등 다른 가스와 섞여있다. 이 불순물들을 분리하고 수소의 순도를 높이는 정제 과정이 추가로 필요하며, 이는 생산 비용을 상승시키는 요인이 된다.(물론, 함께 발견되는 헬륨은 반도체 등 첨단 산업에 필수적인 고가의 자원이므로, 오히려 경제성을 높이는 '보너스'가 될 수도 있다.)

- **인프라의 부재** :

최종적으로, 생산된 수소를 소비처까지 운송하기 위한 인프라 구축이 필요하다. 수소 전용 파이프라인을 건설하거나, 액화하여 탱크로리로

운송하거나, 암모니아 등 다른 물질로 변환해야 하는데, 이는 모두 막대한 초기 투자를 요구한다.

결론적으로, 화이트 수소는 에너지 전환 시대에 나타난 가장 예측 불가능하고 파괴적인 '와일드카드'다. 그 미래는 아직 불확실하며, 성공 여부는 앞으로 몇 년간의 탐사 기술 발전과 실증 결과에 달려있다. 하지만 화이트 수소는 인류에게 기존의 에너지 방정식을 넘어설 수 있다는 새로운 상상력을 불어넣었다. 화석연료와 재생에너지라는 양자택일의 구도를 넘어, 지구 자체가 품고 있는 무한한 청정에너지의 가능성을 다시 한번 일깨워준 것이다. 21세기 골드러시의 최종 승자가 누가 될지는 아직 알 수 없지만, 그 탐사의 여정 자체가 인류의 에너지 미래를 더욱 풍요롭게 만들고 있음은 분명하다.

15.3. E-fuel : 비행기와 배를 위한 친환경 액체연료

전기화의 거대한 물결이 내연기관 자동차를 빠르게 대체하고 있지만, 이 강력한 흐름조차 미치지 못하는 거대한 영역이 존재한다. 300톤의 무게를 싣고 1만 미터 상공을 날아 태평양을 건너는 보잉 777여객기, 수만 개의 컨테이너를 싣고 대양을 가로지르는 거대한 선박, 대륙의 끝과 끝을 잇는 대형 화물트럭. 이들은 세계 경제의 혈맥을 잇는 필수적인 동력이지만, 배터리 기술의 현재와 가까운 미래를 고려할 때 완전한 전기화가 거의 불가능한 '난공불락의 요새'와도 같다.

그 이유는 배터리가 가진 명백한 에너지 밀도의 한계 때문이다. 현재의 리튬이온 배터리는 자동차를 움직이기에는 충분하지만, 거대한 비행기를 하늘로 띄우거나 수천 킬로미터의 바닷길을 항해하는 데 필요한 막대한 에너지를 담기에는 너무나도 무겁고 부피가 크다. 만약 보잉 747기를 배터리로만

날게 하려면, 비행기 전체 무게보다 훨씬 더 무거운 배터리를 실어야 한다는 계산이 나올 정도다. 이는 물리적으로 불가능한 영역이다.

그렇다면 이 거대한 수송 부문의 탈탄소화는 영원히 불가능한 꿈일까? 바로 이 지점에서, 21세기의 연금술이라 불리는 E-fuel(전기연료)이 그 해답을 제시한다. E-fuel은 '액체 형태의 전기'이자, 화석연료 시대의 유산인 강력한 내연기관과 기존 인프라를 포용하며 지속가능한 미래로 나아가는 가장 현실적인 다리다.

21세기의 연금술 : E-fuel은 어떻게 만들어지는가?

E-fuel의 기본 원리는 놀랍도록 단순하다. 바로 물과 공기, 그리고 친환경 전기를 원료로 인공적인 석유를 만드는 것이다. 이 과정은 크게 4단계의 정교한 공정으로 이루어진다.

- **1단계** : 모든 것의 기초, 그린수소 생산 E-fuel의 품질과 친환경성은 전적으로 원료가 되는 수소의 품질에 달려있다. 오직 태양광, 풍력 등 재생에너지로 생산한 그린수소만을 사용한다. 물(H_2O)을 전기분해(Electrolysis)하여 수소(H_2)와 산소(O_2)로 분리하는 이 과정은 E-fuel 생산 비용의 60~70%를 차지하는 핵심 단계이자 가장 큰 비용 병목 구간이다. 따라서 풍부하고 저렴한 재생에너지 전력을 대규모로 확보하는 것이 E-fuel 프로젝트 성공의 제1조건이 된다.

- **2단계** : 공기 속 탄소 채굴, CO_2 포집 E-fuel이 탄소 중립적일 수 있는 이유는, 연소 시 배출하는 이산화탄소(CO_2)를 생산 과정에서 미리 사용하기 때문이다. 즉, 배출될 탄소를 대기 중에서 '선납'하는 개념이다. 이 CO_2는 제철소나 시멘트 공장에서 발생하는 가스를 포집(CCU, Carbon Capture & Utilization)하여 활용하거나, 궁극적으로는 대기 중에 흩어져 있는 CO_2를 직접 포집하는 DAC(Direct Air Capture) 기술을 통

해 확보한다. DAC는 말 그대로 공기 중에서 탄소를 채굴하는 기술로, 아직 에너지 소비가 많고 비용이 많이 들지만, E-fuel 생산을 특정 산업단지에 묶이지 않고 전 세계 어디에서나 가능하게 만드는 핵심 기술이다.

- **3단계** : 분자의 재결합, 합성 과정 이렇게 확보된 그린수소와 이산화탄소는 고온·고압의 반응기 안에서 촉매와 만나 새로운 탄화수소 분자로 재탄생한다. 이 과정에는 100년 가까운 역사를 가진 피셔-트롭슈(Fischer-Tropsch) 합성법이나 메탄올 합성법 등 검증된 화학 공정이 활용된다. 피셔-트롭슈 공정은 합성 원유(Syncrude)를 만들어내고, 메탄올 합성 공정은 그 자체로 중요한 연료인 메탄올을 만들어낸다.
- **4단계** : 최종 제품으로의 업그레이드 합성된 원유나 메탄올은 기존 정유 공정과 유사한 업그레이드 과정을 거쳐 우리가 아는 최종 연료 제품, 즉 E-가솔린, E-디젤, E-등유(항공유), E-메탄올, E-암모니아 등으로 변환된다.

'드롭인(Drop-in)' 연료의 마법 : 기존 인프라를 그대로

E-fuel의 가장 큰 마법과도 같은 장점은, 이렇게 만들어진 연료가 화학적으로 기존 화석연료와 거의 동일하여, 별도의 개조 없이 기존 내연기관 엔진과 주유소 인프라에 그대로 사용할 수 있는 '드롭인(Drop-in)' 연료라는 점이다.

이는 항공 및 해운 산업에 엄청난 이점을 제공한다. 수명이 20~30년에 달하는 수만 대의 기존 항공기와 선박을 폐기할 필요 없이, 연료만 친환경 E-fuel로 바꾸면 즉시 탄소 배출을 줄일 수 있다. 제15.5절에서 다룰 '좌초자산'의 위험을 피할 수 있는 가장 효과적인 방법인 셈이다. 공항과 항만의 주유 및 급유 시설을 바꿀 필요도 없다. 이는 전환에 필요한 사회적 비용과 시간을 획기적으로 줄여주는, 가장 현실적이고도 점진적인 탈탄소 경로를 제시한다.

이러한 장점 때문에, 전 세계 정부와 기업들은 E-fuel 상용화에 사활을 걸고 있다.

- **유럽의 강력한 정책 드라이브** : 유럽연합(EU)은 E-fuel을 수송 부문 탈탄소화의 핵심 정책 수단으로 채택했다. '리퓨얼EU 항공(ReFuelEU Aviation)' 규제를 통해 2025년부터 유럽 내 공항에서 급유하는 모든 항공유에 지속가능항공유(SAF, E-fuel 포함)를 최소 2% 혼합하도록 의무화했으며, 이 비율은 2050년 70%까지 점차 상향된다. '퓨얼EU 해운(FuelEU Maritime)' 역시 선박 연료의 온실가스 집약도를 점진적으로 감축하도록 규제하여, E-메탄올이나 E-암모니아와 같은 친환경 연료의 사용을 강제하고 있다. 이는 기업들에게 안정적인 수요 예측을 가능하게 하여, 막대한 초기 투자가 필요한 E-fuel 시장에 대한 민간 투자를 유인하는 결정적인 역할을 한다.
- **글로벌 기업들의 합종연횡** : 자동차 회사인 포르쉐는 칠레 파타고니아의 강력하고 일정한 바람을 이용해 세계 최초의 상업용 E-fuel 플랜트(Haru Oni)를 가동하고 있다. 루프트한자, 에어프랑스- KLM 등 항공업계는 SAF 확보를 위해 E-fuel 제조사와의 구매 계약을 서두르고 있다. 세계 1위 해운사인 머스크(Maersk)는 이미 E-메탄올을 연료로 사용하는 컨테이너선을 발주하여 운항을 시작했으며, 2040년까지 완전한 탄소중립을 달성하겠다고 선언했다.

현실의 벽 : 경제성과 효율성의 딜레마

이 장밋빛 미래에도 불구하고, E-fuel 상용화의 길목에는 두 개의 거대한 현실적 장벽이 놓여있다. 바로 경제성과 효율성이다.

- **장점 1 : 유일한 탈탄소 해법** 가장 큰 장점은 명확하다. 배터리로의 전

환이 불가능한 항공, 해운, 장거리 트럭 운송 분야에서, 현존하는 인프라를 그대로 활용하며 탈탄소화를 이룰 수 있는 거의 유일한 현실적 대안이라는 점이다. 이는 수십 년간 사용해야 하는 고가의 항공기나 선박이 좌초자산이 되는 것을 막아준다.

- **단점 1 – 엄청난 비용(경제성 문제)** 가장 큰 단점은 역시 비용이다. 현재 e-fuel의 생산 비용은 리터당 수천 원 수준으로, 기존 화석연료에 비해 5~10배 이상 비싸다. 그 이유는 앞서 보았듯, 생산원가의 대부분을 차지하는 그린수소 생산 비용(재생에너지 발전 단가, 수전해 설비 비용)과 CO_2 포집 비용(특히 DAC)이 여전히 높기 때문이다. 전문가들은 기술 발전과 규모의 경제를 통해 2050년경에는 가격이 리터당 1~2유로 수준으로 하락할 것으로 예측하지만, 여전히 화석연료보다는 비쌀 가능성이 높다. 이 가격 격차를 줄이기 위해서는 강력한 탄소세나 보조금 정책이 필수적이다.
- **단점 2 – 낮은 에너지 효율** 두 번째 단점은 에너지 전환 과정에서의 낮은 효율이다. '전기'에서 출발하여 '수소'와 '이산화탄소'를 거쳐 'E-fuel'을 만들고, 이를 다시 '내연기관'에서 태워 '운동 에너지'로 바꾸는 과정은 여러 단계를 거치면서 에너지 손실이 누적된다. 전체 '전기-운동 전환 효율(Well-to-Wheel Efficiency)'은 약 15~25%에 불과하다. 이는 전기를 배터리에 저장해 바로 모터를 돌리는 전기차의 효율(약 70~80%)에 비해 현저히 낮다. 이 때문에 E-fuel은 일반 승용차 시장에서 배터리 전기차의 경쟁 상대가 될 수 없다. E-fuel의 진정한 가치는, 효율성이 다소 떨어지더라도, 배터리 기술로는 도저히 감당할 수 없는 필수적인 장거리 수송 부문의 탈탄소화를 가능하게 한다는 데 있다.

결론적으로, E-fuel은 전기화의 흐름에서 소외될 수밖에 없는 필수 수

송 부문의 탈탄소화를 위한 가장 현실적이고 강력한 해결책이다. 그 길은 멀고 험난하겠지만, 이 기술의 확보 여부는 미래 에너지 시장과 산업 지형에서 한 국가의 경쟁력을 좌우하는 중요한 척도가 될 것이다. 특히 세계 최고의 조선 및 정유·화학 산업 인프라를 가진 대한민국에게, E-메탄올과 E-암모니아는 전통 주력 산업을 미래형 친환경 산업으로 업그레이드할 절호의 기회를 제공한다.

15.4. 차세대 태양전지 : 페로브스카이트의 잠재력

지난 20년간, 푸른빛을 띤 실리콘 태양광 패널은 에너지 전환의 가장 믿음직한 일꾼이자 친환경 에너지의 상징이었다. 전 세계 곳곳의 지붕과 유휴 부지에 설치된 이 패널들은 묵묵히 햇빛을 전기로 바꾸며 청정에너지 시대를 열었다. 중국의 압도적인 생산력을 바탕으로 가격이 극적으로 하락하면서, 태양광은 이제 많은 지역에서 가장 저렴한 에너지원으로 자리 잡았다.

하지만 이 성실한 일꾼에게도 명확한 한계가 보이기 시작했다. 무겁고, 단단하며, 불투명하다는 물리적 제약은 태양광 발전소를 특정 공간에 묶어 두었고, 무엇보다 에너지 변환 효율이 이론적 한계치인 '쇼클리-콰이저 한계(Shockley-Queisser limit)'에 가까워지며 기술 발전이 정체되고 있었다. 실리콘 태양전지는 더 이상 혁신적인 성능 향상을 기대하기 어려운, 성숙기에 접어든 기술이 되어가고 있었다.

만약 태양광 발전을 더 이상 특정 '장소'에 국한하지 않고, 우리 주변의 모든 '표면(Surface)'으로 확장할 수 있다면 어떨까? 햇빛을 전기로 바꾸는 투명한 유리창, 종이처럼 가볍고 필름처럼 휘어져 옷이나 가방, 자동차 지붕에도 부착할 수 있는 태양전지.

공상과학 영화에서나 가능했던 이 상상이, 페로브스카이트(Perovskite)라는 마법 같은 신소재의 등장으로 현실의 문을 열고 있다. 이는 단순히 기존 태양광을 개선하는 수준을 넘어, 도시 전체를 하나의 거대한 발전소로 만드는, 태양광 에너지의 개념 자체를 재정의하는 혁명이다. 페로브스카이트는 실리콘의 시대를 끝내고 새로운 태양의 시대를 열, 가장 유력한 게임 체인저로 주목받고 있다.

마법의 결정 구조 : 무엇이 페로브스카이트를 특별하게 만드는가?

페로브스카이트는 특정 원소의 이름이 아니라, 두 종류의 양이온(A, B)과 한 종류의 음이온(X)이 1:1:3의 비율로 결합한 **ABX_3 형태의 독특한 결정 구조**를 가진 모든 물질을 총칭하는 이름이다. 1837년 러시아 우랄 산맥에서 발견된 광물에 처음 이름이 붙여졌지만, 이것이 태양광 분야에서 '마법의 소재'로 재탄생한 것은 불과 2009년의 일이다. 일본의 과학자 미야사카 쓰토무 교수가 페로브스카이트를 염료감응 태양전지에 적용하여 3.8%의 효율을 처음 보고했을 때만 해도, 학계는 큰 주목을 하지 않았다.

하지만 이후 페로브스카이트 태양전지의 효율은 무서운 속도로 수직 상승했다. 불과 10여 년 만에 실험실 효율이 26%를 돌파하며, 수십 년의 연구 역사를 가진 실리콘 태양전지의 효율을 따라잡는 기염을 토했다. 이 놀라운 발전 속도의 비밀은, 페로브스카이트가 기존 실리콘이 가지지 못한 경이로운 특성들을 지니고 있기 때문이다.

- **깃털 같은 가벼움과 종이 같은 유연성** : 페로브스카이트 태양전지는 원료 물질을 녹인 용액을 필름에 인쇄하듯 얇게 만들 수 있다. 빛을 흡수하는 페로브스카이트 층의 두께는 실리콘 웨이퍼의 수백 분의 일에 불과하다. 이는 태양전지를 종이처럼 얇고, 필름처럼 자유자재로 구부릴 수 있게 해준다. 이 유연성은 기술의 활용 범위를 무한대로 확

장한다. 등산객의 백팩, 군인의 전투복, 날개에 부착하는 드론용 전원, 심지어 우주 탐사선의 동력원까지, 무게와 형태의 제약에서 완전히 자유로워진다.

- **햇빛을 품은 유리창, 반투명성** : 페로브스카이트는 화학적 조성을 조절하여 투명도를 자유롭게 바꿀 수 있다. 이는 건물 외벽이나 유리창을 그 자체로 발전소로 만드는 건물일체형 태양광(BIPV, Building-Integrated Photovoltaics) 시장의 '게임 체인저'가 될 수 있음을 의미한다. 도시의 미관을 해치지 않으면서 빌딩 숲 전체를 친환경 에너지 생산기지로 탈바꿈시키는, 진정한 의미의 도시형 분산 발전을 가능하게 한다. 자동차 선루프에 적용하여 주행 중 상시 충전하는 것도 더 이상 상상이 아니다.

- **'인쇄하는' 태양전지, 저비용 공정** : 실리콘 태양전지는 모래(규소)를 녹여 고순도의 잉곳으로 만든 뒤, 이를 다이아몬드 톱으로 얇게 잘라내는, 고온·고진공의 복잡하고 값비싼 공정을 거친다. 반면 페로브스카이트는 원료 물질을 녹인 용액을 마치 잉크젯 프린터로 인쇄하듯 기판에 얇게 코팅하는 '용액 공정(Solution Process)'으로 제작이 가능하다. 이는 생산 설비 투자비를 획기적으로 낮추고, 대량 생산 시 태양광 발전의 경제성을 한 차원 더 끌어올릴 수 있는 잠재력을 의미한다.

효율의 한계를 넘어서 : '탠덤 셀'이라는 퀀텀 점프

페로브스카이트의 진정한 파괴력은 기존 실리콘 기술과의 '융합'에서 나온다. 현재 상용화된 실리콘 태양전지의 효율은 22~23% 수준으로, 이론적 한계치인 29%에 거의 도달한 상태다. 더 이상의 효율 향상이 어려운 '성장의 벽'에 부딪힌 것이다.

페로브스카이트는 이 벽을 뛰어넘는 '퀀텀 점프'를 가능하게 한다. 바로

탠덤(Tandem) 셀 기술이다. 이는 마치 2층 버스처럼, 기존 실리콘 태양전지 위에 페로브스카이트 층을 얇게 쌓아 올리는 방식이다.

태양빛에는 다양한 파장의 에너지가 섞여 있는데, 실리콘은 주로 파장이 긴 장파장(붉은색 계열)의 빛을 흡수하고, 페로브스카이트는 파장이 짧은 단파장(푸른색 계열)의 빛을 더 잘 흡수한다. 탠덤 셀은 위층의 페로브스카이트가 단파장 빛을 먼저 흡수하여 전기를 만들고, 아래층의 실리콘이 위층을 통과한 남은 장파장 빛을 흡수해 또 한 번 전기를 만드는 구조다.

이는 마치 태양빛이라는 풍성한 식탁에서, 실리콘이 편식하며 먹고 남긴 음식을 페로브스카이트가 남김없이 먹어 치우는 것과 같다. 서로 다른 에너지 대역을 상호 보완적으로 흡수함으로써, 단일 셀의 효율 한계를 가뿐히 뛰어넘어 이론적으로는 **40% 이상**의 효율 달성이 가능하다.

이 탠덤 셀 기술의 발전 속도는 눈부시다. 2022년 독일 헬름홀츠 연구소(HZB)가 32.5%의 효율을 달성한 데 이어, 2023년 사우디 킹 압둘라 과학기술대학(KAUST) 연구진이 33.7%의 세계 신기록을 달성하며, 실리콘 단일 셀의 이론적 한계를 이미 넘어섰다. 이는 태양광 발전의 패러다임을 바꿀 엄청난 잠재력이다.

상용화를 향한 글로벌 스프린트와 치명적인 아킬레스건

이 무한한 가능성을 선점하기 위한 전 세계 기업과 연구소의 경쟁은 이미 총성 없는 전쟁을 방불케 한다.

- **선두주자들의 도전** : 영국 옥스퍼드 대학에서 분사한 옥스퍼드 PV(Oxford PV)는 2024년 말, 독일 브란덴부르크에 세계 최초의 페로브스카이트-실리콘 탠덤 셀 양산 공장을 가동하며 상용화 경쟁의 포문을 열었다. 폴란드의 솔레 테크놀로지스(Saule Technologies)는 2021년 세계 최초로 페로브스카이트 상업 생산을 시작하며 시장의 주목을

받았다. 대한민국의 한화큐셀 역시 탠덤 셀 기술 개발에 막대한 투자를 하며 선두 그룹을 맹추격하고 있다.
- **중국의 거대한 야망** : 실리콘 태양광 시장을 장악한 중국은 페로브스카이트 시장에서도 '초격차'를 노리고 있다. 극미량자(UtmoLight), 협신광능(GCL) 등 수많은 기업들이 정부의 막대한 지원 아래 대규모 투자를 단행하며 무섭게 추격하고 있다.

하지만 이 '꿈의 기술'이 현실의 빛을 보기까지는 반드시 넘어야 할 치명적인 **아킬레스건**이 존재한다. 바로 **안정성**(Durability) 문제다.

- **수분과 열, 빛에 대한 취약성** : 페로브스카이트의 유기-무기 하이브리드 결정 구조는 매우 불안정하여, 공기 중의 수분이나 고온, 자외선에 노출되면 성능이 급격히 저하된다. 수명 20~30년을 보장해야 하는 상업용 태양전지로서 이는 가장 극복하기 어려운 허들이다. 현재 연구는 이 민감한 결정 구조를 외부 환경으로부터 완벽하게 보호할 수 있는 봉지(Encapsulation) 기술 개발과, 결정 구조 자체의 안정성을 높이는 소재 개발에 집중되고 있다.
- **납(Pb)의 독성 우려** : 현재 고효율을 내는 대부분의 페로브스카이트 소재에는 미량의 납(Pb)이 포함되어 있다. 납은 인체에 유해한 독성 중금속으로, 패널이 파손될 경우 환경에 유출될 수 있다는 우려가 제기된다. 이를 해결하기 위해 납을 인체에 무해한 주석(Sn)으로 대체하려는 연구가 활발히 진행 중이지만, 주석 기반 페로브스카이트는 아직 납 기반보다 효율이 낮고 산화에 취약하다는 또 다른 과제를 안고 있다.
- **대면적화의 어려움** : 실험실의 작은 셀(Cell)에서 기록적인 효율을 내는 것과, 수십 인치 크기의 상업용 모듈(Module)에서 균일한 성능을 유지하는 것은 전혀 다른 차원의 문제다. 용액을 넓은 면적에 고르게 코팅하는 과정에서 발생하는 미세한 결함은 효율과 안정성을 떨어뜨리

는 주요 원인이 되며, 이를 해결하기 위한 대량 생산 공정 기술 최적화가 시급하다.

결론적으로, 페로브스카이트는 태양광 발전의 영토를 무한히 확장할 잠재력을 가진, 의심할 여지없는 게임 체인저다. 그 미래는 아직 완성되지 않았지만, 치명적인 약점을 극복하기 위한 전 세계 과학자들의 치열한 도전은 지금 이 순간에도 계속되고 있다. 2025년 이후 초기 상업용 탠덤 셀 제품이 시장에 등장하고, 2030년대에 안정성과 경제성을 모두 확보하게 된다면, 페로브스카이트는 기존 실리콘 태양전지를 대체하며 시장의 주류로 부상할 것이다. 건물, 자동차, 웨어러블 기기 등 말 그대로 **'모든 표면이 발전소'**가 되는 진정한 의미의 태양에너지 혁명이 시작될 것으로 전망된다.

15.5. 좌초자산의 경고와 기업의 생존 전략

에너지 전환의 시대는 핵융합, 화이트 수소, E-Fuel, 페로브스카이트와 같은 눈부신 미래 기술의 등장을 촉진하는 동시에, 과거의 영광을 상징하던 자산들의 무덤을 파고 있다. 어제까지 황금알을 낳는 거위이자 기업의 굳건한 자산 목록을 채우고 있던 거대한 발전소, 유전, 그리고 공장들이, 하루아침에 가치를 잃고 기업의 재무제표를 갉아먹는 애물단지로 전락하는 현상. 경제학자들은 이 피할 수 없는 미래의 유령을 **'좌초자산(Stranded Assets)'**이라고 부른다.

이는 마치, 2000년대 초반까지 필름 시장을 지배하며 막대한 수익을 올리던 코닥(Kodak)이, 자신들이 최초로 개발했던 디지털카메라 기술의 파괴력을 외면하다가 결국 역사의 뒤안길로 사라진 것과 같다. 코닥의 거대한 필름 생산 공장과 현상소 네트워크는 디지털 시대가 도래하는 순간, 더 이상 자산이 아닌 거대한 '부채'가 되어버렸다.

지금 에너지 산업 전반에, 바로 이 '코닥의 순간'이 광범위하게 펼쳐지고 있다. 에너지 전환은 단순히 새로운 기술이 등장하는 것을 넘어, 기존 자산의 가치를 '0'으로 만들어버리는, 역사상 가장 거대한 규모의 자산 재평가 과정이다. 이 좌초자산의 경고를 무시하는 기업은, 아무리 과거에 위대했더라도 21세기의 코닥이 될 운명을 피할 수 없다. 이 거대한 파도 속에서 기업들은 어떻게 생존 전략을 세워야 하는가?

무엇이 자산을 좌초시키는가? 다가오는 세 개의 파도

기업의 자산이 좌초되는 것은 단 하나의 원인이 아닌, 세 개의 거대한 파도가 동시에 덮치면서 발생한다.

- **첫 번째 파도: 규제의 쓰나미**(Regulatory Risk)

  가장 직접적이고 강력한 파도는 정부의 정책과 규제다. 제6장에서 보았듯이, 전 세계 정부는 파리협정의 1.5°C 목표를 달성하기 위해 점점 더 강력한 규제의 칼을 빼 들고 있다.

  - **탄소 가격제**: EU의 탄소배출권거래제(EU-ETS)나 캐나다의 탄소세처럼, 탄소 배출에 직접 가격을 부과하는 제도는 화석연료 발전소의 운영 비용을 급격히 상승시킨다.
  - **석탄 발전소 폐쇄 정책**: 영국, 독일 등 유럽의 주요 국가들은 이미 석탄 발전소의 단계적 폐쇄 시점을 법으로 못 박았다. 수십 년간 운영될 것으로 예상하고 투자했던 발전소가, 정부의 정책 하나로 수명을 다하지 못하고 문을 닫아야 하는 상황이다.
  - **환경 규제 강화**: 메탄 배출 규제, 대기오염 물질 배출 기준 강화 등은 석유 및 가스 시추 시설과 발전소에 막대한 추가 설비 투자 비용을 요구하며 경제성을 악화시킨다.

- **두 번째 파도 : 기술의 파괴적 혁신(Technological Disruption)**
규제의 파도보다 더 근본적인 것은 기술 발전이 가져오는 시장의 변화다. 특히 재생에너지와 배터리 기술의 눈부신 발전은 기존 화석연료 자산의 경제성을 뿌리부터 뒤흔들고 있다.
  - **LCOE의 역전** : 에너지원의 경제성을 비교하는 가장 중요한 지표는 균등화발전비용(LCOE, Levelized Cost of Energy)이다. 이는 발전소를 짓고 운영하며 폐기하는 전 과정에 드는 모든 비용을, 그 발전소가 평생 생산하는 총 전력량으로 나눈 값이다. 불과 10년 전만 해도 석탄이나 가스 발전의 LCOE가 가장 저렴했지만, 이제는 많은 지역에서 새로 짓는 태양광이나 풍력 발전소의 LCOE가, 이미 운영 중인 기존 화석연료 발전소의 운영비보다도 저렴해지는 '**그리드 패리티(Grid Parity)**'를 넘어섰다.
  - **재생에너지의 잠식** : 연료비가 '0원'인 재생에너지는 전력 시장에서 항상 우선적으로 구매된다(우선 급전). 이 때문에 화석연료 발전소는 맑고 바람 좋은 날에는 가동을 멈추고 손가락만 빨아야 하는 상황이 늘어나고, 가동률 하락은 곧 수익성 악화로 이어진다.
- **세 번째 파도 : 시장과 사회의 압박(Market & Social Pressure)**
마지막 파도는 투자자, 소비자, 그리고 시민 사회로부터 오는 압박이다.
  - **ESG 투자와 금융의 압박** : 세계 최대의 자산운용사인 블랙록(BlackRock)을 필두로, 전 세계의 연기금과 기관 투자자들은 더 이상 기후변화 리스크를 외면하는 기업에 투자하지 않겠다고 선언하고 있다. 환경(Environment), 사회(Social), 지배구조(Governance)를 중시하는 ESG 투자가 대세가 되면서, 화석연료 기업들은 자금 조달에 심각한 어려움을 겪고 있다.
  - **소비자의 외면** : 소비자들은 점점 더 친환경 제품을 선호하며, 기업

의 환경적 책임을 중요한 구매 기준으로 삼고 있다.
- **법적 리스크** : 환경단체와 시민들은 기후위기에 책임이 있는 정부와 기업을 상대로 소송을 제기하고 있다. '기후 소송(Climate Litigation)'은 기업에 막대한 법적 비용과 평판 리스크를 안겨주는 새로운 위협이 되고 있다.

좌초의 초상화 : 누가, 어떻게 위험에 처해 있는가?

이 세 개의 거대한 파도는 구체적으로 어떤 자산들을 좌초시키고 있는가?
- **사례 1 : 석탄 화력발전소 - 현대의 공룡**

  2010년대 후반에 완공된 최신형 초초임계압(USC) 석탄 발전소를 생각해 보자. 이 발전소는 건설 당시, 최소 30년 이상 안정적으로 가동하며 투자비를 회수하고 수익을 낼 것이라는 장밋빛 전망 아래 수조 원의 빚을 내어 지어졌다. 하지만 현실은 냉혹하다. 정부의 탄소중립 정책에 따라 이 발전소는 얼마 안 가 문을 닫아야 할 '시한부' 운명이 되었다. 전력 시장에서는 재생에너지에 밀려 가동률이 계속 떨어지고, 갈수록 비싸지는 탄소배출권까지 사야 한다. 결국 이 발전소는 투자비조차 회수하지 못한 채, 장부상에 거대한 손실만을 남기고 문을 닫게 될 운명이다.

- **사례 2 : 유전과 가스전 - '태울 수 없는 탄소(Unburnable Carbon)'**

  석유 메이저 기업들의 가치는 그들이 보유한 '확인 매장량(Proven Reserves)'에 기반한다. 하지만 기후변화 싱크탱크인 '카본 트래커 이니셔티브(Carbon Tracker Initiative)'의 분석에 따르면, 지구 온도를 1.5℃ 이내로 억제하기 위해 인류가 배출할 수 있는 탄소의 총량, 즉 '탄소 예산(Carbon Budget)'을 고려할 때, 현재 확인된 전 세계 화석연료 매장량의 3분의 1 이상은 아예 태울 수조차 없다. 이는 석유 기업들의 대차

대조표에 기록된 막대한 매장량 자산의 상당 부분이, 실제로는 땅속에 영원히 묻어두어야 할 '유령 자산'이 될 수 있음을 의미한다.

- **사례 3 : 내연기관 공장과 주유소 네트워크**
  전기차로의 전환은 자동차 공장뿐만 아니라, 엔진과 변속기를 만들던 수많은 부품 협력업체, 그리고 전국의 주유소에 이르기까지, 내연기관과 관련된 모든 인프라를 좌초자산으로 만들고 있다.

- **사례 4 : 녹색 좌초자산의 역설**
  좌초자산의 비극은 비단 화석연료에만 해당되는 것이 아니다. 제12장에서 보았듯, 전력망에 연결되지 못해 멈춰 서 있는 풍력 터빈과 태양광 패널 역시 또 다른 형태의 좌초자산이다. 또한, 기술 발전 속도가 너무 빨라, 10년 전에 설치한 초기 저효율 태양광 패널이, 오늘날의 고효율 신제품에 밀려 경제성을 잃고 '녹색 좌초자산'이 될 수도 있다.

기업의 생존 전략 : 과감한 '트리아지(Triage)'가 필요하다

이 거대한 좌초의 파도 앞에서, 기업은 더 이상 과거의 성공 방식에 안주할 수 없다. 마치 전쟁터의 야전 병원처럼, 한정된 자원을 어디에 집중하고 무엇을 포기할지 냉정하게 판단하는 '전략적 트리아지(Triage, 환자 분류)'가 필요하다.

- **전략 1 : 관리된 후퇴 및 자산 매각(Managed Decline & Divestment)**
  더 이상 미래가 없는 화석연료 자산에 대해서는 추가적인 투자를 중단하고, 수명이 다할 때까지 운영하며 최대한 현금을 회수하는 전략이다. 혹은, 더 높은 가격을 쳐주는 다른 기업(주로 규제가 덜한 국가의 국영기업이나 사모펀드)에 자산을 매각할 수도 있다. 하지만 이는 단순히 문제를 다른 곳으로 떠넘기는 것일 뿐, 근본적인 해결책은 아니다.

- **전략 2 : 자산의 재탄생 - 개조와 용도 변경(Retrofitting & Repurposing)**

기존 자산을 완전히 포기하는 대신, 새로운 시대에 맞게 그 용도를 바꾸는 창의적인 전략이다.
- 폐쇄된 석탄 발전소 부지는 이미 거대한 변전소와 송전망이 연결되어 있다는 장점을 활용하여, 대규모 BESS 단지나 차세대 SMR 부지, 혹은 그린수소 생산 기지로 재탄생할 수 있다.
- 해상의 석유 및 가스 시추 플랫폼은, 그 구조물과 파이프라인을 활용하여 해상풍력 발전소의 허브나 이산화탄소 포집 및 저장(CCS) 시설로 용도를 변경할 수 있다.

- **전략 3 : 과감한 피벗 - 미래 기술에 대한 선제적 투자(Strategic Pivot)**
가장 적극적이고 미래지향적인 전략은, 과거의 자산에 대한 미련을 버리고, 기업의 핵심 역량을 미래 기술에 집중적으로 재투자하는 것이다. 유럽의 석유 메이저였던 덴마크의 동 에너지(DONG Energy)는 자신들의 모든 석유 및 가스 자산을 매각하고, 세계 최대의 해상풍력 기업인 '외르스테드(Ørsted)'로 완벽하게 변신하며 성공적인 피벗의 모범 사례가 되었다. BP나 셸(Shell)과 같은 기업들도 스스로를 '통합 에너지 기업(Integrated Energy Company)'으로 재정의하며, 재생에너지, 전기차 충전, 바이오연료 등 미래 사업에 대한 투자를 대폭 늘리고 있다.

결론적으로, 좌초자산의 경고는 에너지 전환 시대에 기업이 마주한 가장 냉혹한 현실이다. 이는 단순히 일부 기업의 재무적 리스크를 넘어, 일자리, 지역 경제, 그리고 금융 시스템 전체를 위협하는 시스템적 리스크다. 이 거대한 파도 앞에서, 과거의 영광에 안주하며 변화를 외면하는 기업은 도태될 것이고, 위기를 직시하고 과감하게 자신을 파괴하며 미래에 투자하는 기업만이 살아남아 새로운 시대의 승자가 될 것이다.

제 5 부
대한민국 2050
– 위기를 기회로, 새로운 성장 방정식

제 5 부를 시작하며

이제 우리는 기나긴 여정의 마지막 단계에 도달했습니다. 과거로부터 교훈을 얻고, 현재의 위기를 진단했으며, 미래의 기술을 탐색했습니다. 제 5 부에서는 이 모든 논의를 종합하여, 대한민국이 에너지 대전환이라는 거대한 파도를 넘어 지속가능한 번영을 이룰 수 있는 구체적인 국가 발전 전략을 제시합니다. 에너지 고속도로, 북극항로, 그리고 3축 성장 전략. 이것은 단순히 하나의 정책 제안이 아니라, 대한민국의 미래 100년을 새로 그리는 담대한 청사진입니다.

특히, 트럼프 행정부의 등장으로 대표되는 '예측 불가능성'의 시대에, 외부의 정책 변화에 흔들리지 않는 우리만의 독자적인 생존 전략을 갖추는 것은 그 어느 때보다 중요합니다. 지금부터 제안할 전략들은, IRA와 같은 외부의 '당근'에 의존하는 것이 아니라, 오히려 그 '당근'이 사라진 대혼돈의 시대에 더욱 빛을 발하는 대한민국의 자강(自强) 전략입니다.

전기화, 마지막 에너지 혁명
Electrification, The Final Energy Revolution

제16장
'에너지 고속도로', 대한민국의 혈맥을 다시 잇다

16.1. HVDC와 AI : 전력망의 판을 바꾸는 기술들

　1968년 2월 1일, 경부고속도로 기공식. 당시 박정희 대통령은 연설에서 이렇게 말했다. "고속도로는 우리나라의 산업을 발전시키고, 경제를 부흥시키고, 문화를 개발하고, 국방력을 강화하는 데 있어서 대동맥의 역할을 할 것입니다." 그의 말처럼, 1970년 7월 7일 전 구간이 개통된 이 428km의 아스팔트 길은 단순히 자동차가 달리는 도로가 아니었다. 그것은 분절된 국토를 하나의 경제권으로 묶고, 산업의 피를 전국으로 실어 나르며, '한강의 기적'이라는 신화를 현실로 만든 대한민국의 대동맥 그 자체였다. "부자가 되려면 길부터 닦아라"는 오랜 격언을 국가적 스케일로 증명해낸 거대한 프로젝트였다.

　반세기가 흐른 지금, 대한민국은 또다시 역사적 기로에 섰다. 그리고 우리에게는 또 하나의 '고속도로'가 절실히 필요하다. 이번에는 자동차가 아닌 '에너지', 그중에서도 깨끗한 '전자(electron)'들이 달리는 길이다. 낡고 꽉 막힌 국도를 대체하고, 대한민국의 미래를 실어 나를 21세기형 대동맥. 이것이 바로 **'에너지 고속도로**(Energy Superhighway)**'** 구상이다.

　앞선 3부에서 우리는 대한민국 에너지 시스템의 참담한 현실을 마주했다. 해외에 국가 경제의 명운을 저당 잡힌 **'에너지 식민지'**의 현실, RE100과 전기요금 상승이라는 압박에 낀 **'이중의 덫'**, 그리고 애써 만든 청정에너지마저 썩혀 버려야 하는 **'전력망 병목'**이라는 모순. 이 세 가지 딜레마는 서로 얽히고 설켜 대한민국이라는 거인의 발목에 족쇄를 채우고 있다.

'에너지 고속도로'는 이 복잡한 족쇄를 끊어내기 위한 가장 근본적이고 담대한 해법이다. 이는 단순히 낡은 전선을 교체하고 송전탑 몇 개를 더 짓는 수준의 이야기가 아니다. 경부고속도로가 그랬듯, 이는 국가의 미래 지형을 새로 그리는 백년대계이며, 기술, 경제, 사회를 아우르는 거대한 패러다임 전환이다. 그리고 이 거대한 프로젝트의 성공은, 21세기의 가장 강력한 두 가지 기술, 즉 **초고압직류송전**(HVDC)이라는 '하드웨어'와 **인공지능**(AI)이라는 '소프트웨어'의 완벽한 결합에 달려있다. 이 두 기술이 어떻게 전력망의 판을 바꾸고, 대한민국의 막힌 혈맥을 다시 잇게 될지, 그 구체적인 청사진을 펼쳐보자.

에너지의 KTX, 초고압직류송전(HVDC) 그리드

제12장에서 보았듯이, 현재 대한민국의 전력망이 겪는 가장 큰 문제는 **지리적 불균형**이다. 재생에너지 생산은 호남에, 전력 소비는 수도권에 집중되어 있지만, 이 둘을 잇는 기존의 **교류**(AC) **송전망**은 낡고 용량이 부족하여 제 역할을 하지 못하고 있다. 교류 송전은 장거리로 전기를 보낼 때 전력 손실이 크고, 주파수 문제 등으로 대용량 송전에 한계가 있다. 이는 마치 서울에서 부산까지 모든 역에 정차하며 에너지를 조금씩 잃어버리는 완행열차와 같다.

초고압직류송전(HVDC)은 바로 이 완행열차를 KTX로 바꾸는 기술이다. HVDC는 발전소에서 생산된 교류(AC) 전기를, 변환소에서 고압의 직류(DC)로 바꾸어 보낸 뒤, 전기를 받는 곳에서 다시 교류로 변환하여 공급하는 방식이다. 이 단순한 변환 과정이 전력 전송의 모든 것을 바꾼다.

- **압도적인 효율과 용량** : 직류는 교류와 달리 장거리 송전 시 전력 손실이 30~50%나 적다. 이는 호남의 드넓은 평야와 서남해의 해상풍력단지에서 생산된 수십 기가와트(GW)의 청정에너지를, 거의 손실 없이 수도권의 반도체 공장과 데이터센터까지 효율적으로 보낼 수 있음을 의미한다.

- **공간적, 환경적 제약 극복** : HVDC는 교류보다 전자기장 발생이 훨씬 적고, 더 좁은 면적의 전선과 철탑으로 같은 양의 전기를 보낼 수 있다. 이는 국토 이용 효율을 높이고, 송전탑 건설에 따른 주민 수용성 확보에도 훨씬 유리하다. 특히, 땅을 파고 케이블을 묻는 지중화나 바다 밑으로 케이블을 까는 해저 케이블 방식에서 HVDC의 장점은 극대화된다. 밀양 사태와 같은 극심한 사회적 갈등을 최소화하며, 서해안이나 동해안을 따라 대규모 해저 '에너지 고속도로'를 건설하는 것을 가능하게 한다.
- **비동기 연계의 자유로움** : HVDC는 '주파수'라는 개념 자체가 없기 때문에, 서로 다른 전력망을 안정적으로 연결하는 데 최적의 기술이다. 이는 향후 동북아 슈퍼그리드와 같은 국가 간 전력망 연계 논의에서도 핵심적인 역할을 할 수 있다.

에너지 고속도로의 핵심은 바로 이 HVDC를, 단순히 한두 개 노선을 까는 것이 아니라, 전국을 그물망처럼 연결하는 '국가 HVDC 기간망'으로 구축하는 것이다. 구체적으로는 다음과 같은 프로젝트가 조속히, 그리고 더 큰 규모로 추진되어야 한다.

- **서해안 HVDC 슈퍼 하이웨이** : 전남의 해상풍력과 태양광 단지에서 생산된 막대한 전력을, 서해안을 따라 해저 케이블로 건설하여 충청권 산업단지를 거쳐 수도권까지 직접 연결하는 대동맥을 건설해야 한다. 현재 4.5GW 수준인 호남-수도권 연결 용량을 최소 20GW 이상으로 4~5배 확충하는 것이 목표가 되어야 한다.
- **동해안 HVDC 클린에너지 벨트** : 신한울 원전 등 동해안의 대규모 무탄소 발전 단지와, 향후 들어설 동해안 부유식 해상풍력단지에서 생산된 청정에너지를 수도권으로 직접 연결하는 또 다른 대동맥을 건설해야 한다.

이 거대한 물리적 혈관이 뚫렸을 때, 비로소 대한민국 에너지 시스템의 만성적인 동맥경화는 해결의 실마리를 찾게 될 것이다.

AI 관제탑, 전력망의 디지털 두뇌

HVDC가 튼튼한 고속도로라는 '하드웨어'라면, 이 위를 달리는 수백만 대의 자동차(전기) 흐름을 지능적으로 제어하고, 교통사고를 예방하며, 최적의 경로를 안내하는 **'소프트웨어'**가 필요하다. 그 핵심 두뇌가 바로 **인공지능(AI)**과 **디지털 트윈**(Digital Twin)이다.

수백만 개의 태양광 패널, 수십만 대의 전기차, 수만 개의 에너지저장장치, 그리고 시시각각 변하는 날씨. 이 모든 변수를 인간의 능력으로 실시간 제어하는 것은 불가능하다. 에너지 고속도로가 단순한 물리적 도로가 아니라 '스마트 하이웨이'가 되어야 하는 이유가 여기에 있다.

- **초정밀 예측 시스템** : AI 관제탑은 더 이상 과거의 통계에만 의존하지 않는다. 기상위성의 구름 이동 데이터, 전국 각지의 센서가 보내오는 풍속과 일조량 정보, 소셜미디어의 빅데이터(예: 특정 지역의 대규모 콘서트 종료 후 귀가하는 사람들의 전기차 충전 수요 예측), 공장의 생산 스케줄 등 상상할 수 있는 모든 데이터를 실시간으로 학습한다. 이를 통해 30분 뒤, 1시간 뒤의 전력 수요와 공급량을 오차 범위 1% 이내로 예측해낸다.
- **자율운행 최적화** : 예측된 데이터를 바탕으로, AI는 마치 자율주행차가 최적의 경로를 찾듯, 전력망 전체의 흐름을 초 단위로 최적화한다. 전기가 남아도는 지역의 ESS에 충전을 지시하고, 전기가 부족해질 것으로 예상되는 지역의 VPP(가상발전소)에 방전을 요청한다. 전기요금이 가장 싼 시간대에 맞춰 스마트 가전과 공장 설비가 자동으로 작동하도록 신호를 보낸다.

- **디지털 트윈(Digital Twin) 시뮬레이션** : 관제탑의 스크린에는 대한민국 전력망 전체가 가상의 디지털 공간에 그대로 복제되어 있다. 이를 '디지털 트윈'이라 한다. 만약 특정 지역에 예기치 않은 폭설이 내려 태양광 발전이 멈추거나 송전선로에 문제가 생겼을 경우, AI는 현실 세계에 조치를 취하기 전에 이 디지털 트윈 위에서 수만 가지 시뮬레이션을 돌려본다. 그리고 가장 빠르고 안전하게 시스템을 복구할 수 있는 최적의 해법을 찾아내 관제사에게 제시한다.

이러한 디지털 두뇌가 탑재될 때, 에너지 고속도로는 비로소 살아 숨 쉬는 유기체처럼, 변화하는 환경에 스스로 적응하고 문제를 해결하는 **지능형 인프라**로 거듭날 수 있다.

결론적으로, HVDC와 AI는 분리된 기술이 아니라, 반드시 함께 가야 할 운명 공동체다. HVDC가 전력망의 물리적 한계를 극복하는 '몸'이라면, AI는 그 몸에 영혼을 불어넣는 '정신'이다. 이 두 가지 기술의 결합은, 전력망의 판을 바꾸는 가장 강력한 게임 체인저다. 이 새로운 혈관과 신경망이 성공적으로 구축될 때, 비로소 우리는 RE100 달성에 목마른 기업들에게 깨끗한 에너지를 공급하고, 지역의 재생에너지가 국가 경제의 새로운 성장 동력이 되는 선순환 구조를 만들 수 있을 것이다.

16.2. 선(先)투자, 후(後)개발 : 전력망 패러다임의 전환

HVDC라는 강력한 하드웨어와 AI라는 지능형 소프트웨어, 우리는 에너지 고속도로를 건설하기 위한 구체적인 청사진을 그려보았다. 하지만 아무리 훌륭한 설계도와 최첨단 기술을 가지고 있어도, 집을 짓는 방식, 즉 건설의 '패러다임' 자체가 낡고 비효율적이라면, 우리는 결코 제시간에, 그리고 제대로 된 집을 지을 수 없다. 지금 대한민국 전력망 계획이 처한 현실이 바로 그렇다. 제12장에서 보았듯이, 새로운 송전망 하나를 짓는 데는 평균 10년이라는 인고의 세월이 걸린다. 그 근본적인 원인은 기술의 부족이 아니라, 지난 수십 년간 이어져 온 '**후(後)개발**' 방식의 낡은 패러다임에 있다. 발전소라는 자동차는 이미 다 만들어져 도로 위로 쏟아져 나오는데, 그제야 허겁지겁 도로를 어떻게 놓을지 설계하고 땅을 파기 시작하는 '**사후약방문(事後藥方文)**' 식의 접근법. 이 방식으로는 결코 에너지 전환의 속도를 따라잡을 수 없다.

에너지 고속도로라는 거대한 프로젝트를 성공시키기 위해서는, 기술의 혁신을 넘어 **계획 패러다임의 근본적인 전환**이 반드시 선행되어야 한다. 바로 '선(先)투자, 선(先)개발'로의 전환이다. 이는 정부가 국가 에너지 계획에 따라 재생에너지 잠재력이 풍부한 지역을 미리 예측하고, 그곳을 향해 에너지 고속도로를 먼저 뚫어준 뒤, 민간의 투자가 그 길을 따라 자연스럽게 모여들도록 유도하는 방식이다. 도로를 먼저 내어 새로운 도시가 들어서도록 유도하듯, 전력망을 먼저 깔아 깨끗한 투자의 물길을 터주는 것이다.

현재의 패러다임 : '사후약방문'은 왜 실패하는가?

현재 대한민국의 전력망 건설 프로세스는 기본적으로 '**요청 기반(Request-based)**' 또는 '**수요 대응적(Reactive)**' 모델이다. 그 작동 방식은 다음과 같다.

- 민간 발전사업자가 특정 지역에 대규모 태양광이나 풍력 발전소 건설을 위한 사업 허가를 정부로부터 받는다.
- 사업 허가를 받은 사업자는 한국전력(KEPCO)에 "이곳에 발전소를 지을 예정이니, 우리 발전소에서 생산될 전기를 전력망에 연결해달라"고 '계통 연계 신청'을 한다.
- KEPCO는 이 신청을 접수한 뒤에야, 비로소 해당 지역의 전력망 용량을 검토하고, 용량이 부족할 경우 새로운 송전망을 건설하기 위한 계

획에 착수한다.
- 하지만 이 계획은 제12장에서 보았듯이, 수많은 인허가 절차와 주민 반대라는 장벽에 부딪혀 10년 이상 지연되기 일쑤다.
- 그 사이, 발전사업자는 발전소를 다 지어놓고도 전력망에 연결되지 못해 발만 동동 구르거나, 막대한 금융 비용을 감당하지 못하고 파산 위기에 내몰린다.

이 '선(先)발전, 후(後)송전'의 패러다임은, 소수의 대규모 중앙 발전소만이 존재했던 20세기에는 그럭저럭 작동할 수 있었다. 하지만 수만 개의 분산된 재생에너지 발전소가 동시다발적으로 건설되는 21세기 에너지 전환 시대에는 다음과 같은 치명적인 문제점을 드러내며 시스템 전체를 마비시키고 있다.

- **극심한 불확실성과 투자 리스크** : 발전사업자 입장에서는, 발전소를 짓기 전에 자신의 사업이 언제 전력망에 연결될 수 있을지, 그 과정에서 얼마나 많은 추가 비용이 발생할지 전혀 예측할 수 없다. 이 극심한 불확실성은 금융기관의 투자를 위축시키고, 재생에너지 산업 생태계 전체를 고사시키는 가장 큰 원인이 된다.
- **사회적 갈등의 증폭** : 개별 발전소와 송전선로가 아무런 사전 계획 없이 우후죽순 들어서면서, 지역 주민들과의 갈등이 곳곳에서 산발적으로 터져 나온다. 체계적인 계획 없이 진행되는 난개발은 환경 파괴와 재산권 침해에 대한 주민들의 반발을 더욱 키우고, 이는 다시 사업 지연으로 이어지는 악순환을 만든다.
- **국가적 낭비와 비효율** : A 발전소를 위해 송전망을 증설했는데, 몇 년 뒤 바로 옆에 B 발전소가 들어서면서 또다시 송전망을 추가로 건설해야 하는 등, 중복 투자와 국가적 자원 낭비가 발생한다. 국가 전체의 최적화된 에너지 지도를 그리지 못하고, 땜질식 처방만 반복하게 되는 것이다.

새로운 패러다임 : '계획입지제도'를 통한 선제적 투자

이러한 총체적 난국을 해결하기 위한 대안이 바로 '계획입지제도(Planned Siting System)'다. 이는 정부가 주도하여, 사전에 과학적인 분석을 통해 재생에너지 잠재력이 풍부하고 환경적 영향이 적은 지역을 '에너지 특별 구역'으로 지정하고, 그 구역에 필요한 송전망 등 핵심 인프라를 민간의 투자가 들어오기 전에 **선제적으로 건설**하는 방식이다.

이는 마치, 정부가 신도시를 개발할 때, 민간 건설사들이 아파트를 짓기 전에 먼저 도로, 상하수도, 학교, 공원과 같은 기반 시설을 깔아주는 것과 같다. 잘 닦인 기반 시설 위에서는, 민간의 창의적이고 효율적인 투자가 자연스럽게 활성화될 수밖에 없다.

독일, 덴마크 등 재생에너지 선진국들은 이미 이러한 계획입지 제도를 성공적으로 운영하고 있다. 독일의 경우, 연방 정부가 2년마다 미래의 전력 수요와 재생에너지 발전 계획을 담은 '전력망 개발 계획(Netzentwicklungsplan Strom)'을 수립하여 발표한다. 이 계획에는 향후 10년간 건설될 모든 HVDC 송전선로와 핵심 변전소의 위치, 용량, 건설 시기가 명시되어 있다. 이를 통해 발전사업자와 투자자들은 미래의 전력망 인프라에 대한 명확한 예측을 바탕으로 안정적인 사업 계획을 세울 수 있다.

대한민국에 계획입지 제도를 도입한다면, 구체적으로 다음과 같은 변화가 기대된다.

- **투자 불확실성 해소** : 기업들은 더 이상 '언제 연결될지 모르는' 불확실성 속에서 도박을 할 필요가 없다. 정부가 "2030년까지 서남해안에 5GW 용량의 HVDC 송전망을 완공할 것"이라고 발표하면, 기업들은 그 계획에 맞춰 안심하고 해상풍력 단지 개발에 투자할 수있다.
- **사회적 수용성 확보 용이** : 개별 사업자가 아닌, 정부가 국가적 계획의 일환으로 송전망 건설의 필요성과 경로를 주민들에게 투명하게 설

명하고, 개발 이익을 지역 사회와 공유하는 체계적인 보상 시스템을 마련함으로써, 님비 현상과 사회적 갈등을 최소화할 수 있다.
- **인허가 절차의 획기적 단축** : '전원개발촉진법'과 같은 특별법을 통해, 계획입지 구역 내의 송전망 건설에 필요한 각종 인허가 절차를 통합하고 간소화하는 '패스트트랙(Fast Track)'을 적용할 수 있다. 10년이 걸리던 프로세스를 3~5년으로 단축하는 것이 목표가 되어야 한다.

누가, 어떻게 할 것인가? 거버넌스의 혁신

물론, 이 '선투자, 선개발' 패러다임이 성공하기 위해서는, 단순히 계획을 세우는 것을 넘어 이를 강력하게 실행할 수 있는 **거버넌스의 혁신**이 반드시 필요하다.

첫째, 산업통상자원부, 환경부, 국토교통부, 해양수산부 등 흩어져 있는 **인허가 권한을 통합적으로 조율할 수 있는 강력한 컨트롤 타워**가 필요하다. 대통령 직속의 '국가 에너지 전환 위원회'와 같은 기구를 신설하여, 부처 간의 이기주의를 넘어 국가 전체의 이익을 위한 의사결정을 내릴 수 있어야 한다.

둘째, 선제적 투자에 필요한 막대한 재원을 어떻게 조달할 것인가에 대한 해법이 필요하다. KEPCO의 재무 위기가 심각한 상황에서, 모든 부담을 KEPCO에만 떠넘길 수는 없다. 정부의 재정 지원, 민간 자본 유치를 위한 녹색 채권 발행, 그리고 장기적으로는 송전망 이용 요금의 합리적인 조정 등을 포함하는 다각적인 **재원 조달 방안**이 마련되어야 한다.

결론적으로, '선투자, 선개발'로의 패러다임 전환은 에너지 고속도로라는 프로젝트의 성패를 좌우하는 가장 중요한 전제 조건이다. 이는 단순히 전력망을 건설하는 방식을 바꾸는 것을 넘어, 정부의 역할, 시장의 작동 방식, 그리고 사회적 합의를 이끌어내는 과정 전체를 혁신하는 것이다.

경부고속도로가 자동차 시대를 열었듯, 선제적으로 건설되는 에너지 고속도로는 대한민국에 진정한 에너지 전환의 시대를 열 것이다. 길이 먼저 뚫렸을 때, 비로소 그 길 위를 달릴 혁신적인 기업과 기술들이 마음껏 속도를 낼 수 있다.

16.3. 님비를 핌피로 :
철도망, 고속도로망과 연계한 에너지 고속도로 구축 전략

에너지 고속도로, 즉 국가 HVDC 기간망의 필요성은 명백하다. 하지만 제12장에서 보았듯이, 이 거대한 프로젝트의 가장 큰 걸림돌은 기술이나 자본이 아니라, 바로 **사회적 수용성**의 문제다. "송전탑이 우리 마을을 지나가는 것은 결사반대"라는 님비(NIMBY) 현상은, 지난 수십 년간 모든 전력망 건설 프로젝트를 지연시키고 막대한 사회적 갈등을 유발해 온, 풀리지 않는 숙제였다.

이 딜레마를 어떻게 해결할 것인가? 발상의 전환이 필요하다. 혐오시설인 '님비'를, 모두가 환영하는 **'핌피**(PIMFY, Please In My Front Yard)' 시설과 결합시켜, 갈등을 최소화하고 오히려 새로운 가치를 창출하는 창의적인 해법을 모색해야 한다.

우리가 제안하는 구체적인 해법은, 대한민국의 국토를 종횡으로 잇는 가장 강력한 공공 인프라인 **철도망과 고속도로망**을, **에너지 고속도로**와 하나로 묶어 **'국가 복합 인프라 회랑**(National Composite Infrastructure Corridor)'으로 통합 개발하는 것이다.

땅 위의 길과 땅속의 길 : 교통망과 HVDC의 시너지

철도와 고속도로는 대표적인 핌피 시설이다. 새로운 KTX 노선과 역, 새로운 고속도로 IC가 들어선다고 하면, 대부분의 지역 주민들은 교통 편의 증진과 지역 경제 활성화에 대한 기대로 환영한다. 이처럼 이미 사회적 수용성이 확보된 국가 교통망 부지는, HVDC 케이블을 위한 가장 안전하고 효율적인 경로를 제공한다.

- **지중화(Undergrounding)를 통한 갈등 원천 제거** : 새로 건설되는 고속철도나 고속도로, 혹은 기존 교통망의 지하화 구간을 따라, 그 옆이나 아래 공간에 HVDC 케이블을 함께 매설하는 것이다. 현대의 HVDC 기술은 대용량의 전력을 콤팩트한 케이블을 통해 보낼 수 있어, 철도 터널이나 도로 하부의 유휴 공간을 충분히 활용할 수 있다.
  - **효과 1(경관 및 재산권 문제 해결)** : 산을 깎고 거대한 철탑을 세울 필요가 없어진다. 이는 송전탑이 유발하던 가장 큰 문제, 즉 자연경관 훼손과 인근 지역의 지가 하락 문제를 원천적으로 해결한다.
  - **효과 2(전자파 우려 해소)** : HVDC 케이블을 땅속 깊이 묻으면, 지상에서의 전자파 영향은 교류 가공 송전선로에 비해 거의 무시할 수 있는 수준으로 급감한다. 이는 주민들의 건강에 대한 불안감을 해소하는 데 결정적인 역할을 한다.

도시의 새로운 심장 : 역사(驛舍)와 휴게소의 재창조

HVDC 송전망에는 교류(AC)를 직류(DC)로, 또는 그 반대로 바꾸어주는 거대한 변환소(Converter Station)가 필수적이다. 축구장 몇 개 크기의 이 거대한 산업 시설 역시, 도심이나 그 인근에 건설하기에는 극심한 님비 현상을 유발한다.

이 문제의 해법 역시 교통망에서 찾을 수 있다. 바로 **주요 철도역사와 고속도로 휴게소 부지의 입체적 활용**이다.

- **최적의 입지, 지하 공간의 재창조** : KTX 광명역, 오송역, 혹은 수도권

의 대규모 철도 차량기지나 경부고속도로의 대형 휴게소(예: 죽전, 안성) 같은 곳은 이미 국가 소유의 광활한 부지를 확보하고 있으며, 교통의 요충지이자 전력 수요의 중심지와 가깝다. 이들 부지의 지하에 대규모 지하 변환소를 건설하는 것이다.

- **효과 1(님비의 완전한 해결)** : 모든 핵심 전력 설비가 지하에 건설되므로 지상에서는 소음과 경관 저해 문제가 완전히 사라진다.
- **효과 2(새로운 가치 창출)** : 변환소 건설과 연계하여, 지상 공간은 오히려 지역 주민과 이용객들을 위한 **복합 허브**로 재개발할 수 있다. 역사와 휴게소 건물은 리모델링을 통해 ▲대규모 전기차·전기버스 초고속 충전 스테이션, ▲쇼핑몰과 문화 공간, ▲지역 특산물 판매장, ▲그리고 V2G와 연계된 스마트 에너지 관리 센터 등이 결합된 새로운 랜드마크로 재탄생한다. 이는 변환소 건설이 지역의 혐오 시설이 아니라, 오히려 지역의 가치를 높이고 새로운 활력을 불어넣는 핌피 프로젝트가 될 수 있음을 의미한다.

도전 과제와 극복 방안 : 비용과 거버넌스

물론 이 담대한 구상에는 현실적인 도전 과제가 따른다.

- **비용의 문제** : HVDC 케이블을 지중화하고, 변환소를 지하에 건설하는 것은 기존의 가공방식보다 초기 건설비용이 더 많이 든다. 하지만 우리는 이 비용을 단순한 '추가 비용'이 아니라, '사회적 갈등 비용의 절감'과 '국토 이용 효율화'라는 더 큰 가치를 위한 '사회적 투자'로 인식해야 한다. 10년 이상 지연되는 사업 기간, 그로 인한 금융 비용 증가, 그리고 수천억 원에 달하는 주민 보상 및 갈등 관리 비용을 고려하면, 초기 투자비 증가는 장기적으로 훨씬 더 경제적인 선택이 될 수 있다.

- **거버넌스의 문제** : 이 프로젝트는 에너지 정책을 담당하는 산업통상자원부와, 철도 및 국토 계획을 담당하는 국토교통부, 그리고 KEPCO, 국가철도공단, 한국도로공사, 지방자치단체 등 수많은 주체들의 긴밀한 협력이 필수적이다. 이를 위해서는 제16장 3절에서 제안했듯, 이 모든 것을 총괄하고 조율할 수 있는 대통령 직속의 강력한 컨트롤 타워가 반드시 필요하다.

결론적으로, 에너지 고속도로와 교통망의 통합 개발은, 님비라는 거대한 사회적 장벽을 넘어설 수 있는 가장 혁신적이고도 현실적인 해법이다. 이는 단순히 전기를 보내는 길을 뚫는 것을 넘어, 국토를 효율적으로 재창조하고, 지역 사회와 상생하며, 대한민국의 지속가능한 미래를 위한 새로운 인프라의 표준을 제시하는 것이다. 반세기 전 경부고속도로가 그랬듯, 이 새로운 '복합 인프라 회랑'은 21세기 대한민국을 에너지 강국으로 이끌 새로운 대동맥이 될 것이다.

제17장
기후변화가 여는 새로운 길, 북극항로

17.1. 1000년 만의 기회 : 한반도의 지정학적 가치 변화

 인류가 초래한 가장 큰 위기, 기후변화는 북극의 영원할 것 같던 얼음을 녹이며 지구 생태계에 돌이킬 수 없는 상처를 남기고 있다. 이는 명백한 비극이다. 하지만 역사는 종종 폐허 속에서 새로운 길을 내는 아이러니를 보여준다. 지금, 이 비극적인 해빙(解氷) 현상은 지구의 꼭대기에 새로운 푸른 바닷길을 깎아내고 있다. 그리고 이 길은, 지난 수백 년간 유라시아 대륙의 동쪽 끝 '변방(Periphery)'에 머물러야 했던 대한민국의 지정학적 운명을 근본적으로 뒤바꿀, 천재일우의 기회가 될 수 있다. 바로 **북극항로**(The Arctic Route)의 시대가 열리고 있기 때문이다.

 우리가 교과서에서 익히 봐왔던 세계 지도를 다시 한번 떠올려 보자. 부산항에서 출발한 컨테이너선이 유럽의 로테르담항으로 가기 위해서는 어떤 길을 거쳐야 할까? 남쪽으로 내려가 복잡한 동남아시아의 말라카 해협을 지나고, 드넓은 인도양을 건너, 해적의 위협이 도사리는 소말리아 앞바다의 아덴만을 통과해야 한다. 그리고 세계 교역의 동맥이자 가장 치명적인 길목인 수에즈 운하를 아슬아슬하게 통과한 뒤, 지중해를 거쳐야 비로소 목적지에 닿을 수 있다. 이 길고 험난한 여정의 거리는 약 **22,000km**, 시간은 **40일** 이상이 소요된다. 이 전통적인 남방항로 위에서, 대한민국은 늘 동쪽의 마지막 기착지, 즉 '종착역(Terminus)'이었다.

 그런데 이제, 지도 위쪽의 새롭고 푸른 항로를 보자. 부산항에서 출발해 동해를 지나 러시아의 베링 해협을 통과하고, 시베리아 북쪽 해안을 따라 대서양으로 진입해 유럽에 도착하는 길. 이것이 바로 북극항로, 러시아가 부르는 이름으로는 북방해로(Northern Sea Route, NSR)다. 이 길의 거리는 약 **15,000km**로, 기존 남방항로보다 무려 **7,000km**나 짧다. 운항 기간은 약 **30일**로, **열흘 이상**을 단축할 수 있다.

이는 단순히 시간과 연료비를 절감하는 차원의 이야기가 아니다. 이것은 글로벌 물류와 무역의 판도를 뒤흔들고, 21세기 지정학의 방정식을 새로 쓰는 혁명적인 변화다. 그리고 이 변화의 최대 수혜자가 될 잠재력을 가진 나라가 바로 대한민국이다.

대역전의 서막 : '종착역'에서 '허브'로

"지정학은 운명이다."라는 말이 있다. 한 나라의 지리적 위치가 그 나라의 역사와 운명을 결정한다는 뜻이다. 삼면이 바다지만 북쪽에 막혀 사실상 섬처럼 고립된 한반도의 위치는, 오랫동안 우리의 숙명처럼 여겨져 왔다. 대륙으로 나아가기엔 막혀 있고, 해양으로 뻗어 나가기엔 늘 대륙 세력의 눈치를 봐야 했다. 글로벌 교역로에서도 우리는 중심이 아닌, 변방의 끝자락에 위치한 나라였다.

북극항로는 이 수백 년간 이어진 지정학적 운명을 역전시킬 수 있는 '게임 체인저'다. 북극항로가 본격적으로 활성화되는 순간, 대한민국, 특히 부산항의 역할은 극적으로 변한다.

과거 부산항은 유럽에서 출발한 배가 아시아의 여러 항구를 거쳐 마지막으로 도착하는 종착역이었다. 하지만 북극항로 시대에는, 아시아와 유럽을 잇는 가장 효율적인 길목에 위치한 '중심 환승 허브(Central Hub)'로 그 위상이 격상된다.

상황을 구체적으로 그려보자. 중국의 상하이항이나 칭다오항에서 유럽으로 가는 화물이 있다고 가정해 볼 때, 각 항구에서 작은 배들이 출발하는 것보다, 이 배들이 지리적으로 가장 가까운 대형 항만인 부산항에 모여 화물을 내린 뒤, 부산항에서 얼음을 깰 수 있는 거대한 내빙(耐氷) 컨테이너선 한 척에 모든 화물을 합쳐 싣고 북극항로를 통해 유럽으로 가는 것이 훨씬 더 효율적일 수 있다. 유럽에서 아시아로 오는 화물 역시 마찬가지다. 로테르담에서 출발한 거대 선박이 부산항에 모든 화물을 내리면, 여기서 다시 작은 배들이 일본의 요코하마, 중국의 톈진, 러시아의 블라디보스토크로 화물을 실어 나르는 **'허브 앤 스포크(Hub-and-Spoke)'** 방식의 중심 기지가 될 수 있다.

이는 마치, 인천국제공항이 동북아시아의 '항공 허브' 역할을 하는 것과 같다. 수많은 승객들이 최종 목적지로 가기 위해 인천공항에서 비행기를 갈아타듯, 이제는 전 세계의 화물이 부산항에서 배를 갈아타게 되는 것이다.

역사적으로 물류 허브는 부와 권력의 중심지였다. 17세기 네덜란드는 작은 영토에도 불구하고 세계 해상 무역을 장악하며 황금시대를 열었고, 현대의 싱가포르는 말라카 해협의 지정학적 이점을 극대화하여 세계적인 금융·물류 허브 국가로 우뚝 섰다. 북극항로는 대한민국에게 '동북아의 싱가포르'가 될 수 있는, 우리 역사상 다시 오기 힘든 거대한 기회의 창을 열어주고 있다.

에너지 안보의 새로운 길

북극항로의 전략적 가치는 단순히 물류에만 그치지 않는다. 이는 대한민국의 가장 치명적인 약점인 **에너지 안보**에도 새로운 희망을 제시한다.

제9장에서 보았듯이, 우리의 에너지 수송로는 호르무즈 해협과 남중국해라는 두 개의 거대한 화약고를 지나야 하는, 극도로 위험한 길이다. 북극항로는 이 위험한 길을 완벽하게 우회할 수 있는 **대체 수송로**다.

- **지정학적 리스크 회피** : 북극항로를 이용하면, 중동의 정치적 불안이나 남중국해의 군사적 긴장 상황과 무관하게 에너지를 안정적으로 수

송할 수 있다. 이는 우리의 에너지 생명선이 특정 지역의 정세에 좌우되는 종속적인 구조에서 벗어날 수 있음을 의미한다.
- **새로운 에너지 공급원의 부상** : 북극항로의 가장 큰 수혜자 중 하나는 러시아다. 러시아는 북극해 연안의 야말(Yamal) 반도 등에 추정조차 어려울 만큼 막대한 양의 천연가스(LNG)와 자원을 보유하고 있다. 북극항로가 활성화되면, 이 북극산 에너지 자원을 아시아 시장으로 직접, 그리고 가장 빠르게 운송할 수 있는 길이 열린다. 이는 대한민국이 중동 중심의 에너지 수입선을, 러시아와 북미 등 북극권 국가로 다변화하여 에너지 안보를 획기적으로 강화할 수 있는 기회를 제공한다.

이처럼 북극항로는 대한민국이 '에너지 섬'이라는 고립에서 벗어나, 안정적이고 다변화된 에너지 공급망을 갖춘 '에너지 허브'로 도약할 수 있는 잠재력을 품고 있다.

1000년 만의 기회, 왜 지금인가?

한반도는 역사적으로 대륙 세력과 해양 세력이 충돌하는 지정학적 숙명을 안고 있었다. 하지만 북극항로의 등장은 이 구도를 근본적으로 바꾼다. 북극해라는 새로운 공간이 열리면서, 한반도는 더 이상 대륙의 동쪽 끝 변방이 아니라, 태평양과 북극해, 그리고 유라시아 대륙을 잇는 지정학적 교차로(Geopolitical Crossroads)로 그 가치가 재정의된다.

이는 마치, 과거 실크로드가 동서 문명의 교차로 역할을 했듯, 북극항로가 21세기의 새로운 '해상 실크로드'가 되고, 한반도가 그 길목의 가장 중요한 관문이 되는 것과 같다.

물론 이 거대한 기회를 현실로 만들기 위해서는, 다음 절에서 살펴볼 경제성, 환경 문제, 그리고 북극을 둘러싼 강대국들의 치열한 각축전이라는 수많은 난제를 해결해야만 한다. 하지만 분명한 것은, 기후변화라는 거대한 위기가 역설적으로 우리에게 던져준 이 '1000년 만의 기회'를 어떻게 활용하느냐에 따라, 대한민국의 21세기 운명이 결정될 것이라는 사실이다. 변방에서 중심으로, 종착역에서 허브로. 지정학적 대역전의 서막은 이미 올랐다.

17.2. 동북아 물류 허브, 제2의 싱가포르를 꿈꾸다

북극항로가 열어준 '1000년 만의 기회'. 한반도가 더 이상 유라시아 대륙의 변방이 아닌, 태평양과 북극해를 잇는 지정학적 교차로로 거듭날 수 있다는 거대한 비전. 하지만 이 꿈같은 이야기가 현실이 되기 위해서는, 이 기회를 담아낼 수 있는 강력하고 준비된 '그릇'이 필요하다. 그리고 그 그릇은 이미 우리에게 주어져 있다. 바로 대한민국 산업화의 심장이자, 세계 최고 수준의 항만과 산업 인프라가 집적된 **부산-울산-경남(부울경) 메가시티**다.

북극항로 시대에, 부울경 클러스터는 단순히 하나의 항구 도시가 아니다. 이곳은 아시아의 화물이 북극으로 향하고, 북극의 자원이 아시아로 들어오는, 모든 길목을 장악할'동북아 북극 게이트웨이(Gateway)'로 도약할 모든 조건을 완벽하게 갖춘, 준비된 허브다.

우리의 목표는 명확하다. 말라카 해협의 지정학적 이점을 극대화하여 세계적인 금융·물류 허브 국가로 우뚝 선 **싱가포르**처럼, 북극항로라는 새로운 기회를 발판 삼아 부울경을 '제2의 싱가포르'로 만드는 것이다. 이는 단순히 더 많은 화물을 처리하는 것을 넘어, 물류, 금융, 기술, 그리고 서비스가 융합된 고부가가치 복합 허브를 창조하는 국가적 프로젝트다.

준비된 허브, 부울경의 잠재력

왜 부울경인가? 이곳은 북극항로 시대를 맞아 동북아의 물류 허브로 도약할 모든 조건을 이미 갖추고 있다.
- **세계 최고 수준의 항만 인프라** : 부산항은 이미 세계 7위권의 컨테이너 항만이면서, 다른 나라로 가는 화물을 잠시 내려놓고 다른 배로 옮겨 싣는 환적(Transshipment) 물동량에서는 세계 2위를 자랑하는 명실상부한 글로벌 허브 항만이다. 울산항은 액체화물(원유, 석유화학 제품 등) 처리량에서 독보적인 위치를 차지하고 있다. 이처럼 이미 구축된 세계적 수준의 항만 인프라는 북극항로 시대의 폭발적인 물동량을 감당할 수 있는 튼튼한 기초 체력이다.
- **압도적인 조선·해양플랜트 산업** : 현대중공업, 한화오션, 삼성중공업 등 세계 1~3위 조선사가 모두 이곳에 포진해 있다. 이들은 단순히 배를 만드는 것을 넘어, 북극의 혹독한 환경을 견뎌낼 수 있는 특수 선박 분야에서 세계 최고의 기술력을 자랑한다. 얼음을 스스로 깨며 나아가는 쇄빙 LNG 운반선, 바다 위에서 천연가스를 시추하고 정제하는 거대한 해상 플랜트 FPSO(부유식 원유 생산 저장 하역설비) 등, 북극항로와 북극 자원 개발에 필요한 모든 종류의 하드웨어를 만들어낼 수 있는 세계 유일의 '조선 트로이카'다.
- **탄탄한 배후 산업 생태계** : 자동차, 기계, 석유화학 등 거대한 배후 산업단지가 항만과 유기적으로 연결되어 있다. 이는 단순한 화물 환적을 넘어, 항만에서 부품을 조달하여 완제품을 조립하고, 생산된 제품을 즉시 전 세계로 수출하는 등, 물류와 제조업이 결합된 새로운 부가가치를 창출할 무한한 잠재력을 가지고 있음을 의미한다.

'부울경 북극 게이트웨이' 건설을 위한 4대 전략

이러한 엄청난 잠재력을 현실로 바꾸기 위해서는, 부울경 클러스터를 북극항로 시대에 맞게 한 단계 업그레이드하는 국가적 프로젝트에 착수해야 한다.

• **전략 1 : 항만 인프라의 고도화 – '스마트 메가 포트' 구축**

북극항로 시대의 주력 선박은 2만 TEU급(20피트 컨테이너 2만 개) 이상의 초대형 내빙 컨테이너선이 될 것이다. 현재의 항만 시설을 이 거대 선박들이 자유롭게 드나들고, 신속하게 하역 작업을 마칠 수 있도록 확장하고 현대화해야 한다.

- **완전 자동화 터미널** : 크레인, 이송 차량 등 항만 내의 모든 하역 및 이송 과정을 인간의 개입 없이 로봇과 AI가 수행하는 완전 자동화 터미널을 구축해야 한다. 이는 24시간 무중단 운영을 가능하게 하여 항만의 처리 효율을 극대화하고, 안전사고를 줄이며, 인건비 상승 문제를 해결할 수 있다.
- **디지털 물류 플랫폼** : 블록체인, 사물인터넷(IoT), 인공지능(AI) 기술을 활용하여, 화물의 이동 경로, 상태, 통관 절차 등 모든 물류 과정을 실시간으로 투명하게 추적하고 관리하는 '디지털 물류 플랫폼'을 선점해야 한다. 선사, 화주, 세관, 검역 당국 등 모든 이해관계자가 이 플랫폼 위에서 정보를 공유하며, 서류 없는(Paperless) 신속한 물류 처리를 가능하게 해야 한다. 특히, 북극의 해빙 상황과 기상 조건을 실시간으로 분석하여 최적의 항로를 추천해주는 서비스 등은 높은 부가가치를 창출할 수 있는 새로운 비즈니스 모델이 될 수 있다.

• **전략 2 : 특화된 연관 산업육성 – 새로운 먹거리 창출**

단순히 화물을 옮겨 싣는 것만으로는 진정한 허브가 될 수 없다. 배와 화물이 머무는 동안 새로운 부가가치를 창출하는 연관 산업을 집중적으로 육성해야 한다.

- **극지 선박 서비스 산업** : 북극의 혹한과 유빙을 견디고 돌아온 선박은 특수한 수리와 정비, 그리고 선체 검사를 필요로 한다. 부울경의 뛰어난 조선 기술력을 바탕으로, 이러한 극지 운항 선박을 전문적으

로 수리하고 정비하는 '극지 선박 MRO(수리·정비·보수) 산업'을 육성해야 한다.
- **친환경 선박 연료 공급(벙커링) 허브** : 국제해사기구(IMO)의 환경 규제 강화에 따라, 미래의 선박들은 LNG를 넘어 E- 메탄올, E-암모니아, 수소와 같은 친환경 연료를 사용하게 될 것이다. 제15장에서 보았듯이, E-fuel은 재생에너지와 이산화탄소를 결합하여 만드는 미래 연료다. 부울경의 정유·화학 산업 인프라와 호남권의 재생에너지를 연계하여, 이곳을 아시아 최대의 '친환경 선박 연료 생산 및 공급(벙커링) 기지'로 만들어야 한다. 전 세계 친환경 선박들이 연료를 채우기 위해 부산항과 울산항으로 모여들게 하는 것이다.

• **전략 3 : 해운·금융·법률 서비스 클러스터 조성**

싱가포르와 런던이 세계적인 물류 허브가 될 수 있었던 것은 항만 시설뿐만 아니라, 그 배후에서 작동하는 고부가가치 서비스 산업이 함께 발달했기 때문이다.
- **선박 금융 및 해상 보험** : 거대한 선박을 건조하고 운영하는 데는 막대한 자금이 필요하다. 부산을 중심으로, 선박 건조와 거래에 필요한 자금을 조달하는 선박 금융과, 항해 중 발생할 수 있는 각종 위험에 대비하는 해상 보험 산업을 집중적으로 육성해야 한다.
- **해상법 및 중재 서비스** : 국제 물류 과정에서 발생하는 수많은 분쟁을 해결하는 해상법 전문 로펌과 국제 중재 센터를 유치하고 육성해야 한다. 이를 통해 명실상부한 동북아의 해양 수도로서의 위상을 확립할 수 있다.

• **전략 4 : 대륙을 향한 마지막 꿈 – 바닷길과 땅길의 연결**

북극항로라는 새로운 바닷길은, 우리가 오랫동안 염원해 온 대륙으로의 땅길과 만날 때 비로소 그 잠재력을 완성할 수 있다. 바로 한반도

종단철도(TKR)와 시베리아 횡단철도(TSR)의 연결이다.
- 물론 이것은 남북관계 개선이라는 거대한 정치적 과제가 해결되어야만 가능한, 먼 미래의 꿈일 수 있다. 하지만 우리는 장기적인 국가 전략의 관점에서 이 꿈을 포기해서는 안된다.
- 상상해 보자. 네덜란드 로테르담에서 출발한 화물이 북극항로를 통해 30일 만에 부산항에 도착한다. 여기서 컨테이너는 곧바로 열차에 실려, 휴전선을 넘어 평양과 신의주를 거쳐 시베리아 횡단철도를 타고 모스크바와 베를린, 파리까지 논스톱으로 운송된다. 바닷길과 땅길이 만나 대한민국을 스쳐 지나가는 것이 아니라, 대한민국이 그 길의 시작점이자 교차점이 되는 것이다. 이것이야말로 한반도가 지정학적 고립을 완전히 탈피하고, 명실상부한 유라시아 대륙의 물류 허브이자 관문 국가로 우뚝 서는 순간이 될 것이다.

결론적으로, 북극항로의 등장은 우리에게 '동북아의 싱가포르'라는 원대한 꿈을 꿀 수 있는 역사적 기회를 제공한다. 이 꿈을 현실로 만들기 위해서는, 부울경이라는 준비된 허브 위에, 항만 고도화, 연관 산업 육성, 서비스 클러스터 조성이라는 구체적인 전략을 체계적으로 실행해 나가야 한다. 기후변화가 가져온 위기를, 지정학적 가치 상승이라는 기회로 전환하는 국가적 지혜가 필요한 때다.

17.3. 에너지와 자원, 러시아와의 새로운 협력 가능성

'동북아의 싱가포르'라는 원대한 꿈. 부울경을 중심으로 대한민국의 미래를 열어갈 북극항로 시대의 청사진은 분명 매력적이다. 하지만 이 거대한 비전을 현실로 만들기 위해서는, 우리가 반드시 풀어야 할, 그리고 결코 외면할 수 없는 지정학적 숙제가 있다. 바로 북극의 거인, **러시아**와의 관계다.

북극항로의 대부분 구간은 러시아의 배타적경제수역(EEZ)을 지나가며, 러시아는 이 항로의 관리와 운영에 대한 강력한 주권을 행사하고 있다. 쇄빙선 지원, 항만 이용, 안전 및 기상 정보 제공 등 러시아의 협력 없이는 북극항로의 상업적 운항 자체가 불가능하다. 더 나아가, 북극해 연안은 추정조차 어려울 만큼 막대한 양의 천연가스와 석유, 희토류 등 미래 자원의 보고(寶庫)이며, 그 대부분은 러시아의 영토 안에 잠들어 있다.

따라서 북극항로 시대를 논하는 것은, 곧 러시아와의 관계를 어떻게 설정할 것인가를 논하는 것과 같다.

물론, 2022년 우크라이나 침공 이후의 국제 정세 속에서 러시아와의 협력은 매우 민감하고 어려운 과제임이 분명하다. 대한민국은 서방 세계의 일원으로서 대러시아 제재에 동참하고 있으며, 최근 심화되는 북-러 군사 협력은 우리의 안보에 직접적인 위협이 되고 있다. 이러한 상황에서 러시아와의 경제 협력을 이야기하는 것은 시기상조이거나, 심지어 위험한 발상처럼 들릴 수 있다.

하지만 국제 관계는 영원한 적도, 영원한 친구도 없는 냉정한 현실의 장이다. 우리는 단기적인 지정학적 갈등과 별개로, 대한민국의 100년 미래를 내다보는 장기적이고 실용적인 국가 전략을 고민해야만 한다. 그리고 그 전략의 중심에는, 현재의 위기 상황이 역설적으로 만들어내고 있는 '새로운 협력의 가능성'을 냉철하게 분석하고, 다가올 미래를 준비하는 지혜가 반드시 포함되어야 한다.

제재받는 거인의 '동방으로의 전환(Pivot to the East)'

우크라이나 전쟁 이후, 서방 세계의 강력하고 전방위적인 제재에 직면한 러시아는 경제적으로, 그리고 외교적으로 고립되었다. 특히, 수십 년간 러시아 경제의 든든한 버팀목이었던 유럽이라는 거대한 에너지 시장이 완전히 닫혀버렸다. 노르트스트림 가스관은 파괴되었고, 유럽은 러시아산 원유와 가스에 대한 의존에서 벗어나기 위해 필사적인 노력을 기울이고 있다.

궁지에 몰린 러시아는 경제적 활로를 찾기 위해 필사적으로 동쪽으로 눈을 돌리고 있다. 이른바 '동방으로의 전환(Pivot to the East)'이다. 러시아는 자국의 막대한 에너지 자원을 판매할 새로운 시장으로 중국과 인도를 주목하고 있으며, '시베리아의 힘(Power of Siberia)' 가스관 등을 통해 중국으로의 에너지 공급을 대폭 늘리고 있다.

이러한 상황은 우리에게 위기인 동시에, 역설적 기회를 제공한다. 서방의 기술과 자본이 모두 빠져나간 상황에서, 러시아는 자국의 광활한 북극 지역을 개발하고, 그곳의 에너지 자원을 상업화하는 데 심각한 어려움을 겪고 있다. 바로 이 지점에서, 대한민국은 러시아에게 거부하기 힘든 매력적인 기술 파트너가 될 수 있는 잠재력을 가지고 있다.

완벽한 상호보완 관계 : 한국의 기술과 러시아의 자원

경제적, 기술적 관점에서만 본다면, 대한민국과 러시아는 북극 개발에 있어 완벽한 **상호보완적 관계**를 맺고 있다.

- **러시아가 절실히 필요로 하는 것 :**
  - **첨단 조선 및 해양플랜트 기술** : 러시아는 북극해의 야말(Yamal), 기단(Gydan) 반도 등에 매장된 세계 최대 규모의 천연가스를 개발하고 싶어 한다. 하지만 이를 개발하고, 영하 50도의 혹한과 두꺼운 얼음을 뚫고 전 세계로 실어 나르기 위해서는 고도의 기술력이 집약된 특수 선박과 해양 플랜트가 필수적이다. 특히, 서방의 기술 제재로 인해 이 문제는 더욱 심각해졌다. 러시아는 스스로의 힘만으로는 이 거대한 프로젝트를 완성하기 어렵다.

- **자본과 프로젝트 관리 능력** : 북극 자원 개발은 천문학적인 자본과 고도의 프로젝트 관리 능력을 요구한다. 서방의 금융 제재로 자금 조달 길이 막힌 러시아에게는, 새로운 투자 파트너가 절실하다.
- **대한민국이 제공할 수 있는 것** :
  - **세계 최강의 극지 기술력** : 바로 그 기술이 대한민국에 있다. 한국의 조선업계는 얼음을 스스로 깨며 나아가는 쇄빙 LNG 운반선 분야에서 세계 최고의 기술력을 자랑한다. 실제로 러시아의 야말 LNG 프로젝트가 성공할 수 있었던 배경에는, 한화오션이 건조한 15척의 최첨단 쇄빙 LNG 운반선이 결정적인 역할을 했다.
  - **해양플랜트 건설 능력** : 바다 위에서 천연가스를 시추, 정제, 액화하는 거대한 해상 플랜트(FLNG, 부유식 액화천연가스 생산설비) 건설 능력 역시 세계 최고 수준이다.

이처럼 양국은 완벽한 퍼즐 조각처럼 서로의 필요를 채워줄 수 있다. 만약 지정학적 제약이 없는 미래가 온다면, 한국은 우리의 압도적인 조선 및 플랜트 기술력을 제공하고, 그 대가로 **북극항로의 안정적인 이용권과 북극산 에너지 자원에 대한 장기적인 공급 계약**을 확보하는 전략적 빅딜을 추진해 볼 수 있다. 이는 대한민국의 에너지 안보를 다변화하고, 동시에 조선업과 같은 주력 산업에 새로운 성장 동력을 제공하는 일석이조의 효과를 가져올 것이다.

현실의 장벽 : 넘어야 할 세 개의 산

하지만 이 장밋빛 시나리오가 현실이 되기 위해서는, 반드시 넘어야 할 세 개의 거대한 산이 있다.

- **첫 번째 산, 우크라이나 전쟁과 국제 제재** : 가장 큰 현실적인 장벽이다. 대한민국은 미국의 동맹국으로서 국제 사회의 대러시아 제재에 동참하고 있다. 이러한 상황에서 러시아와 대규모 경제 협력을 추진하는

것은 불가능하며, 시도해서도 안 된다.
- **두 번째 산, 미국의 '세컨더리 보이콧' 리스크** : 만약 우리 기업이 미국의 제재를 위반하고 러시아와 거래할 경우, 미국 시장 접근이 차단되거나 금융 거래가 막히는 세컨더리 보이콧(Secondary Boycott)의 대상이 될 수 있다. 이는 우리 경제에 치명타가 될 것이다.
- **세 번째 산, 북-러 밀착의 안보 위협** : 최근 급속도로 가까워지는 북한과 러시아의 군사 협력은 한반도의 안보를 직접적으로 위협하는 심각한 문제다. 우리의 안보를 위협하는 국가와 대규모 경제 협력을 추진하는 것은 국민적 동의를 얻기 어렵다.

장기적 관점의 '투 트랙' 전략

그렇다면 우리는 이 기회를 완전히 포기해야 하는가? 그렇지 않다. 단기적인 대응과 장기적인 전략을 분리하는 **'투 트랙(Two-track)'** 접근이 필요하다.

단기적으로는, 국제 사회의 대러시아 제재에 충실히 동참하며 한미 동맹을 굳건히 유지해야 한다. 이것은 우리의 외교 안보의 근간이다.

하지만 장기적으로는, 언젠가 다가올 '포스트-우크라이나 전쟁' 시대를 대비해야 한다. 국제 정세는 영원하지 않다. 우리는 ▲제재에 해당하지 않는 분야(인도적 교류, 학술 연구 등)에서의 최소한의 소통 채널을 유지하고, ▲러시아와 북극의 정세 변화를 면밀히 모니터링하며, ▲내부적으로는 북극항로 시대에 필요한 기술과 정책, 법률을 꾸준히 연구하고 준비해야 한다.

결론적으로, 러시아와의 협력은 현재로서는 봉인된 카드다. 하지만 이 카드를 완전히 찢어버려서는 안 된다. 언젠가 국제 정세가 변하여 이 카드를 다시 꺼내 들 수 있는 날이 왔을 때, 우리가 가장 먼저, 그리고 가장 유리한 위치에서 협상 테이블에 앉을 수 있도록 준비하는 것. 이것이 바로 격변하는 지정학의 시대에, 대한민국의 미래 100년을 내다보는 진정한 전략적 지혜일 것이다.

17.4. 경제성, 환경 문제, 그리고 지정학적 리스크

'1000년 만의 기회', '동북아의 싱가포르'. 북극항로가 열어줄 대한민국의 미래는 분명 가슴 벅찬 비전이다. 변방에서 중심으로, 종착역에서 허브로 도약하는 지정학적 대역전의 서사는 그 자체로 매력적이다. 하지만 이 장밋빛 미래가 현실이 되기 위해서는, 반드시 넘어야 할 세 개의 거대하고 험준한 산이 가로놓여 있다. 바로 **경제성**(Economic Feasibility)이라는 차가운 계산서, **환경 문제**(Environmental Issues)라는 무거운 윤리적 책임, 그리고 **지정학적 리스크**(Geopolitical Risks)라는 예측 불가능한 안개다.

이 세 가지 도전은 서로 분리되어 있지 않다. 그것들은 복잡하게 얽혀 서로의 문제를 증폭시키며, 북극항로라는 새로운 길 위에 '위험'이라는 꼬리표를 붙인다. 이 냉혹한 현실을 직시하고 해결책을 모색하지 않는다면, 북극항로는 그저 한여름 밤의 꿈으로 끝날 수도 있다.

첫 번째 산 : 경제성 – 과연 황금알을 낳는 거위인가?

북극항로의 가장 큰 매력은 단연 경제성이다. 부산항에서 네덜란드 로테르담항까지의 거리는 기존 수에즈 운하 항로보다 7,000km나 짧고, 운항 기간은 열흘 이상 단축된다. 이는 곧 연료비와 운항 비용의 절감을 의미한다. 하지만 이 단순한 산수 뒤에는, 장밋빛 전망을 흐리게 만드는 수많은 '숨겨진 비용(Hidden Costs)'이 도사리고 있다.

- **천문학적인 초기 투자 비용** : '얼음 깨는 배'는 비싸다. 북극해는 여름철에도 예측 불가능한 유빙(流氷)이 떠다니는 험난한 바다다. 이 바다를 안전하게 항해하기 위해서는, 일반 선박이 아닌 특수한 내빙(耐氷)

선박(Ice-class Vessel)이 필수적이다. 내빙 선박은 두꺼운 얼음과 충돌해도 견딜 수 있도록 선체를 특수 강재로 보강해야 하고, 강력한 엔진과 추진 시스템을 갖춰야 한다. 이는 일반 선박에 비해 건조 비용이 20~30% 이상 비싸다는 것을 의미한다. 특히, 두꺼운 얼음을 스스로 깨며 나아가는 쇄빙선 기능까지 갖춘 선박의 가격은 천문학적인 수준이다. 막대한 초기 투자 비용은 선사들에게 큰 부담이며, 이는 높은 운임으로 전가될 수밖에 없다.

- **예측 불가능한 운항 스케줄** : '적시생산'의 적 글로벌 물류의 핵심은 '신뢰성'과 '예측 가능성'이다. 부품이 제시간에 도착해야 공장을 돌릴 수 있는 '적시생산(Just-in-Time)' 시스템이 글로벌 공급망의 표준이 된 시대에, 운항 스케줄의 불확실성은 치명적이다. 북극항로는 이 점에서 근본적인 약점을 가진다.

  · **제한적인 운항 기간** : 지구 온난화에도 불구하고, 북극항로가 쇄빙선의 도움 없이 비교적 자유롭게 항해할 수 있는 기간은 아직 여름철 3~4개월에 불과하다. 이는 1년 365일 안정적으로 운영되는 수에즈 운하 항로에 비해 신뢰성이 현저히 떨어진다는 의미다.

  · **유빙과 기상 악화** : 여름철이라도 해빙의 상황은 매년, 매주 달라진다. 갑자기 나타난 거대한 유빙 떼나 짙은 안개는 선박의 속도를 떨어뜨리고, 운항 경로를 바꾸게 하여 도착 시간을 예측 불가능하게 만든다. 이는 하루 단위로 빡빡하게 짜인 글로벌 물류 스케줄에 큰 혼란을 야기할 수 있다.

- **부족한 인프라와 높은 보험료** : 북극항로 연안에는 사고 발생 시 의지할 수 있는 항구나 수리 시설, 구조 시설이 거의 전무하다. 만약 선박이 고장 나거나 사고가 발생하면, 도움을 받기까지 수 주일이 걸릴 수도 있다. 이러한 높은 리스크는 당연히 천문학적인 보험료로 이어진

다. 높은 선박 건조 비용과 보험료, 그리고 예측 불가능성은 북극항로의 단순한 거리 단축의 이점을 상쇄하고도 남을 만큼 큰 경제적 부담이다.

두 번째 산 : 환경문제 – 되돌릴수 없는 상처

기후변화가 열어준 길을 이용하는 것이, 역설적으로 기후변화를 더욱 가속하고 청정 생태계를 파괴할 수 있다는 딜레마는 북극항로가 안고 있는 가장 무거운 윤리적 책임이다.

- **블랙 카본(Black Carbon)의 저주** : 선박이 내뿜는 배기가스에 포함된 검댕, 즉 블랙 카본은 북극 환경에 치명적이다. 이 검은 입자들이 하얀 눈과 얼음 위에 내려앉으면, 태양빛을 반사하던 얼음의 반사율(알베도, Albedo)이 급격히 떨어진다. 더 많은 태양열을 흡수한 얼음은 더 빨리 녹게 되고, 이는 다시 북극 온난화를 가속하는 악순환의 고리를 만든다.
- **기름 유출, 상상 최악의 재앙** : 만약 북극해에서 유조선이 좌초되거나 원유 시추 플랫폼에서 기름이 유출된다면, 이는 인류 역사상 최악의 환경 재앙이 될 것이다. 영하의 차가운 바다는 기름의 자연 분해를 극도로 더디게 만들고, 떠다니는 얼음들은 기름을 가두어 수백, 수천 킬로미터 떨어진 곳까지 오염을 확산시킬 것이다. 1989년 알래스카를 재앙으로 몰아넣었던 엑손 발데즈호 기름 유출 사고조차, 북극해의 재앙에 비하면 작은 사고에 불과할 수 있다.
- **소음과 생태계 교란** : 고요한 북극의 바다는 고래, 바다표범, 해마 등 소리에 극도로 민감한 해양 포유류들의 안식처다. 거대한 선박의 엔진 소음과 스크루 소음은 이들의 의사소통과 먹이 사냥, 번식 활동을 심각하게 교란하여 생존 자체를 위협할 수 있다. 또한, 선박의 균형을 잡기

위해 싣고 버리는 평형수(Ballast Water)를 통해, 북극 생태계에 존재하지 않던 외래종이 유입되어 토착 생태계를 파괴할 위험도 상존한다.

세 번째 산 : 지정학적 리스크 – 새로운 '그레이트 게임'

북극항로의 전략적 가치가 부상하면서, 얼어붙었던 북극은 이제 강대국들의 이익이 충돌하는 새로운 '그레이트 게임(The Great Game)'의 무대가 되고 있다.

- **러시아의 강력한 통제권** : 북극항로의 대부분을 자국의 배타적경제수역(EEZ)으로 간주하는 러시아는, 이 항로에 대한 강력한 통제권을 주장하고 있다. 러시아는 자국 법률에 따라, 북극항로를 통과하는 모든 선박에 대해 ▲사전 허가를 받도록 하고, ▲자국의 쇄빙선 호위를 의무화하며, ▲높은 통과세와 항만 이용료를 부과하고 있다. 이는 북극항로의 경제성을 떨어뜨릴 뿐만 아니라, 러시아가 언제든 자국의 정치적, 군사적 목적을 위해 항로를 통제하거나 폐쇄할 수 있는 강력한 지정학적 무기를 쥐게 됨을 의미한다.

- **중국의 '빙상 실크로드' 야망** : 비북극권 국가임에도 불구하고 '근북극 국가'를 자처하는 중국은, 북극항로를 자국의 일대일로(一帶一路) 전략의 연장선인 '빙상 실크로드'로 규정하고, 막대한 자본을 투입하여 영향력을 빠르게 확대하고 있다. 러시아의 야말 LNG 프로젝트에 대규모 지분을 투자하고, 자체 쇄빙 연구선 '설룡(雪龍)호'를 운영하며, 북극 이사회(Arctic Council)의 옵서버 자격을 통해 목소리를 높이고 있다.

- **미국의 견제와 '항행의 자유'** : 미국은 러시아의 과도한 영유권 주장을 인정하지 않으며, 북극항로 역시 남중국해처럼 '항행의 자유(Freedom of Navigation)'가 보장되어야 할 국제 수로라는 입장을 견지하고 있다. 이는 향후 미-러, 미-중 간의 군사적 긴장을 유발할 수 있는 잠재적인 갈등 요인이다.

- **북극의 군사화** : 전략적 가치가 높아지면서, 북극은 더 이상 평화로운 연구의 공간이 아니다. 러시아는 냉전 시대에 폐쇄했던 북극권의 군사 기지들을 재가동하고 신형 핵잠수함을 배치하고 있으며, 이에 맞서 미국과 NATO 역시 북극에서의 군사 훈련과 감시 활동을 강화하고 있다. 상업 항로가 군사적 충돌의 무대가 될 위험이 점점 더 커지고 있는 것이다.

결론적으로, 북극항로는 우리에게 '1000년 만의 기회'를 제공하는 동시에, 그 기회를 붙잡기 위해 반드시 해결해야 할 세 개의 거대한 과제를 함께 안겨준다. 이 길은 결코 손쉽게 열리는 길이 아니다.

대한민국이 이 새로운 시대의 주도권을 잡기 위해서는, 단순히 항로의 이용자를 넘어, 이 문제들을 해결하는 **'솔루션 제공자(Solution Provider)'**가 되어야 한다. 세계 최고의 기술력으로 ▲친환경·고효율 내빙 선박을 건조하고, ▲블랙 카본 배출을 최소화하는 신기술을 개발하며, ▲AI 기반의 안전 운항 시스템을 선도해야 한다. 동시에, 국제 사회와의 긴밀한 협력을 통해 ▲북극 환경 보호를 위한 국제 규범을 만드는 데 앞장서고, ▲강대국들의 각축전 속에서 우리의 국익을 지켜낼 수 있는 정교하고도 능동적인 외교 전략을 펼쳐야만 한다. 위기 속에서 기회를 포착하고, 도전을 혁신으로 바꾸는 지혜. 그것이 바로 북극항로라는 새로운 길 위에서 대한민국이 나아가야 할 방향이다.

제18장
대한민국 3축 성장 전략

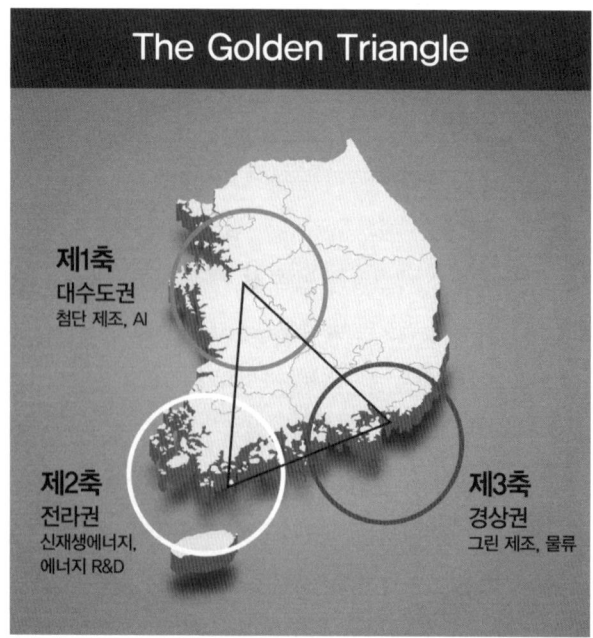

18.1. 제1축(대수도권) : 첨단 제조업과 AI 산업 허브

대한민국 2050을 향한 새로운 성장 방정식의 첫 번째 축은, 두말할 나위 없이 대한민국의 심장이자 두뇌인 대수도권(서울·경기·인천 및 인접 충청권)이다. 이곳은 대한민국 인구의 절반이 거주하는 삶의 터전이자, 국가 경제의 명운을 좌우하는 첨단 산업의 핵심 기지다. 화성, 평택, 이천, 그리고 용인으로 이어지는 세계 최대 규모의 **반도체 클러스터**와, 판교와 강남을 중심으로 꿈틀대는 **인공지능(AI) 및 디지털 산업 생태계**는 대한민국의 현재를 지탱하고 미래를 열어갈 가장 강력한 엔진이다.

하지만 이 강력한 엔진은, 역설적으로 에너지 전환 시대에 대한민국의 가장 치명적인 **아킬레스건**이 되고 있다. 이 첨단 산업들은 '전기 먹는 하마'라는 별명이 무색할 정도로 막대한 양의, 그리고 단 1초의 흔들림도 없는 초고품질의 전력을 필요로 한다. 동시에, 이들의 최종 고객인 애플, 구글, 엔비디아와 같은 글로벌 빅테크 기업들은 가장 강력한 RE100 압박을 가하며 '100% 깨끗한 전기'로 제품을 만들 것을 요구하고 있다.

막대한 양의, 깨끗하고, 안정적인 전기. 이 세 가지 조건을 충족시키지 못하면, 대한민국의 심장은 멈춰 설 수밖에 없다. 따라서, 3축 성장 전략의 제1축은, 이 대수도권 첨단 산업 허브를 어떻게 지속가능한 에너지 시스템 위에 올려놓을 것인가에 대한 해답을 제시하는 데서 시작된다.

디지털 드래곤의 갈증 : 반도체와 AI, 왜 전기를 갈망하는가

대수도권의 에너지 문제를 이해하기 위해서는, 먼저 이 지역에 밀집한 첨단 산업의 본질을 에너지의 관점에서 들여다봐야 한다.

- **반도체, 빛과 전기로 깎는 예술** : 현대 반도체 공정은 인류가 만들어 낸 가장 정밀하고도 에너지 집약적인 활동 중 하나다.
  - **클린룸(Clean Room)** : 반도체 팹(Fab)은 미세한 먼지 하나도 용납하지 않는 극도의 청정 상태를 1년 365일, 24시간 유지해야 한다. 이를 위해 거대한 공기 정화 시스템과 항온·항습 장치가 쉴 새 없이 돌아가며 막대한 전력을 소비한다.
  - **EUV 노광 공정** : 10나노 이하의 초미세 회로를 새기기 위해 필수적인 극자외선(EUV) 노광 장비는, 그 자체로 '전기 먹는 괴물'이다. 한

대당 수천억 원에 달하는 이 장비는, 강력한 레이저로 플라스마를 만들어 EUV 빛을 생성하는데, 이 과정에서 소비되는 전력량이 중소도시 하나와 맞먹는 수준이다.

- **24시간 무중단** : 반도체 생산 라인은 단 한 순간의 정전이나 전압 강하도 용납하지 않는다. 찰나의 전력 이상은 수천억 원어치의 웨이퍼를 한순간에 폐기 처분으로 만들 수 있다. 이 때문에 반도체 공장은 대한민국에서 가장 높은 품질의 전력을, 가장 안정적으로 공급받아야만 한다.

• **AI, 데이터를 먹고 전기로 성장하다** : 제4장에서 보았듯이, AI 혁명은 새로운 차원의 전력 수요를 창출하고 있다.

- **데이터센터의 폭증** : 네이버, 카카오 등 국내 기업은 물론, 마이크로소프트, 아마존웹서비스(AWS)와 같은 글로벌 클라우드 기업들이 수도권 인근에 초거대 데이터센터를 경쟁적으로 짓고 있다. 이들의 입지 선정 제1조건은 바로 '대규모 전력 공급 가능성'이다.
- **RE100의 최전선** : 이들 글로벌 빅테크 기업들은 RE100을 가장 먼저, 그리고 가장 강력하게 선언한 주체들이다. 이들은 자신들의 데이터센터를 100% 재생에너지로 운영하겠다고 약속했으며, 이는 곧 대한민국 정부와 전력 시스템에 '깨끗한 전력'을 대규모로 공급하라는 직접적인 요구로 이어진다.

이처럼 대수도권의 첨단 산업은 대한민국 경제의 희망이지만, 동시에 해결 불가능해 보이는 에너지 딜레마의 근원지이기도 하다. 수도권 자체만으로는 이 엄청난 양의 깨끗한 전기를 조달할 방법이 전무하기 때문이다.

에너지 고속도로, 심장에 새로운 피를 공급하다

이 딜레마에 대한 유일한 해답은, 대수도권을 더 이상 고립된 '에너지 섬'

으로 보지 않고, 국가 전체의 에너지 시스템과 유기적으로 연결하는 것이다. 바로 제16장에서 제시한 '에너지 고속도로(Energy Superhighway)'가 그 역할을 수행한다.

- **HVDC, 막힌 혈관을 뚫다** : 서남해안의 풍부한 해상풍력과 새만금의 태양광 발전 단지(제3축)에서 생산된 수십 기가와트(GW)의 청정에너지는, 서해안을 따라 건설된 해저 HVDC 케이블을 통해 손실 없이 수도권 남부의 반도체 클러스터와 데이터센터 단지로 직접 공급된다. 이는 마치, 심장에 산소를 공급하는 관상동맥처럼, 첨단 산업의 심장부에 깨끗한 에너지의 피를 직접 수혈하는 것이다. 더 이상 전력망 병목을 걱정할 필요도, 비싼 녹색 프리미엄을 지불할 필요도 없다.
- **AI, 초고품질 전력을 보장하다** : 에너지 고속도로를 통해 전달된 전기는 AI 기반의 지능형 전력망을 통해 관리된다. AI 관제 시스템은 0.001초 단위의 전압 및 주파수 변동까지 실시간으로 감지하고, 인근의 ESS나 V2G 자원을 활용하여 이를 즉시 보정한다. 이를 통해 반도체 팹이 요구하는, 한 치의 오차도 없는 완벽한 품질의 전력을 24시간 공급하는 것이 가능해진다.

이처럼 제1축은, 제3축(호남권)이 생산한 깨끗한 에너지를, 에너지 고속도로라는 혈관을 통해 공급받음으로써, RE100과 에너지 비용이라는 두 가지 족쇄에서 동시에 해방될 수 있다.

혁신의 용광로 : 기술과 자본, 인재의 허브

제1축의 역할은 단순히 에너지를 소비하는 생산기지에 그치지 않는다. 이곳은 대한민국 3축 성장 전략 전체를 이끌어가는 **혁신의 컨트롤 타워**이자 **두뇌**다.

- **기술 개발의 허브** : 판교와 강남의 IT 밸리에서는, ▲에너지 고속도로를 제어할 AI 스마트그리드 알고리즘, ▲제2축(부울경)의 스마트 항만을 운영할 디지털 물류 플랫폼, ▲제3축(호남권)의 재생에너지 발전량을 정확하게 예측할 기상 빅데이터 분석 기술이 개발된다. 제1축의 기술력이 나머지 두 축의 효율성과 부가가치를 높이는 것이다.
- **녹색 금융의 중심지** : 에너지 전환에는 천문학적인 자본이 필요하다. 서울의 금융 중심지에서는, ▲해상풍력 단지 건설을 위한 프로젝트 파이낸싱(PF), ▲RE100 특구에 투자하는 녹색 채권 발행, ▲에너지 스타트업을 육성하는 벤처캐피털 등, 에너지 전환에 필요한 자금을 조달하고 배분하는 '녹색 금융'의 허브 역할을 수행한다.
- **글로벌 인재의 용광로** : 세계 최고의 대학과 연구소, 그리고 글로벌 기업의 R&D 센터가 밀집한 대수도권은, 전 세계의 우수한 인재들을 끌어들이는 거대한 용광로다. 이들이 서로 교류하고 협력하며 만들어 내는 혁신적인 아이디어와 기술이, 대한민국 3축 성장 전략 전체에 활력을 불어넣게 될 것이다.

결론적으로, 제1축 대수도권은 3축 성장 전략의 가장 중요한 '수혜자'인 동시에, 가장 중요한 '기여자'다. 제3축의 청정에너지와 제2축의 글로벌 물류망 없이는 생존할 수 없지만, 동시에 제1축의 기술, 자본, 인재 없이는 나머지 두 축도 성장할 수 없다.

이처럼 대수도권을 고립된 섬이 아닌, 국가 전체의 에너지 및 산업 생태계와 유기적으로 연결된 심장부로 재정의하는 것. 이것이 바로 에너지 전환 시대, 대한민국이 지속가능한 성장을 이어나가기 위한 첫 번째 성장 방정식이다.

18.2. 제2축(부·울·경) : 전통 제조업의 혁신과 북극항로 물류거점

대한민국 3축 성장 전략의 제1축, 대수도권이 국가의 미래를 설계하는 '두뇌'라면, 제2축인 **부산·울산·경남**(부·울·경) **메가시티**는 지난 반세기 동안 대한민국 경제를 움직여 온 강력한 '**허리**'이자 '**근육**'이다. 포항의 용광로에서 뿜어져 나오는 붉은 쇳물, 울산의 정유탑을 휘감는 은빛 파이프라인, 그리고 거제의 거대한 골리앗 크레인이 들어 올리는 육중한 선박 블록. 이 역동적인 풍경은 '한강의 기적'을 이끈 대한민국 산업화의 상징 그 자체였다.

철강, 조선, 석유화학, 자동차, 기계. 이 거대한 전통 제조업 클러스터는 대한민국을 세계 10위권의 경제 대국으로 이끈 압도적인 동력이었다. 하지만 21세기 에너지 대전환의 거대한 파도 앞에서, 과거의 영광을 이끌었던 이 강력한 심장과 근육은 이제 가장 먼저 변화를 요구받는, 가장 무겁고 시급한 과제가 되었다.

이들 산업은 본질적으로 엄청난 양의 화석연료를 소비하고 막대한 탄소를 배출하는 '에너지 다소비·탄소 다배출' 업종이다. 급등하는 에너지 비용과 전 세계적인 탈탄소 압박 속에서, 부울경의 전통 제조업은 지금 '좌초자산'이 될 것인가, 아니면 '녹색 혁신'을 통해 새로운 시대의 주역으로 거듭날 것인가 하는 운명의 기로에 서 있다.

3축 성장 전략에서 제2축의 역할은 명확하다. 낡은 심장에 새로운 판막을 이식하고, 지친 근육에 깨끗한 에너지를 공급하여, 대한민국 산업의 심장을 다시 한번 세계를 향해 힘차게 뛰게 만드는 것이다. 이는 단순히 과거의 산업을 지키는 것을 넘어, 이를 미래형 첨단 산업으로 업그레이드하고, 제17장에서 보았던 북극항로 시대의 글로벌 물류 허브 기능을 결합하여 대한민국 경제의 새로운 허리를 구축하는, 위대한 전환의 프로젝트다.

벼랑 끝에 선 거인 : 전통 제조업의 딜레마

부울경의 주력 산업들이 처한 현실은 녹록지 않다. 이들은 에너지 전환 시대의 모든 위협에 가장 직접적으로 노출되어 있다.

- **원가 경쟁력의 위기** : 제10장에서 보았듯이, 에너지 비용은 이들 산업의 생산 원가와 직결된다. 국제 유가와 LNG 가격이 급등하고, 산업용 전기요금이 인상되면서, 이들의 원가 부담은 임계점을 넘어서고 있다. 특히 에너지 비용이 상대적으로 저렴한 중국이나 북미의 경쟁 기업들과의 싸움에서, 가격 경쟁력은 점점 더 약화되고 있다.
- **탄소 장벽의 압박** : EU의 탄소국경조정제도(CBAM)는 철강, 알루미늄 등 부울경의 핵심 수출 품목을 직접 겨냥한다. 생산 과정에서 배출한 탄소만큼 비용을 지불해야 하는 이 '탄소 국경세'는, 화석연료 의존도가 높은 우리 제품에 치명적인 장벽이 될 수 있다.
- **공급망의 요구** : BMW와 같은 글로벌 자동차 회사는 부품을 납품하는 철강 회사에 '그린 스틸'을 요구하고, 세계 최대 해운사인 머스크는 'E-메탄올'로 가는 친환경 선박을 발주하고 있다. RE100을 넘어, 이제는 제품을 구성하는 소재와 부품, 그리고 물류 과정 전체의 탈탄소화를 요구하는 시대다. 이러한 요구에 부응하지 못하면, 아무리 뛰어난 기술력을 가졌더라도 글로벌 공급망에서 배제될 수밖에 없다.

이처럼 부울경의 전통 제조업은 '비용'과 '환경'이라는 두 개의 거대한 파도에 동시에 휩쓸리고 있다. 이 파도에 맞서기 위한 유일한 길은, 더 이상 과거의 성공 방식에 머무르지 않고, 과감하게 스스로를 파괴하고 재창조하는 **'녹색 전환**(Green Transformation)'뿐이다.

혁신의 길 : 전통 산업, 어떻게 녹색 심장을 이식할 것인가?

녹색 전환은 막연한 구호가 아니다. 그것은 각 산업의 특성에 맞춰, 우리가 이미 보유한 세계 최고 수준의 기술력에 미래 기술을 접목하는 구체적인 실행 전략이다.

- **철강 산업 : 용광로에서 수소로**(From Blast Furnace to HyREX)

  지난 100년간 철강 산업의 상징은 석탄(코크스)을 사용하여 철광석에서 산소를 떼어내는 거대한 고로(용광로)였다. 하지만 이 과정은 막대한 양의 이산화탄소를 필연적으로 배출한다.

  · **녹색 전환의 해법** : 바로 **수소환원제철**(Hydrogen Reduction Steelmaking) 기술이다. 석탄 대신 고온의 수소(H_2)를 환원제로 사용하여, 철광석에서 산소를 떼어내는 방식이다. 이 공정의 최종 부산물은 이산화탄소가 아니라 깨끗한 물(H_2O)뿐이다.

  · **대한민국의 역할** : 포스코는 이 수소환원제철 기술(HyREX) 개발에 사활을 걸고 있으며, 2030년까지 상용화 실증 플랜트를 구축한다는 목표를 세웠다. 이 기술이 성공한다면, 포항과 광양의 제철소는 더 이상 탄소 다배출의 주범이 아니라, 전 세계에 '그린 스틸'을 공급하는 첨단 기술의 허브가 될 것이다. 여기에 필요한 막대한 양의 그린수소는, 제3축인 호남권의 풍부한 재생에너지로 생산하여 파이프라인을 통해 공급받는, 축간 연계 모델을 통해 해결할 수 있다.

- **조선 산업 : 바다 위의 게임 체인저**(From Fossil Fuels to Future Fuels)

  세계 1위 조선 강국의 위상은, 이제 누가 더 크고 빠른 배를 만드느냐가 아니라, 누가 더 깨끗하고 효율적인 친환경 선박을 먼저 만드느냐에 따라 결정될 것이다.

  · **녹색 전환의 해법** : 부울경의 조선소들은 이미 LNG 추진선 분야에서 세계 시장을 선도하고 있다. 여기서 한 걸음 더 나아가, 차세대 친환경 연료인 암모니아, 메탄올, 수소를 연료로 사용하는 선박 기술을 선점해야 한다. 더 나아가, 제14장에서 본 SMR(소형모듈원자로)

을 선박의 동력원으로 사용하는 **원자력 추진 선박**은, 탄소 배출 제로와 초장거리 운항을 동시에 달성할 수 있는 궁극의 게임 체인저가 될 수 있다.

- **대한민국의 역할** : 부울경의 조선소들은 북극항로를 운항할 내빙(耐氷) LNG 운반선과, 미래 연료로 움직이는 무탄소 선박을 건조하는 글로벌 전진기지가 된다. 이는 단순히 배를 수출하는 것을 넘어, 친환경 해운 시대의 기술 표준을 대한민국이 주도하게 됨을 의미한다.

• **석유화학 산업 : 탄소 순환 경제의 허브**(From Petrochemicals to Eco-chemicals)

나프타를 분해하여 플라스틱을 만드는 전통적인 석유화학 산업은, 이제 새로운 도전에 직면했다.

- **녹색 전환의 해법** : 울산의 석유화학 단지는, 제15장에서 본 E-fuel과 바이오 플라스틱 생산의 중심지로 전환되어야 한다. 인근 산업단지나 대기 중에서 포집한 이산화탄소(CCU)와 그린수소를 결합하여, 선박용 E-메탄올과 E-암모니아를 생산한다. 옥수수나 폐목재와 같은 바이오매스를 원료로, 땅속에서 자연 분해되는 생분해성 플라스틱을 만드는 것이다.
- **대한민국의 역할** : 울산항은 아시아 최대의 '친환경 연료 생산 및 벙커링(연료 공급) 허브'로 거듭난다. 전 세계의 친환경 선박들이 연료를 채우기 위해 이곳으로 모여들고, 부울경에서 생산된 친환경 화학제품들이 다시 이 배에 실려 전 세계로 수출되는, 완벽한 선순환 산업 생태계를 구축하는 것이다.

북극항로의 관문 : 글로벌 물류 허브로의 도약

이처럼 녹색 혁신을 통해 체질을 개선한 부울경의 제조업은, 제17장에서 본 **북극항로**라는 새로운 기회의 날개를 달고 비상하게 된다.

부산항은 아시아와 유럽을 잇는 북극항로의 **중심 환적 허브**로서, 중국과 일본의 화물을 받아 북극으로 보내고, 북극에서 온 자원과 상품을 아시아 전역으로 분배하는 역할을 수행한다. 이를 위해 부산 신항은 완전 자동화된 '스마트 메가 포트'로 진화해야 하며, 그 운영에는 제1축 수도권에서 개발한 AI 기반의 디지털 물류 플랫폼이 적용될 것이다.

결론적으로, 제2축 부울경은 3축 성장 전략의 '허리'이자 '근육'이다. 이곳은 더 이상 굴뚝 산업의 상징이 아니다. 전통 제조업의 위기를 녹색 기술 혁신의 기회로 전환하고, 북극항로라는 지정학적 기회를 글로벌 물류 허브의 현실로 만들어내는, 대한민국 미래 산업의 심장부다.

제1축(수도권)의 첨단 기술과 자본, 제3축(호남권)의 깨끗한 에너지가 이 부울경이라는 용광로에서 만나, '메이드 인 코리아' 녹색 제품과 글로벌 물류 서비스라는 새로운 부가가치를 창출하고, 다시 전 세계로 뻗어나가는 것. 이것이 바로 대한민국 3축 성장 전략의 핵심적인 선순환 구조다.

18.3. 제3축(광주·전라) : 대한민국 재생에너지 발전의 심장

대한민국 3축 성장 전략의 제1축 대수도권이 미래를 설계하는 '두뇌'이고, 제2축 부울경이 전통 산업을 혁신하는 '허리'라면, 이 모든 비전을 현실로 만들 에너지를 공급하는 마지막이자 가장 근본적인 축이 바로 **광주·전라 지역**이다. 이곳은 더 이상 한반도의 남서쪽 끝에 위치한 농업 지대가 아니다. 이곳은 대한민국이 에너지 식민지의 굴레를 벗고 진정한 에너지 자립을 이룰 수 있는 유일한 희망이자, 21세기 대한민국 에너지 시스템의 '**녹색 심장**(Green Heart)'이다.

이 심장이 힘차게 뛰며 깨끗한 에너지의 피를 뿜어낼 때, 비로소 제1축의 첨단 산업은 RE100의 족쇄를 풀고, 제2축의 전통 제조업은 녹색 전환의 수술을 감당할 수 있다. 하지만 지금, 이 강력한 잠재력을 가진 심장은 꽉 막힌 혈관(전력망) 때문에 제대로 피를 뿜어내지 못하고, 오히려 스스로 괴사할 위험에 처해있다. 3축 성장 전략에서 제3축의 역할은 명확하다. 이곳의 무한한 재생에너지 잠재력을 최대한으로 끌어올리고, 이를 국가의 새로운 성장 동력으로 전환하는 것이다. 이는 단순히 발전소를 짓는 것을 넘어, 에너지 생산, 저장, 활용, 그리고 새로운 산업 창출이 유기적으로 결합된 '통합 에너지 클러스터'를 조성하는, 대한민국 에너지 지도를 새로 그리는 거대한 프로젝트다.

비교 불가능한 잠재력 : 대한민국의 '녹색 발전소'

광주·전라 지역이 왜 대한민국의 '녹색 심장'으로 불리는가? 그 이유는 다른 어떤 지역과도 비교할 수 없는, 압도적인 재생에너지 잠재력에 있다.

- **태양의 땅, 호남 평야와 새만금** : 김제와 해남으로 이어지는 드넓은 호남 평야는 대한민국에서 가장 풍부한 일조량을 자랑하는 천혜의 태양광 입지다. 특히, 단군 이래 최대의 국책사업이었던 새만금 간척지는, 그 광활한 부지를 활용하여 세계 최대 규모의 수상 태양광 및 육상 태양광 발전 단지를 건설할 수 있는 무한한 가능성의 땅이다. 이미 새만금에는 대규모 태양광 발전소가 가동 중이거나 건설 중이며, 이는 단일 지역으로는 국내 최대 규모다.

- **바람의 길목, 서남해안** : 리아스식 해안의 복잡한 섬들과 넓은 대륙붕이 펼쳐진 전남 신안 앞바다를 비롯한 서남해안은, 질 좋고 일정한 바람이 부는 대한민국 최고의 해상풍력 발전 단지다. 정부는 이미 신안 지역에 8.2GW 규모의, 세계 최대 규모의 해상풍력 발전 단지를 조성하는 계획을 추진하고 있다. 이는 원자력 발전소 6~7기와 맞먹는 엄청난 규모다. 이 외에도 전북, 영광 등 서남해안 전체가 거대한 '바람

의 밭'으로서의 잠재력을 품고 있다.

한 연구 분석에 따르면, 이 지역의 생태계를 보존하면서 개발할 수 있는 '공존지역'만 활용하더라도, 2050년 국가 에너지 발전량 목표를 달성하고도 남을 만큼의 막대한 양의 청정에너지를 생산할 수 있다. 문제는 이 엄청난 에너지를 담아낼 그릇과 실어 나를 길이 없다는 점이다.

고립된 심장의 고통 : 출력 제한과 좌초된 잠재력

이 엄청난 잠재력에도 불구하고, 현재 제3축의 현실은 '희망'보다는 '좌절'에 가깝다. 제12장에서 보았듯이, 이곳은 대한민국에서 **전력망 병목 현상**과 **출력 제한**이 가장 심각하게 발생하는 지역이다.

- **고립된 에너지 섬** : 호남 지역에서 생산된 전기는 수도권과 영남으로 향하는 송전망의 용량 부족으로 인해 제때 빠져나가지 못하고 있다. 이는 마치 심장에서 피를 힘차게 뿜어내도, 대동맥이 좁아 온몸으로 퍼져나가지 못하는 것과 같다.
- **버려지는 깨끗한 에너지** : 그 결과, 맑고 바람 좋은 날이면 어김없이 출력 제한 명령이 내려진다. 2024년 봄, 사상 처음으로 호남 지역에 대규모 출력 제한이 시행된 것은, 이 문제가 더 이상 제주도만의 일이 아님을 알리는 공식적인 신호탄이었다. 수천억 원을 들여 지은 발전소가 멈춰 서고, 귀한 청정에너지가 허공으로 사라지는 국가적 낭비가 일상이 되고 있다.
- **투자의 실종** : 이러한 현실은 신규 재생에너지 투자를 가로막는 가장 큰 장벽이다. 아무리 좋은 입지 조건을 가졌더라도, 전기를 팔 수 없는 곳에 투자할 사업자는 없다. 잠재력은 세계 최고 수준이지만, 인프라의 부재가 그 잠재력을 스스로 옭아매고 있는 형국이다.

미래 비전 : 에너지 생산을 넘어, '통합 에너지 허브'로

제3축의 미래는 단순히 전기를 생산하여 다른 지역으로 보내는 '발전소'에 머물러서는 안 된다. 이곳은 에너지의 생산, 저장, 전환, 그리고 활용이 한 곳에서 이루어지는 '통합 에너지 허브'로 진화해야 한다.

- **대한민국 그린수소 생산의 메카** : 제3축의 가장 중요한 미래 역할은 바로 그린수소 생산이다. 출력 제한으로 버려지던 잉여 재생에너지를 활용하여, 새만금과 해남 등지에 세계적 규모의 **수전해**(Water Electrolysis) **클러스터**를 구축하는 것이다. 이곳에서 생산된 그린수소는 대한민국의 수소 경제를 이끌 핵심적인 연료가 된다.

- **축간 연계 시너지의 출발점 : 생산된 그린수소는 어떻게 활용될까?**
  - **제2축(부울경)으로의 공급** : 새로 건설될 파이프라인이나 수소 전용 선박을 통해, 울산의 석유화학 단지와 포항·광양의 제철소로 공급된다. 이는 제2축이 **E-fuel**과 **그린 스틸**을 생산하는 데 필수적인 원료가 되어, 전통 제조업의 녹색 전환을 가능하게 한다.
  - **제1축(수도권)으로의 공급** : 수소는 장거리 운송이 가능한 에너지 운반체다. 생산된 그린수소를 수도권으로 보내, 수소 터빈 발전이나 연료전지를 통해 전력 피크 시간대에 전기를 공급하거나, 수소 버스 및 트럭의 연료로 사용할 수 있다.

- **에너지 기술 R&D 및 인력 양성 허브** : 광주과학기술원(GIST)과 나주에 위치한 KEPCO 본사, 한국에너지공과대학교(KENTECH) 등 지역의 우수한 연구 및 교육 인프라를 연계하여, 이곳을 명실상부한 재생에너지 기술 R&D의 중심지로 육성해야 한다. 차세대 태양전지, 해상풍력 터빈, 에너지 저장 기술, 그린수소 생산 기술 등을 연구하고, 현장에서 필요한 전문 인력을 양성하는 선순환 구조를 만들어야 한다.

결론적으로, 제3축 광주·전라는 대한민국 3축 성장 전략의 **성공을 담보하는 가장 근본적인 토대**다. 이 녹색 심장이 막힌 혈관을 뚫고 힘차게 뛰기 시작할 때, 비로소 대한민국 전체에 깨끗하고 활력 넘치는 에너지의 피가 돌 수 있다. 이를 위해 가장 시급한 과제는, 두말할 나위 없이 제1축과 제2축을 향해 뻗어 나가는 **에너지 고속도로(HVDC 기간망)의 조속한 건설**이다. 이 대동맥이 뚫리는 순간, 고립되었던 심장은 비로소 대한민국 경제 전체와 연결되고, 우리가 꿈꾸는 2050년의 새로운 성장 방정식은 현실이 되기 시작할 것이다.

18.4. 세 축의 유기적 연계 방안 : 에너지 고속도로와 스마트그리드

지금까지 우리는 대한민국 2050을 향한 새로운 성장 방정식으로, 각기 다른 역할과 강점을 가진 세 개의 거대한 축을 설정했다. 제1축 대수도권은 미래 기술을 창조하는 '**두뇌**', 제2축 부울경은 전통 산업을 혁신하고 세계로 뻗어 나가는 '**허리**', 그리고 제3축 광주·전라는 깨끗한 에너지를 생산하는 '**녹색심장**'이다.

하지만 이 세 개의 축이 각자 고립되어 있다면, 이 위대한 청사진은 결코 완성될 수 없다. 두뇌는 에너지가 부족해 제대로 생각할 수 없고, 심장은 피를 뿜어내도 온몸으로 전달할 길이 없으며, 허리는 낡은 동력으로 힘을 잃어갈 것이다. 대한민국이 가진 지리적 불균형과 산업적 편중이라는 구조적 한계를 극복하고, 세 축의 잠재력을 하나로 모아 폭발적인 시너지를 창출하기 위해서는, 이들을 촘촘하고도 역동적으로 잇는 '**유기적 연계 방안**'이 반드시 필요하다.

그것은 바로 제16장에서 그 필요성을 역설했던 에너지 고속도로(Energy Superhighway)라는 강력한 '물리적 혈관'과, 그 혈관을 따라 흐르는 에너지의 흐름을 지능적으로 제어하는 스마트그리드(Smart Grid)라는 '디지털 신경망'의 완벽한 결합이다. 이 두 가지 핵심 인프라가 어떻게 세 개의 축을 하나의 살아 있는 유기체처럼 작동하게 만드는지, 그 구체적인 메커니즘을 들여다보자.

물리적 대동맥 : 에너지 고속도로, 세 축을 잇다

에너지 고속도로는 단순히 전기를 더 많이 보내는 송전선이 아니다. 이것은 각 축의 수요와 공급을 직접 연결하여, 대한민국의 에너지 지도를 새로 그리는 국가적 대동맥이다. 이 고속도로는 크게 세 개의 핵심 노선을 통해 세 축을 유기적으로 연결한다.

- **노선 1 : '녹색 심장'에서 '두뇌'로**(제3축 → 제1축)

  가장 중요하고 시급한 노선이다. 제3축, 즉 호남의 서남해안과 새만금에서 생산된 수십 기가와트(GW)의 대규모 해상풍력 및 태양광 에너지를, 제1축 대수도권의 반도체 클러스터와 데이터센터 단지로 직접 공급하는 서해안 HVDC 슈퍼 하이웨이다.

  · **역할** : 이 해저 HVDC 고속도로는 ▲제3축의 고질적인 문제였던 출력 제한을 근본적으로 해소한다. 버려지던 깨끗한 에너지가 마침내 제값을 받을 수 있는 거대한 시장을 찾게 되는 것이다. ▲동시에, 제1축의 첨단 기업들은 RE100 달성을 위한 깨끗하고 안정적인 전력을, 송전 손실과 비용을 최소화하며 직접 공급받을 수 있게 된다.

  · **시너지** : 제3축의 재생에너지 잠재력이 제1축의 첨단 산업 경쟁력으로 직접 전환되는, 가장 이상적인 가치 사슬이 완성된다.

- **노선 2 : '녹색 심장'에서 '허리'로**(제3축 → 제2축)

  두 번째 노선은 전기가 아닌, 미래의 에너지 운반체인 '그린수소'가 흐르는 길이다. 제3축의 잉여 재생에너지로 생산된 막대한 양의 그린수소를, 제2축 부울경의 산업단지로 운송하는 수소 전용 파이프라인 또는 액화수소 운반선 네트워크다.

- **역할** : 이 수소 동맥은 ▲제2축의 전통 제조업이 녹색 전환을 이루는 데 필수적인 '녹색 원료'를 공급한다. 포항·광양의 제철소는 이 수소를 받아 수소환원제철을 통해 '그린 스틸'을 생산하고, 울산의 석유화학 단지는 이 수소를 받아 E-fuel과 그린 암모니아를 생산한다.
- **시너지** : 제3축의 청정에너지가 제2축의 전통 산업을 고부가가치 미래 산업으로 탈바꿈시키는 촉매제가 된다. 이는 '좌초자산'의 위기를 '녹색 혁신'의 기회로 바꾸는 핵심적인 연결고리다.

• **노선 3 : 국가 전력망의 완성**(세 축의 상호 연결)

이 두 개의 신규 대동맥은 기존의 전국 교류(AC) 전력망과 유기적으로 연계되어, 국가 전체의 에너지 시스템을 더욱 강하고 유연하게 만든다. 예를 들어, 동해안의 원자력 발전소나 부유식 해상풍력(제2축 인근)에서 생산된 무탄소 전력 역시, 이 새로운 HVDC 기간망을 통해 수도권(제1축)이나 호남권(제3축)의 전력 수급 상황에 따라 유연하게 공급될 수 있다. 이는 특정 지역의 발전소 고장이나 기상 악화에도, 다른 지역의 에너지를 즉시 끌어와 대응할 수 있는, 강력한 국가 단위의 에너지 복원력(Resilience)을 확보하게 해준다.

디지털 신경망 : 스마트그리드, 세 축을 지휘하다

에너지 고속도로라는 튼튼한 혈관이 놓였다면, 이제 이 혈관을 따라 흐르는 에너지의 흐름을 1초의 오차도 없이 지능적으로 제어하고 최적화하는 '디지털 신경망'이 필요하다. 제1축 대수도권의 AI 및 IT 기술력을 기반으로 한 국가단위의 스마트그리드 플랫폼이 바로 그 역할을 수행한다.

• **통합 관제와 예측** : 국가 스마트그리드 컨트롤 타워는 세 개의 축에서 일어나는 모든 에너지 활동을 실시간으로 통합 관제한다.
  - 제3축의 기상위성 데이터와 센서 정보를 받아, 1시간 뒤 호남 지역

의 태양광 발전량이 얼마나 될지를 정확하게 예측한다.
- 제1축의 반도체 공장과 데이터센터의 실시간 전력 부하 패턴을 분석하여, 다음 날의 전력 수요를 예측한다.
- 제2축의 제철소와 석유화학 단지의 생산 스케줄과 에너지 소비 계획을 미리 공유받는다.

- **자율 최적화와 가치 창출** : 이 모든 데이터를 종합하여, AI는 국가 전체의 에너지 시스템이 가장 효율적이고 경제적으로 작동하도록 자율적으로 의사결정을 내린다.
  - **시나리오 A(맑은 봄날 오후)** : 제3축의 태양광 발전량이 폭증하지만, 제1축과 제2축의 산업 수요는 낮은 상황. AI는 이 잉여 전력을 어떻게 처리할지 최적의 방안을 찾는다. ①수도권으로 보내 전기차를 충전시키고 BESS에 저장할 것인가? ②부울경으로 보내 그린수소를 생산할 것인가? ③아니면 실시간 전력 시장 가격을 마이너스로 만들어 새로운 수요를 창출할 것인가? AI는 각 시나리오의 경제성을 순식간에 계산하여 가장 이익이 되는 방향으로 에너지 흐름을 제어한다.
  - **시나리오 B(혹한의 겨울 저녁)** : 제3축의 재생에너지 발전량은 거의 없고, 제1축과 제2축의 난방 및 산업 수요가 폭증하는 상황. AI는 즉시 ▲제2축 인근의 원자력 및 SMR의 안정적인 기저 전력을 수도권으로 보내고, ▲전국의 ESS와 V2G 자원을 총동원하여 피크 부하에 대응하며, ▲제3축의 그린수소 생산 기지에 저장되어 있던 수소를 연료전지 발전에 사용하여 부족한 전력을 보충하는 등, 가용한 모든 자원을 총동원하여 시스템 붕괴를 막는다.

이처럼 스마트그리드는 세 축을 단순한 물리적 연결을 넘어, **데이터와 가치를 실시간으로 교환하는 하나의 경제 공동체**로 묶어주는 역할을 한다. 제1축의 기업은 제3축의 발전소와 투명한 플랫폼 위에서 직접 전력을 거래(PPA)

할 수 있고, 제2축의 기업은 제3축의 수소 생산량과 가격을 예측하며 안정적인 생산 계획을 세울 수 있다.

결론 : 하나의 유기체, 지속가능한 대한민국

결론적으로, 3축 성장 전략의 성공은 이 세 개의 축이 얼마나 긴밀하고 지능적으로 연결되느냐에 달려있다. 제1축(두뇌), 제2축(허리), 제3축(심장)은 각자의 고유한 기능을 수행하지만, 에너지 고속도로와 스마트그리드라는 '혈관'과 '신경망'을 통해 비로소 하나의 **완전한 유기체**로 작동하게 된다.

이 유기적 연계 시스템 속에서, 호남의 햇빛과 바람은 수도권 반도체 칩의 동력이 되고, 부울경 제철소의 녹색 심장을 뛰게 한다. 수도권의 AI 기술은 다시 호남의 재생에너지 효율을 높이고, 부울경의 물류 시스템을 혁신한다. 부울경의 항구를 통해 수출된 첨단 녹색 제품은, 다시 국가의 부가 되어 세 축 모두의 발전에 재투자되는 **완벽한 선순환 구조**가 만들어지는 것이다.

이것이 바로 에너지 전환 시대, 대한민국의 지정학적 약점과 산업적 딜레마를 극복하고, 위기를 기회로 전환하며 지속가능한 번영을 이룰 수 있는, 우리가 제안하는 새로운 성장 방정식의 완성된 모습이다.

제19장
재생에너지 혁신 플랫폼
- 시장 실패를 극복하는 게임 체인저

19.1. 한국형 재생에너지 계획입지 제도 : 'RE-Zone 2030'

지금까지 우리는 대한민국이 마주한 딜레마의 실체를 분석하고, '3축 성장 전략'이라는 거대한 미래 비전을 그려보았다. 하지만 아무리 훌륭한 청사진이라도, 그것을 실행할 수 있는 구체적인 '방법론'이 없다면 사상누각에 불과하다. 특히, 3축 전략의 심장이자 모든 것의 출발점인 제3축(광주·전라)의 재생에너지 잠재력을 어떻게 현실로 만들 것인가 하는 문제는, 현재 대한민국의 시스템으로는 도저히 풀 수 없는 난제다.

현재 대한민국의 재생에너지 개발 방식은 한마디로 '시장 실패(Market Failure)' 상태에 빠져있다. 정부의 명확한 로드맵과 인프라 지원 없이, 개별 민간 사업자들이 각자 부지를 찾아 헤매고, 주민들과 갈등하며, 전력망에 연결해달라고 아우성치는 '각자도생식 난개발'이 반복되고 있다. 이는 결국 극심한 사회적 갈등, 환경 파괴, 그리고 투자의 실종이라는 최악의 결과로 이어지고 있다.

이 총체적 난국을 타개하고, 재생에너지 보급에 국가적 속도를 내기 위해서는, 판 자체를 바꾸는 **'게임 체인저'**가 필요하다. 그것이 바로 이 장에서 제안하는 '재생에너지 혁신 플랫폼'이다. 이는 단편적인 정책의 나열이 아닌, ▲입지 선정(계획입지) ▲사업 주체(전담 공기업) ▲거래 방식(전력거래 플랫폼) ▲금융 조달(그린 인프라 뱅크) ▲국민 참여(에너지 민주화)를 하나로 묶는 통합적인 시스템 혁신이다.

그리고 그 혁신의 첫 번째 단추는, 바로 재생에너지 개발의 패러다임을 180도 바꾸는 '한국형 재생에너지 계획입지 제도', 즉 'RE-Zone 2030'의 도입이다.

19.1.1. RE-Zone 2030 : 가장 저렴한 에너지, '녹색 전기'를 향한 길

'RE-Zone 2030'의 궁극적인 목표는 단순히 재생에너지 보급을 질서 있게 늘리는 데 있지 않다. 그것은 대한민국 기업들이 마주한 가장 고통스러운 딜레마, 즉 RE100과 탄소배출권이라는 피할 수 없는 압박과, 이로 인한 에너지 비용 상승이라는 족쇄를 동시에 풀어주는 가장 현실적인 해법을 제공하는 데 있다.

현재 대한민국 기업들은 '이중의 덫'에 갇혀있다. 글로벌 고객사들은 "깨끗한 전기로 만들지 않으면 공급망에서 퇴출하겠다"고 압박하는데, 정작 국내에서 재생에너지를 구매하는 비용(PPA)은 한국전력의 산업용 전기요금보다 훨씬 비싸다. 울며 겨자 먹기로 비싼 재생에너지를 구매하면 생산 원가가 상승하여 가격 경쟁력을 잃고, 이를 외면하면 수출길이 막히는 진퇴양난의 상황이다. 이는 결국 국내 생산 비중 축소, 해외 공장 이전, 그리고 양질의 일자리 감소라는 국가 경쟁력 훼손으로 이어질 수밖에 없다.

이 딜레마를 풀기 위한 최종 목표는 명확하다. 바로 **재생에너지 PPA 패리티(Renewable PPA Parity)**'의 달성이다. 즉, 기업이 구매하는 재생에너지의 최종 비용이, 한전의 산업용 전기요금(탄소배출권 구매 비용 포함)과 같거나 오히려 더 저렴해지는 시점을 만드는 것이다. 이 패리티가 달성되는 순간, 기업들은 더 이상 RE100을 '비용'으로 인식하지 않는다. 오히려 에너지 비용을 절감하고 경쟁력을 높이기 위한 가장 합리적인 '투자'로 인식하며, 누구보다 적극적으로 재생에너지 구매에 나서게 될 것이다.

그렇다면 어떻게 이 패리티를 달성할 것인가? 두 가지 길이 있다.

- **A. 마이너스 방안** : 한전의 산업용 전기요금을 계속해서 인상하는 것이다. 이는 상대적으로 PPA 가격을 저렴하게 보이게 만들지만, 국가 산업 전반의 에너지 비용을 상승시켜 제조업의 기반을 붕괴시키는, 결코 선택해서는 안 될 길이다.
- **B. 플러스 방안** : 재생에너지 PPA 구매 비용 자체를 획기적으로 낮추는 것이다. 이는 국가 산업의 에너지 비용을 안정시키면서 RE100을 달성하는, 우리가 반드시 가야 할 길이다.

PPA 구매 비용은 크게 ①발전사업자의 판매 가격, ②송전망 이용료 등 부대비용, ③공급사업자의 마진으로 구성된다. 이 중 가장 핵심적인 변수는 바로 ①발전사업자의 판매 가격이다.

현재 시장에서 1MW 태양광 발전 프로젝트(인허가 완료 기준)의 거래 가격은 약 20억~21억원 수준으로, 실제 개발 및 구축에 필요한 총사업비(약18억원)보다 2억~3억원 이상 높게 형성되어 있다. 이 '거품'의 원인은 단 하나, 바로 **'인허가 리스크 프리미엄'**이다. 계통 연계가 가능하고 지자체 조례 등 복잡한 인허가 관문을 통과한 **준비된 부지**(Shovel-ready Project)'가 절대적으로 부족하기 때문에, 소수의 성공한 프로젝트에 과도한 프리미엄이 붙는 것이다.

바로 이 지점에서 'RE-Zone 2030'이 게임 체인저가 된다. 제19.2절에서 제안할 K-RE공사가 주도하여, 국가가 지정한 'RE-Zone' 내에서 인허가와 주민 수용성, 계통 연계 문제를 완벽하게 해결한 '리스크 제로'의 Shovel-ready Project 부지를 대량으로, 그리고 안정적으로 시장에 공급하는 것이다.

이러한 **'공공 주도형 Shovel-ready Project 공급 플랫폼'**이 구축되면, 시장에는 다음과 같은 선순환이 일어난다.

- **리스크 프리미엄 제거** : 발전사업자들은 더 이상 인허가 리스크를 떠안을 필요가 없으므로, 2~3억 원에 달하던 웃돈이 사라지고 실제 사

업비에 기반한 합리적인 가격으로 프로젝트를 시작할 수 있다.
- **프로젝트 수익률 안정화** : 초기 리스크가 제거된 사업은 금융 조달 비용(PF 금리)을 낮추고, 안정적인 장기 수익률(세후 6.5~7%) 확보를 용이하게 한다.
- **공급 경쟁을 통한 가격 인하** : 안정적인 사업 환경은 더 많은 국내외 투자자들을 시장으로 끌어들인다. 공급자가 늘어나면서 건전한 경쟁이 일어나고, 이는 자연스럽게 기업들에게 판매되는 PPA 가격의 하향 안정화로 이어진다.

결론적으로, 'RE-Zone 2030'은 단순히 재생에너지 보급을 늘리는 정책이 아니다. 그것은 공급의 불확실성을 제거함으로써 **'재생에너지 PPA 패리티'**를 달성하고, '녹색 전기'를 대한민국 기업들에게 가장 저렴하고 매력적인 에너지원으로 만드는 가장 강력하고도 현실적인 전략이다. 기업이 비용 절감을 위해 자발적으로 재생에너지를 찾는 세상. 그것이 바로 RE-Zone이 열어갈 새로운 에너지 시장의 모습이다.

실패한 모델 : '점(點)' 개발의 한계

현재의 재생에너지 개발 방식은, 민간 사업자가 사업 부지를 찾아내면 정부가 사후적으로 허가를 내주는, 이른바 **'점(點) 단위 개발'** 모델이다. 이 모델은 다음과 같은 구조적인 문제점을 안고 있다.
- **갈등의 일상화** : 개발 이익을 독점하려는 사업자와, 삶의 터전을 지키려는 주민, 그리고 환경을 보호하려는 시민단체 사이의 갈등이 사업 부지마다 개별적으로, 그리고 산발적으로 터져 나온다. 이 과정에서 막대한 사회적 비용이 발생하고 사업은 하염없이 지연된다.
- **환경 훼손** : 사업자들은 당장의 경제성을 우선하여, 보전 가치가 높은 산지나 농지를 훼손하는 경우가 많다. 국가 전체의 국토 이용 계획과

조화를 이루지 못하는 난개발이 속출한다.
- **전력망 대란** : 제12장에서 보았듯이, 발전소는 2년이면 짓는데 송전망은 10년이 걸린다. 발전소가 다 지어진 뒤에야 계통 연계를 신청하는 '선(先)발전, 후(後)송전' 구조는, 전력망 병목과 출력 제한이라는 비극을 필연적으로 낳는다.
- **투자 불확실성 증대** : 이 모든 리스크는 고스란히 투자 불확실성으로 이어진다. 사업자 입장에서는 인허가, 주민 동의, 계통 연계라는 세 개의 거대한 산을 넘을 수 있을지 예측조차 할 수 없다. 이는 결국 국내외의 대규모 장기 투자를 가로막는 가장 큰 장벽이 된다.

새로운 해법 : '면(面)' 개발로의 전환, 'RE-Zone 2030'

'RE-Zone 2030'은 이러한 '점' 단위 개발의 한계를 극복하고, 국가가 주도하여 **'면(面)' 단위로 재생에너지 단지를 계획하고 개발**하는 새로운 패러다임이다. 이는 정부가 더 이상 소극적인 인허가 관청이 아니라, 재생에너지 보급을 책임지는 적극적인 '플랫폼 제공자'가 되는 것이다.

그 작동 방식은 다음과 같다.

- **1단계 : 국가 주도의 입지 발굴 및 지정**

  정부(또는 19.2절에서 제안할 'K-RE공사')가 주도하여, 환경부, 해수부, 국토부 등 관계 부처와 지자체, 전문가 그룹이 모두 참여하는 범국가적 위원회를 구성한다. 이 위원회는 과학적 데이터를 기반으로, 대한민국 전역에서 재생에너지 발전의 잠재력이 높으면서도, 환경적·사회적 갈등의 소지가 적은 최적의 입지를 발굴한다.

  · **평가 기준** : ▲자원 잠재력(풍속, 일조량 등) ▲전력망 수용성(기존 송전망과의 거리, 증설 용이성) ▲환경적 민감도(생태자연도, 해양보호구역 등) ▲사회적 수용성(주거지역 이격거리, 어업권 등) 등을 종합적으로 평가한다.

- **구역 지정** : 이 평가를 통과한 지역을, 2030년까지 국가 재생에너지 목표 달성을 위한 핵심 기지라는 의미를 담아 'RE-Zone 2030'으로 지정하고, 국가의 최상위 계획인 전력수급기본계획과 국토종합계획에 반영하여 법적 지위를 부여한다.

• **2단계 : '플러그 앤 플레이' 인프라 선제 구축**

'RE-Zone 2030'으로 지정된 구역에는, 민간 사업자가 입주하기 전에 정부와 KEPCO가 핵심 기반 시설을 먼저 깔아준다.

- **전력망 선(先)건설** : 제16장에서 논의한 에너지 고속도로(HVDC)와 연계하여, 해당 구역에서 생산될 전력을 수용할 수 있는 대용량 송전망과 변전소를 미리 건설한다. 민간 사업자는 더 이상 계통 연계를 걱정할 필요 없이, 마치 콘센트에 플러그를 꽂듯 자신들의 발전소를 이공용망에 연결하기만 하면 된다(Plug & Play).
- **인허가 원스톱 서비스** : 환경영향평가, 공유수면 점·사용 허가, 군사시설 협의 등 복잡하고 시간이 오래 걸리는 모든 인허가 절차를, 정부가 구역 지정 단계에서 통합적으로, 그리고 사전에 완료한다. 사업자는 개별적으로 부처를 돌아다닐 필요 없이, '원스톱 서비스' 창구를 통해 신속하게 사업을 추진할 수 있다.

• **3단계 : 새로운 거래 방식의 도입**

새로운 거래 방식 : '사업권'을 매각하고 '개발이익'을 공유하다

'RE-Zone 2030'이라는 잘 닦인 운동장이 마련되었다면, 이제 이 운동장에서 누가, 어떻게 뛸 것인지를 결정하는 '게임의 규칙'을 새로 써야 한다. 기존처럼 민간 사업자가 개별적으로 허가를 받아 사업을 끝까지 책임지는 방식은, 여전히 초기 단계의 불확실성이라는 문제를 남긴다.

우리가 제안하는 핵심적인 모델은, **'공공 주도 개발 후, 사업권 매각을 통**

한 이익 공유' 방식이다. 이는 제19장 2절에서 제안할 'K-RE공사'와 같은 공공 개발자가, 단순히 부지를 지정하고 인프라를 까는 것을 넘어, 아예 발전사업 허가까지 모두 완료된, 즉시 착공 가능한 '클린 프로젝트 법인(SPC)'을 만들어 이를 민간에 매각하는 혁신적인 모델이다.

이 방식은 두 가지 측면에서 기존의 모든 문제를 해결하는 게임 체인저가 된다.

첫째, 민간 투자자가 겪는 **모든 비(非)재무적 리스크를 국가가 흡수**한다. 민간 기업은 더 이상 수년간 이어지는 인허가 절차, 주민 반대, 계통 연계 불확실성 때문에 고민할 필요가 없다. 이 모든 리스크가 제거된, 즉시 착공 가능한 '준비된 사업(Shovel-ready Project)'을 인수하여 자신들의 핵심 역량인 기술, 자본, 그리고 효율적인 건설 및 운영에만 집중하면 된다.

둘째, **개발 과정에서 발생하는 이익을 지역 사회와 명확하고 투명하게 공유**할 수 있는 확실한 재원을 마련한다. 막연한 기부나 협상이 아니라, 사업권 매각을 통해 발생한 구체적인 '개발이익'을, 사전에 약속된 방식에 따라 지역 주민과 지자체에 분배하는 것이다.

가상 시나리오 1 : 전남 OO 1GW 해상풍력 프로젝트(대규모 사례)

이 수정된 모델이 어떻게 민간의 수익성과 공공의 이익을 조화시키는지, 가상의 'OO 1GW 해상풍력 프로젝트'를 통해 구체적으로 시뮬레이션해 보자.

[1단계] 공공 개발 단계(K-RE공사 주도)

K-RE공사는 'RE-Zone 2030'으로 지정된 OO 앞바다에 1GW 규모의 해상풍력 단지를 개발하기 위한 프로젝트에 착수한다. 이 단계에서 K- RE

공사는 다음과 같은 모든 초기 개발 업무를 수행한다.
- 기초 조사 및 타당성 분석(비용 : 약300억원)
- 핵심 인허가 획득(비용 : 약 200억 원)
- 주민 수용성 확보 및 계통연계 설계(비용 : 약500억원)
- 프로젝트 SPC 설립 : 가칭 '신안 블루에너지 1호' 설립.

이 단계까지 K-RE공사가 투입한 총 **초기 개발 비용은 약 1,000억 원**이다.

[2단계] 사업권(SPC) 매각 단계(개발 프리미엄 기반 국제 경쟁 입찰)

K-RE공사는 이제 모든 리스크가 제거된 'OO 블루에너지 1호' SPC를 국제 경쟁 입찰에 부친다. 여기서 중요한 것은 매각 가격의 산정 방식이다. 공공이 과도한 이익을 가져가는 것이 아니라, 초기 리스크를 부담한 것에 대한 합리적인 보상을 받는 구조를 설계한다.

- **최소 입찰가 설정** : 최소 입찰가는 초기 개발 비용(1,000억 원) + 최소 개발 프리미엄(예 : 20%, 200억 원) = 1,200억 원으로 설정한다. 이 최소 프리미엄 20%는 공공 개발자가 막대한 초기 리스크를 감수한 것에 대한 최소한의 보상이다.
- **경쟁을 통한 가치 극대화** : 입찰에는 덴마크의 외르스테드, 독일의 RWE, 국내 발전 공기업 등 세계적인 기업들이 참여한다. 이들은 인허가와 주민 수용성이라는 가장 큰 리스크가 해결된 이 '클린 프로젝트'의 미래 가치를 높게 평가할 것이다. 각 기업은 자신들의 기술력과 자금 조달 능력, 운영 효율성을 바탕으로 더 높은 가격을 제시하며 치열하게 경쟁한다.
- **최종 낙찰** : 치열한 경쟁 끝에, 한 글로벌 컨소시엄이 이 SPC의 가치를 매우 높게 평가하여 **2,000억 원**에 최종 낙찰받았다고 가정해 보자. 이는 최소 프리미엄의 5배에 달하는 가격이지만, 총 프로젝트 비

용이 수조원에 달하는 해상풍력사업 전체의 관점에서 볼때, 초기 리스크를 완벽하게 제거한 대가로는 충분히 지불할 용의가 있는 금액이다. 이 가격은 민간 사업자가 향후 20~30년간 사업을 운영하며 충분한 수익을 낼 수 있다는 계산 하에 결정된 것이다.

[3단계] 개발이익 공유 단계(합리적이고 투명한 분배)

K-RE공사는 SPC 매각을 통해, 초기 투자비 1,000억 원을 제외하고 **1,000억 원**이라는 '개발이익(Development Profit)'을 확보하게 되었다. 이 재원은 다음과 같이 지역 사회와 공유된다.

- **지역상생발전기금 조성(500억 원)** : 개발이익의 50%는 OO군과 전라남도에 '지역상생발전기금'으로 출연된다.
- **주민·어민 직접 보상 및 소득 증대(250억 원)** : 개발이익의 25%는 직접적인 영향을 받는 주민과 어민들에게 돌아가, 장기적인 소득 증대 방안과 연계된다.
- **K-RE공사 재투자 재원 확보(250억 원)** : 나머지 25%는 K-RE공사의 다음 프로젝트를 위한 종잣돈으로 재투자된다.

이 수정된 모델은, 공공이 초기 리스크를 책임지고 합리적인 수준의 개발이익을 확보하여 지역과 공유하는 동시에, 민간 사업자에게는 장기적으로 안정적인 수익을 보장하여 투자를 유치하는, 훨씬 더 정교하고 지속가능한 상생 모델을 제시한다.

가상 시나리오 2 : 전남 OO 1MW 태양광 프로젝트(민간 투자 연계 모델)

이 모델은 대규모 프로젝트뿐만 아니라, 전문성을 갖춘 민간 기업이 참여하는 중소 규모 프로젝트에도 동일하게 적용하여, 지역 상생과 산업 생태계 발전을 동시에 이룰 수 있다.

[1단계] 공공 개발 단계(K-RE공사 주도)

K-RE공사는 'RE-Zone 2030'으로 지정된 전남 해남군의 한 유휴 농지(약 13,000m²)에 1MW 규모의 태양광 발전 단지를 개발하기 위한 프로젝트에 착수한다.
- 부지확보 및 기초조사(비용 : 약 3억 원)
- 핵심 인허가 획득(비용 : 약 1억 원)
- 주민 수용성 확보 및 계통 연계설계(비용 : 약 1억 원)
- 프로젝트 SPC 설립 : 가칭 '해남 희망솔라 1호' SPC를 설립한다.

이 단계까지 K-RE공사가 투입한 총 **초기 개발 비용은 약 5억 원**이다.

[2단계] 사업권(SPC) 매각 및 민간 투자 유치 단계

K-RE공사는 이제 모든 리스크가 제거된 '해남 희망솔라 1호' SPC를, 장기적인 발전소 운영을 목표로 하는 전문 민간 기업을 대상으로 매각한다. 매각 가격은 초기 개발 비용 5억 원에, 공공 개발자가 초기 리스크를 부담한 것에 대한 개발프리미엄 20%(1억원)를 더한 **총 6억 원**으로 책정된다.

사업권을 인수한 민간 기업은, 이제 이 '클린 프로젝트'를 담보로 금융기관으로부터 프로젝트 파이낸싱(PF)을 통해 나머지 건설 자금(통상 1MW 태양광 건설비는 약 15억 원 내외)을 조달한다. 인허가 리스크가 제거되었기 때문에, 민간 금융기관은 훨씬 더 낮은 금리로 안정적인 대출을 제공할 수 있다.

[3단계] 민간 주도 운영 및 전력 판매

건설이 완료되면, 민간 기업은 발전소를 장기간 안정적으로 운영한다. 여기서 생산된 전기는, KEPCO에 판매하는 대신, '재생에너지 전기공급사업자'를 통해 RE100을 이행하려는 인근 산업단지의 A기업이나 데이터센터 B기업과 기업 PPA(Corporate Power Purchase Agreement)를 체결하여 더 높은 가격에 판매한다. 이를 통해 안정적이고 예측 가능한 수익을 창출하고, PF 대출을 상환해 나간다.

[4단계] 개발 프리미엄의 지역 환원

K-RE공사가 SPC 매각을 통해 확보한 개발 프리미엄 **1억 원**은, 투명한 원칙에 따라 온전히 지역 사회에 환원된다.

- **마을발전기금 조성(5천만 원)** : 프리미엄의 50%는 해당 마을에 '마을발전기금'으로 전달된다. 주민들은 총회를 통해 이 기금을 마을회관 신축, 공동 농기계 구매, 어르신 복지 프로그램 운영등 마을에 가장 필요한 곳에 직접 사용한다.
- **주민참여형 소득 지원(5천만 원)** : 나머지 50%는 인근 주민들을 위한 직접 지원금으로 사용하거나, 주민들이 소액으로 투자하여 발전소 운영 수익의 일부를 배당받는 '지역주민 채권 또는 펀드'의 초기 재원으로 활용하여, 단순한 보상을 넘어 지속적인 소득 창출의 기회를 제공한다.
- **K-RE공사 재투자 재원 확보(2천5백만 원)** : 나머지 25%는 K-RE공사의 다음 프로젝트를 위한 종잣돈으로 재투자된다.

이 모델이 구현될 때, 해남의 주민들은 더 이상 태양광 발전을 외부인의 사업으로 여기지 않는다. "우리 마을 앞에 2호, 3호 태양광 사업도 유치하자"는 목소리가 나오게 된다.

결론적으로, **'공공 개발 후 사업권 매각'** 모델은 대규모 프로젝트와 소규모 프로젝트 모두에 적용 가능한, 매우 유연하고 강력한 해법이다. 이는 민간의 효율성과 창의성을 극대화하는 동시에, 개발의 이익을 지역 사회와 투명하게 공유하여 사회적 수용성을 확보하는, 두 마리 토끼를 모두 잡는 전략이다. 이 새로운 규칙 위에서, 비로소 대한민국은 사회적 갈등의 늪에서 벗어나, 재생에너지 강국을 향한 고속도로 위를 힘차게 달릴 수 있을 것이다.

'RE-Zone 2030'이 가져올 미래

이러한 계획입지 제도의 도입은 대한민국 에너지 시스템에 혁명적인 변화를 가져올 것이다.

- **투자 불확실성의 획기적 해소** : 개발에 따르는 가장 큰 리스크인 인허가, 주민 수용성, 계통 연계 문제를 정부가 해결해주기 때문에, 국내외의 대규모 장기 자본이 안심하고 투자할 수 있는 환경이 조성된다.
- **재생에너지 보급의 가속화** : 10년 이상 걸리던 사업 기간이 3~5년으로 단축되고, 사회적 갈등 비용이 최소화되면서, 국가의 탄소중립 목표를 훨씬 더 빠르고 효율적으로 달성할 수 있다.
- **국토의 효율적 이용과 환경 보전** : 산발적인 난개발을 막고, 국가 전체의 관점에서 환경적 가치와 에너지 개발이 조화를 이루는 지속가능한 국토 이용이 가능해진다.
- **지역 경제 활성화와 에너지 민주주의 실현** : 개발 이익이 지역에 재투자되고, 주민들이 사업의 주체로 참여하면서, 낙후된 지역이 에너지 전환을 선도하는 새로운 성장 거점으로 거듭나게 된다.

결론적으로, 'RE-Zone 2030'은 시장의 실패를 정부의 현명한 개입으로 바로잡는, 에너지 전환 시대의 새로운 '국가 주도 플랫폼' 전략이다. 이는 흩어져 있던 퍼즐 조각들을 하나로 모아, 대한민국이라는 거대한 그림을 완성하는 첫걸음이다. 하지만 이 거대한 국가적 프로젝트를 누가, 어떻게 책임지고 이끌어갈 것인가? 다음 절에서는 바로 이 질문에 대한 답, 즉 재생에너지 전담 공기업 'K-RE공사' 설립의 필요성을 논의하게 될 것이다.

잠재력을 수익으로 – 시도별 'RE-Zone' 개발이익 추정

우리는 제19장에서 시장 실패를 극복하고 재생에너지 보급을 가속하기 위한 혁신 플랫폼을 제안했다. 그 핵심은 공공 개발자(가칭 K-RE공사)가 인허가와 주민 수용성 등 초기 리스크를 모두 해결한 '준비된 사업(SPC)'을 만들어, 이를 민간에 매각하고 그 과정에서 발생하는 '개발이익'을 지역 사회와 공유하는 모델이다.

그렇다면 이 모델을 통해, 각 지역은 과연 어느 정도의 경제적 가치를 창출할 수 있을까? (재)숲과나눔 풀씨행동연구소의 「생태계 보전을 고려한 재생에너지 보급 잠재량 분석」 보고서에 나타난 **권역별 '공존지역'의 태양광 설비 잠재량** 데이터와, 우리가 19장 1절에서 가정한 1MW 태양광 프로젝트의 개발 프리미엄(1억 원)을 기준으로, 각 지역이 'RE-Zone 2030' 정책을 통해 장기적으로 창출할 수 있는 개발이익의 총규모를 추정해 보았다.

이 분석은 에너지 전환이 더 이상 추상적인 구호가 아니라, 지역 경제를 살리고 주민의 소득을 증대시키는 구체적인 '수익 모델'이 될 수 있음을 명확하게 보여준다.

분석 기준

- **잠재량 데이터** : (재)숲과나눔의 보고서(2025)에 명시된 권역별 '공존지역'의 태양광 설비잠재량을 기준으로 한다. '공존지역'은 생태적·물리적 회피지역을 제외하고, 최소 면적과 도시 인접성을 고려한 최적 입지다.
- **개발이익 산정 모델** : 19장 1절의 '가상 시나리오 2'에 따라, 공공 개발자가 1MW 태양광 사업권을 개발하여 민간에 매각할 때, 초기 리스크

를 부담한 대가로 1억 원의 개발 프리미엄을 확보한다고 가정한다.
- **수익 배분 모델**: 발생한 개발이익은 지자체(지역상생기금) 50%, 지역 주민 25%, 공공 개발자(재투자 재원) 25%의 원칙에 따라 배분된다고 가정한다.

표. 시도별 태양광 개발 잠재량 및 예상 개발이익 분석

순위	권역	개발 잠재량 (GW)	총 개발이익(원)	지역 환원 가치(원)	
				지자체 기금 (50%)	지역 주민 (25%)
1	충청권 (충남, 충북, 대전, 세종)	295.3	29조 5,300억	14조 7,650억	7조 3,825억
2	경북권 (경북, 대구)	183.1	18조 3,100억	9조 1,550억	4조 5,775억
3	전북권 (전북)	176.7	17조 6,700억	8조 8,350억	4조 4,175억
4	전남권 (전남, 광주)	174.7	17조 4,700억	8조 7,350억	4조 3,675억
5	경남권 (경남, 부산, 울산)	140.6	14조 600억	7조 300억	3조 5,150억
6	수도권 (서울, 경기, 인천)	140.2	14조 200억	7조 100억	3조 5,050억
7	제주권 (제주)	77.5	7조 7,500억	3조 8,750억	1조 9,375억
8	강원권 (강원)	44.8	4조 4,800억	2조 2,400억	1조 1,200억

결론 : 지역이 주도하는 에너지 르네상스

이 분석은 'RE-Zone 2030' 모델이 국가의 에너지 문제를 해결하는 것을 넘어, 각 지역에 수조 원에서 최대 수십조 원에 달하는 막대한 부를 창출할 수 있는 '지역 주도형 성장 엔진'임을 명확히 보여줍니다.

이제 각 지역은 자신들의 땅과 하늘에 숨겨진 녹색 잠재력을 자산으로, 스스로의 미래를 설계하고 만들어가는 '에너지 르네상스'의 주역이 될 수 있습니다. 이 구체적인 수익의 비전이야말로 지역 주민들의 자발적인 참여를 이끌어내고, 대한민국 전체를 에너지 강국으로 이끌 가장 강력한 동력이 될 것입니다.

19.2. 재생에너지 전담 공기업 설립 : 'K-RE공사(가칭)'

앞서 우리는 현재 대한민국의 재생에너지 개발 방식이 처한 '시장 실패'의 현실을 진단하고, 그 해법으로 국가가 주도하여 입지를 계획하고 인프라를 선제적으로 구축하는 'RE-Zone 2030'이라는 새로운 플랫폼을 제안했다. 이는 흩어져 있던 '점' 단위의 난개발을, 국가적 시너지를 창출하는 '면' 단위의 계획 개발로 전환하는, 패러다임의 대전환이다.

하지만 이 거대한 국가적 프로젝트를 과연 **누가, 어떻게 책임지고 이끌어 갈 것인가?** 이 질문에 대한 답을 찾지 못한다면, 'RE-Zone 2030'은 그저 또 하나의 장밋빛 구호로 끝날 수밖에 없다. 현재 대한민국의 에너지 시스템을 구성하는 플레이어들, 즉 정부 부처, 한국전력(KEPCO), 그리고 민간 기업들은 각자의 역할과 한계가 명확하여, 이처럼 복잡하고 장기적인 대규모 프로젝트를 총괄하여 추진하기에는 역부족인 것이 현실이다.

이 총체적인 '실행 주체의 부재' 문제를 해결하기 위해, 우리는 두 번째 게임 체인저를 제안한다. 바로 'RE-Zone 2030'의 계획을 현실로 만들고, 대한민국 재생에너지 혁신을 최전선에서 이끌어갈 강력한 실행 조직, 즉 재생에너지 전담 공기업, 가칭 **'한국재생에너지공사**(Korea Renewable Energy Corporation, K-RE공사)'의 설립이다.

왜 새로운 공기업이 필요한가? '공공 개발자'의 역할

K-RE공사는 단순히 또 하나의 공기업을 만드는 것이 아니다. 이것은 시장의 실패를 바로잡고, 민간의 투자가 활성화될 수 있는 '판'을 깔아주는 '공공 개발자(Public Developer)'이자 '플랫폼 빌더(Platform Builder)'로서, 기존에 없던 새로운 역할을 수행한다.

그 역할 모델은 에너지 분야가 아닌, 오히려 대한민국의 성공적인 **신도시 및 산업단지 개발 역사**에서 찾을 수 있다. 과거 허허벌판이었던 땅이 지금의 분당, 판교, 송도와 같은 첨단 도시로 변모할 수 있었던 배경에는, 한국토지주택공사(LH)나 각 지역 도시개발공사와 같은 공공 개발자가 있었다. 이들은 ▲막대한 초기 자본으로 토지를 수용하고, ▲도로, 상하수도, 학교 등 핵심 인프라를 먼저 건설하며, ▲복잡한 도시계획과 인허가 절차를 책임지고 해결했다.

이렇게 모든 리스크가 제거되고 기반 시설이 완벽하게 갖춰진 '준비된 땅' 위에서, 민간 건설사들은 자신들의 핵심 역량인 아파트와 상가 건물을 효율적으로 짓고 분양하는 데만 집중할 수 있었다. 공공이 '판'을 깔고, 민간이 그 위에서 '집'을 짓는 명확한 역할 분담이, 대한민국 도시 개발의 성공 방정식이었던 것이다.

K-RE공사는 바로 이 성공 방정식을 에너지 분야에 적용하는 '에너지 전문 디벨로퍼'다. 그 핵심 임무는 민간 기업과 경쟁하는 것이 아니라, 민간이 절대로 할 수 없는, 리스크가 가장 큰 초기 개발단계를 전담하는 것이다.

- **임무 1** : '준비된 사업(Shovel-ready Project)'의 공급자 K-RE공사는 제19장 1절에서 제안한 계획입지 제도의 실질적인 주체가 된다.
  - **입지 발굴 및 기초조사** : 국가를 대신하여, 풍력 자원 계측, 해양 환경 및 지질 조사, 전파 영향 분석 등 대규모 단지 개발에 필요한 모든 사전 기초조사를 책임지고 수행한다.
  - **사회적 수용성 확보 전담** : 사업 초기 단계부터 지역 주민, 어민, 환경단체 등 모든 이해관계자와의 소통 채널을 상설화하고, 투명한 정보 공개를 통해 신뢰를 구축한다. 그리고 표준화된 이익 공유 모델을 바탕으로, 이들이 개발의 반대자가 아닌, 가장 적극적인 지지자이자 파트너가 되도록 설득하고 협상하는 역할을 전담한다.
  - **인허가 원스톱 서비스 제공** : 환경영향평가, 공유수면 점·사용 허가, 발전사업 허가(EBL) 등 수십 개에 달하는 복잡한 인허가 절차를 통합적으로 해결하여, 모든 리스크가 제거된 '클린 프로젝트 SPC'를 만든다.
- **임무 2** : 민간 투자의 '촉매제' 이렇게 모든 준비가 끝난 '준비된 사업'은, 제19장 1절의 시나리오에서 보았듯이, 국제 경쟁 입찰 등의 방식을 통해 가장 뛰어난 기술력과 자본력을 갖춘 민간 기업에 매각된다.
  - **리스크 제거를 통한 투자 활성화** : 민간 기업은 더 이상 10년이 넘게 걸릴지 모르는 인허가와 주민 동의 리스크를 걱정할 필요가 없다. 이들은 K-RE공사가 제공한 '클린 프로젝트'를 인수하여, 자신들의 핵심 역량인 ▲효율적인 자금 조달(PF), ▲첨단 기술을 적용한 발전소 건설(EPC), ▲그리고 장기적인 운영 및 유지보수(O&M)에만 집중하면 된다. 이는 민간 투자의 가장 큰 장벽을 허물어, 국내외의 막대한 자본이 대한민국 재생에너지 시장으로 유입되도록 만드는 결정적인 촉매제 역할을 한다.

- **지속가능한 재투자 모델** : K-RE공사는 사업권 매각을 통해 확보한 개발이익과 초기 투자비를 회수하여, 그 재원을 다시 다음 'RE-Zone' 프로젝트에 재투자한다. 이는 정부의 추가적인 재정 지원 없이도, 공공 개발자가 스스로 지속가능한 사업을 이어나갈 수 있는 선순환 투자 모델을 구축한다.
- **임무 3** : 국가 재생에너지 '데이터 및 기술 허브' K-RE공사는 전국의 'RE-Zone'에서 발생하는 모든 데이터를 축적하고 관리하는 국가적 허브가 된다.
  - **데이터 플랫폼 구축** : 전국의 풍황, 일사량, 발전소 운영 실적, 고장 데이터 등을 표준화된 형태로 수집하고 분석하여, 이를 민간 기업과 연구기관에 개방한다. 이 빅데이터는 새로운 기술 개발, 금융 상품 설계, 그리고 효율적인 유지보수(O&M) 비즈니스 모델 창출의 귀중한 자산이 될 것이다.
  - **국내 공급망 육성** : 대규모 프로젝트를 발주하고, 민간 사업자를 선정하는 과정에서, 국산 풍력 터빈, 태양광 모듈, 하부구조물, 케이블 등 국내 제조업체들이 참여하고 성장할 수 있는 기회를 제공한다. 이를 통해 재생에너지 보급이 단순한 에너지 전환을 넘어, 대한민국에 새로운 제조업 일자리를 창출하고 기술 경쟁력을 강화하는 선순환 구조를 만든다.

K-RE공사, 시장을 죽이는 것이 아니라 시장을 만드는 것

K-RE공사 설립에 대해, 일각에서는 "공기업의 비대화가 민간 시장을 위축시킬 것"이라는 우려를 제기할 수 있다. 하지만 이는 K-RE공사의 역할을 오해한 것이다.

K-RE공사의 목표는 민간 기업의 영역인 '발전소 건설 및 운영'에 직접

뛰어들어 경쟁하는 것이 아니다. 오히려, 개별 민간 기업들이 감당할 수 없는 **초기 단계의 거대한 시장 실패 영역(입지, 주민 수용성, 인허가, 계통)을 국가가 대신 책임짐으로써, 민간 기업들이 안심하고 창의성과 효율성을 발휘할 수 있는 '새로운 시장'과 '안정적인 플랫폼'을 만들어주는 것**이다.

K-RE공사가 닦아놓은 잘 포장된 운동장 위에서, 민간 발전사업자, 터빈 제조사, 건설사, 금융기관, 그리고 수많은 스타트업들이 마음껏 뛰어놀며 공정한 경쟁을 펼치는 생태계를 조성하는 것. 이것이 바로 K-RE공사 설립의 궁극적인 목표다.

결론적으로, 'RE-Zone 2030'이라는 혁신적인 제도를 현실로 만들기 위해서는, 이를 전담하여 강력하게 추진할 수 있는 'K-RE공사'라는 실행조직이 반드시 필요하다. 이는 시장 실패를 극복하고, 재생에너지라는 국가적 과제를 속도감 있게 추진하며, 그 과정에서 발생하는 과실을 국민 모두가 함께 누릴 수 있게 하는, 대한민국 에너지 혁신 플랫폼의 가장 중요한 엔진이 될 것이다.

19.3. 재생에너지 전력거래 플랫폼 : 'Green Power Exchange'

우리는 앞서 'RE-Zone 2030'이라는 계획입지 제도를 통해 재생에너지 개발의 '공간' 문제를, 그리고 'K-RE공사'라는 전담 공기업을 통해 '실행 주체'의 문제를 해결하는 방안을 제안했다. 국가가 주도하여 좋은 입지에 전력망 인프라를 깔아주고, 공공 개발자가 초기 리스크를 책임지며 민간 투자의 판을 열어주는 것. 이것이 혁신 플랫폼의 첫 번째와 두 번째 기둥이다.

하지만 아무리 좋은 발전소를, 아무리 좋은 입지에 지어도, 그곳에서 생산된 깨끗한 전기가 제값을 받고, 필요한 사람에게 투명하고 효율적으로 판매될 수 있는 '시장(Market)'이 없다면, 이 모든 노력은 허사로 돌아간다. RE100을 달성하려는 기업은 여전히 재생에너지를 구하지 못해 발을 구르고, 발전사업자는 헐값에 전기를 팔거나 출력 제한으로 손해를 보며, 결국 재생에너지 생태계는 활력을 잃고 고사할 것이다.

현재 대한민국의 전력 시장은, 21세기 에너지 전환의 역동성을 담아내기에는 너무나도 낡고 경직되어 있다. 한국전력(KEPCO)이 전력 구매를 사실상 독점하고, 한국전력거래소(KPX)가 운영하는 '비용 기반 전력시장(CBP, Cost-Based Pool)'은, 소수의 거대 화력 및 원자력 발전소들이 정해진 연료비에 따라 순서대로 전기를 파는, 20세기의 중앙집중형 시스템에 최적화되어 있다.

이 시장에서는 ▲연료비가 '0원'인 재생에너지의 가치가 제대로 평가받기 어렵고, ▲실시간으로 변하는 전력의 '시간적·장소적 가치'가 가격에 반영되지 않으며, ▲수많은 구매자와 판매자가 자유롭게 만나 거래할 수 있는 통로가 극도로 제한되어 있다. 특히, 기업이 재생에너지 발전을 직접 구매하는 기업 PPA(전력구매계약) 제도가 도입되었지만, 복잡한 계약 과정, 정보 비대칭, 그리고 가격 협상의 어려움 때문에 소수의 대기업만이 참여할 수 있는 '그들만의 리그'로 남아있다.

이 낡은 시장의 빗장을 풀고, 모든 참여자가 투명하고 공정하게 거래할 수 있는 새로운 판을 짜기 위해, 우리는 세 번째 게임 체인저를 제안한다. 바로 재생에너지 발전사업자, 재생에너지 전기공급사업자, 그리고 최종 사용자를 직접 연결하는 '**재생에너지 전력거래 전문 플랫폼**, 가칭 **그린 파워 익스체인지**(Green Power Exchange, GPX)'의 구축이다.

왜 새로운 거래소가 필요한가? '정보의 감옥'을 허물다

GPX는 기존의 KPX를 대체하는 것이 아니다. 오히려, 기존의 경직된 시장과 분리된, 오직 재생에너지와 관련 유연성 자원만이 거래되는 특화된 디지털 장터를 여는 것이다. 이는 마치, 소수의 거대 유통업체가 모든 것을 결정하던 과거의 시장에서, 생산자와 소비자가 실시간으로 가격을 흥정하고 상품 정보를 투명하게 공유하는 '온라인 커머스 플랫폼'이 등장한 것과 같은 혁신이다.

이 새로운 플랫폼이 필요한 이유는 명확하다. 현재의 PPA 시장은 '정보의 감옥'에 갇혀있다.

- **발전사업자는** 어떤 기업이 재생에너지를 필요로 하는지, 적정한 판매 가격은 얼마인지 알기 어렵다.
- **사용자(기업)는** 어떤 발전소가 언제, 얼마만큼의 전기를 안정적으로 공급할 수 있는지, 계약 조건은 합리적인지 판단하기 어렵다.
- 이 둘을 연결해 줄 **전문적인 재생에너지 공급사업자(리테일러)는** 아직 시장에서 제대로 역할을 하지 못하고 있다.

GPX는 바로 이 정보의 장벽을 허물고, 모든 참여자가 투명한 정보 위에서, 표준화된 계약을 통해, 쉽고 빠르게 전력을 거래할 수 있는 공정한 플랫폼을 제공하는 것을 목표로 한다.

GPX의 플레이어들 : 새로운 에너지 생태계의 주역

GPX라는 새로운 장터에는 세 종류의 핵심 플레이어들이 모여들어 역동적인 생태계를 만들어낸다.

- **판매자 : 재생에너지 발전사업자(Generators)**

    이들은 깨끗한 전기를 생산하여 시장에 내놓는 '생산자'다. ▲K-RE 공사가 개발한 'RE-Zone'의 대규모 해상풍력·태양광 발전사업자부터, ▲지역 주민들이 힘을 합쳐 만든 소규모 시민햇빛발전소, ▲공장 지붕이나 주차장에 태양광을 설치한 기업 프로슈머까지, 다양한 규모의 발전사업자들이 이곳에서 자신의 전기를 판매한다.

- **중개자: 재생에너지 전기공급사업자(Suppliers / Retailers)**

  이들은 GPX 생태계의 허리를 담당하며, 단순한 판매 대행을 넘어 시장의 효율성과 안정성을 높이는 새로운 형태의 '에너지 서비스 기업'이다. 현행 전기사업법 제7조의2에 따라, 이들은 국가로부터 정식으로 사업권을 획득한 전문 사업자로서, 분산된 재생에너지 자원을 하나로 묶고 가치를 더하는 복합적인 역할(Aggregator + Retailer)을 수행한다.

  · **어그리게이터(Aggregator) 역할 : 분산된 자원의 통합**

  K-RE공사가 개발한 대규모 발전사업자뿐만 아니라, 전국에 흩어져 있는 수많은 소규모 태양광 발전사업자들을 통합하여 가상의 대규모 발전소(VPP)처럼 운영한다. 이를 통해 발전량을 예측하고 변동성을 관리하며, 개별 사업자들이 갖기 어려운 규모의 경제를 실현한다. GPX 플랫폼은 이들이 각 발전소의 데이터를 실시간으로 취합하고 분석하여 최적의 포트폴리오를 구성할 수 있는 핵심적인 도구를 제공한다.

  · **리테일러(Retailer) 역할 : 맞춤형 상품의 창조**

  이들은 GPX 플랫폼을 통해 확보한 다양한 재생에너지원을 조합하여, 최종 사용자의 필요에 맞는 맞춤형 상품을 개발하고 직접 판매한다. 예를 들어, A 공급사업자는 '전남 해상풍력 100MW + 새만금 태양광 50MW + 제주 ESS 20MWh'를 묶어, '24시간 무중단 100% 재생에너지 공급 상품'을 만들어 데이터센터에 판매할 수 있다. 또한, 복잡한 계약 관리, 시간대별 정산, 그리고 전력거래소 신고 등 까다로운 행정업무를 모두 대행하여, 기업 고객들이 오직 RE100 이행에만 집중할 수 있도록 돕는다.

  하지만 현재의 직접 PPA 제도는 참여 기준(1MW 초과 발전, 300kW 이상 수요)이 높고, 계약 형태의 유연성이 부족하며, 높은 부대비용 문제로 인해 참여율이 0.1%에 불과한 한계를 보이고 있다. GPX 플랫폼은 이러한 정보 비대칭과 거래 비용을 획기적으로 낮추고, 향후 N:N 계약까지 가능하게 함으로써 이들 전문 공급사업자들이 마음껏 역량을 발휘할 수 있는 투명하고 효율적인 시장 환경을 조성하는 것을 목표로 한다.

- **구매자 : 재생에너지 사용자(Users)**

이들은 플랫폼의 최종 고객이다. ▲RE100 달성이 시급한 삼성전자, SK하이닉스와 같은 반도체 기업, ▲100% 친환경 데이터센터를 구축하려는 구글, MS와 같은 글로벌 빅테크 기업, ▲자사의 전기차 충전 네트워크에 100% 재생에너지를 공급하려는 현대자동차, 테슬라와 같은 모빌리티 기업, ▲그리고 친환경 이미지를 중시하는 모든 수출 기업들이 이곳에서 자신들의 필요에 맞는 최적의 재생에너지 포트폴리오를 구성하게 된다.

[Deep Dive : 시장을 선도하는 게임 체인저 – (주)한화신한 테라와트아워]

이러한 새로운 에너지 생태계의 가능성은 더 이상 먼 미래의 이야기가 아니다. 국내에서도 이미 이러한 혁신을 주도하며 시장의 판도를 바꾸는 게임 체인저가 등장했다. 바로 국내 대표적인 에너지·금융·소재 기업인 한화에너지, 신한금융그룹, 그리고 고려아연이 합작하여 설립한 **(주)한화신한 테라와트아워**(Hanwha Shinhan TWh)다.

한화신한 테라와트아워는 우리가 제안하는 **'재생에너지 전기공급사업자'**의 역할을 가장 성공적으로 구현하고 있는 대표적인 사례이다. 이들은 RE100 달성에 어려움을 겪는 국내외 기업들을 위해, 단순히 전력을 중개하는 것을 넘어 데이터와 기술에 기반한 'All-in-One 서비스'를 제공하며 시장을 선도하고 있다.

핵심 역할 및 경쟁력 :

Aggregator + Retailer 모델 구현 : 전국에 흩어져 있는 대규모 태양광 및 풍력 발전 자원을 확보하고, 이를 기업 고객의 전력 사용 패턴과 RE100 목표에 맞춰 최적의 포트폴리오로 재구성하여 공급한다.

데이터·기술 기반 통합 관리 : AI 기술을 활용하여 발전량과 수요를 정밀하게 예측하고, 전력거래, 계약관리, REC 거래, 행정 지원 등 모든 과정을 하나의 플랫폼에서 통합 관리하여 고객의 편의성을 극대화한다.

강력한 금융안정성 : 국내 최고 수준의 신용도를 가진 주주사들의 지원을 바탕으로, 20년 이상의 장기 계약에 필요한 금융안정성을 확보했다. 이는 발전사업자와 RE100 이행 기업 모두에게 거래의 신뢰도를 높이는 결정적인 요인으로 작용한다.

주주사 시너지 : 한화에너지의 압도적인 발전사업 역량, 신한금융그룹의 폭넓은 금융 네트워크, 그리고 고려아연의 첨단 소재 산업 및 RE100 수요 기반을 결합하여, 발전소 발굴부터 전력 판매, 금융 자문까지 전 과정에 걸친 독보적인 시너지를 창출한다.

GPX는 어떻게 작동하는가? 디지털 기술 기반의 스마트 마켓

GPX는 단순한 거래소가 아니라, AI, IoT, 블록체인 기술이 융합된 '스마트 마켓 플랫폼'이다.

- **AI 기반 매칭 및 가격 예측** : GPX의 AI 엔진은 각 구매 기업의 전력 사용 패턴(부하 프로파일)과 RE100 목표를 분석하고, 동시에 각 발전소의 발전량 예측 데이터와 판매 희망 가격을 분석하여, 양측에 가장 이상적인 거래 상대를 추천하고 최적의 계약 조건을 제시한다.
- **블록체인 기반 투명한 계약 및 인증** : 모든 PPA 계약과 전력 거래 내역, 그리고 REC 발급 및 소유권 이전 과정은 위·변조가 불가능한 블록체인에 기록된다. 이를 통해, RE100을 이행하는 기업은 "내가 구매한 전기가 실제로 어느 발전소에서, 언제 생산된 깨끗한 전기인지"를 단 하나의 의심도 없이 투명하게 증명할 수 있다. 이는 현재의 복잡한 RE100 이행 증명 절차를 획기적으로 간소화하고, '그린워싱(Greenwashing)'의 가능성을 원천적으로 차단한다.
- **표준화된 계약과 자동화된 정산** : 복잡하고 개별적이었던 PPA 계약을, 거래 유형에 따라 표준화된 스마트 계약(Smart Contract) 형태로 제공하여, 중소기업이나 개인도 손쉽게 계약을 체결할 수 있도록 돕는다. 거래에 따른 정산 과정 역시 자동으로 이루어져, 거래 비용을 획기적으로 낮춘다.

GPX가 열어갈 새로운 에너지 생태계

'그린 파워 익스체인지(GPX)'의 구축은, 전문성을 갖춘 재생에너지 전기공급사업자를 중심으로 모든 참여자가 상생하는 혁신적인 에너지 생태계를 창출할 것이다. 이는 단순히 전기를 거래하는 장터를 넘어, 시장 전체의 효율과 안정성을 높이고 새로운 가치를 만들어내는 선순환 구조의 시작을 의미한다.

소규모 발전사업자 : 성장의 기회를 얻다

전국에 흩어져 있는 소규모 태양광 발전사업자들은 GPX를 통해 더 이상 고립된 생산자가 아닌, 시장의 당당한 주역으로 거듭난다. 발전사업자들은 자신들이 생산한 깨끗한 전기의 가치를 제대로 인정받고, 안정적인 판매처를 확보할 수 있게 되어, 신규 투자가 대폭 활성화될 것이다.

- **시장 접근성 향상** : 개별적으로는 접근하기 어려웠던 대기업 RE100 시장에 진출할 수 있는 길이 열린다.
- **수익 안정화** : 전문 공급사업자와의 장기 계약을 통해 안정적인 수익 구조를 확보하고, 금융 조달의 문턱을 낮출 수 있다.
- **행정부담 경감** : 복잡한 전력거래 계약과 정산, 행정 업무 부담에서 벗어나 오직 발전소 운영의 효율성을 높이는 데만 집중할 수 있다.

RE100 이행 기업 : 안정적이고 신뢰할 수 있는 파트너를 만나다

RE100 달성에 어려움을 겪던 기업들은 GPX를 통해 가장 효율적이고 신뢰할 수 있는 파트너를 만나게 된다. 기업들은 더 이상 '깜깜이' 시장에서 발품을 팔 필요 없이, 투명한 플랫폼 위에서 자신들의 필요에 맞는 다양한 재생에너지 상품을 손쉽게 구매할 수 있게 된다.

- **높은 추가성(Additionality) 확보** : 신규 재생에너지 프로젝트와 직접 연계된 전력을 구매함으로써, 글로벌 RE100 기준이 요구하는 높은 수준의 환경적가치를 증명할 수 있다.
- **리스크 분산 및 맞춤형 서비스** : 전문 공급사업자가 여러 발전원을 통합 관리하여 특정 발전소의 가동 중단 리스크를 분산시키고, 기업의 전력 사용 패턴에 맞는 최적의 맞춤형 포트폴리오를 제공받을 수 있다.

에너지 시스템 전체 : 효율성과 안정성을 높이다

GPX 플랫폼은 대한민국 에너지 시스템 전체의 체질을 개선하는 게임 체인저 역할을 한다.

- **시장 효율성 증대** : 수많은 소규모 분산 자원의 시장 참여를 촉진하여, 이전에는 활용되지 못했던 자원의 가치를 극대화하고 시장 전체의 효율성을 높인다.
- **계통 안정성 기여** : 전문 공급사업자들이 분산된 자원을 통합하여 발전량을 예측하고 제어함으로써, 재생에너지의 변동성을 완화하고 국가 전력망의 안정성 향상에 기여한다.
- **혁신 생태계 조성** : 재생에너지 전기공급사업, RE-Aggregator, 전력 거래 컨설팅 VPP(가상발전소), 에너지 데이터 분석 등 다양한 에너지 신산업과 혁신적인 비즈니스 모델이 탄생하고 성장할 수 있는 역동적인 토양이 마련된다.

결론적으로, '그린 파워 익스체인지'는 시장 실패의 늪에 빠진 대한민국 재생에너지 시장을 구출할 가장 강력한 게임 체인저다. 이는 단순히 전기를 거래하는 장터를 넘어, 다양한 참여자들이 공정하게 경쟁하고 혁신을 통해 새로운 가치를 창출하는 **'개방형 혁신 플랫폼'**이다. K-RE공사가 닦아놓은 운동장 위에서, GPX라는 공정한 규칙이 마련될 때, 비로소 대한민국의 모든 에너지 플레이어들은 미래를 향해 힘차게 달려 나갈 수 있을 것이다.

19.4. 재생에너지 금융 혁신 : '그린 인프라 뱅크'

우리는 앞서 대한민국 재생에너지 혁신을 위한 세 개의 핵심적인 기둥을 제안했다. 국가가 주도하여 입지를 계획하고 인프라를 까는 'RE-Zone

2030'이라는 '공간'의 혁신, 이 거대한 프로젝트를 책임지고 이끌어갈 'K-RE공사'라는 '실행 주체'의 혁신, 그리고 생산된 깨끗한 전기가 제값을 받고 투명하게 거래될 수 있는 '그린 파워 익스체인지(GPX)'라는 '시장'의 혁신.

하지만 이 모든 거대한 청사진을 현실로 만들기 위해서는, 마지막이자 가장 근본적인 질문에 답해야 한다. **"그 돈은 어디에서 오는가?**(Where does the money come from?)**"**

에너지 전환은 인류 역사상 가장 거대한 인프라 투자 프로젝트다. 서남해안의 대규모 해상풍력 단지, 전국을 잇는 HVDC 에너지 고속도로, 그리고 차세대 기술 개발에 이르기까지, 여기에는 수백조 원이라는 천문학적인 자본이 필요하다. 하지만 지금 대한민국의 금융 시스템은 이 거대한 자금의 물결을 감당할 준비가 전혀 되어 있지 않다. 오히려, 우리는 심각한 '자금의 병목 현상'이라는 또 다른 시장 실패에 직면해 있다.

- **민간 금융의 한계** : 시중 은행과 증권사 같은 민간 금융기관은 본질적으로 단기적인 수익성과 안정성을 추구한다. 하지만 대규모 에너지 인프라 프로젝트는 투자비를 회수하는 데 20~30년이 걸리는 초장기 사업이며, 정책 변화나 건설 지연 등 초기 리스크가 매우 크다. 민간 금융에게 이는 너무나도 위험하고 매력 없는 투자처다.
- **정부 재정의 한계** : 이 모든 비용을 국민의 세금, 즉 정부 재정만으로 감당하는 것은 불가능하다. 이는 복지, 교육, 국방 등 다른 필수적인 국가 예산을 심각하게 위축시키는 결과를 낳을 것이다.
- **공기업의 한계** : 과거 인프라 투자의 한 축을 담당했던 한국전력(KEPCO)은 제11장에서 보았듯이, 수십조 원의 누적 적자로 인해 새로운 대규모 투자를 할 여력을 완전히 상실했다.

이처럼 에너지 전환이라는 거대한 과제 앞에, 대한민국의 금융 시스템은 사실상 공백 상태에 놓여있다. 이 '자금의 병목'을 뚫고, 국가의 미래를 위한 투자의 혈맥을 잇기 위해, 우리는 네 번째 게임 체인저를 제안한다. 바로 에너지 전환 프로젝트에 특화된 국가 주도의 정책금융기관, 가칭 **'한국형 그린 인프라 뱅크**(Green Infrastructure Bank, GIB)'의 설립이다.

왜 새로운 은행이 필요한가? '마중물'과 '리스크 흡수자'의 역할

GIB는 단순히 돈을 빌려주는 또 하나의 은행이 아니다. GIB의 핵심 역할은, 민간 금융이 두려워하는 영역에 먼저 뛰어들어 초기 리스크를 흡수하고 사업의 물꼬를 터주는 **'마중물**(Priming Water)'이자, 프로젝트의 신용도를 높여 거대한 민간 자본이 안심하고 흘러 들어오도록 만드는 **'촉매제**(Catalyst)'다.

이러한 국가 주도형 정책금융기관의 성공 사례는 이미 우리의 역사 속에 존재한다. 1960~70년대, 대한민국이 경공업 중심에서 중화학공업으로 도약할 때, 그 누구도 막대한 리스크가 따르는 제철소와 조선소 건설에 선뜻 투자하려 하지 않았다. 이때 한국산업은행(KDB)이 국가의 비전을 믿고 과감하게 장기 저리 자금을 공급하며, 대한민국 중화학공업의 기적을 이끌었다. 지금 우리에게 필요한 것은, 바로 에너지 전환 시대를 위한 '21세기판 산업은행'이다.

해외에서도 성공 모델을 찾을 수 있다. **영국**은 2012년 세계 최초로 녹색투자은행(GIB, Green Investment Bank)을 설립했다. 영국 GIB는 당시 초기 단계에 있던 해상풍력 시장에 집중적으로 투자하여, 초기 리스크를 국가가 분담해주고 사업 모델을 성공적으로 안착시켰다. 이를 통해 민간 자본의 투자를 성공적으로 유치한 뒤, 2017년에는 민간에 매각되어 자율적인 금융기관으로 거듭났다. 이는 국가 주도의 정책금융이 어떻게 새로운 녹색 시장을 창출하고 민간 투자를 활성화시킬 수 있는지를 보여주는 가장 성공적인 사례다.

그린 인프라 뱅크(GIB)는 어떻게 작동하는가?

한국형 GIB는 다음과 같은 핵심적인 기능을 통해, 에너지 전환에 필요한 자금의 선순환 구조를 만들어낸다.

- **기능 1 : 인내 자본의 공급자**(Patient Capital Provider)
  GIB는 민간 은행이 제공할 수 없는 장기 저리 융자를 제공한다. 20년 이상의 상환 기간과 낮은 금리의 '인내 자본'은, 프로젝트의 긴 생애주기와 수익 구조에 맞는 최적의 금융 솔루션이다. 이는 민간 사업자들이 단기적인 수익 압박에서 벗어나, 안정적으로 사업을 추진할 수 있는 기반이 된다.

- **기능 2 : 전략적 지분 투자자 및 리스크 분담자**(Strategic Equity Investor)
  GIB는 단순히 돈을 빌려주는 것을 넘어, K-RE공사가 주도하는 대규모 해상풍력이나 HVDC 프로젝트에 초기 지분 투자자로 직접 참여한다. 국가 정책금융기관이 직접 지분을 투자했다는 사실은, 해당 프로젝트의 사업성과 안정성을 국가가 보증하는 것과 같은 강력한 신호가 된다. 이는 민간 투자자들의 불안감을 해소하고, 이들이 후속 투자에 참여하도록 유도하는 결정적인 역할을 한다.

- **기능 3 : 신용 보증 및 금융 상품의 혁신가**(Credit Enhancer & Financial Innovator)
  GIB는 민간 금융기관이 프로젝트에 대출을 제공할 때, 그 대출의 원리금 상환을 보증해주는 신용 보증 프로그램을 운영한다. 이는 민간 은행의 리스크를 획기적으로 낮춰, 더 많은 민간 자본이 에너지 인프라 시장으로 유입되도록 만든다.

나아가, ▲재생에너지 프로젝트 자산을 유동화한 녹색 채권(Green Bond), ▲바람이 적게 불거나 햇빛이 부족할 때의 발전량 감소 리스크를 헤지(hedge)하는 날씨 파생상품, ▲프로슈머들의 소규모 자산을 묶어 투자 상품으로 만드는 에너지 자산 유동화 증권(ABS) 등, 에너지 전환 프로젝트의 특성에 맞는 혁신적인 금융 상품을 개발하고 시장을 선도하는 역할을 수행한다.

- **기능 4 : 글로벌 녹색 자본의 유치 창구**(Global Green Capital Gateway)
전 세계적으로 ESG 투자가 대세가 되면서, 캐나다, 호주, 중동의 국부펀드와 글로벌 연기금들은 안정적인 장기 수익을 제공하는 녹색 인프라에 투자할 곳을 찾아 헤매고 있다. GIB는 이러한 글로벌 녹색 자본을 대한민국으로 유치하는 국가대표 창구 역할을 한다. GIB의 전문성과 정부의 신용 보증을 바탕으로, 해외 투자자들이 안심하고 투자할 수 있는 매력적인 프로젝트를 발굴하고 구조화하여, 국내 자본의 한계를 넘어 글로벌 자본으로 에너지 전환을 완성하는 것이다.

혁신 플랫폼의 완성

이처럼 GIB는 앞서 제안한 세 개의 기둥과 유기적으로 결합하여, 재생에너지 혁신 플랫폼을 완성하는 마지막 화룡점정이 된다.

K-RE공사가 발굴하고 기초조사를 마친 **RE-Zone 2030**의 우량 프로젝트에, **GIB**가 초기 금융을 제공하여 사업의 물꼬를 튼다. 이 프로젝트에서 생산된 전기는 **GPX**라는 투명한 시장에서 거래되어 안정적인 수익을 창출하고, 이 안정적인 현금 흐름을 보고 민간 금융기관과 글로벌 연기금들이 후속 투자에 참여한다. 그리고 GIB는 초기 투자 지분을 매각하여 확보한 재원으로, 또 다른 미래 프로젝트에 재투자한다.

이 완벽한 선순환 구조 속에서, 대한민국은 더 이상 '돈이 없어' 에너지 전환을 못 하는 나라가 아니라, 전 세계의 녹색 자본이 모여드는 **'아시아의 그린 파이낸스 허브'**로 거듭날 수 있다.

결론적으로, 한국형 그린 인프라 뱅크의 설립은 단순한 금융기관의 설립을 넘어, 에너지 전환이라는 국가적 과제를 시장의 힘으로 풀어내기 위한 가장 정교하고도 강력한 정책 수단이다. 이는 금융을 규제의 대상이 아닌, 혁신의 동력으로 활용하는 패러다임의 전환이다. 이 새로운 금융의 심장이 뛰기 시작할 때, 비로소 대한민국의 에너지 혁신 플랫폼은 완성되고, 2050년을 향한 지속가능한 성장의 길이 활짝 열리게 될 것이다.

19.5. 재생에너지 국민 투자 혁명 : '에너지 민주화'

우리는 앞서 대한민국 재생에너지 혁신을 위한 네 개의 강력한 기둥을 제안했다. 국가가 주도하여 입지를 계획하는 'RE-Zone 2030'이라는 '공간'의 혁신, 이 거대한 프로젝트를 이끌어갈 'K-RE공사'라는 '실행 주체'의 혁신, 생산된 전기가 제값을 받고 거래될 '그린 파워 익스체인지(GPX)'라는 '시장'의 혁신, 그리고 이 모든 것에 피를 공급할 '그린 인프라 뱅크(GIB)'라는 '금융'의 혁신.

이 네 개의 기둥이 세워지면, 기술적으로, 그리고 경제적으로 재생에너지 전환을 위한 완벽한 플랫폼이 구축된다. 하지만 이 거대한 구조물에 영혼을 불어넣고, 그것이 흔들림 없이 지속가능하게 만드는 마지막 열쇠가 남아있다. 그것은 바로 '사람'의 문제다. 더 정확히는, **'국민의 참여'** 문제다.

지금까지 에너지 시스템은 소수의 전문가와 거대 자본의 전유물이었다. 평범한 시민들에게 에너지란 그저 매달 요금을 내야 하는, 복잡하고 멀게만 느껴지는 대상이었다. 이러한 소외감과 무관심은, 송전탑 건설과 같은 사안에서 '내 일이 아니다'라는 방관을 낳거나, '내게 피해만 준다'는 극심한 반발, 즉 님비(NIMBY) 현상으로 나타났다.

에너지 전환이라는 거대한 사회적 대수술은, 국민의 자발적인 동의와 적극적인 참여 없이는 결코 성공할 수 없다. 국민을 단순히 전환의 비용을 부담하고 불편을 감수해야 하는 수동적인 객체로만 여겨서는 안 된다. 국민이 전환의 과실을 함께 나누고, 그 과정의 주인이 되는 새로운 패러다임이 필요하다.

이를 위해, 우리는 재생에너지 혁신 플랫폼을 완성할 마지막 게임 체인저를 제안한다. 바로 모든 국민이 재생에너지 프로젝트의 주주가 되고, 그 이익을 공유하는 **'재생에너지 국민 투자 혁명'**이다. 이것은 단순히 새로운 투자 상품을 만드는 것을 넘어, 에너지의 생산과 소유권을 소수에게서 다수에게로 이전하는, 진정한 의미의 **'에너지 민주주의**(Energy Democracy)'를 실현하는 길이다.

왜 국민 투자가 필요한가? '님비(NIMBY)'를 '핌피(PIMFY)'로

국민 투자는 에너지 전환이 마주한 가장 근본적인 난제, 즉 **사회적 수용성** 문제를 해결하는 가장 강력한 해법이다.

제12장에서 보았듯이, 송전탑이나 대규모 발전소 건설이 어려운 이유는 그것이 '나의 희생'을 강요하기 때문이다. 도시의 불을 밝히기 위해, 왜 평생을 지켜온 내 고향의 아름다운 산과 들이 거대한 철탑으로 뒤덮여야 하는가? 이들의 저항은 지극히 합리적이다.

하지만 만약, 그 거대한 해상풍력 단지가, 그 송전탑이, 단순히 외부인의 자산이 아니라 '나의 자산'이 된다면 어떨까? 만약 그 발전소에서 나오는 수익의 일부가 매년 꼬박꼬박 나의 통장으로 들어온다면?

상황은 180도 바뀐다. 송전탑은 더 이상 혐오시설이 아니라, 우리 마을의 안정적인 수익을 보장하는 '황금알을 낳는 거위'가 된다. 주민들은 사업의 반대자가 아니라, 사업이 성공적으로 추진되기를 바라는 가장 적극적인 **지지자**이자 **감시자**가 된다. 극심했던 **님비**(NIMBY, Not In My Back Yard) 현상은, 제발 우리 지역에 그 시설을 지어달라고 요청하는 **핌피**(PIMFY, Please In My Front Yard) 현상으로 전환될 수 있다.

이것은 단순한 상상이 아니다. 재생에너지 선진국인 **독일**과 **덴마크**의 성공 비결이 바로 여기에 있다. 이들 국가에서는 전체 재생에너지 설비의 절반 가까이를 지역 주민들이 소유한 에너지 협동조합(Energy Cooperative)이나 시민 펀드가 운영하고 있다. 개발의 이익이 지역 사회에 직접 돌아가는 구조를 통해, 이들은 사회적 갈등을 최소화하고 재생에너지 보급에 놀라운 속도를 낼 수 있었다.

어떻게 투자할 것인가? '국민 참여형' 금융 모델의 설계

그렇다면 평범한 국민들이 어떻게 수십조 원에 달하는 거대 인프라 프로젝트에 안심하고 투자할 수 있을까? 여기에는 정부와 정책금융기관의 창의적인 역할이 필요하다. 기존의 막연한 '정부 보증'을 넘어, 투자 구조 자체에 국민의 원금을 보호하는 강력한 안전장치를 내장하는 금융 혁신이 필요하다.

모델 1 : 'K-RE 국민안심채권'(국민 선순위, 국가 후순위 구조)

그린 인프라 뱅크(GIB)가 주도하여, 모든 국민이 소액(예: 최소 10만 원)으로 투자할 수 있는 **'한국 재생에너지 국민참여채권'**을 조성하고 출시한다. 이 상품의 핵심은 단순한 펀드가 아니라, 원금 손실 가능성을 제로에 가깝게 설계한 다층적 손실 흡수 구조에 있다.

- **핵심 원리** : 국민 선순위, 국가 후순위의 다층적 안전장치 프로젝트에서 발생하는 수익금은 정해진 순서에 따라 투자자에게 분배된다. 여기서 국민 투자자의 원리금 상환이 최선순위(Senior Tranche)에 놓인다. 즉, 어떤 경우에도 국민의 돈을 가장 먼저 갚아주는 구조다.
  - **최선순위**(국민 투자자) : '국민안심채권'에 투자한 국민들은 프로젝트에서 수익이 발생하면 가장 먼저 약속된 이자(예: 연 5~7%)와 원금을 돌려받는다. 사업 수익이 예상보다 줄어들어도, 국민의 몫은 최우선

으로 보장된다.
- **중순위(민간 금융기관)** : 국민 투자자에게 원리금이 모두 지급된 후에, 프로젝트파이낸싱(PF)에 참여한 시중 은행이나 기관 투자자들이 다음 순서로 원리금을 회수한다.
- **후순위(국가 정책자금)** : 마지막으로, 프로젝트의 초기 리스크를 흡수하기 위해 GIB나 K-RE공사가 투입한 정책자금이 손실을 가장 먼저, 그리고 가장 마지막까지 흡수하는 궁극의 안전판(Junior Tranche) 역할을 한다.

- **투자 대상** : 이 채권의 재원은 K-RE공사와 민간 기업이 'RE-Zone 2030'에서 개발하는 대규모 해상풍력, 태양광, HVDC 송전망 등 정부나 RE100 기업과의 장기 전력구매계약(PPA)을 통해 20~30년간 안정적인 현금흐름이 보장된 우량 인프라 자산에만 집중적으로 투자된다.

- **기대 효과** :
  - **국민에게는** : 주식보다 안정적이고 예금보다 수익성이 높은, 사실상 '국가가 원금을 보장하는' 매력적인 국민 재테크 수단을 제공한다. 국가의 미래에 투자하는 애국적 행위가, 개인의 자산을 불리는 가장 안전한 방법이 되는 것이다.
  - **국가적으로는** : 정부가 후순위로 일부 자금을 투입하는 '마중물' 역할을 함으로써, 훨씬 더 큰 규모의 국민 자본과 민간 자본을 안전하게 유치하여 에너지 전환에 필요한 막대한 재원을 조달하는, 레버리지 효과를 극대화할 수 있다.
  - **정부의 역할** : 정부와 GIB는 이 채권의 구조를 설계하고 안정성을 보증하며, 모든 국민이 스마트폰 앱을 통해 쉽고 간편하게 가입하고 환매할 수 있는 플랫폼을 구축한다.

모델 2 : '우리동네 에너지 협동조합'(지역 주도형 직접 투자)

대규모 프로젝트뿐만 아니라, 우리 동네의 소규모 재생에너지 사업에 주민들이 직접 주인이 되는 모델을 활성화해야 한다.

- **지원 방안** : 정부와 지자체는 주민들이 에너지 협동조합을 설립할 때, ▲초기 사업비의 일부를 저리로 융자해주거나, ▲법률 및 행정 절차를 지원하는 컨설팅을 제공하고, ▲협동조합이 생산한 전기를 우선적으로 구매해주는 등 다양한 인센티브를 제공한다. 아파트 입주민들이 협동조합을 만들어 옥상에 태양광을 설치하고, 그 수익으로 관리비를 절감하는 모델. 농촌 마을 주민들이 힘을 합쳐 폐축사 부지에 바이오가스 플랜트를 짓고, 생산된 에너지와 비료를 판매하여 마을 공동 기금을 조성하는 모델. 이는 단순한 수익 창출을 넘어, 쇠락하는 지역 공동체를 다시 묶어주고 활성화하는 강력한 사회적 접착제 역할을 할 것이다.

혁신 플랫폼의 완성 : 부의 선순환과 에너지 민주주의

이러한 국민 투자 혁명은, 우리가 제안한 재생에너지 혁신 플랫폼의 마지막 톱니바퀴를 끼우는 작업이다.

K-RE공사가 발굴하고 **GIB**가 초기 금융을 제공하여 건설된 **RE-Zone**의 대규모 발전소 지분 일부를 '국민참여펀드'가 인수한다. 이 발전소에서 생산된 전기는 **GPX**라는 투명한 시장에서 거래되어 안정적인 수익을 창출하고, 그 수익은 배당금 형태로 다시 **국민**에게 돌아간다.

이 완벽한 **부의 선순환 구조** 속에서, 에너지 전환은 더 이상 소수의 거대 자본과 기업만을 위한 잔치가 아니다. ▲재생에너지 발전으로 인한 이익이 해외 투자자나 소수 기업에 독점되지 않고, **국민 전체에게 분배**되어 가계 소득 증대와 부의 불평등 완화에 기여한다. ▲국민은 에너지 정책의 수동적인 방관자에서, 자신의 돈을 투자하고 그 성과를 감시하는 **능동적인 주권자**로 거듭난다. ▲에너지 전환이라는 국가적 과업에 대한 **국민적 공감대와 지지**가 확보되어, 사회적 갈등을 최소화하고 정책의 일관성을 유지할 수 있는 강력한 동력이 마련된다.

결론적으로, '재생에너지 국민 투자 혁명'은 대한민국 에너지 시스템의 소유 구조를 근본적으로 바꾸는 '에너지 민주화'의 길이다. 이는 금융을 혁신의 동력으로, 그리고 국민을 전환의 주체로 세우는 패러다임의 전환이다. 이 마지막 플랫폼이 완성될 때, 비로소 대한민국은 기술과 자본, 그리고 국민적 열정이 하나로 어우러져, 2050년을 향한 지속가능한 번영의 시대를 힘차게 열어갈 수 있을 것이다.

제 5 부를 정리하며

대한민국 3축 성장 전략과 재생에너지 혁신 플랫폼은, 우리가 마주한 복잡한 딜레마를 풀고 위기를 기회로 전환할 수 있는 구체적인 로드맵입니다. 두뇌(대수도권), 허리(부울경), 심장(호남권)이 에너지 고속도로와 스마트그리드라는 혈관과 신경망을 통해 하나의 유기체로 연결되어, 기술과 자본, 그리고 국민적 열정이 하나로 어우러지는 대한민국. 이것이 바로 우리가 제안하는 새로운 성장 방정식의 완성된 모습입니다. 이제 마지막 결론에서는, 이 모든 논의를 종합하며 미래 세대를 위한 우리의 선택이 무엇이어야 하는지 다시 한번 되묻고자 합니다.

결 론
전환의 파도를 넘어 지속가능한 번영으로

우리는 지금 기나긴 여정의 끝에 서 있다. 불을 발견한 인류의 새벽부터, 석탄과 석유가 이끈 산업혁명의 격동을 거쳐, 반도체와 인공지능이 열어젖힌 디지털 시대, 그리고 마침내 기후위기라는 거대한 경고 앞에 당도한 오늘에 이르기까지. 우리는 에너지가 어떻게 인류 문명의 축을 바꾸고, 우리의 삶과 사회를 빚어왔는지를 추적해왔다.

그리고 이 모든 여정의 끝에서, 우리는 하나의 명백한 진실과 마주한다. 인류 문명은 지금, 역사상 가장 거대하고, 가장 복잡하며, 가장 근본적인 **에너지 대전환**이라는 거대한 파도의 정점에 서 있다는 사실이다.

이 파도는 우리에게 두 갈래의 길을 동시에 보여준다. 하나는 기후 재앙과 지정학적 불안, 그리고 경제적 쇠퇴라는 심연으로 향하는 '위기'의 길이다. 다른 하나는 과거의 낡은 질서를 허물고, 새로운 기술과 산업을 창조하며, 지속가능한 번영을 향해 나아가는 '기회'의 길이다.

특히, 에너지의 92.9%를 수입에 의존하는 '에너지 식민지'이자, 주변 강대국들의 힘이 충돌하는 '에너지 섬' 대한민국에게, 이 전환의 의미는 더욱 절박하다. 우리는 이 파도 앞에서 표류할 것인가, 아니면 새로운 항로를 개척할 것인가? 이 책에서 우리가 함께 탐색한 모든 여정은, 바로 이 질문에 대한 대한민국만의 해답을 찾아가는 과정이었다.

에너지 대전환 시대, 위기인가 기회인가?

　이 책을 통해 우리가 확인한 대한민국의 현실은 결코 녹록지 않다.
　우리는 에너지 안보의 측면에서, 외부의 작은 충격에도 국가 경제 전체가 흔들릴 수 있는 극도로 취약한 구조를 가지고 있다. 글로벌 공급망은 RE100과 CBAM이라는 새로운 규칙을 통해 우리 제조업의 숨통을 옥죄고 있으며, '값싼 전기'라는 과거의 성공 방정식은 더 이상 유효하지 않다. 우리 내부적으로는, 애써 만든 깨끗한 에너지마저 실어 나르지 못하는 전력망 병목 현상과, 10년이 넘게 걸리는 인프라 건설의 지연, 그리고 이 모든 것을 둘러싼 극심한 사회적 갈등에 발목이 잡혀있다.
　이 모든 딜레마를 종합하면, 비관적인 미래가 그려지는 것은 어쩌면 당연하다. 우리가 만약 지금처럼, 단기적인 문제 해결에만 급급한 땜질식 처방과 소모적인 이념 논쟁으로 시간을 허비한다면, 위기는 현실이 될 것이다. 우리의 주력 산업은 글로벌 시장에서 경쟁력을 잃고, 양질의 일자리는 해외로 떠나갈 것이며, 미래 세대는 값비싼 에너지 비용과 기후 재앙의 대가를 동시에 치르는 암울한 시대를 살아가게 될지도 모른다.
　하지만 위기의 이면에는 언제나 기회가 숨어있다. 대한민국은 지난 반세기 동안, 자원 하나 없는 폐허 위에서 세계 10위권의 경제 대국을 이룩한 기적의 역사를 가지고 있다. 우리의 DNA에는 위기를 기회로 바꾸는 강력한 힘이 내재되어 있다.
　에너지 전환은 우리에게 새로운 기회의 문을 열어주고 있다. 우리는 세계 최고 수준의 제조업 기술과 인프라를 가지고 있다. 원자력, 조선, 반도체, IT 기술력은 에너지 전환 시대의 새로운 게임 체인저가 될 잠재력을 품고 있다. 기후변화가 역설적으로 열어준 북극항로는, 한반도의 지정학적 가치를 변방에서 중심으로 바꿀 1000년 만의 기회다.

결국, 에너지 대전환이 위기가 될 것인가, 기회가 될 것인가는 정해져 있지 않다. 그것은 전적으로 지금, 우리 자신들의 선택과 행동에 달려있다.

기술, 시장, 정책의 조화로운 리더십을 향하여

이 거대한 전환의 파도를 성공적으로 넘기 위해서는, 어느 한 분야의 노력만으로는 불가능하다. **기술, 시장, 그리고 정책**이라는 세 개의 톱니바퀴가 서로 긴밀하게 맞물려 돌아가는, 조화로운 리더십이 절실히 필요하다.

- **기술** : 우리는 이 책에서 미래를 열어갈 수많은 혁신 기술들을 살펴보았다. SMR과 핵융합, 그린수소와 E-fuel, HVDC와 스마트그리드. 이 기술들은 우리가 마주한 문제들을 해결할 수 있는 강력한 무기다. 하지만 중요한 것은, 기술은 그 자체로 완성되지 않는다는 점이다. 기술이 마음껏 성장하고 열매를 맺기 위해서는, 그것을 뒷받침하는 시장과 정책이라는 튼튼한 토양이 반드시 필요하다.

- **시장** : 현재 대한민국의 에너지 시장은 21세기의 역동성을 담아내기에는 너무나도 경직되어 있다. 우리는 이 책을 통해, 시장 실패를 극복하고 민간의 창의성과 자본이 마음껏 뛰어놀 수 있는 새로운 혁신 플랫폼을 제안했다. 국가가 주도하여 입지와 인프라를 제공하는 **'RE-Zone 2030'**, 이 거대한 프로젝트를 이끌어갈 **'K- RE공사'**, 재생에너지의 가치를 제대로 평가하고 거래할 **'그린 파워 익스체인지(GPX)'**, 그리고 이 모든 것에 자금의 혈맥을 댈 **'그린 인프라 뱅크(GIB)'**. 이 플랫폼 위에서, 시장은 비로소 에너지 전환의 가장 강력한 엔진이 될 것이다.

- **정책** : 이 모든 것을 가능하게 하는 것은 결국 정부의 역할이다. 하지만 에너지 전환 시대에 정부의 역할은 더 이상 시장을 통제하고 지시

하는 '사령관'이 아니다. 정부는 민간과 시장이 나아갈 방향을 명확한 비전으로 제시하고, 공정한 규칙을 만들며, 모두가 함께 참여할 수 있는 안정적인 플랫폼을 제공하는 **'플랫폼 제공자**(Platform Provider)'가 되어야 한다. 특히, 전환 과정에서 소외되는 이들이 없도록 '공정한 전환'의 원칙을 굳건히 지키고, **'에너지 기본 서비스'**와 **'국민 투자 혁명'**을 통해 모든 국민이 전환의 주인이 되도록 만드는 사회적, 윤리적 책임의 리더십을 보여주어야 한다.

이 세 가지 축이 하나의 목표를 향해 조화롭게 움직일 때, 비로소 우리는 위기의 파도를 넘어 지속가능한 번영이라는 새로운 항구에 도달할 수 있다.

미래 세대를 위한 대한민국의 선택

에너지 대전환은 우리 세대만의 과제가 아니다. 지금 우리의 선택이, 우리 자녀들과 미래 세대가 살아갈 세상의 모습을 결정한다. 우리는 과연 미래 세대에게 어떤 대한민국을 물려줄 것인가?

외부의 에너지 공급에 국가의 명운을 맡긴 채, 지정학적 리스크에 끊임없이 흔들리는 불안한 나라를 물려줄 것인가? 아니면, 우리 땅의 햇빛과 바람, 그리고 우리의 기술력으로 에너지 자립을 이룩한 당당하고 주체적인 나라를 물려줄 것인가?

기후 재앙의 피해를 고스란히 떠안고, 낡은 인프라와 좌초자산의 부담에 신음하는 나라를 물려줄 것인가? 아니면, 깨끗한 환경 속에서 새로운 녹색산업이 일자리를 창출하고, 모든 국민이 에너지의 주인이 되어 그 혜택을 함께 누리는 풍요로운 나라를 물려줄 것인가?

선택은 명확하다. 그 길은 결코 쉽지 않을 것이다. 막대한 투자와 기술 개발, 과감한 제도 혁신이 필요하며, 무엇보다 우리 사회 전체의 공감대와 합의를 이끌어내는 지난한 과정이 요구된다.

하지만 이 책에서 제안한 '대한민국 3축 성장 전략'과 '재생에너지 혁신 플랫폼'은, 그 험난한 여정을 헤쳐나갈 수 있는 하나의 나침반이 될 수 있다고 믿는다. 두뇌(대수도권), 허리(부울경), 심장(호남권)이 에너지 고속도로와 스마트 그리드라는 혈관과 신경망을 통해 하나의 유기체로 연결되어, 기술과 자본, 그리고 국민적 열정이 하나로 어우러지는 대한민국.

이것이 바로 전환의 파도를 넘어, 우리가 함께 만들어가야 할 지속가능한 번영의 모습이다.

미래는 저절로 오지 않는다. 미래는 우리가 함께 만들어가는 것이다.

에너지 대전환 시대, 대한민국의 새로운 역사를 쓸 시간이다.

그 시간은 바로 지금, 우리 손에서 시작되고 있다.

참고문헌(Bibliography)

보고서 및 데이터

- 로키 마운틴 연구소 (Rocky Mountain Institute, RMI)

  The Energy Transition Is a Technological Revolution — with a Deadline

  Cleantech revolution, It's exponential, disruptive, and now

- 기후변화에 관한 정부 간 협의체

  (Intergovernmental Panel on Climate Change, IPCC)

  제6차 평가보고서(AR6) WGI 보고서

  IPCC 1.5℃ 특별보고서

- 국제에너지기구(International Energy Agency, IEA)

  Net Zero by 2050(2021)

  Energy & AI

- IRENA,(2021)

  World Energy Transitions Outlook(2022)

  Innovation Landscape for a Renewable-powered Future(2019)

- 미국 댈러스 연방준비은행(Federal Reserve Bank of Dallas)

- (재)숲과나눔 풀씨행동연구소

  「생태계 보전을 고려한 재생에너지 보급 잠재량 분석」(2025)

- 더 클라이밋 그룹(The ClimateGroup)

  탄소정보공개프로젝트(Carbon Disclosure Project, CDP)

- 한국자동차연구원

  온실가스를 줄이는 친환경 합성연료, E-fuel

- 국회입법조사처

  전력생산밀도를 고려한 재생에너지 수급 안정과 거래 활성화 방안

- 삼정KPMG 경제연구원

  Samjong INSIGHT – Korea era of electricity 2025
- 민주연구원

  정책브리핑 38호 왜 '에너지 고속도로' 인가
- 시골피디저널리즘

  북극항로, 핵심은 북극을 존중하는 접근방식
- 에너지경제연구원

  북극해 연안국의 북극지역 자원개발 전략과 시사점
- (YouTube) Understanding : All the Knowledge in the world

  (9화) 1000년만에 한국에 북극항로 기회가왔습니다
- 산업통상자원부.(2022).

  「제10차 전력수급기본계획」
- 한국에너지공단.(2023).

  「RE100 이행 가이드라인」
- 대한상공회의소.(2023).

  「탄소중립 산업전략 보고서」

단행본

- 게이츠, 빌(Bill Gates). 기후재앙을 피하는 법

  (How to Avoid a ClimateDisaster).
- 폰팅, 클라이브(Clive Ponting). A Green History of the World.

  클라이브폰팅의 녹색 세계사
- 역사를 만든 위대한 아이디어(윌리엄 로젠 지음, 엄자현 옮김)
- 세계경제사(Robert C. Allen)
- 「Sapiens : A Brief History of Humankind」(Yuval Noah Harari)

- 「Oil Money : Middle East Petrodollars and the Transformation of US Empire, 1967-1988」(David M. Wight)
- 「The Industrial Revolution in World History」(Peter N. Stearns)
- 「Net Zero : How We Stop Causing Climate Change」(Dieter Helm)
- 「에너지의 미래(The New Map : Energy, Climate, and the Clash of Nations)」(대니얼 예긴)
- 《2050 에너지 제국의 미래》(양수영 외)
- 《대한민국 에너지 전략 보고서》(WWF, 2050 시나리오 전문 백서)

[부록]
선구적 전환 : 대한민국 지역 RE100(R-RE100) 시스템을 위한 프레임워크

요약(Executive Summary)

　　본 보고서는 대한민국의 에너지 전환이 직면한 구조적 한계를 극복하고, 국가 탄소중립 목표 달성을 가속화하기 위한 혁신적 정책 도구로서 **'지역 RE100(R-RE100)'** 시스템의 도입을 제안한다. 대한민국의 에너지 시스템은 전력 소비가 수도권에 집중된 반면, 재생에너지 잠재력은 비수도권 지역에 편중된 심각한 지리적 불균형 문제를 안고 있다. 이러한 구조적 불일치는 기존의 신재생에너지 공급의무화제도(RPS)나 기업 주도의 RE100 캠페인만으로는 해결하기 어려운 근본적인 장벽으로 작용한다.

　　R-RE100은 17개 광역자치단체에 해당 지역의 연간 전력 소비량을 100% 재생에너지로 충당할 의무를 부여하는 제도이다. 목표를 달성하지 못하는 지역(주로 수도권)은 그 부족분에 해당하는 재원을 **'지역 에너지 전환 기금(RETF)'** 에 납부하고, 목표를 초과 달성한 지역(주로 비수도권)은 이 기금으로부터 인센티브를 지급받는다. 이 메커니즘은 재생에너지 생산지와 소비지 간의 경제적 연결고리를 생성하여, 재생에너지 잠재력이 풍부한 지역에 대규모 투자를 유치하고 새로운 성장 동력을 제공한다. 동시에, 전력 다소비 지역에는 장기적이고 안정적인 탄소중립 이행 경로를 제시한다.

　　본 보고서는 R-RE100의 구체적인 설계 방안, 운영 원리, 법적 기반을 제시한다. 또한, R-RE100이 가져올 경제적, 사회적, 환경적 파급 효과를 분석하고, 기존의 주민 수용성 문제를 해결하며(NIMBY에서 PIMFY로), 한국전력공사의 재정 부담을 완화하면서 국가 전력망 인프라 확충을 가속화하는 선순환 구조를 창출할 수 있음을 보인다. 마지막으로, 입법과 시범사업, 전면 시행으로 이어지는 단계적 이행 로드맵을 제안하며, R- RE100이 대한민국의 특수한 상황에 최적화된 해결책일 뿐만 아니라, 국가 전체의 탈탄소화와 균형 발전을 동시에 달성할 수 있는 혁신적인 모델임을 역설한다.

제1장 혁신의 필요성 : 기로에 선 한국의 에너지 전환

1.1. 글로벌 과제와 국가적 목표 : 현행 정책의 한계

대한민국은 2050년까지 탄소중립을 달성하겠다는 국제 사회에 대한 약속을 공표했으며, 2030년까지 2018년 대비 40%의 온실가스를 감축하겠다는 국가결정기여(NDC) 목표를 설정했다. 이러한 야심찬 목표는 에너지 시스템의 근본적인 전환을 요구하지만, 현재의 정책 도구들은 그 한계를 드러내고 있다.

핵심 정책인 신재생에너지 공급의무화제도(RPS)는 지난 10년간 재생에너지 설비 용량 확대에는 기여했으나, 효율성 측면에서 비판에 직면해 있다. RPS 제도는 발전사들이 직접 재생에너지를 생산하기보다는 신재생에너지 공급인증서(REC)를 구매하여 의무를 이행하는 간접적인 방식을 조장하는 경향이 있으며, 이는 지속가능한 투자 생태계를 조성하는 데 실패했다. 한편, 글로벌 기업들을 중심으로 확산되는 RE100 캠페인은 국내에서 높은 REC 가격과 한국전력공사(KEPCO)가 독점하는 경직된 전력 시장 구조로 인해 기업들이 목표를 달성하는 데 큰 어려움을 겪고 있다.

결과적으로 한국의 화석연료 의존도는 여전히 높고, 전체 발전량에서 재생에너지가 차지하는 비중은 OECD 평균은 물론 아시아 경쟁국들에 비해서도 현저히 낮은 수준에 머물러 있다. 이는 기후 위기 대응의 지연을 의미할 뿐만 아니라, 탈탄소화된 공급망을 요구하는 글로벌 시장의 압박 속에서 반도체, 인공지능(AI) 등 핵심 수출 산업의 장기적인 경쟁력을 심각하게 위협하는 요인으로 작용하고 있다.

1.2. 지리적 딜레마 : 전력의 구조적 불균형

R-RE100 제도가 해결하고자 하는 핵심 문제는 바로 대한민국 전력 시스템의 고질적인 지리적 불균형이다. 전력 소비는 인구와 산업이 밀집된 수도권에서 압도적으로 많이 발생하는 반면, 대규모 재생에너지 발전 잠재력은 넓은 토지와 우수한 자연조건을 갖춘 비수도권 지역에 집중되어 있다.

구체적인 데이터는 이러한 불균형을 명확히 보여준다. 2024년 기준, 경기도는 143,302 GWh, 서울시는 50,352 GWh의 전력을 소비하여 두 광역자치단체가 대한민국 전체 전력 소비의 35% 이상을 차지했다. 반면, 2022년 기준 재생에너지 발전량은 전라남도가 7,481,402 MWh, 전라북도가 10,385,213 MWh, 강원도가 6,479,493 MWh로 전국 최상위권을 기록한 반면, 서울시의 발전량은 723,176 MWh에 불과했다. 이러한 격차는 특히 넓은 부지를 필요로 하는 태양광과 풍력 발전에서 더욱 극명하게 나타난다.

이러한 지리적 불일치는 에너지 전환을 가로막는 물리적, 경제적 장벽을 형성한다. 이 격차를 해소할 정책적 메커니즘이 부재한 상황에서, 재생에너지 잠재력이 풍부한 지역은 지역 내 수요와 국가 단위의 불충분한 인센티브에만 의존하게 되어 개발 잠재력을 완전히 실현할 동기를 잃게 된다. 동시에, 전력 수요가 집중된 대도시들은 물리적으로 자체적인 재생에너지 100% 달성이 불가능하여 사실상 탈탄소화 경로에서 소외된다. 이는 결국 정책적 교착 상태와 비효율적인 자본 배분을 초래한다.

표 : 2022년 기준 광역자치단체별 전력 수급 균형(단위 : GWh)

구분	② 총 전력판매량 (소비)	① 총 신재생에너지 발전량	③ 잉여/부족량 (①-②)	④ 재생에너지 자급률(%)
서울	50,352	723	−49,629	1.40%
부산	21,851	694	−21,157	3.20%
대구	16,747	293	−16,454	1.70%
인천	25,964	1,912	−24,052	7.40%
광주	9,343	471	−8,872	5.00%
대전	10,170	224	−9,946	2.20%
울산	31,919	690	−31,229	2.20%
세종	4,152	169	−3,983	4.10%
경기	143,302	5,269	−138,033	3.70%
강원	16,688	6,479	−10,209	38.80%
충북	27,567	2,786	−24,781	10.10%
충남	50,037	9,024	−41,013	18.00%
전북	21,640	10,385	−11,255	48.00%
전남	33,581	7,481	−26,100	22.30%
경북	43,733	5,315	−38,418	12.20%
경남	36,578	2,868	−33,710	7.80%
제주	6,197	2,996	−3,201	48.30%
합계	549,821	57,780	−492,041	10.50%

주 : 전력판매량은 2024년 잠정치, 신재생에너지 발전량은 2022년 확정치를 기준으로 작성되었으며, 연도 차이로 인한 약간의 오차가 있을 수 있음. 단위는 GWh로 통일함.

1.3. 지역 RE100(R-RE100) 도입 : 패러다임의 전환

본 보고서가 제안하는 R-RE100은 이러한 구조적 문제를 해결하기 위한 새로운 해법이다. R-RE100은 중앙정부 주도의 하향식 규제가 아닌, 지방정부 간의 협력과 시장 원리에 기반한 분산형 프레임워크다. 이 제도는 각 광역자치단체에 지역 내 전력 소비를 100% 재생에너지로 균형을 맞출 명확한 책임을 부여한다. 이는 자체 생산을 통해 달성하거나, 다른 지역의 재생에너지 생산을 재정적으로 지원함으로써 이행할 수 있다.

결과적으로 R-RE100은 지역 간 에너지 불균형이라는 외부 불경제를 내부화하는 정책 메커니즘으로 기능한다. 즉, 전력 소비 지역과 생산 지역 간에 직접적인 경제적 관계를 형성함으로써, 국가 전체의 탈탄소화와 지역 균형 발전을 동시에 촉진하는 새로운 패러다임을 제시한다.

제2장 R-RE100 메커니즘 : 설계와 운영

2.1. 핵심 원칙 : 형평성, 효율성, 그리고 상생

R-RE100 시스템은 **형평성, 효율성, 상생**의 세 가지 핵심 원칙 위에 구축된다.
- **형평성(Equity)** : 에너지 전환의 부담은 공정하게 분담되어야 한다. 높은 전력 소비와 경제력을 가진 지역은 재정적으로 기여하고, 재생에너지 인프라를 수용하는 지역은 그에 상응하는 정당한 보상과 경제적 혜택을 받는다.
- **경제적 효율성(Efficiency)** : 시스템은 투입된 자본 대비 탈탄소화 효과를 극대화하기 위해, 태양광이나 풍력 등 재생에너지를 가장 저렴한 비용으로 생산할 수 있는 지역으로 투자를 유도해야 한다.

- **상생(Co-Prosperity)** : 이 메커니즘은 비수도권 지역에 새로운 수익원을 창출하는 동시에 수도권 경제에는 안정적이고 장기적인 RE100 이행 경로를 제공하는 '윈-윈(win-win)' 구조로 설계된다.

2.2. 의무 이행 : '지역 100%'의 정의와 측정

- **목표 정의** : 17개 광역자치단체는 매년 해당 지역의 총 전력판매량(소비량)을 100% 재생에너지 발전량으로 상쇄할 의무를 가진다.
- **준수데이터** :
  · 소비량 데이터 : 한국전력공사와 통계청이 발표하는 연간 '지역별 전력판매량' 통계가 공식적인 소비량 측정 기준으로 활용된다. 향후 주간 단위 전력 통계가 개발되면 데이터의 정확성과 적시성은 더욱 향상될 것이다.
  · 발전량 데이터 : 한국에너지공단(KEA)의 연간 '지역별 신재생에너지 발전량' 통계가 공식적인 공급량 측정 기준으로 사용된다. 여기에는 태양광, 풍력, 수력, 바이오 등 모든 인정된 재생에너지원이 포함된다.
- **산정 방식** : 연간 지역별 수급 균형은 다음 공식으로 계산된다. [지역 내 총 신재생에너지 발전량(MWh)] - [지역 내 총 전력판매량(MWh)]. 결과값이 음수이면 '부족분', 양수이면 '잉여분'으로 간주한다.

2.3. 지역 에너지 전환 기금(RETF) : 구조와 거버넌스

제도의 원활한 운영을 위해 특별법에 근거하여 독립적으로 관리되는 **'지역 에너지 전환 기금(Regional Energy Transition Fund, RETF)'**을 설립한다.

- **거버넌스** : 기금은 투명성과 정치적 수용성을 확보하기 위해 다양한 이해관계자가 참여하는 이사회에 의해 감독된다. 이사회는 중앙정부(산업통상자원부, 환경부), 17개 광역자치단체, 한국전력공사 및 전력거래소(KPX), 시민사회 및 환경단체, 산업계 대표 등으로 구성된다.

2.4. 기여금 및 인센티브산정

- **기여금 부과** : 부족분이 발생한 지역은 RETF에 재정적 기여금을 납부해야 한다. 납부액은 [부족분(MWh)] ×으로 산정된다.
- **인센티브 배분(비례 배분 방식)** : 조성된 기금 총액을, '잉여 지역'들이 각자의 잉여 발전량 비중에 따라 비례적으로 배분받는다.

2.5. 법적 및 제도적 기반

R–RE100 시스템의 법적 근거를 마련하기 위해 가칭 **'지역 재생에너지 전환과 상생발전에 관한 특별법'** 제정이 필수적이다. 이 법률은 다음 사항을 명시해야 한다.

- R–RE100 시스템과 RETF의 설립 의무화
- 광역자치단체, 중앙정부, 기금 운영기구의 역할과 책임 정의
- 기여금 징수 및 인센티브 지급에 대한 법적 권한 부여
- 전력거래소 REC 시장 운영규칙을 참고하여 데이터 보고, 검증, 분쟁 해결에 대한 명확한 절차 수립

제3장 파급 효과 분석 : 경제, 사회, 환경적 차원

3.1. 재정 흐름의 정량적 모델링 : 경제적 엔진

R-RE100 기금 배분 시뮬레이션

기본 전제

- **총 기금 조성액** : 이전 시뮬레이션에서 유일한 납부 지역이었던 수도권이 납부한 1조 4,158억 원을 총 배분 재원으로 설정한다.
- **총 잉여 발전량** : 수도권을 제외한 7개 수령 지역의 총 잉여 발전량 합계는 1,105,640GWh이다.
- **배분 방식** : 각 수령 지역은 총 잉여 발전량 중 자신들의 잉여 발전량이 차지하는 비율(%)에 따라, 총 조성 기금(1조 4,158억 원)을 나누어 갖는다.

표 : R-RE100 개발 잠재량 적용 시, 최종 기금 배분 시뮬레이션

시도(권역)	최종잉여/부족분 (GWh)	잉여량 비중	최종 구분	최종 기금 배분/납부액 (억원)
수도권	−35,395	−	납부	−14,158
충청권	+296,108	26.8%	수령	+3,792
전북권	+210,564	19.0%	수령	+2,696
전남권	+186,584	16.9%	수령	+2,389
경북권	+180,167	16.3%	수령	+2,306
제주권	+95,638	8.7%	수령	+1,225
경남권	+94,400	8.5%	수령	+1,209
강원권	+42,179	3.8%	수령	+539
합계	−	100%		0

결과 분석 및 시사점

재정적으로 완결된 시스템 구축
- 이 모델의 가장 큰 장점은 재정적 지속가능성이다. 기금은 외부 재원 없이 오직 납부 지역의 기여금만으로 운영되며, 조성된 총액만큼만 수령 지역에 배분되므로 재정적으로 완벽한 균형을 이룬다

인센티브 규모의 현실화 및 시사점
- 잉여 발전량이 가장 많은 충청권이 전체 기금의 약 26.8%인 약 3,792억 원을 배분받아 최대 수혜 지역이 된다. 전북, 전남, 경북권 역시 각각 2천억 원이 넘는 상당한 규모의 인센티브를 확보하게 된다.
- 이는 여전히 지역 경제에 강력한 동기 부여가 될 수 있는 막대한 금액이다.

모델의 장단점
- **장점**: 재정적 안정성과 예측 가능성이 높다. 납부 총액이 정해져 있어 기금 운영이 안정적이다.
- **단점 및 정책적 고려사항**: 이 방식에서는 1MWh 당 돌아가는 인센티브 단가가 고정되어 있지 않고, 매년 총 기금 규모와 총 잉여 발전량에 따라 변동된다. 이번 시뮬레이션의 경우, 1MWh 당 평균 인센티브는 약 1,280원(1.4조 원/1,105,640GWh) 수준으로, 이전 모델의 40,000원보다는 낮아진다.
- 따라서 정책 설계 시, '재정적 안정성'과 '개별 사업자에 대한 인센티브 강도' 사이에서 최적의 균형점을 찾는 사회적 논의가 필요할 것이다.

결론적으로, 비례 배분 방식은 R-RE100 시스템을 더욱 정교하고 현실적인 모델로 발전시키는 훌륭한 대안이다. 이 방식은 기금의 재정적 완결성을 확보하는 동시에, 재생에너지 잠재력이 풍부한 지역에 여전히 강력한 경제적 인센티브를 제공할 수 있음을 명확히 보여준다.

이 시뮬레이션은 R-RE100이 연간 수조 원 규모의 새로운 시장을 창출할 것임을 시

사한다. 전남, 전북, 강원과 같은 재생에너지 잠재력이 풍부한 지역에게 이러한 인센티브는 기존의 지방세수를 압도하는 안정적이고 예측 가능한 신규 재원이 될 수 있다. 이는 지방정부가 인허가 절차를 간소화하고, 투자를 유치하며, 재생에너지 개발을 핵심 지역 산업으로 육성할 강력한 경제적 동기를 부여할 것이다. 즉, 재생에너지가 더 이상 님비(NIMBY) 현상을 유발하는 갈등의 원인이 아니라, 지역 경제를 활성화하고 주민들에게 직접적인 혜택을 주는 핵심 성장 동력으로 전환되는 것이다.

3.2. 정의로운 전환 촉진 : NIMBY에서 PIMFY로

R-RE100의 사회적, 정치적 편익은 경제적 효과만큼이나 중요하다. RETF를 통해 조성된 재원은 발전 사업자에게 돌아가지 않는다. '특별법'은 이 기금은 반드시 지역사회 이익공유 프로그램에 사용하도록 의무화해야 한다. 이는 재생에너지 사업 관련 갈등의 주된 원인, 즉 개발 이익은 외부 사업자에게 귀속되고 환경적, 경관적 피해는 지역 주민이 감수한다는 인식을 근본적으로 해결하는 방안이다.

R-RE100은 이익공유 제도를 실현할 수 있는 구체적인 재원 마련 메커니즘을 제공한다. 이를 통해 '우리 뒷마당에는 안돼(Not In My Back Yard)'라는 인식을 '제발 우리 앞마당에(Please In My Front Yard)'로 전환시켜, 신속한 사업 확장에 필수적인 '사회적 수용성'을 확보할 수 있다.

3.3. 전력망 현대화 및 에너지 저장장치 확충 가속화

재생에너지 전환의 성공은 발전 설비 확충과 전력망 인프라 투자가 병행될 때 가능하다는 교훈에 따라, RETF 재원의 일정 부분은 '전력망 현대화 공동투자 기금'으로 배정되어야 한다. 이 기금은 발전 허브와 수요 중심지를 연결하는 데 필요한 초고압 송전선로 건설 등 한국전력공사의 전력망 확충 계획을 공동으로 지원하는 데 사용될 수 있다. 또한, 변동성 재생에너지 안정화에 필수적인 대규모 에너지저장장치(ESS) 보급에도 투입될 수 있다.

이는 재정난에 시달리는 한국전력공사의 투자 부담을 덜어줄 뿐만 아니라, 정책 추진에 대한 정치적 지지 기반을 강화하는 효과를 가져온다. 한국전력공사는 재무구조 악화와 송전선로 건설에 대한 지역 주민의 반대로 인해 사업 추진에 어려움을 겪고 있다. RETF의 공동 투자는 새로운 자본을 제공하는 동시에, 기금 재원이 지역 상생과 이익 공유에 기반하고 있다는 점에서 송전선로 건설에 대한 지역적 반대를 완화하고 인허가 절차를 가속하는 데 기여할 수 있다. 이는 R-RE100이 전력망에 대한 수요를 창출하고, 동시에 그 전력망을 건설할 재정적·정치적 동력을 제공하는 선순환 구조를 만든다는 것을 의미한다.

3.4. 잠재적 도전과제와 완화전략

- **정치적 저항** : 서울, 경기 등 전력 다소비 지역은 기여금을 '재생에너지세'로 인식하고 저항할 수 있다.
  - 완화 전략 : 이를 비용이 아닌 장기적인 에너지 안보와 산업 경쟁력 확보를 위한 필수 투자로 프레임을 전환해야 한다. 전력망 불안정이나 기후 목표 달성 실패라는 대안이 훨씬 더 큰 비용을 초래할 것임을 강조해야 한다.
- **지역 간 분쟁** : 재원 사용이나 공식의 공정성을 둘러싼 갈등이 발생할 수 있다.
  - 완화 전략 : 2.3절에서 제안한 다자간 거버넌스 위원회의 역할과 특별법에 명시된 투명하고 명확한 분쟁 해결 절차가 필수적이다.

제4장 단계적 이행을 위한 로드맵

R-RE100 시스템의 성공적인 안착을 위해 3단계 로드맵을 제안한다.

- **1단계(1~2년차) : 기반 구축(특별법 제정, RETF 설립)**
  - **입법 조치** : '지역 재생에너지 전환과 상생발전에 관한 특별법'의 발의 및 통과. 이는 모든 단계에 앞서는 가장 중요한 과제이다.
  - **조직 설립** : 지역 에너지 전환 기금(RETF)을 설립하고 다자간 거버넌스 이사회를 구성한다.
  - **데이터 및 방법론 확립** : 의무량 및 기여금 산정의 근거가 될 공식 데이터 출처(KEPCO, KEA)와 RETF 가격 산정 방법론을 최종 확정하고 법제화한다.
- **2단계(3~5년차) : 시범 사업 및 낮은 의무 목표로 소프트 런칭**
  - **점진적 목표 적용** : 시장 메커니즘의 안정화와 행정 역량 구축을 위해, 초기 의무 목표를 25%나 50% 등 달성 가능한 낮은 수준에서 시작하는 '소프트 론칭'을 시행한다.
  - **공감대 형성** : 이 단계에서 제도의 긍정적 효과를 입증하고 운영상의 문제점을 보완하며, 참여 지자체 간의 정치적 신뢰를 구축한다.
- **3단계(6년차 이후) : 전면 시행 및 목표 단계적 상향**
  - **의무적 참여** : 시스템이 17개 모든 광역자치단체에 의무적으로 적용된다.
  - **목표 상향 조정** : 지역별 의무 목표를 매년 10%씩 상향하는 등 사전에 설정된 계획에 따라 점진적으로 높여 최종 100% 목표를 달성한다. 이는 모든 이해관계자에게 명확하고 예측 가능한 경로를 제공한다.

제5장 결론 : 지역 탈탄소화를 위한 새로운 한국형 모델

본 보고서에서 제안한 지역 RE100(R-RE100) 시스템은 대한민국의 특수한 에너지 지형과 정책적 난제를 해결하기 위해 정교하게 설계된 시장 기반의 혁신적 해법이다. 이는 단순히 재생에너지 보급을 확대하는 정책을 넘어, 국가적 과제를 해결하는 다차원적 도구로서 기능한다.

- 첫째, 수도권과 비수도권 간의 구조적 불균형을 해소하고 지역 균형 발전을 촉진하는 강력한 정책 수단이다.
- 둘째, 재생에너지 시설 입지를 둘러싼 오랜 사회적 갈등을 해결하는 실질적인 경제적 상생 메커니즘을 제공한다.
- 셋째, 대한민국의 산업 경쟁력을 강화하는 핵심 열쇠이다.

· **기금 조성 : 수도권이 책임지고 재원을 마련한다.**

시뮬레이션 결과, 전력 소비가 압도적으로 많은 경기도(약 5조 5천억 원)와 서울(약 2조 원)이 기금의 핵심 재원을 마련하는 역할을 하게 된다. 이는 에너지 다소비 지역이 국가 전체의 에너지 전환에 대한 책임을 재정적으로 분담하는, '수익자-부담자 원칙'을 명확히 구현하는 것이다.

· **기금 배분 : 비수도권이 새로운 성장 동력을 확보한다.**

향후 전남, 전북, 강원 등지에 대규모 재생에너지 단지가 들어서 '잉여' 지역으로 전환될 경우, 이들은 RETF 로부터 막대한 인센티브를 받게 된다. 예를 들어, 전라남도가 해상풍력 등을 통해 소비량보다 20,000GWh의 전력을 더 생산하게 된다면, 연간 약 8,000억 원(20,000,000 MWh * 40,000원/MWh) 이라는 새로운 재정 수입을 확보하게 된다. 이는 지역의 오랜 숙원 사업을 해결하고, 주민 복지를 향상시키며, 관련 산업 생태계를 육성하는 강력한 '지역 발전의 마중물'이 될 것이다.

결론적으로, R-RE100 시스템은 **'님비(NIMBY)'** 현상을 **'핌피(PIMFY)'** 로 전환하고, 국가 전체의 탈탄소화와 균형 발전을 동시에 달성하는 가장 현실적이고 강력한 정책 도구가 될 수 있음을 보여준다.

R-RE100은 대한민국을 위한 맞춤형 정책으로서, 지역별 에너지 불균형이라는 보편적 과제에 대한 한국적 해법을 제시한다. 이 제도의 성공적인 안착은 대한민국의 에너지 전환을 가속화하고, 지속가능한 미래를 향한 중요한 이정표가 될 것이다.